외교관의 눈으로 보고 역사학도의 발로 쓴 역사, 리더십 지침서

대한민국의 나침반
역사 속의 위인들

이 강 국 지음

머리말

    한민족은 반도라는 지정학적 위치로 인해 수많은 외세의 침입을 받았지만 불굴의 의지로 격퇴하였고 찬란한 문화를 창조하면서 발전해 왔다. 이 과정에서 희생을 마다하지 않고 온 힘을 다했던 분들이 있었기에 오늘의 대한민국이 있다. "물 한 모금 마셔도 그 근원을 생각해야 한다."라는 음수사원(飲水思源)의 의미와 "과거를 잊은 민족에게는 미래가 없다."라는 경구를 되새기며 '대한민국의 나침반'이 되는 여덟 명의 선조·선열들의 희생과 업적에 대해 기술하였다.

    문화와 정치사상을 대표하는 인물로서, 12세에 당나라에 유학하여 과거에 합격하고 관리가 되어 〈토황소격문〉으로 이름을 날린 최치원 선생, 백성들이 자신의 뜻을 제대로 전하지 못한 것을 안타깝게 여겨 훈민정음을 창제한 세종대왕, 희망 없는 유배지 삶을 찬란히 빛나는 시간으로 승화시켜 실학사상을 집대성한 정약용 선생이다.

    위기에 처한 나라를 구한 인물로서, 거란의 대규모 침략에 처하여 외교 담판으로 영토를 확장한 서희 장군, 13세기 당시 세계 최강이었던 몽골군을 두 번이나 격퇴한 김윤후 장군, 왜군 수군의 주력 부대를 궤멸시키고 제해권을 장악하여 서해 진공 기도를 저지한 이순신 장군이다.

정치 지도자로서, 광복을 위해 이역만리 낯선 땅을 전전하는 풍찬노숙의 나날을 보내면서 흔들림 없이 대한민국 임시정부를 이끈 김구 선생과 대한민국 정부를 수립하고 공산군의 6·25 전면 남침에 직면하여 미국을 위시한 유엔 회원국들의 지원을 이끌어내 격퇴한 이승만 대통령이다. 김구 선생과 이승만 대통령은 서희 장군과 더불어 외교 지도자라고도 할 수 있다. 이외에도 우리 역사서를 수놓은 여타 인물들과 이름 없는 민초들의 영웅적인 이야기도 담았다.

필자는 중국 주재 우리 대사관과 총영사관에서 오랫동안 외교관으로 근무하면서 독립운동 유적지와 역사 문화 현장 보전사업 전개, 학술행사 개최 및 책자 발간 등 선열들의 업적을 기리는 업무를 많이 추진하였다. 그리고 우리 선조·선열들의 혼이 서려 있고 영웅적인 이야기가 전해오는 곳을 많이 가보았다.

일송정에서 윤동주 시인이 바라보곤 하였던 해란강을 돌아보고 이육사 시인이 노래했던 광활한 만주 벌판을 오가면서 나라사랑하는 정신을 실감했다. 지안 고구려 유적지 속에 우뚝 서 있는 광개토대왕비를 살펴보고 압록강과 두만강을 돌아보면서 고구려 계승국으로서의 입지를 확고히 하고 영토를 확장시킨 서희 장군, 4군 6진을 개척한 세종대왕, 백척간두의 위기에 처한 조국을 구한 이순신 장군의 위대한 업적을 반추하였다. 연행사 길을 따라 탐방하고 북경의 류리창(琉璃廠)을 돌아보면서 선진 문물을 받아들여 학문과 기술 수준을 높이고 개혁을 통해 부강한 나라를 건설해 보려 했던 실학자들의 열정을 느낄 수 있었다.

귀국 후 선조·선열들의 발자취를 따라 전국 방방곡곡의 유적지와 역사 현장을 찾아다니면서 이분들의 희생과 업적에 대해 우리 국민들이 보다 잘 인식하도록 해야겠다는 사명감을 더욱더 갖게 되었다.

역사는 흐름을 이해하고 제대로 된 인식을 갖는 것이 중요하다. 그런데 기존 교과서들은 여러 가지 내용을 백화점식으로 나열하고, 시중에 많은 책이 나와 있으나 세세하게 기술하고 있어 지루함을 초래하고 있다고 생각하였다. 그래서 한눈에 알 수 있도록 일목요연하게 기술하기 위해 노력하였다. 이 책을 읽게 되면 우리 역사의 큰 줄기를 쉽게 이해함은 물론 더 큰 흥미를 갖게 되고 소중함을 더 느끼게 될 것이라고 감히 말하고 싶다.

위대한 선조·선열들의 삶에 공통적으로 관통하는 것은 국가를 위하고 국민을 사랑하는 '위국애민(爲國愛民)'이다. 역사는 그 시대 사람들이 살았던 결과의 축적이고 과거와 현재와의 끊임없는 대화이자 미래의 이정표이다. 대한민국 외교관으로서 국익만을 바라보면서 뛰어온 사람으로서 선조·선열들의 '위국애민'의 정신을 온 몸으로 느끼면서 새벽을 밝히며 책을 써 보았다. 이 책이 우리 역사 이해는 물론 인생의 지표를 찾는 데 도움이 되고 나아가 국가와 조직을 운영하는 데 리더십 지침서로서 지혜의 샘물이 되기를 기대한다.

2021년 봄 효창원 언덕에서

이 강국

목차

제1장

문장가로 이름을 날린
한중 교류의 상징 고운 최치원

중국 시안 금선관 내 최치원 상

고운 최치원 선생은 당나라에서 관료로 활동하면서 〈토황소격문〉을 써서 이름을 떨쳤다. 고국에 봉사하고자 귀국하였고 쓰러져가는 신라의 국운을 일으켜 세우기 위해 〈시무십여조(時務＋餘條)〉의 개혁 방안을 올렸다. 진골 귀족 중심의 독점적인 신분 체제의 한계와 기득권을 유지하려는 귀족들의 반대에 부딪혀 뜻을 이루지 못하였지만, 지방관으로 나가 애민정신을 실천했다. 우리나라 한문학을 정립하였으며 동국유종(東國儒宗, 유학 선비들이 우러러보는 큰 학자)이자 한·중 교류의 상징적인 인물이다.

#1

당나라 유학과 빈공과 장원급제

장안으로 유학

　신라 유학자는 6두품 출신이 많았다. 신라 3대 문장가로 꼽히는 강수, 설총, 최치원은 모두 6두품이다. 강수는 외교 문서를 잘 지은 문장가로 유명했고 무열왕 김춘추의 삼국 통일 달성에 공헌했다. 설총은 유교 경전에 조예가 깊었으며 이두를 정리하여 한문을 좀 더 쉽게 표기함으로써 중국의 학문을 받아들이는 데 기여하였다.

　신라 골품제도는 품계가 매우 엄격하여 성골, 진골 밑에 있는 6두품은 아무리 똑똑하고 국가에 큰 공을 세워도 17관등 중 제6관등인 아찬까지만 오를 수 있었고 그 이상 올라가기 힘들다고 하여 '득난(得難)'이라고 불렸다. 이러한 신분상의 한계를 인식하여 유학이나 불교를 익히기 위해 당나라에 유학하였고 통일신라 말기에는 더욱 많아졌다.

　6두품 집안인 경주 최씨는 경문왕대에서 효공왕대에 걸쳐 파견된 유학생 가운데 가장 많이 차지하였으며, 대표적인 인물이 고운(孤雲) 최치원(崔致遠)이다. 최치원 아버지 견일은 868년 12세의 어린 아들을 당나라로 유학을 보내면서 엄하게 훈계했다.

앞으로 10년이 되도록 과거에 오르지 못하면 내 아들이 아니다. 나도 아들을 두었다고 말하지 않을 것이다. 가서 부지런히 공부에 힘을 기울여라.

통일신라 시대에 당나라에 가는 중요한 해로 중 하나는 경주의 외항인 개운포를 출발하여 부산을 돌아 한려수도를 거쳐 영암포에 이르고, 영암포를 출발해 소흑산도에 다다르며, 소흑산도에서 황해를 항해하여 저장성 저우산군도(舟山群島)를 거쳐 닝보에 이르는 노선이다. 조선후기 실학자 이중환이 쓴 《택리지》에 영암에는 큰 나루가 있었고 최치원이 당나라에 유학하러 갈 때 이 나루에서 배를 타고 당나라에 갔다고 기록되어 있다.

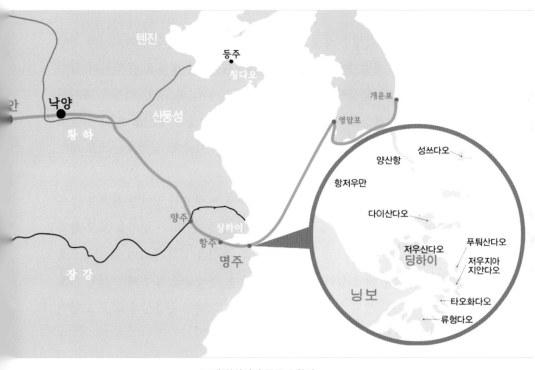

12세 최치원의 중국 유학길

저우산군도는 구로시오 해류가 한반도와 일본을 향해 흐르는 길목으로서 한·중·일 해상로의 요충지이며, 푸퉈산(普陀山)에는 항로의 무사를 기원하기 위해 관음보살을 모신 사찰이 많아 관음보살의 도장으로 불린다. 이곳은 한중 간에 교역이 빈번히 이루어진 해상로였기에 한국과 관련되는 이야기가 많이 전해져 오고 있다. '신라초'라는 암초가 있는데, 이곳을 통과하는 신라 배들이 많다 보니 암초에 부딪쳐 난파되는 경우가 적지 않았기 때문에 붙여진 이름이다. 그리고 장님 아버지를 위해 공양미 300석에 몸을 팔아 인당수에 몸을 던졌다는 효녀 심청 이야기의 근원 설화인 〈원홍장의 연기 설화〉와 연관되는 지역이다.

효녀 심청의 본명은 원홍장이다. 16세의 홍장은 맹인인 아버지의 눈을 뜨게 하려고 흥법사에 자신을 시주하였다. 마침 백제로 무역하러 왔던 푸퉈섬의 부자 상인인 심국공(沈國公)이 홍장을 샀다. 험한 뱃길을 무사히 건너기 위한 제물로 바치기 위해 샀지만 심국공은 풍랑을 만나지 않고 무사히 귀국하였고 홍장을 수양딸로 삼았다. 이름도 '심청(深靑)'으로 개명하였다.

진(晉)나라 혜제의 황후가 죽었는데, 혜제는 새로이 맞이할 황후는 동쪽 나라에 있다는 꿈을 꾼 후 심국공의 집을 방문하였다가 심청을 보고 황후로 맞이하였다. 황후가 된 심청은 고국의 부친을 잊지 못하여 온 정성으로 만든 관음상을 배에 실어 고향으로 보냈다. 관음상을 실은 배는 거친 파도에 표류하다가 성덕 처녀에게 발견되었다. 그녀는 관음상을 업고 고향인 곡성으로 와서 성덕산에 관음사를 창건하였다.

이 이야기가 1930년대 김태준의 《조선소설사》에 소개된 이래, 학계에서는 관음사 연기 설화를 심청전의 원형 설화, 근원 설화, 배경 설화로 인정하고 있다. 관음사는 백제 때 창건되었으나 정유재란 때 불타고 6·25 전쟁 때 금동관세음보살상과 대부분의 전각이 소실되었는데, 현재 원통전은 당시에 피해를 입지 않은 대은암을 옮겨 지은 것이며 금박이 불에 타 없어진 관음상의 불두를 발견하여 원통전에 모시고 있다.

관음사 소조 관음상

선자면(沈家門) 항구는 저우산군도가 심청 이야기와 연결되어 있다는 것은 말해 주고 있다. 말 그대로 심씨 가문의 항구라는 뜻으로 송나라 때 서긍이 쓴 《고려도경》에 "심가문은 그 주변으로 어부와 나무꾼 10여 집이 모여 사는데, 그 가운데서 많은 성씨를 이름으로 취한

심원

고려사관 유적지

것이다.”라고 기록되어 있다. 저우산시 푸퉈구와 전남 곡성군은 심청을 기리기 위해 선자면 항구지역에 ‘심원’이라는 사당을 세웠다.

저우산군도를 빠져나오면 곧바로 닝보(寧波)에 다다른다. 닝보는 심수항으로서 많은 물동량을 자랑하는 항구이다. 과거에는 명주(明州)라고 불렸는데, 교통 요충지로서 각국의 무역선들이 몰려드는 국제항이었다. 고려가 남송과 교류를 할 때 주로 이용했던 항구가 명주였다. 왕건이 고려를 건국하면서 개경과 가까운 벽란도가 새로운 국제 무역항으로 부상하였고 북송이 멸망하고 남송이 세워지자 벽란도와 명주를 잇는 황해 항로가 고려와 남송 간에 주요 교역 길이 되었다. 송나라 조정은 먼 길을 온 고려 사신과 상인들을 위해 명주에 고려사관이라는 영빈관을 설치하여 운영하였다.

최치원은 명주에 도착하여 항주로 이동한 후 경항(京杭) 운하를 타고 양주를 거쳐 황하에서 만나는 지점에서 황하를 거슬러 올라가 낙양에 도착한 후 육로로 장안에 갔다. 배편으로도 황하를 통해 낙양에서 장안까지 연결되나 선박 좌초가 많이 발생하는 삼문협(三門峽)이라는 험난한 곳을 지나가야 하기에 낙양에서부터는 육로를 택하는 것이 안전했기 때문이다.

대한민국 나침반 역사 속의 위인들

당나라 과거 빈공과에 장원급제

장안은 중국 역사상 가장 국제적이고 개방적이었던 왕조인 당나라의 수도이자 동양과 서양의 문명이 교류하는 길, 실크로드의 기점이었다. 많은 나라 사람들이 모여드는 곳이었고 각국에서 유학생들도 많이 왔는데, 그것은 외국인에게도 과거시험을 치를 수 있게 했기 때문이다.

과거제도는 상당한 기간을 거쳐 발전해 왔다. 한나라 때에는 지방의 인재를 중앙 관리로 추천하던 '향거리선제'가 실시되었다. 위진남북조 시대에는 지방의 중정관이 인재를 추천하여 향품(鄕品)을 정한 다음 향품에 따라 중앙에서 관품을 제수하고 관리로 임명하는 '구품중정제'가 실시되었다. 수나라 때에 이르러 객관적이며 공평한 시험을 통하여 재능에 따라 우수한 자를 뽑아서 관리로 채용하는 과거로 개편되었다.

당나라는 수나라 과거제도를 발전시켰다. 과거의 과목은 수재과(秀才科, 비범한 재능과 능력이 있는 자), 명경과(明經科, 유교 경전 지식이 풍부한 자), 진사과(進士科)가 있었고, 기술직으로 명법과(明法科, 법률에 밝은 자), 명산과(明算科, 속셈에 능한 자), 명서과(明書科, 서도에 조예가 깊은 자)가 있었다. 수재과는 어려워서 천거나 응시자가 적었기 때문에 초기에 시행되었다가 오래 지나지 않아 폐지되었다. 진사과와 명경과가 성행하게 되었으며, 시문으로 시험을 보는 진사과가 중시되어 유명한 인물이 많이 나왔다. 대표적인 진사과 합격 인물로는 백거이가 있다. 백거이는 이백, 두보와 함께 당나라 3대 시인으로 일컬어지며 일생 동안 〈장한가〉 등 3,000여 편에 달하는 시를 남겼다.

최치원은 오늘날의 초등학교 5학년 나이인 12세에 이역만리 타향으로 와서 적막하고 어려운 환경을 헤쳐 나가며 전력을 다했다. 부친의 엄한 훈계를 가슴 깊이 새기며 졸음을 쫓기 위해 상투를 천장에 매달고 송곳으로 다리를 찌르며 공부했다는 '현자무가(懸刺無暇)'와 남이 백을 하면 나는 천의 노력을 했다는 '인백기천(人百己千)'의 고사를 만들어 냈다.

이러한 피나는 노력 끝에 최치원은 유학을 떠나온 지 6년 만인 874년 18세의 나이에 예부시랑 배찬이 주관한 진사시 '빈공과(賓貢科)'에 장원급제했다. 부친과의 약속을 4년이나 앞당겨 지켰다. 빈공과는 신라, 발해 등에서 온 외국 유학생들이 볼 수 있던 과거시험이었다. 진사시 합격자라 하더라도 이부(吏部)에서 치르는 신언서판(身言書判: 풍채와 용모, 말솜씨, 글씨, 판단력) 시험에 합격해야 했는데, 최치원은 이부시에도 당당히 합격했다.

#2
당나라 관료로서 활동

율수 현위

　최치원은 어린 나이의 외국인이고 당시 과거급제자는 2년을 경과해야만 관리에 등용될 수 있었으므로 곧바로 임용되지 못하고 동도인 낙양 등지를 유랑하며 서류 대필과 저술 활동으로 끼니를 때웠다. 2년이 지난 뒤 876년 약관 20세에 선주의 율수 현위를 제수받았다. 율수현은 장수성 난징에 있는 현이다.

　당나라는 율령제도를 정비하여 중앙에 3성 6부를 두고 지방은 주·현을 두었다. 태종은 10개의 감찰구를 두어 10도(道)라고 하였고, 현종 때 증설되어 15도가 되었는데, 순찰사를 두어 주·현의 감찰임무를 맡게 하였다. 주에는 자사, 현에는 현령을 두어 다스리게 하였으며, 현령 아래에는 현승과 현위의 두 관직이 있었다. 현위는 현령-현승-현위로 정해진 현의 세 번째 가는 벼슬로서 품계는 종9품이었다. 최치원이 율수현에서 근무하던 시절의 일화로 〈쌍녀분기〉 설화가 전해지고 있다.

〈쌍녀분기〉 설화

율수현의 초현관 앞 언덕에 있는 쌍녀분이라는 오래된 무덤이 있었다. 원래 율수현의 부자 장씨의 딸들로 언니가 18세, 동생이 16세 되던 해 그녀들의 아버지가 시집 보내고자 하여 언니는 소금 장수에게, 동생은 차 장수에게 정혼하였다. 그러나 그녀들은 아버지의 뜻을 따를 수 없었고 그 때문에 울적한 마음이 맺혀 요절하게 되었다. 두 여인을 함께 묻고 쌍녀분이라 이름하게 되었다고 한다. 이 무덤은 옛날부터 많은 명현이 유람하던 곳이었다.

율수현 쌍녀분 비석

최치원이 현의 남쪽에 있는 초현관 객사에 머물게 되어 쌍녀분을 돌아보고 무덤 돌문에 위로의 시를 남겼다. 잠을 청하는데, 홀연히 취금이라는 시녀가 나타나 쌍녀분의 주인공인 팔낭자와 구낭자가 최치원의 시에 대해 화답한 시를 가져다주었다. 시를 읽고 감동한 최치원이 다시 두 여인을 만나고자 하는 시를 지어 보내고 초조히 기다리니, 얼마 뒤 이상한 향기가 진동하면서 아름다운 두 여인이 나타났다. 서로 인사를 나눈 뒤에 세 사람은 곧 술자리를 베풀고 시로써 화답하면서 즐거운 밤을 보냈다.

달이 지고 닭이 울자 두 여인은 이제 작별할 시간이 되었다면서, "혹시라도 다른 날 이곳을 지나게 되신다면 황폐한 무덤을 쓸고 돌보아주십시오."라고 부탁의 말을 하고 바람처럼 사라졌다. 최치원은 다음 날 아침 무덤을 찾아 쓸쓸히 거닐면서 깊이 탄식하고 장가를 읊었다.

최치원은 율수 현위로 있을 때 그동안 지은 시, 부(賦, 한문체에서 글귀 끝에 운을 달고 흔히 대를 맞추어 짓는 글) 등을 모아 《중산복궤집(中山覆櫃集)》이라는 시문집을 만들었다. '중산(中山)'은 예로부터 명필이 많이 나왔다고 하는 선주에 있는 지명이다. '복궤(覆櫃)'는 《논어》의 "성과를 이루려면 노력이 필요하다.”는 공자 말씀의 비유로서 “평지에 한 삼태기의 흙을 덮는 것과 같이 미미한 것도 자신이 노력해야만 가능하다.”는 것을 뜻한다.

회남절도사 막하에서 활동

최치원은 율수 현위에 만족하지 않고 사직하고 ‘박학굉사과’라는 시험을 준비하였다. 이것은 현직 관리를 대상으로 하는 일종의 승진 시험으로 조선 시대 과거의 중시(重試)에 해당한다. 그러나 박학굉사과는 당나라 말기의 혼란스러운 정국으로 인해 취소되어 응시 자체를 할 수 없게 된데다 혼란한 상황이 쉽게 가라앉지 않아 시행되지 못할 것이라고 생각하여 포기하였다. 879년에 자천의 글을 올려 회남절도사 고변(高駢)에게 발탁되었다. ‘관역순관’의 벼슬을 맡게 되었는데, 이것은 조세의 징수, 곡물의 운송, 운하 관리 등의 임무를 맡은 관직으로 종8품의 문관직이다.

절도사는 도 또는 주의 군사·민정·인사·이재 등의 막강한 권한을 장악한 지방장관이고, 회남절도사는 회수 이남 지역, 즉 물산이 풍부한 장수성 양저우 주변 일대를 관장했다. 그런데 최치원이 수많은 번진 중에서 고변의 막부로 들어간 것은 아마도 당시 고변이 큰 권력가라는 이유 외에도 회남 막부가 최치원이 근무했던 선주 율수현과 가깝고, 신라와 왕래가 편리하고 빈번한 곳이라는 사실도 작용을 하였을 것이다.

그리고 고변이 무예가 뛰어난 무장이면서도 선비들을 존중하는 고아한 흥취와 문학적 소양이 뛰어난 인물이라는 사실도 최치원이 고변 막부로 들어갈 것을 결심하는데 중요한 요인이 되었을 것이다. 실제로도 최치원과 고변은 문학에 대해 공통적인 취미를 가지고 있었는데, 이것이 좀 더 쉽게 가까워질 수 있게 하는 디딤돌 역할을 했을 것이다.

당나라는 '안록산의 난'을 계기로 내리막길로 치닫고 있었다. 지방 번진의 할거와 당쟁과 환관의 전횡, 그리고 외환으로 국력이 극도로 쇠약해졌다. 여기에 수재와 한재로 인해 농업 생산마저 감소되어 민생의 생활이 도탄에 빠졌다. 재정 수입이 부족하게 되자 당나라 조정에서는 소금 전매를 실시했는데, 소금 가격이 폭등하게 되고 소금값이 천정부지로 뛰게 되니 소금 밀매업자들이 많이 생기고, 일부는 도적이 되고 세력이 큰 도적은 유민들을 모아 반란을 일으켰다. 대표적인 것이 '황소(黃巢)의 난'이다. 이 난은 약 10년 동안이나 지속된 농민 대반란으로 황소와 왕선지가 주도하였고, 한때는 수도 장안까지 수중에 넣기도 하였다.

황소는 어려서부터 문무를 좋아하였으나 과거시험에 여러 차례 낙방하였다. 시안 동남쪽의 취장 호수 일대는 진사 급제자를 위한 축하 연회가 열리는 곳이다. 과거에 여러 차례 낙방한 황소는 합격한 자들이 백화만발한 곳에서 득의양양해 하는 장면을 보고 실의에 빠진 나머지 〈낙방한 뒤에 국화를 노래하다〉라는 분노에 찬 시를 지었다.

황소의 난이 전국으로 확산되자 당나라 황제는 880년 3월 고변에게 병마도통을 겸직시키고 황소군 토벌을 명했다. 그래서 고변은 '회남절도사 겸 제도행영병마도통'이 된다. 그해 말에 최치원은 고변 막부의 '종사관' 임명을 받았다. 종사관은 군영에 소속된 종7품의 직위로서 군사령관의 명을 받아 군무를 관리하고 사령관의 글을 대필하는 것이 주 임무였다. 얼마 후에 최치원은 종6품의 '도통순관'에 올랐다. 그 직무는 위로는 황제와 재상으로부터 군령을 받고 아래로는 각 지방의 장수에게 군령을 작성해 보내는 일이었다.

〈토황소격문〉을 지어 황소의 난 격퇴

최치원은 병마도통 고변의 지휘부를 따라 종군하면서 많은 문서를 작성하였다. 그 가운데 대표적인 것이 〈토황소격문〉으로 잘 알려진 〈격황소서(檄黃巢書)〉이다. 최치원은 병마도통 고변의 명을 받아 881년 7월 '위협'과 '회유'의 양면을 적절히 구사하여 항복을 권유하는 격문을 지어 보냈다. 주요 내용은 다음과 같다.

무릇 옳고 바른 길을 정도라 하고 위험한 때를 임기응변으로 모면하는 것을 권도(權道)라 한다. 슬기로운 자는 정도에 따라 이치에 순응함으로써 성공하고 어리석은 자는 권도를 함부로 행하다가 이치를 거슬러서 패망하게 된다. 인간이 한평생 사는 동안 죽는 것은 예측할 수 없지만 모든 일에 양심이 주관해야 옳고 그름을 올바로 판단할 수 있다.

이미 죄가 하늘에 닿을 만큼 극도에 이르렀으니 반드시 패하여 땅에 으깨어지게 될 것이다. 아, 요순 이래로 묘족과 호족이 복종하지 않았는데,

양심이 없고 무뢰한 무리이고 불의하고 불충한 무리였으니 바로 너희들이 한 것과 같도다.

지금 천하의 모든 사람들이 너를 죽이기로 마음먹고 있으며 땅속의 귀신들조차도 남몰래 너를 베기로 작정하고 있다. 그러므로 너는 지금 비록 목숨은 붙어 있으나 혼은 이미 빠져 있는 것과 다름이 없다. 내가 절대로 헛된 말을 하는 것이 아니므로 너는 이 말을 깊이 새겨들어야 할 것이다.

이 격문을 읽던 황소가 어찌나 놀랐는지 자기도 모르게 의자에서 떨어졌다는 고사가 있을 정도로 뛰어난 문장이었다. 그 후 황소의 리더십과 군사적 힘도 줄어들었다. 당시 중국인들 사이에서는 "황소를 격퇴한 것은 칼이 아닌 최치원의 글이다."라는 이야기가 나돌았다. 이 한 편의 글로써 최치원은 천하에 문명을 떨쳤다. 당나라 조정은 종5품의 '승무랑시어사내공봉'이라는 직함을 내리고 희종 황제는 자색 장복과 자금어대(금으로 장식되어 허리에 차던 장식으로 황궁에 들어갈 수 있는 신분 표시)를 하사하였다.

최치원은 또한 시에 있어서도 능히 당나라의 명사들과 겨루어 조금도 손색이 없었다. 고운(顧雲), 나은 등 여러 문인들과 사귀어 그의 글재주는 더욱 빛나게 되었다. 그 후 자신이 쓴 글을 정선하여 《계원필경》 20권을 이루게 되었다. 책의 제목을 '계원필경(桂苑筆耕)'으로 한 것과 관련하여 '필경(筆耕)'에 대해서는 책 서문에서 '밭 갈고 김매듯 마음을 파헤친 것'이라고 밝히고 있다. '계원(桂苑)'에 대해서는 고변의 군막이 계원(桂苑)이라는 곳에 있어서 필경(筆耕) 앞에 붙였을 것이라는 설과 함께 신라의 옛 이름인 계림(鷄林)을 염두에 두고 계원(桂苑)으로 하였을 것이라는 설이 있다.

#3
귀국 후 신라에서 활동

귀국과 관직 제수

최치원은 오랜 타국 생활에 지쳐 향수에 빠졌다. 한 번도 고국 신라를 잊은 적이 없었다. 당나라에 유학하여 과거에 급제하고 벼슬을 살고 이름을 떨쳤어도 신라 사람이었다. 또한, 당시 당나라는 안록산의 난을 고비로 하여 급속히 내리막길을 걷기 시작했고 황소의 난 영향으로 거의 망할 지경에 이르러 고국을 향한 그리움을 한층 자극했을 것이다. 더욱이 자신의 강력한 후원자인 고변은 병마도통에서 물러난 뒤 권력을 잃어 도교에 침잠해 갔다. 이러한 상황에서 당에서 더 이상 자신의 포부를 펼치기 어려웠다.

최치원은 당나라의 선진 문물과 발달된 정치를 전수함은 물론, 자신의 이상과 경륜을 펼치고자 귀국을 택했다. 귀국을 청하자 당 희종은 특별히 국서를 전하는 사신의 자격을 주었는데, '입신라겸송국신사'라는 직책이었다. 아마 최치원의 후견인 역할을 한 고변이 조정에 청을 넣어 귀국을 배려하는 차원에서 준 벼슬로 여겨진다. 귀국길에 오른 것은 884년 8월이었다. 양주를 출발해 초주, 회수, 유산을 거쳐 산동성 봉래현까지 와서 885년 2월 참산만(칭다오항)을 출발해 황해를 건너 3월에 신라에 도착했다. 신라를 떠난 지 17년 만이었다. 이때 최치원의 나이 29세였다.

헌강왕은 선왕인 경문왕을 이어 유학을 진흥하고 왕권 강화를 추진하고 있었다. 금의환향한 최치원에게 '시독 겸 한림학사 수병부시랑 지서서감사'라는 관직을 제수하였다. 네 가지 직책을 합친 긴 이름의 벼슬이다. '시독'은 궁내에서 유교 경전을 강론하는 직책이며, '한림학사'는 임금의 명을 받아 외국에 보내는 문서를 작성하고 그 밖에 나라의 중요한 문서를 작성하는 벼슬이다. '수병부시랑'은 왕의 직속 군정직이고, '지서서감사'는 과거와 학문을 관장하는 벼슬이다.

최치원은 헌강왕에게 《계원필경》과 문집 4권을 함께 올렸다. 책을 진상하면서 군왕의 자질과 역할, 신하의 도리와 자세를 부각시켰다. 귀국 후 처음에는 상당한 의욕을 가지고 당나라에서 경험한 경륜을 펴보려 하였다. 그러나 그의 앞에는 골품제라는 철옹성이 버티고 있었으니 기득권을 놓지 않으려는 진골 세력이었다.

애민사상 구현

최치원은 진골 귀족 중심의 독점적인 신분 체제의 한계를 깨닫고 외직을 원해 태산군(泰山郡, 전라북도 정읍), 천령군(天嶺郡, 경상남도 함양), 부성군(富城郡, 충청남도 서산) 등지의 태수로 나가 목민관으로 활약하였다. 《삼국사기》 최치원 열전에는 다음과 같이 기록되어 있다.

치원이 스스로 서쪽에 유학하여 얻은 바가 많았다고 생각하여서 돌아와서는 자기의 뜻을 실행하려고 하였으나, 말세여서 의심과 시기가 많아 용납되지 않으니 지방 관직으로 나가 태산군 태수가 되었다.

신라 시대에 '하늘 아래 가장 높은 고을'을 뜻하는 천령군(天嶺郡)은 지금의 경남 함양 지역으로 최치원의 실용주의적 선비정신과 애민사상이 꽃피운 곳이다. 최치원은 천령군에 부임하자 곧바로 수로 공사에 착수했다. 위천은 홍수가 나면 범람해 고을을 덮치고 심지어 관아까지 침수될 정도로 피해가 거듭되었다. 백운산에서 발원하여 관아 동쪽에서 고을 중앙으로 흐르는 위천의 물줄기를 돌려 서쪽으로 흐르게 하고 여기에 긴 제방을 쌓아 거듭되는 고을의 홍수 피해를 막게 하였다.

고수부지에는 갖가지 수목을 가져다 심어 공원을 조성하였는데, 이것이 오늘날 유명한 함양 상림 숲의 유래이다. 《신증동국여지승람》 제31권 〈함양군조〉에 "동쪽 강변 언덕에 대관림이 있다."라고 기록되어 있다. 물줄기를 바꾸어 홍수를 예방하고 논을 만듦으로써 수확이 늘자 백성들이 먹고사는 데 지장이 없게 되었을 뿐만 아니라 인근 지역에도 쌀을 빌려줄 정도가 되었다.

조선을 세운 태조, 그리고 태종은 과거시험에서 장원을 한 사람에게는 첫 부임지를 함양으로 정해 최치원 정신을 직접 보고 경험하게

위천

함양 상림

했다고 한다. 그래야 중앙정부에서 큰일을 할 수 있다고 본 것이다. 영남학파의 종조인 김종직이 함양 군수로 재임하였고, 중상주의 실학자 연암 박지원이 안의 현감(함양군 안의면 일대 관장)으로 와서 물레방아를 만들었다. 연암은 물레방아뿐 아니라 이곳에서 직조기, 양수기 등 여러 가지 농기구를 만들었다고 한다. 그래서 함양은 유학과 실학의 뿌리라고 할 수 있다.

함양군은 백성들의 삶을 풍요롭게 하고 훌륭한 생태 공원을 후세에 남긴 최치원 선생의 높은 뜻을 기리기 위해 상림공원 인근에 '최치원 역사공원'을 조성하였다.

〈시무 10여조〉 건의

통일신라 하대는 혼란으로 치달아 진성여왕 때에 이르러 심각한 상황으로 빠져들고 있었다. 무엇보다도 지방에서 호족 세력이 대두하면서 주·군의 공부(貢賦, 나라에 내는 물건과 세금)도 제대로 거두지 못해 국가의 창고가 비고 재정이 궁핍한 실정이었다. 조정에서 공부를 독촉하자 889년(진성여왕 3년) 상주 지방의 원종과 애노 등 농민들이 사방에서 봉기해 전국적인 내란에 휩싸이게 되었다. 양길이 891년 10월 부하 궁예를 시켜 명주(강릉) 소속의 10여 군현을 공격하게 하고, 이듬해 견훤이 완산주(전주)를 장악해 후백제라고 자칭함으로써 후삼국 시대의 전단을 열었다.

이러한 상황에서 최치원은 894년 〈시무 10여조〉를 진성여왕에게 올려 쓰러져가는 신라의 국운을 일으켜 세우려 하였다. 경주에는 최치원이 머물며 〈시무 10여조〉를 썼던 곳으로 전해 내려오는 상서장이 있다.

상서장

최치원은 신라의 중앙 관직과 지방 관직을 두루 역임하면서 중앙 진골 귀족의 부패와 지방 세력의 반란 등의 사회 모순을 직접적으로 목격한 결과, 구체적인 개혁안을 제시하기에 이른 것이다. 왕은 이를 채택하고 6두품의 신분으로서는 최고인 '아찬'의 품계를 내렸다.

《삼국사기》에 수록된 〈최치원 열전〉에는 시무책을 올린 사실이 기록돼 있을 뿐 내용은 전하지 않으므로 확실한 것은 알 수 없으나 시대 상황과 최치원의 사상을 고려할 때 시무책의 내용은 진골 중심의 골품제 타파, 전제왕권 강화책, 인사행정 개혁안, 조세제도 개혁안 등이 포함되었을 것으로 추측된다. 또한, 지방 사회의 동요를 막기 위한 방안이나 반국가 세력에 대한 철저한 응징 등도 거론되었을 것이다. 결국 왕권을 강화하고 진골 귀족의 정치·사회적 독점적 위상을 견제하면서 신라를 개혁하려는 염원이 담겼을 것이다.

그러나 최치원의 시무책은 반대 세력에 부딪쳐 미완의 개혁으로 끝나고 말았다. 정권을 장악하고 있던 진골 귀족들의 시기와 반대에 부딪혔기 때문이다. 왕권의 약화와 임금 자신의 실천 의지 부족도 원인이었을 것이다. 귀족들의 추천에 의해 왕위에 오르고 귀족들과 혈연 관계를 맺고 있는 것이 당시 신라 왕실의 모습이었다. 이 때문에 임금 스스로가 강력한 의지를 내지 못하는 구조적인 문제를 안고 있었다. 호족 세력이 지방 곳곳에서 발호하는 상황도 시무책을 추진하는 데 한계로 작용했다.

설총과 최치원의 운명

설총과 최치원은 6두품으로서 뛰어난 실력을 갖추었으며 문묘에 배향된 현인이지만 조정에서의 운명은 엇갈렸다. 신문왕(할아버지가 무열왕 김춘추이고 아버지는 문무왕)은 즉위 초기에 일어난 김흠돌의 난을 평정하고 왕권을 강화하면서 진골을 숙청하고 6두품을 기용했다. 이때 두각을 나타낸 인물이 설총이다.

원효대사와 요석공주 사이에서 태어난 설총은 유학과 문학에 조예가 깊었다. 한문에 토를 다는 이두를 정리하였고, 일찍이 국학에 들어가 주역, 시경, 예기, 춘추, 논어, 맹자, 주례 등 9경을 처음으로 우리말로 해석해 후학을 가르쳤다.

〈화왕계〉를 지어 신문왕을 충고한 일화는 유명하다. 아첨하는 사람을 멀리하고 정직한 사람을 가까이 두고 나라를 다스려야 함을 아뢰면서 꽃을 사람에 비유한 이야기이다. 꽃의 왕(화왕) '모란', 아첨하는 '장미', 볼품은 없지만 진실한 '할미꽃'을 내세워 한 나라의 임금은 간사한 신하에게 흔들리지 말고 훌륭한 인재를 모아 나라를 다스려야 함을 강조했다. 설총은 한림 벼슬을 지냈고 주로 임금 가까이에서 정치에 대한 자문 역할을 하였다.

그런데 최치원이 살았던 통일신라 말기는 진골 귀족이 권력을 장악한 시대였다. 뛰어난 최치원이었지만 설총처럼 왕 가까이에서 역할을 하고 능력을 발휘할 수 없었다. 시대적 차이가 너무 컸고 이것으로 두 사람의 운명이 갈렸다.

좌절 속 유랑과 은둔 생활

당나라에서 익힌 지식과 경험을 신라를 위해 사용하고 싶었으나 6두품인 최치원에게 진골의 벽은 높았다. 결국 정치 개혁에 대한 의지와 현실의 벽 사이에 고민하다가 좌절하게 된다. 자신의 이상이 현실에서 받아들여지지 않게 되자 898년(효공왕 2년) 42세에 선비가 난세에 뜻을 펴지 못하면 물러선다는 유가적 결단을 내리기로 하고 모든 관직에서 물러나 곳곳을 유랑한 다음, 가야산에서 은거하였다. 《삼국사기》에 그 내용이 기록되어 있다.

마음 내키는 대로 돌아다니며 산림 아래와 강가, 바닷가에 누정을 짓고 솔과 대를 심었으며 책 속에 파묻혀 풍월을 읊었다. 경주 남산, 강주 빙산, 합주 청량사, 지리산 쌍계사, 합포현의 별서가 모두 그가 거닐던 장소다. 최후에는 가족을 데리고 가야산 해인사에 은거하면서 친형인 승려 현준 및 정현 스님과 도우를 맺고 편안히 살다가 노년을 마쳤다.

경남 하동 쌍계사에 가면 입구의 두 개의 바위에 새겨진 雙磎(쌍계), 石門(석문)이라는 글씨가 시선을 끈다. 최치원이 썼다고 전해 내려온다.

쌍계 석문

　해운대(海雲臺)라는 이름은 최치원 선생의 자(字) 해운(海雲)에서 따온
것이다.　벼슬을 버리고 가야산으로 가던 중 해운대에 들렀다가 절경
에 심취되어 떠나지 못하고 머무르며 동백섬 남쪽 암벽에 해운대라는
세 글자를 음각함으로써 이곳의 지명이 되었다고 한다.

　최치원과 관련된 유적은 이 밖에도 경주 독서당, 창원(마산 합포구) 월영
대와 고운대, 경남 합천 농산정, 홍류동, 함양 학사루, 군산 문창서원과
옥구향교의 자천대, 서산 부성사, 서광사, 문경 지증대사 적조탑비 등
전국적으로 300곳이 넘는다. 해당 지방 자치단체는 문화사업이나 행
사를 활발히 전개하고 있다. 2015년 7월 23일에는 경주시에서 최치원
관련 유적을 보유하고 있는 시·군·구 자치단체를 중심으로 '고운 최
치원 인문관광 도시연합 협의회' 출범식을 가졌다. 전국에 산재한 유
적을 토대로 상호 교류를 통해 협력 방안을 모색하고 최치원 정신을
집대성해 문화 융성 도시로 발전하겠다는 목표를 표방하고 있다.

#4
최치원의 역할과 위상 평가

정치가로서의 최치원: 정치 개혁가이자 경세 실용가

최치원의 생애는 잠시도 정치로부터 자유로운 적이 없었다. 당나라 유학의 길을 떠날 때부터 그랬다. 그의 아버지는 어린 아들을 배에 태워 외국으로 보내면서 과거에 합격하지 않으면 내 아들이 아니라고 했다. 과거는 정치가의 출발점이다. 단순히 학문을 좋아하고 연마하는 수준이 아니라 정치적 영향력을 행사할 수 있는 관직, 즉 정치가로서의 등용문이었기 때문이다. 더구나 신라는 폐쇄적인 골품제도라는 제약으로 6두품이 관직에 오르는 데는 한계가 있었기 때문에 6두품인 최치원으로서는 당나라 유학과 과거 합격은 그만큼 절실했다.

최치원은 과거에 합격하고 관료로서 봉직함으로써 당나라에서 성취를 이루었다. 특히 외국인 출신이 〈토황소격문〉을 지어 반란군 수괴의 간담을 서늘하게 하고 황제로부터 높은 직함과 자금어대를 하사받은 것은 큰 성공이다. 금의환향 귀국하여 모든 걸 바쳐 국가에 봉사하고 큰 뜻을 펼쳐보고자 하였다. 왕명으로 국내외에 보내는 국서 작성에 문장력을 발휘하였으며, 병부와 교학정책에 있어서도 개혁적인 일을 수행하였다. 그런데 그의 뛰어난 능력은 조정 내의 시기와 질시를 받게 되어 외직을 원하여 지방관으로 나갔다.

태산군수와 부성군수 재임 시에 베푼 선정은 향민의 존경을 받았으며, 천령군에서 실용주의적 선비정신과 애민사상을 꽃피웠다. 조선을 세운 태조와 태종이 과거시험에서 장원을 한 사람에게 첫 부임지를 함양으로 정해 최치원의 정신을 경험하게 했다는 것은 그만큼 경세 실용가로의 최치원의 역할을 높이 평가했기 때문이었다. 조선 후기 북학파 실학의 거장인 박제가는 최치원을 북학사상의 선구로 평가하였으며, 《북학의》 서문에서 다음과 같이 썼다.

나는 어렸을 적에 최치원의 사람됨을 사모하여 비록 시대는 다르지만 한 번 말채찍을 잡고 그분의 뒤를 따르고자 하는 소원이 있었다. 고운은 당나라에서 진사가 된 뒤 동으로 본국으로 돌아왔는데, 신라의 풍속을 혁신하여 중국과 같은 문명의 세계로 나아갈 수 있을 것으로 생각했다. 그러나 시운이 따르지 않아서 마침내 가야산에 은거하였는데, 삶을 어떻게 마쳤는지는 알 수 없다.

당시 통일신라는 농민들이 사방에서 봉기하고 호족들이 대두하여 혼란이 가중되고 있는 상황이었다. 충절을 지킨 곧은 선비로서 〈시무 10여조〉를 올려 쓰러져가는 신라의 국운을 일으켜 세우려 하였다. 신라의 왕도 최치원의 〈시무 10여조〉를 채택했으나, 당시 정국의 주도권을 장악하고 있었고 사회 모순을 외면하고 있던 진골 귀족들의 시기와 반대에 부딪쳐 미완의 개혁으로 끝나고 말았다.

골품제도에 찌든 신라는 개혁을 할 능력을 상실한 채 멸망의 다리를 건너가고 있었다. 반면에 지방 각지에서 호족들이 세력을 확대해 가고 있었다. 최치원은 신라가 쇠퇴하고 고려가 부상하는 '나말여초(羅末麗初)'라는 전환기의 산 증인이었고 역사적 현실을 직접 눈으로 보면서 살다간 사람이었다. 《삼국사기》의 〈최치원 열전〉에는 최치원이 송악(개성) 지방에서 새로 대두하고 있던 왕건에게 서한을 보낸 것으로 나온다.

태조가 흥기하였을 때 치원은 태조가 비상한 인물이므로 그가 반드시 천명을 받아 개국할 것임을 알았다. 이로 인하여 태조에게 편지를 보내 문안하였는데, 그 가운데에 "계림은 누른 잎이오 곡령은 푸른 솔이라."는 구절이 있었다.

최치원은 계림은 시들어 가는 누런 잎이고 개경의 곡령은 푸른 솔이라고 비유함으로써 신라가 망하고 고려가 새로 일어날 것을 미리 내다보고 있었다. 그런데 당시 '3최' 중에서 최승우는 후백제의 견훤을 섬겼고, 최언위는 고려를 선택했지만, 최치원은 어느 편에도 가담하지 않고 은거 생활로 일생을 마침으로써 시대적인 전환 과정에서 주체적인 역할을 하지 못했다.

그러나 역사적 현실에 대한 고민은 최치원의 후계자들에게 영향을 주었고 그의 정치 이념과 사상은 신라 사회가 고려 사회로 넘어가는 과정에서 중요한 역할을 했다. 《삼국사기》에 "그의 문인들 중에는 국초에 내조하여 높은 관직에 이른 자가 한둘이 아니었다."라고 기록되어 있는 것처럼 왕건이 후삼국을 통일하자 최치원의 영향을 받은 6두품 지식인들이 대거 고려 정권에 참여해 정치·사회 질서 수립 역할을 담당하였다. 이를 통해 고려 국가의 운영 체계 속에 최치원의 유교적 정치 이념이 대폭 반영되었다.

〈시무 10여조〉가 귀족들의 반대로 실현되지는 못했지만, 이 시무책의 정신은 고려 왕조가 안정을 찾아갈 무렵인 982년 최승로가 성종에게 올린 〈시무 28조〉로 계승되어 실천에 옮겨졌다. 최승로는 12세에 태조 왕건에게 논어를 강론한 바 있으며 성종에 이르기까지 고려 6대 왕조를 두루 거친 명재상이었다.

학자 · 문인으로서의 최치원: 한문학 정립, 고대 한국문학의 비조(鼻祖)

최치원은 《계원필경》 등 28권의 시문집을 비롯해 외교문서, 비명(碑銘, 비석에 새긴 글), 승전(僧傳, 고승의 전기), 결사발원문(부처에게 소원을 비는 내용을 적은 글) 등 한국 고대의 인물 가운데 가장 많은 양의 다양한 장르의 저술을 남긴 대문호이다. 문장에 능하고 시에 있어서도 독보적인 존재로서 감히 따르지 못할 우수한 작품을 많이 남겼다. 글씨도 잘 썼는데 쌍계사의 〈진감선사 대공탑비〉 비문이 유명하다.

또 하나 빼놓을 수 없는 것이 우리나라 한문학에 있어서의 업적이다. 사륙변려문(四六騈儷文)은 아름답게 다듬고 형식미가 정제된 문장이다. 사륙변려문체는 형식을 소중히 여겨서 4자 내지 6자의 대구를 사용하여 문장을 구성하는 한문의 문체이다. 신라통일 이후 더욱 융성한 한문학은 말기에 이르러 당나라와 겨루는 기세까지 보이면서 드

디어 최치원에 이르러 사류변려체가 크
게 갖추어져 우리나라 한문학이 비로소
확립되기에 이르렀다.

현존하는 한국 최고의 개인 문집으로
평가되고 있는 《계원필경》에 수록된 다
양한 글은 사류변려체의 명문으로 한시
문에 큰 영향을 끼쳤다. 최치원이 우리
나라 한문학의 조종(祖宗)으로, 사실상 고
대 한국문학의 비조(鼻祖)로 추앙받고 있
는 것도 바로 이 책이 남아 전하기 때문

쌍계사 진감선사 대공탑비

이다. 조선 성종 때의 대문호 성현은 《용재총화》에서 "우리나라의
문장은 최치원으로부터 비롯된다."라고 말했다.

한편, 최치원은 오랫동안 당나라에서 유학했고 중국의 역사 문화에
익숙하면서도 중국 문화에 매몰되지 않았다. 신라의 전통을 강조했고
우리 사상의 우수성과 특징적인 체계를 찾아냈다. 《신증동국여지승
람》에 따르면 최치원은 《석순응전》에서 신라와 가야의 건국 설화와
신라 불교의 역사 등을 설명하였다. 그래서 중국 문물이 수용된 뒤 우
리 문화를 이룬 시원을 찾을 때 최치원이 그 원조로 거론되는 경우가
많다.

사상가로서의 최치원:
동국유종(東國儒宗), 유불도 삼교 통합의 풍류도 제시

두말할 필요 없이 고운 사상의 중심축은 어디까지나 유교이다. 최치원은 당나라에 유학하고 관료로서 봉직하였고, 신라에 귀국하여 유교적 정치 이념의 구현에 노력했다. 최치원은 고려 현종 11년(1020년)에 이르러 우리나라 최초로 공자의 사당 문묘에 배향되고, 현종 14년(1023년)에는 '문창후(文昌侯)'라는 시호가 추증되어 '동국유종(東國儒宗, 유학의 선비들이 우러러보는 큰 학자)'으로 추앙받게 된다.

그 후 최치원에 이어 설총이 추가로 문묘에 배향되었다. 두 사람의 생존 연대는 설총이 최치원보다 빠른 약 200년 앞의 인물임에도 불구하고 최치원이 앞서 문묘에 배향되었다는 것은 그만큼 최치원이 우리나라 학문과 유교사상 발전에 지대한 역할을 하였음을 당시 사람들이 인정하였다는 증거이며, 모범적인 유교 선비임을 평가했기 때문이다.

최치원은 도교에 대해서도 관심이 많았다. 장안에 머무를 때 도교의 중심지였던 금선관(金仙觀)에 자주 갔었다고 한다. 그때 선인(仙人) 김가기(金可紀)로부터 수련법의 구결을 전수받았다. 금선관 대전에는 중국 도교의 선조인 노자, 종리권, 여동빈 상과 함께 김가기, 최치원 상이 모셔져 있다.

그리고 최치원은 도교의 신자였던 고변의 막하에 있으면서 도교에 관한 글을 남겼던 것으로 보아 그의 영향을 받았을 것으로 짐작할 수 있다. 최치원은 신라로 귀국한 후에 도맥을 후세에 전해준 대표적인 인물이 되었다. 정치 개혁을 주장하다가 진골 귀족의 배척을 받아 관직을 떠난 뒤에는 현실적인 불운을 노장적인 분위기 속에서 자족하려고 하는 면이 시에 잘 나타나 있다.

최치원은 또한 불교의 대가이며, 고승들의 비문을 많이 썼다. 왕명으로 불교 사원의 유래나 고승의 행적을 기술한 〈사산비명(四山碑銘)〉은 후대의 문인들과 역사학자들도 찬탄을 아끼지 않는 업적으로 평가된다. 우리나라 금석문의 신기원을 여는 것이자 불교사 연구에서도 빼놓을 수 없는 중요한 자료이다. 사산비명은 하동 지리산 쌍계사 진감선사 대공탑비, 보령 만수산 성주사 낭혜화상 백월보광탑비, 문경 희양산 봉암사 지증대사 적조탑비, 경주 초월산 대숭복사비이다. 지증대사 적조탑비에는 법랑이 중국으로 건너가 도신의 법을 이어왔다는 기록이 있는데, 신라 하대 불교사, 특히 선종사 연구에 중요한 자료가 되고 있다.

최치원은 중국과 신라의 화엄교학을 정립하는 데 공헌한 법장과 의상의 전기를 지었다. 화엄종은 "하나가 일체요, 일체가 곧 하나여서 우주 만물이 서로 융통하고 화해하며 무한하고 끝없이 조화를 이룬다."라고 본다. 화엄 승려의 전기를 지은 것은 화엄의 원융사상으로 혼란과 분열을 극복하여 중생을 구제하고 와해될 위기에 처한 국가를 유지하기 위한 데 있었을 것이다. 화엄 승려와 왕실의 관계를 특별히 부각하였는데, 《법장화상전》에서 법장과 당나라 측천무후의 관계를, 《부석존자전》에서는 의상과 신라 문무왕의 관계를 기록했다.

중국 화엄종 3대 종정인 법장은 화엄경 신역 사업에 참여했을 뿐만 아니라 정치적인 활동에도 탁월한 능력을 발휘하여 측천무후와 조정 귀족들과 깊은 관계를 맺고 있었으며, 이러한 정치적 배경을 통해 화엄종을 널리 확장시킬 수 있었다. 의상대사는 시안 지상사(至相寺)에서 중국 화엄종 2대조 지엄화상(智儼和尙)으로부터 화엄사상의 요체를 배웠고 법장과 함께 지엄화상의 양대 수제자로 이름을 날렸다.

의상대사는 귀국하여 화엄종을 열어 해동화엄종의 시조가 되었고, 영주 부석사를 개창하였다. 부석사 창건에 관해서는 《삼국사기》와 《삼국유사》에 모두 기록되어 있다. 부석사란 이름은 무량수전 서쪽에 있는 큰 바위가 아래의 바위와 서로 붙지 않고 떠 있는 데서 유래했다고 한다.

부석사 창건 설화에 담긴 의상대사와 선묘 낭자 이야기

의상대사의 당나라 유학에 관해서는 원효대사와 얽혀 있는 '해골물'로 잘 알려져 있다. 661년 당나라로 함께 유학을 가기 위해 당항진(오늘날 화성 인근 항구로 추정)으로 향하던 원효와 의상이 어느 무덤가에서 하룻밤을 묵었다. 원효가 한밤중에 갈증이 나 고여 있는 물을 마셨는데 아침에 깨어보니 바로 해골에 고여 있는 물이었다. 단숨에 비워 마실 때는 감로주처럼 달콤했고 초가을을 맞아 새벽녘을 쓸어가는 바람처럼 시원했지만 날이 밝아 그 실체가 해골에 고인 빗물임을 알고는 비위를 참을 수가 없었다.

분명 어젯밤에는 목숨을 살린 생명수 같았던 물로 그 실체는 지금도 변함이 없건만 눈으로 확인하는 순간 그 본질이 확연하게 달라졌다. 왜 그럴까? 원효는 "왜?"라는 화두를 잡고는 선정(禪定, 참선)에 든 결과 모든 것은 마음에서 비롯한다는 '일체유심조(一切唯心造)'의 진리의 깨달음을 얻고는 유학을 포기하고 서라벌로 발걸음을 돌린다. 원효대사는 《금강삼매경론》, 《대승기신론소》 등 뛰어난 저술을 남겼고, 당시 왕실 중심의 귀족화된 불교를 민중 불교로 바꾸는 데

대한민국 나침반 역사 속의 위인들

크게 공헌하였다. 종파주의적인 방향으로 달리던 불교 이론을 회통시키려 하였는데, 원효의 화쟁사상(和諍思想)이라 부른다.

의상은 처음 마음먹은 대로 유학길에 올랐다. 의상이 당나라 사신의 배를 타고 산동성 등주에 도착하였을 때 뱃멀미와 몸살로 기진맥진했는데, 이곳 수위장인 유지인이 딸 선묘로 하여금 돌보게 했다. 시간이 지나자 선묘는 어느덧 의상에게 연정을 품게 되었으나 불자의 길을 걷는 의상은 그 마음을 받아들이지 않고 길을 떠나게 되었다. 이때 선묘가 "귀국하실 때 이곳을 지나시면 꼭 소녀의 집에 다시 한번 들러주십시오."라고 간곡히 부탁했다.

의상은 장안 종남산 지상사에서 8년간 수련하고 귀국하게 되었다. 선묘의 집에 이르니 마침 출타 중이라 만나지 못하고 가는 것을 전해 달라고 그녀의 부모에게 부탁한 후 다시 길을 재촉하였다. 선묘는 의상의 귀국 선물로 법의를 정성껏 마련하여 손꼽아 기다렸다. 잠시 집을 떠난 사이에 의상이 다녀갔다는 이야기를 듣고 만들어 두었던 법의를 가지고 뒤쫓아 바닷가에 다다랐으나 의상이 탄배는 바다 위에 흰 돛만 보일 뿐이었다.

그녀는 멀어져 가는 돛을 하염없이 바라보고 섰다가 들고 있던 법의를 바다에 던지며 "진심으로 대사님을 공양하오니 원컨대 이 옷이 대사님께 이르도록 해 주옵소서."라고 축원하였다. 때마침 풍랑이 크게 일어나면서 던진 법의가 의상 대사가 탄 배 안으로 날아갔다. 다시 "이 몸이 용이 되어 대사님을 받들어 무사히 귀국하도록 해 주옵소서."라고 축원하며 바닷물에 몸을 던지니 선묘는 용이 되어 멀고 험한 길을 줄곧 호위하여 의상은 무사히 귀국하였다.

그 후 의상대사는 왕으로부터 사찰 건립의 명을 받아 영주 봉황산에 이르러 지세를 살펴보았는데, 화엄종지를 크게 선양할 수 있는 명산이나 먼저 자리를 차지하고 있는 토속신앙 무리 500여 명이 막무가내로 반대하여 고심하였다. 이때 용으로 화신한 선묘가 공중에서 바라보니 순리로는 대사의 뜻이 이루어지기 어려움을 짐작하고 법력을 써 큰 바위를 공중으로 올렸다 내렸다 세 번 하였더니 무리들이 겁을 먹고 굴복하였다. 이 자리에 사찰을 건립한 것이 부석사이며, 공중에서 세 번이나 떴다는 큰 바위 부석(浮石)은 무량수전 서편에 있다.

부석사 무량수전

부석(浮石)

최치원은 유교, 불교, 도교의 가르침을 모두 깊게 이해하고 있어 고 승들의 비문에서도 불교뿐만 아니라 유교와 도교의 경전을 폭넓게 인 용하였다. 유불도 삼교가 서로 모순되는 것이 아니라 출발점은 달라도 궁극적으로 하나로 통합될 수 있다고 보았다. 화랑을 기리는 〈난랑비 (鸞郎碑)〉 서문에서는 유불도 삼교를 융합한 풍류도를 제시하고 있다.

나라에 현묘(玄妙)한 도가 있으니 풍류라 한다. 그 가르침의 근원에 관해서는 선사에 자세히 실려 있거니와, 실로 이는 삼교를 실은 삼교를 포괄하여 군생을 접화(接化, 뭇 백성들의 교화)하는 것이다. 이를테면 집에 들어와서는 효도하고 밖에 나가서는 나라에 충성하는 것은 노사구(공자)의 뜻과 같은 것이요, 무위로써 일을 처리하고 말없이 가르침을 행하는 것은 주주사(노자)의 종지와 같은 것이요, 일체의 악한 일은 하지 않고 선한 일을 받들어 행하는 것은 축건태자(석가)의 교화와 같은 것이다.

최치원은 '현묘한 풍류'를 지닌 우수한 문화 민족으로서의 강한 자부심과 긍지를 가지고 있었다. 고유사상과 유교, 불교, 도교 등 삼교사상 사이의 공통적 성격을 찾아내는 데 힘썼고 삼교사상에 대한 연구의 기반 위에서 고유사상인 풍류를 해석했다. 그리고 신라 고유의 '풍류'를 중심으로 유불도 삼교의 사상적 융합을 꾀했다. 최치원은 유교나 불교, 도교에 자유로 출입하면서 어느 것에서도 만족을 얻었고 유교·불교·도교를 다 포함한 풍류도를 살다가 간 전형적인 신라인이었다.

한·중 교류 역사의 상징

역사적으로 볼 때 고대 한·중 교류는 당나라 수도 장안에서 가장 활발히 이루어졌다고 해도 과언이 아닐 정도로 현재 시안에는 현장법사의 제자로서 불교 유식학의 대가였던 원측, 해동화엄종을 창시한 의상, 왕오천축국전을 쓴 혜초, 도교에서 이름을 날린 김가기, 빈공과

시안 대안탑

과거에 급제한 최치원 등 여러 위인들의 발자취가 남아 있다.

현장법사의 사리탑과 함께 원측법사의 사리탑이 있는 흥교사, 의상대사가 수련했던 종남산 지상사, 혜초스님이 기우제를 지냈던 선유사, 김가기 선인이 도교에 정진했던 금선관, 최치원이 진사과 과거 급제 축하 행사에 참여했었을 대안탑을 방문하면 우리 선조들의 숨결을 느낄 수 있을 것 같다. 진사과 합격자들은 취장에서 합격의 기쁨을 만끽한 후 대안탑에 올라가 성명과 급제 시기 등을 적었다고 하는데, 이를 '안탑제명(雁塔題名)'이라고 한다.

최치원은 한·중 교류 역사에 있어서 상징적인 인물이다. 그래서 양국 인사들은 양국 간 교류와 우의에 관해 말할 때는 최치원 선생에 대해 먼저 이야기한다.

최치원 선생이 벼슬을 했던 장수성 양저우가 고향인 장쩌민 주석은 1995년 11월 방한하여 국회에서 연설할 때 "한중 관계사 2000년에서 최치원 선생의 계원필경집이 문화 교류사의 미담으로 전해지고 있다."라고 말했다.

시진핑 주석은 한·중 관계 역사를 상징하는 인물로 여러 차례 최치원 선생을 언급했다. 2013년 6월 27일 한·중 정상회담에서 최치원의 시 〈범해〉 가운데 "푸른 바다에 배를 띄우니 긴 바람이 만리를 통하네."라는 문구를 인용해 한·중 관계의 유구성과 우호를 강조했고, 2014년 7월 방한 시 서울대 연설에서도 한·중 교류의 상징 인물로 높이 평가했다.

역사를 뒤돌아보면 한중 우호와 관련된 미담이 참 많습니다. 당나라 시절 중국에 유학하여 관직에 오른 동방 유학의 대가 최치원 선생 등 양국 국민 간 우호 왕래, 상호부조의 전통은 유례가 깊습니다.

또한, 시진핑 주석은 '2015년 중국 방문의 해' 개막식 축하 메시지에서도 최치원의 시 〈호중별천(壺中別天)〉을 언급했다.

동쪽 나라의 화개동은 호리병 속의 별천치, 한국의 시인 최치원이 한반도의 아름다움을 이렇게 칭송했다.

호중별천(壺中別天)

東國花開洞　壺中別有天 　(동국화개동　호중별유천)
동방 나라의 화개동은 항아리 속 별천지라네
仙人推玉枕　身世欻千年 　(선인추옥침　신세홀천년)
신선이 옥베개를 권하니 몸도 세상도 어느새 천 년일세
春來花滿地　秋去葉飛天 　(춘래화만지　추거엽비천)
봄이 오니 꽃이 땅에 가득하고 가을이 가니 낙엽이 하늘에 날리네
至道離文字　元來是目前 　(지도리문자　원래재목전)
지극한 도는 문자에 있는 것이 아니라 원래부터 눈앞에 있었다네
擬說林泉興　何人識此機 　(의설림천흥　하인식차기)
자연에 흥취하고 있다고 말들 하지만 어느 누가 이 기미를 알겠는가
無心見月色　默默坐忘歸 　(무심견월색　묵묵좌망귀)
무심히 달빛을 쳐다보며 묵묵히 앉아서 돌아가는 것도 잊어버리네

密旨何勞舌　江澄月影通 (밀지하노설　강징월영통)
은밀한 뜻 어찌 구구하게 말하리 맑은 강물에 달그림자 드리웠네
長風生萬壑　赤葉秋山空 (장풍생만학　적엽추산공)
흩날리는 바람은 수많은 골짜기에서 일어나니 붉은 잎 가을 산과 하늘이라네

최치원 선생은 유학, 과거급제, 유람, 관료 생활 등을 통해 중국 곳곳을 누비며 활동하면서 우호사절로서 양국 문화의 가교 역할을 했다. 중국에서 펼쳤던 활동들이 기록된 최치원의 시문은 당시의 상황을 이해하는 데 중요한 사료로 이용되고 있다. 최치원 선생이 관리로 재직했던 장수성 양저우시는 2005년 중국 외교부로부터 '최치원 기념관' 설립을 허가받아 2007년에 당성 유적지 내에 개관했는데, 이는 중국 정부가 외국인 기념관 설립을 허가한 첫 사례다. 이때부터 양저우시는 매년 10월 15일을 '최치원의 날'로 정하여 기념하고 있다. 경주 최씨 종친회는 이때 '최치원 선생 고유제'를 지내고 있다.

최치원 선생과 관련해 한·중 우호 상생 협력 개발과 국제 교류가 활발하게 진행되고 있다. 함양군은 2007년 3월부터, 경주시는 2008년 11월부터 양저우시와 우호 도시 결연을 맺고 교류하고 있다. 최치원 선생을 매개로 하여 학술 토론회 등 한·중 교류 행사도 꾸준히 개최되고 있다. 최치원 선생이 사후 1,100여 년이 지난 시점에서 한·중 우호 증진과 문화 교류 촉진의 주인공으로 부상하고 있는 것이다.

최치원 선생은 위대한 시인이요 문장가이며 정치가, 사상가, 학자였다. 우리나라 한문학의 조종(祖宗), 한국문학의 비조(鼻祖), 동국유종

(東國儒宗)이니 하는 것은 우리 역사에 미친 최치원 선생의 학문적, 문학적, 사상사적인 업적이 얼마나 컸던가를 알려주는 단적인 예가 된다. 최치원 선생의 위대함은 이러한 거창한 데만 있는 것이 아니다. 한 인간으로서 자신의 포부를 갖고 이를 실현하기 위해 부단히 노력하는 삶을 살았다는 것이다.

어린 나이에 유학을 떠난 일, 과거에 합격하기 위한 피나는 노력, 당나라라는 외국에서의 뛰어난 능력 발휘, 경험과 역량을 조국을 위해 바치려 했던 열정이 바로 그 좋은 예이다. 신분의 한계와 당나라 말기와 나말여초라는 혼란스런 시대에서 각고의 노력과 풍류를 잃지 않는 삶을 살아가면서 우리 민족사에 커다란 발자취를 남겼을 뿐만 아니라 중국에까지 명성을 드날린 최치원 선생은 일상적인 자아에 매몰되어 현대를 살아가는 우리들에게 커다란 교훈과 귀감이 된다고 하겠다.

제2장

외교 담판으로 거란을 물리치고
영토를 확장한 서희 장군

서희 장군 흉상 (국립외교원 소재)

서희 장군은 거란의 대규모 침략을 당한 위기에서 탁월한 지혜와 담대한 용기로 적장과 담판을 통해 나라를 구한 것은 물론 영토를 청천강에서 압록강 유역으로까지 확장시키고 강동 6주 방어선을 확보하였다. 서희의 담판은 '한국사 최고의 협상'으로 빛나는 쾌거이자 대표적인 실리 외교의 성과로 평가받고 있다. 상대방의 의중을 꿰뚫고 위기를 기회로 만든 서희 외교는 오늘날에도 큰 귀감이 되고 있다.

#1

고려 초기의 동아시아 정세

중국과 거란과의 관계

10세기 동아시아 정세는 복잡했다. 약 300년간 통일 정권을 유지해 왔던 당나라가 907년 주전충에 의해 멸망되고 960년 송 태조에 의해 재통일되기까지 중국 대륙은 5대10국의 분열 상태가 계속되었다. 5대는 화북의 중심지대를 지배한 정통 왕조의 계열로서 후량(908~923), 후당(923~936), 후진(936~947), 후한(947~950), 후주(951~959)이다. 총 기간은 50여 년에 불과하며 각 왕조가 지속된 기간이 평균 10년에 불과할 정도로 급격한 변화의 시기이고 혼란의 시기였다.

5대 왕조가 통치한 지역은 황하 유역과 부근 지역에 그쳤을 뿐이었고, 10국이 흥망한 회하 이남의 남중국 지방, 그리고 만리장성 일대와 요동 지방은 지배하지 못했다. 더구나 5대의 세 번째 왕조인 후진은 후당의 절도사였던 석경당이 거란의 군사적 지원을 받아서 후당을 무너뜨리고 건국하였는데, 그 대가로 거란에 신하의 의례를 갖추고 해마다 금과 비단을 바치며 '연운 16주'를 거란에 할양하기로 약속하였다.

거란족은 8개 부족으로 나뉘어 있었으나 9세기 후반 점차 통일의 기운이 일어나 야율아보기에 의해 통일되었다. 당 말기 혼란기에 거란 영역으로 망명해온 한족 지식인들을 등용하여 국력을 기르고 907년에 칸의 자리에 올랐고, 916년에는 중국 왕조를 모방하여 황제라고 칭하였다. 서남방으로 원정하여 탕구트 등을 제압하고 황하 상류인 오르도스 지역까지 세력을 확장하였다. 그리고 동쪽의 강국인 발해를 공격하여 926년 2월 멸망시켰다. 이로써 거란은 중앙아시아 초원지대에서 동북 만주까지 아우르는 대제국을 형성하였다.

926년 야율아보기가 사망하자 2남인 야율덕광이 태종으로 즉위하고 936년 석경당으로부터 연운 16주를 넘겨받았다. 연운 16주는 전통적으로 한족이 살아오던 만리장성 이남의 베이징 주변 지역이다. 거란의 연운 16주 지배는 만리장성 이북의 유목국가가 만리장성 이남의 한족 농경지대를 지배한 것으로, 송 건국 후 거란과의 영토 분쟁의 씨앗이 되었다. 연운 16주 지역을 확보하고 그곳의 풍부한 물산과 인력을 이용하게 된 것은 거란의 발전에 새로운 계기가 되었다.

947년에는 국호를 한족 왕조와 같은 형식으로 대요(大遼)로 개칭하였다. "거란인은 사람을 죽이고 그 피를 마시기를 좋아했다."라는 기록이 남을 정도로 포악하고 잔인한 공포의 대상이었으나, 한편으로 비록 유목민족이었지만 발해와 중원의 문화를 흡수하여 불교문화 등에서 높은 수준을 보여주었다.

한편 송을 건국한 조광윤은 963년부터 각처로 원정에 나섰고 뒤이은 태종대에 최종적으로 오월(吳越)과 북한(北漢)을 복속시킴으로써 중국은 송에 의해 다시 통일되었다. 당을 계승한 정통 한족 왕조를 자처하는 송은 연운 16주를 오랑캐로 생각해온 거란에게 빼앗긴 것을 국가적 치욕으로 생각하여 이 지역을 수복하는 것을 국가적 사명으로 간주하였다.

고려와 주변국과의 관계

신라, 후백제, 고려의 후삼국 시대는 중국의 5대10국 시대와 거의 같은 시기이다. 후삼국 각국은 패권 경쟁에서 유리하도록 5대10국 각국과 사신을 왕래하여 정치적으로 후원받고 필요한 물자를 교역하기도 했다. 궁예의 태봉을 이은 고려는 남중국의 오월에 사신을 파견하고 남당과도 교류하였으며, 933년에는 후당으로부터 책봉받아 정식으로 국교를 수립하여 5대 각 왕조와 조공-책봉 관계를 유지하였다. 송이 건국하여 5대를 계승하고 이어서 10국을 평정해 감에 따라 중국 여러 왕조와의 관계는 송으로 일원화되었다. 고려는 962년 송에 방물사를 파견하고 이듬해에 광종은 고려 국왕으로 책봉받았다.

고려의 입장에서는 군사적, 정치적 압력을 받을 수 있는 거란을 견제하고 선진 문물 수입을 기대할 수 있는 송과의 친선 관계가 필요했다. 군사적으로 거란보다 세력이 약했던 송에게 고려는 거란을 견제해줄 수 있는 중요한 외교 대상국이었다. 거란으로서는 동쪽의 고려가 적대국인 송과 조공-책봉 관계로 맺어진 상황에서 고려와 송이 군사적으로 연합하는 것을 우려했고 주도권을 장악하기 위해서는 고려와 송의 친선 관계를 와해시킬 필요가 있었다. 당시 여진은 부족 상

대한민국 나침반 역사 속의 위인들

태로 할거하고 있었으나 광대한 지역에 분포되어 있어 언제라도 동아시아 정세에 영향을 미칠 수 있는 잠재 역량을 지니고 있었고, 후에 금나라를 세우고 북송을 멸망시켜 중국 대륙 북부 지역을 석권하게 된다.

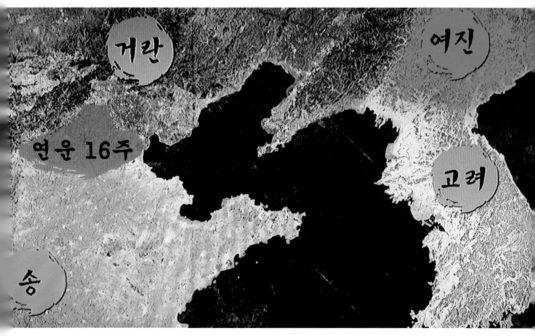

10세기 무렵 동아시아 정세

고려와 중국 왕조와의 조공-책봉 관계

전근대 동아시아 세계에서 조공과 책봉 관계는 국가 관계를 유지하는 방식이었다. 중국 대륙의 어느 왕조를 천자국으로 인정할 경우에는 주변의 나라가 천자국에 조공하고 천자국은 주변 나라의 정치적 수장을 국왕으로 책봉하는 형식으로 국교를 맺는 것이 일반적이었다. 정치적 지원을 받는 것이 일차적 목표였으나 경제 교류, 문화 교류 목적도 중요했다. 상황에 따라서 국가 사이의 힘의 충돌 관계에서 일어나는 긴장을 완화시켜 군사적 안정을 도모하는 외교적 수단의 의미도 있었다.

후삼국 각국은 통일전쟁에서 자국의 합법성과 정통성을 확보하고 유리한 정세를 조성하기 위해 중국 왕조와의 외교 관계를 이용하였다. 고려의 후삼국 통일 후에도 5대 왕조, 그리고 송과의 조공-책봉 관계는 적극적으로 유지되었다. 고려는 건국 이래 호족이 강력하여 왕권이 상당히 제약받고 있을 때 중국 왕조로부터 '고려 국왕'으로 책봉받는 것은 국왕의 지위를 호족들보다 우월한 지위로 인식시키는 중요한 수단이 되었다.

아울러 문화적, 경제적 교류를 통하여 고려 지배층의 선진 중국문화에 대한 욕구를 해결할 수도 있었으며, 그 과정에서 학습하고 수용한 중국 제도는 제도 개혁을 추진하는 데 유용하게 활용되었다. 광종이 후주로부터 과거제도를 도입하여 처음으로 과거제도를 시행한 것은 대표적인 사례이며, 지방제도의 개편, 노비안검법의 시행, 관리 공복제도의 시행 등도 잘 알려져 있다.

고려의 북진 정책

태조 왕건은 국호를 고려로 정함으로써 고구려 계승의 뜻을 분명히 하였다. 고구려의 옛 영토를 수복하기 위해 고구려 수도 평양을 서경으로 중요시하면서 전진 기지로 삼아 북진 정책을 실시하였다. 《고려사》에 의하면 태조 왕건은 918년 즉위하자마자 서경을 개척하도록 지시했다.

옛 도읍 평양이 황폐된 지 오래되어 터는 남아 있으나 가시나무가 우거지고 번인(蕃人, 야만인)**들이 그 사이에서 사냥하고 침략해 피해가 크니 마땅히 백성을 옮겨 살게 해 변방을 튼튼히 하라.**

태조는 사촌 동생인 왕식렴을 서경에 보내 지키게 하였으며, 서경을 재건하기 위해 황주·봉주·해주·백주·염주 등 패서 지역의 주민을 이주시켰다. 태조 자신도 자주 서경을 순행하고, 〈훈요십조〉를 통해서 서경에 100일 동안 머물 것을 당부하기도 했다. '교훈이 되는 10가지 조항의 중요한 정책'이라는 뜻의 〈훈요십조〉는 고려 왕조가 존속한 500년 내내 중대한 정책을 결정할 때마다 하나의 기준과 근거로 활용되었다. 즉 〈훈요십조〉는 고려 왕조 통치 강령이며 오늘날 헌법에 준할 정도의 중요한 지침이다.

이처럼 태조 왕건이 고려로 국호를 정한 것과 마찬가지로 서경을 중시한 정책을 추진한 것은 바로 고구려 강토를 회복하겠다는 의지의 표현이었다. 그 결과 삼국 통일 당시 대동강에서 원산만까지였던 고려의 국경선이 청천강에서 영홍까지 확대되었다. 거란에 대하여는 적대 정책을 취하였다. 고려가 후삼국을 통일하기 전인 926년 거란은 발해를 멸망시켰는데, 이를 계기로 태조의 반거란 정책은 확고해졌으며 〈훈요십조〉 제4조에 잘 나타나 있다.

동방은 예로부터 당의 풍속을 본받아 문물과 예악을 모두 그곳의 것을 따라왔으나, 나라가 서로 다르면 사람의 성품이 각기 다르므로 반드시 구차하게 같이할 필요는 없다. 거란은 금수와 같은 나라이다. 풍속이 같지 않고 언어도 다르니 의관제도를 본받지 말라.

고려가 받아들인 발해 유민에 의해서도 거란에 적대적인 외교정책을 수립하고 그 정책을 유지하는 데에 적지 않은 영향을 받았을 것으로 추정된다. 발해의 멸망으로 엄청난 유민이 발생하자 적극적으로 받아들였고 정권 기반을 공고히 하고 국방력을 강화하는 데 유용하게 활용했다. 실학자 유득공의 《발해고》에 의하면 이들 숫자가 10여만 명에 달했다.

발해 멸망 직전인 925년에 수만 명이 이주해 왔다. 발해 유민은 발해가 멸망된 지 상당한 기간이 지난 후에도 꾸준히 이어졌다. 발해가 멸망한 지 7년이 지난 934년에는 발해 세자인 대광현이 망명해 왔다. 태조는 그에게 극진한 대접을 아끼지 않았으며, 왕씨 성을 붙여 왕계라는 성명을 내려 고려 왕족에 편입시키고 그 막료와 군사에 이르기까지 집과 농지를 하사하고 서북면 경계에 배치했다. 발해가 멸망한 지 50여 년이 지난 979년(고려 경종 4년)에도 발해 유민 수만 명이 이주해 왔다.

태조의 반거란 정책은 만부교 사건으로 극명하게 나타났다. 거란이 고려와 친선 관계를 유지하기 위해 942년 사신을 파견하면서 낙타 50필을 선물로 보내왔다. 이때 태조는 거란은 사귈 수 없는 나라라고 하면서 사신을 섬으로 귀양 보내고 낙타는 만부교 아래에 묶어서 굶겨 죽였다. 하지만 의외로 만부교 사건 이후에도 별다른 갈등이 발생하지 않았는데, 이것은 거란이 태종 사망 후 정치적 내분에 휩싸여 있었기 때문이다.

태조의 문사인 최언위의 아들 최광윤은 후진으로 유학을 가다가 거란에 붙잡혔는데, 거란은 그의 뛰어난 재주를 알고 관리로 임용했다. 947년(정종 2년) 최광윤이 거란 사신으로 고려에 왔을 때 장차 거란이 고려를 침입할 것이라고 알렸다. 정종은 거란의 침입에 대비하기 위해 30만으로 추정되는 광군을 조직하고 이를 전담하는 기관으로 광군사를 설치하였다. 그리고 평안도 지역을 중심으로 국경 지역에 대대적인 축성 작업을 하였다. 축성은 단순히 성을 쌓고 방어시설을 설치하는 데 그치지 않고 그곳에 군사와 주민을 이주시켜 새로운 군사 도시를 만드는 것이었다. 축성은 서경을 방어할 배후 도시를 건설하려는 목적도 있었다.

거란은 983년 성종이 즉위하고 소태후가 섭정하면서 내분을 수습한 후 발해의 일부 유민들이 압록강변에 세운 소국인 정안국을 986년에 멸망시켰다. 이로써 거란과 고려는 압록강 하구에서 서로 마주 보게 되어 충돌은 시간문제였다. 거란은 989년에는 연운 16주의 탈환을 노린 송을 제압하여 정전이 이루어졌지만, 배후를 안정시키기 위해 고려에 대한 공세로 나왔다.

#2

거란 침략과 서희의 건의

거란의 고려 침략

991년 거란은 압록강 내 검동도에 내원성을 축조하고 군사를 배치하였다. 993년(성종 12년) 10월 거란의 동경 유수 소손녕이 압록강을 넘어 관문인 보주(保州)를 통과했다. 그런데 거란군 침입이 임박한 993년 5월, 서여진이 거란이 고려 침범을 준비하고 있다고 알려왔지만, 고려는 여진을 신뢰하지 않고 있는 터라 이 정보를 무시했다.

여진은 8월에 거란군이 이미 정벌군을 동원했다고 다시 알려왔다. 이번에는 고려도 사실을 받아들이고 대비를 시작하여 시중 박양유를 상군사, 내사시랑 서희를 중군사, 문화시랑 최량을 하군사로 삼아 방어군을 편성했다. 성종과 고려군의 주력이 서경에서 안북부 지역으로 진군하는 사이에 거란군의 선봉이 봉산군에 도착했다. 이곳에서 벌어진 최초의 전투에서 고려군은 대패하여 선봉 윤서안이 포로가 되었다.

성종은 더 이상 진군하지 못하고 서경으로 되돌아갔다. 서희가 군사를 이끌고 봉산군을 구원하려고 하자 소손녕이 "우리 요[大朝]가

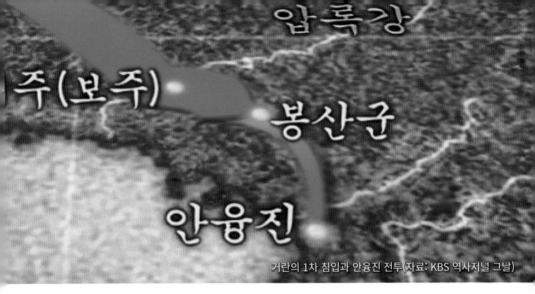

이미 고구려의 옛 땅을 모두 차지하였는데, 이제 너희 나라가 국경지대를 침탈했으므로 토벌한다."라고 소리 질러 말했다. 또 다음과 같이 편지를 보내 위협하였다.

우리 요가 천하를 통일하였는데 귀부하지 아니한다면, 기어이 소탕할 것이다. 속히 이르러 항복하고 지체하지 말라.

서희가 글을 보고 돌아와서 강화할 수 있는 여지가 있다고 아뢰자, 성종은 감찰사헌 차예빈소경 이몽전을 거란 진영으로 보내어 강화를 요청하도록 하였다. 소손녕이 다시 편지를 보내 항복을 독촉하였다.

80만 명의 군사가 당도했으니 만약 강으로 나와 항복하지 않는다면 모조리 섬멸할 것이므로, 임금과 신하들이 속히 아군 앞에 와서 항복하라.

이몽전이 거란의 진영으로 가서 침략해 온 이유를 묻자, 소손녕은 "너희 나라가 백성을 구휼하지 않으니 하늘을 대신해 벌을 내리는 것이다. 만약 강화를 구하려거든 빨리 와서 항복하라."라고 위협했다.

할지론과 항복론

이몽전이 돌아와 보고하자 성종은 어전회의를 열고 신하들과 대책을 의논했다. 《고려사》에 따르면 대신들의 입장은 두 가지로 나뉘었다. 하나는 "왕은 개경으로 돌아가고 중신을 시켜 군사를 이끌고 항복하자."라는 항복론이고, 다른 하나는 "서경 이북의 땅을 떼어주고 황주로부터 절령(자비령)에 이르는 선으로 경계를 삼는 것이 가하다."라는 소위 할지론이었다.

둘 다 고려 입장에서는 굴욕적일 수밖에 없는 방안이었고, '주전이냐 강화냐'는 논의조차도 실종되고 항복하는 방법만을 두고 논의를 벌였던 것이다. 고려가 북진 정책으로 고구려 옛 땅을 되찾기 위해 노력했으나, 이제 태조 왕건 때 회복했던 서경 땅마저 적에게 넘겨주어야 할 지경에 이르렀다. 대신들이 주장한 항복론과 할지론을 주장한 근거는 사료에 구체적인 기록이 없으나, 당시 상황에 근거하여 추론은 가능하다.

첫째, 원병을 요청할 수 없었다고 보았기 때문이다. 고려로서 생각할 수 있는 대상은 송이었다. 송이 거란과 싸울 때 군사 동원을 요청했으나 고려가 참전하지 않았던 문제가 있었다. 《송사기사본말》에 기록된 〈거란화전〉 편에는 송이 고려에 사신을 보내 병사를 내어 서쪽에서 만나기로 했으나 고려는 이에 응하지 않았다고 적고 있다. 더구나 송은 거란과 전쟁을 한 후 989년 정전을 한 지 얼마 안 되었기 때문에 고려에 군사를 보내어 전쟁을 일으킬 상황이 아니었다. 고려는 거란의 대군이 이미 들이닥친 상황이므로 송의 병력 지원을 기대하기 어렵다고 판단했을 것이다.

둘째, 거란군과 직접 맞서서 교전하는 경우를 검토했을 것이다. 거란은 송을 물리친 동아시아 제1의 군사 대국이고 동경유수이자 부마인 소손녕이 직접 출정한 것으로 보아 그 병력 규모가 거란측이 주장하는 80만 대군은 아니라 해도 대단히 컸을 것으로 추정하여 전면전에서는 승산이 없다고 판단했을 것이다.

게다가 당시 고려는 거란의 위험을 제대로 감지하지 못하였고 이에 대비하지 못하고 있었다. 고려는 성종대에 중앙군의 제도화와 재편 작업이 시작되고 있었고, 청천강 이남 지역에 병마사와 방어사를 파견하고 있었으나 전면전을 수행할 수 있는 전국적인 동원 체제는 아직 갖추지 못했다. 947년(정종 2년) 설치된 광군은 약 30만 명에 달했던 것으로 추정되나, 상비군이라기보다는 필요하면 동원할 수 있도록 편성한 예비군의 성격을 가졌던 것으로 대부분 농민 출신이었고 중앙에서 징병한 것이 아니었다.

지방에 관리를 파견한 것이 983년(성종 2년) 이후인 것으로 미루어볼 때, 당시 광군의 관장 기관인 광군사도 지방 실권자인 호족의 통제를 벗어나서 운영되지는 못했던 것으로 추정된다. 그 뒤 지방제도의 재정비 시기인 1012년(현종 3년)부터 1018년 사이에 광군은 주현군 가운데 일품군으로 개편되면서 중앙의 직접 지배를 받게 된다.

거란군이 침공하자 중앙군에 의지하는 고려로서는 왕이 최전선까지 출정해야 했다. 더욱이 봉산전투의 패배로 청천강 유역의 방어선을 고수할 자신을 상실하자, 절령으로 후퇴하고 강화를 요청하는 방안을 고려하게 되었을 것이다.

셋째, 원병도 없고 승산도 없는 전쟁을 하다 보면 전화의 피해가 엄청남은 물론 결국에는 사직이 위태로울 수 있다. 그러므로 사직의 보전과 전쟁의 피해를 줄이려면 유리한 조건으로 화의를 청하는 것이 최선책일 것이라는 의견에 공감했을 것이다. 화의를 청할 경우 우선 거란 측이 주장하는 옛 고구려 영토를 떼어주는 할지 방안을 갖고 교섭을 해보고 여의치 못하면 그때 사직 유지를 조건으로 항복 교섭을 해도 좋지 않겠는가의 논의가 있었을 것으로 보인다. 성종은 이러한 논의 끝에 할지론을 최종 결정을 했던 것으로 추정해 볼 수 있다.

서희의 '선 항전 후 협상' 건의

거란에 대한 입장이 정해지자 성종은 서경의 곳간을 열어 백성들에게 쌀을 가져가도록 했다. 그리고 아직도 곡식이 많이 남았으므로 적의 군량미로 사용될까 우려하여 대동강에 던져버리라고 명령하였다. 이때 서희가 나서 국왕을 설득하였다.

식량이 넉넉하면 성을 지킬 수 있으며 전투에도 이길 수 있습니다. 전쟁에서의 승패는 강하고 약한 데 있는 것이 아니라 적의 틈을 잘 살펴 움직여야 합니다. 어찌 갑자기 식량을 버리라고 하십니까? 하물며 식량은 백성의 생명이니 차라리 적의 군량이 될지라도 헛되이 강에다 버리겠습니까? 그것은 하늘의 뜻에도 맞지 않을 것입니다.

성종이 옳은 말이라 여기고 쌀을 대동강에 버리는 것을 중지하도록
하였다. 그러자 서희가 계속해서 아뢰었다.

거란의 동경으로부터 우리 안북부까지 수백 리 땅은 모두 생여진이 살
던 곳인데, 광종이 그것을 빼앗아 가주·송성 등의 성을 쌓았습니다. 지금
거란이 왔으나 그 뜻은 이 두 성을 차지하려는 것에 불과한데 그들이 고구
려의 옛 땅을 차지하겠다고 떠벌리는 것은 실제로 우리를 두려워하는 것
입니다.

지금 그들의 군세가 강성한 것만을 보고 급히 서경 이북 땅을 떼어 그들
에게 주는 것은 나쁜 계책입니다. 게다가 삼각산 이북도 고구려의 옛 땅인
데, 저들이 한없는 욕심을 부려 요구하는 것이 끝이 없다면 우리 국토를
다 줄 수 있겠습니까? 하물며 땅을 떼어 적에게 주는 것은 만세의 치욕이
오니 원하옵건대 주상께서는 도성으로 돌아가시고 신들에게 한 번 그들
과 싸워 보게 한 뒤에 다시 의논하는 것도 늦지 않습니다.

서희는 먼저 고려가 할지를 제안하고 화의를 청하면 거란은 더 많
은 것을 요구할 가능성이 있으므로 협상 대책으로 적합하지 않으며,
어느 정도 항전을 해본 후 거란의 의도를 파악해 화의 교섭을 하는 것
이 유리하다고 판단하였다. 어사 이지백 역시 토지를 떼어주는 것은
불가하다고 하여 서희의 주장에 동조하였다.

그러자 성종은 서희의 '선 항전 후 협상책'을 받아들였다. 국난을 맞
아 자신의 왕위와 사직이 좌우되는 중차대한 순간에 이미 결정된 할
지론을 버리고 항전책을 수용한다는 것은 결코 쉬운 결단이 아니었으
나, 성종은 서희의 주청을 받아들여 항전으로 입장을 선회하였다.

거란의 최종 목표는 중국 중원 진출이었고, 이를 위해서는 고려 정벌을 최대한 빨리 끝내야 했다. 할지론 논쟁을 보면 성종과 대부분 고려 관료들은 거란군이 처한 전술적 상황을 이해하지 못하고 고려 정복을 시도하고 있다고 생각하고 있었다. 송나라에 사신으로 다녀온 경험이 있어 국제 정세에 밝은 서희만이 소손녕이 장기전이나 정복전을 감행할 수 없다는 사실을 간파하고 있었다.

서희의 담판 자원

이몽전이 돌아간 후 오랫동안 고려의 회답이 없자 거란군은 안융진을 공격하였다. 이것은 협상에서 유리한 고지를 점령하기 위해 고려를 압박하려는 전술이었다. 그러나 중랑장 대도수와 낭장 유방이 이끄는 고려군의 공격을 받고 패퇴했다. 대도수는 고려 초에 망명한 발해의 태자 대광현의 아들이다. 안융진은 안북 서북쪽에 위치한 작은 성이나 청천강 유역의 중요한 기지였다. 중급 수준의 기지로 1,200명 정도의 병력을 배치하는 곳이며 광종 25년에 축성한 토성이었다.

안융진 전투에서 패하여 제동이 걸리자 거란군도 내심 마음이 급하게 되었다. 이를 숨기며 소손녕은 사람을 다시 보내 항복을 독촉했다. 다급해진 쪽은 고려가 아니라 거란이 된 것이다. 고려가 화통사 합문사인 장영을 사신으로 보냈으나, 소손녕은 자신이 거란의 대신이자 부마임을 과시하려는 듯이 회담 상대의 격을 높여 협상에 임하라고 요구했다. 장영이 돌아오자, 성종은 신하들을 모아 놓고 물었다.

누가 적진에 들어가 세 치 혀로 적군을 물리쳐 만세의 공을 세우겠는가?

그런데 대신 중에 응하는 자가 없었다. 자칫 적진에 들어갔다가 죽을지도 모르기 때문이었다. 또한, 이 협상은 소위 '오랑캐'인 거란의 소손녕을 상대로 한 협상이므로 그 결과는 거란군과 싸워 이기는 것 못지않게 불리할 것으로 판단했을 것이다. 그리고 협상이 국운을 건 중대사인 만큼 잘못되면 책임이 따를 것이므로 선뜻 나서는 대신이 없었다. 이때 서희가 홀로 나서 소손녕과의 회담을 자청하였다.

신이 비록 영민하지는 않지만, 어찌 감히 분부를 따르지 않을 수 있겠습니까?

서희는 자신이 성종에게 건의해 고려의 입장을 변경시킨 만큼 협상에 위험과 책임이 따른다 해도 소손녕이 요구하는 책임 있는 대신 자격으로 자신이 나서는 것이 도리에 합당하고 나라와 임금에 충성하는 길이라고 생각했던 것이다. 이를 기특하게 여긴 성종은 강가까지 나가서 서희의 손을 잡으며 전송했다. 서희는 성종의 국서를 지니고 소손녕의 장막으로 들어가 직접 담판에 나섰다.

#3
서희의 소손녕과의 담판

제1단계 협상

서희와 소손녕 간의 회담은 크게 3단계로 전개되었다. 제1단계는 예비 협상이라 할 수 있는 상견례 과정에서의 신경전, 두 번째 단계는 본 협상으로 침략의 이유를 둘러싼 공방전과 타협, 제3단계는 협상이 끝난 뒤의 후속 조치 순으로 진행되었다. 서희는 80만 대군을 공언하면서 고려를 침공한 거란 장수 소손녕과의 협상을 어떻게 이끌어갔을까? 먼저 예비 협상 단계에서 기선을 잡았다.

서희가 국서를 받들고 소손녕의 군영에 가서 통역자로 하여금 상견례의 절차를 묻게 하자, 소손녕은 "내가 큰 조정의 귀인이니, 네가 마땅히 뜰에서 절해야 한다."라고 위압적으로 말했다. 서희는 즉각 반박하였다.

신하가 군주에게 아래에서 절을 올리는 것은 예의지만, 두 나라의 대신이 서로 만나는데 어찌 이와 같이 할 수 있겠소?

적의 군사들로 가득한 곳에서 서희는 굽히지 않고 당당한 자세를 취하였다. 두세 번 절충하려 왔다 갔다 했지만, 소손녕이 계속 자기의 주장만 내세우자 서희는 숙소로 돌아와 드러누워 버렸다. 비록 소손녕이 군사 강국 거란의 대표이지만 서희와 소손녕 사이에는 군신의 관계가 성립되지 않는 것이었다. 소손녕은 그런 서희를 괘씸하게 생각하면서도 한편으로는 그 당당함에 내심 기이한 사람이라 여기고 달리 생각하게 되었다. 결국 당상에서 대등하게 대면하는 예식 절차를 승낙했다.

이에 서희는 말을 타고와 영문에까지 이르러서야 말에서 내린 후 뜰에 들어와 소손녕과 마주 보고 읍한 뒤 마루로 올라가 예법에 따라 동서로 마주 앉아 담판에 들어갔다. 이 회담은 전시에 개최된 강화회담으로서 분위기도 무겁고 국가의 안위가 걸린 매우 중차대한 담판이었다. 그리고 적진의 군영 속에서 동아시아 군사대국의 백전노장과 회담하는 어려운 상황이었다. 그럼에도 불구하고 서희는 첫 번째 관문인 의전에서 당황하거나 위축되지 않고 오히려 상대의 기선을 제압했던 것이다.

본 협상 전개

소손녕은 위협적인 어조로 자신의 출병의 명분과 요구 조건을 말했다.

너희 나라는 신라 땅에서 일어났고 고구려 땅은 우리 소유인데, 너희들이 침범해 왔다.

소손녕은 신라를 계승한 고려가 거란 땅을 침범했다고 지적하면서, 현재 차지하고 있는 고구려의 옛 땅을 주인인 거란에게 돌려주라는 요구였다. 광종이 여진 땅을 빼앗아 성을 쌓은 일을 두고 한 말이지만, 이는 어느 나라가 고구려의 계승 국가인가를 따지는 매우 중요한 논점이었다. 이에 대해 서희는 다음과 같이 반박했다.

그렇지 않다. 우리나라가 바로 고구려의 옛 땅이기 때문에 국호를 고려라 하고 서경에 도읍하였다. 만일 국경 문제를 논한다면 요의 동경도 모조리 우리 땅에 있는데, 어찌 우리가 침범해 왔다고 말하는가?

서희는 고려라는 국호와 평양을 서경으로 정한 사실을 들면서 고려야말로 실질적인 고구려의 후계자임을 논증하였다. 나아가 거란의 동경조차도 오히려 고려의 영토가 되어야 마땅하다고 주장하였다. 고려 초부터 추진해온 북진 정책을 거론하며 고려가 고구려의 후계자임을 주장하고, 나아가 거란이 차지하고 있는 요동까지도 고구려의 옛 땅이므로 고려가 차지해야 한다고 적의 의표를 찌른 것이다.

아마 고구려 후계 문제는 워낙 중요한 쟁점이다 보니 상당히 장시간 격렬한 논쟁이 전개되었을 것이다. 협상에 능숙한 외교관이자 문신인 서희와 야전에서 무력으로 승부를 내는 장수인 소손녕 간의 논리 싸움에서는 아무래도 소손녕이 서희에게 밀렸을 것이고, 기분이 상한 소손녕은 침입 초기부터 전가의 보도처럼 내세웠던 '80만 대군' 운운하며 위협조로 나왔을 것이다. 거란 상황을 잘 알고 있는 서희는 이에 굴하지 않고 오히려 안융진에서의 고려군의 승리를 거론하면서 역공을 가하였을 것이다. 결국 서희의 명쾌한 논리에 소손녕이 반격

하지 못함으로써 첫 번째 쟁점인 고구려 후계 논쟁은 고려의 승리로
일단락되었다.

서희의 논리와 기세에 눌린 소손녕은 거란이 침공한 이유에 대해
이실직고했다.

중국의 고구려사 왜곡 문제

한 · 중 간의 역사 문제는 지난 2002년부터 5개년 사업으로 시작된 이른바 중
국의 '동북공정'으로부터 촉발되었다. 고구려사를 중국사라고 강변하는 내용
이 주를 이루었고, 이로 인해 동북공정은 중국의 고구려사 왜곡, 나아가 고구려
사 빼앗기 사업으로 알려졌다. 더구나 '동북공정'의 내용이 보다 구체적으로 알
려지면서 고조선·발해의 역사까지 중국사로 편입시키려 한다는 것이 밝혀졌
고, 더 나아가 한반도의 정세 변화에 대비한 역사적 명분 마련을 위한 중국의
국가 전략이라는 것도 드러났다.

중국은 국가주의 역사관, 특히 각 민족의 단결을 강조하는 '통일적 다민족 국가
론'을 동북 지역에 적용하여 중국의 역사적 정체성을 완결하려고 한다. 이에 따
라 조선족이 중국 국민으로서의 정체성을 확고히 해 동요하거나 이탈하지 않
도록 사전에 방지하려고 한다. 그리고 중국은 동북공정을 통해 고조선 · 부여
· 고구려 · 발해의 역사가 중국사임을 이론화하여 만주는 한민족과 역사적으
로 관계없다고 부정하려고 한다.

이와 같이 동북공정은 현재의 필요를 위해 과거의 이미지를 새로 만들어 중화
민족 국가의 역사적 연원을 마련하고 국민적 통합과 영토적 통합을 완수하려
는 전형적인 사례라고 할 수 있다. 더욱이 "현재의 중국 영토 내에서 각 민족이
이루어낸 역사적 활동은 모두 중국사"라는 현재적 편의의 역사관, '현재의 중
국 영토 내에서 활동했던 모든 민족은 당연히 중화민족이고 중국민족'이라는
민족관, 근대 이후 형성된 영토 개념이나 국경 개념을 전근대 시기까지 소급하

여 불분명했던 영역을 현재의 관점에서 자의적으로 획정하는 영토관 등 모두 영토를 기준으로 삼고 있다는 점에서 '영토 지상주의' 역사 인식의 산물이라고 할 수 있다.

이런 점에서 '동북공정'에 대한 전 국민의 관심과 우려가 고조되자, 당시 정부에서도 장기적인 대응책을 마련하고 중국 정부에 공식적으로 문제를 제기하였다. 2004년 8월 '한 · 중 구두양해사항' 합의로 중국의 고구려사 왜곡에 대해 시정을 요구할 수 있는 근거가 마련되었다.

그러나 한·중 양국의 합의에도 불구하고 동북공정의 결과물이 발간되어 동북공정의 논리가 확산되고 있음이 드러났다. 이에 따라 2006년 9월과 10월, 노무현 대통령이 중국의 원자바오 총리와 후진타오 국가주석에게 이 문제를 지적하며 시정을 요구하였다. 중국 최고지도자는 구두양해사항을 존중하고 이행하겠다고 말했다. 그러나 계속 경각심을 가지고 주시해야 할 것이다.

우리와 국경을 접하고 있는데도 바다를 넘어 송을 섬기기 때문에 오늘의 출병이 있게 된 것이다. 만약 땅을 분할해 바치고 조빙(朝聘, 사신을 파견하여 알현)**에 힘쓴다면 무사할 수 있을 것이다.**

이것은 거란이 전쟁을 일으킨 진짜 원인과 전쟁의 목적을 말한 것이다. 거란은 고려가 송과 연합해 대항하는 것을 걱정했고 고려가 자기들의 말을 고분고분 듣기를 원했다. 사실 당시 거란의 출병 목적은 송과의 전면전을 앞두고 배후를 안정시키려는 목적을 갖고 있었다. 거란의 진짜 목표는 송나라였다. 실제로 송은 985년(성종 4년) 감찰어사 한국화(韓國華)를 고려에 보내 거란에 대한 협공을 요청했다. 서희는 거란이 전면전보다 고려와의 화의를 원하고 있음을 협상 전부터 알고 있었다. 그래서 자신감을 갖고 당당함과 정연한 논리로 소손녕에게

대한민국 나침반 역사 속의 위인들

대응할 수 있었다.

서희는 거란과 국교를 맺기 위해서는 압록강 이남에 있는 여진을 내쫓고 그 땅을 고려가 차지해야 가능하다는 조건을 내걸었다.

압록강 안팎 또한 우리 땅인데 지금 여진이 그 땅을 훔쳐 살면서 완악하고 교활하게 거짓말을 하면서 길을 막고 있으니, '요로 가는 것'은 바다를 건너는 것보다 더 어렵소. 조빙이 통하지 않는 것은 여진 때문이니 만약 여진을 쫓아내고 우리의 옛 영토를 돌려주어 성과 보루를 쌓고 도로를 통하게 해준다면 어찌 감히 조빙을 잘 하지 않겠소이까?

서희는 고려가 고구려의 후손이라는 연장선상에서 압록강 안팎이 우리 땅인데 현재 여진이 차지하고 있어 거란과 왕래를 할 수 없는 것이므로 여진을 제거해 준다면 거란과 왕래하고 국교를 맺겠다는 것을 밝혔다. 다시 말해 거란과 통교하지 않고 있는 것은 거란을 정치적 의도에서 고의적으로 배제하기 위함이 아니라, 단지 거란 휘하에 있는 여진이 국경 지역을 차지하고 있기 때문이니 이를 제거해 준다면 고려는 당연히 거란과 통교하겠다고 말했다. 새로운 대안을 제시한 것이다. 송과의 결전을 앞둔 시점에서 그 지원 세력으로 고려의 행보를 주목하고 있던 거란으로서는 고려에 대한 의심을 버릴 수 있는 발언이었다.

협상 결과를 통해 추론컨대, 이 말을 듣고 소손녕은 잠시 부장들과 협의한 후 "만약 우리가 그 땅을 돌려준다면 고려가 진정 송나라와의 관계를 끊고 우리의 연호를 사용할 수 있겠소?"라고 물었고, 서희는 "물론이오. 대신 압(록)수 동쪽에 있는 280리 땅을 우리 소유로 하는 것에 동의해 주시오."라고 답했다.

양측의 협의 내용을 요약하면 거란이 옛 고구려 영토의 반환과 고려의 사대라는 두 가지를 요구한 데 대해 서희는 영토 문제를 거란이 양보하면 사대 문제는 고려가 양보할 수 있다는 타협안을 제시한 것이다. 이 타협안은 상대방으로 하여금 검토해 볼 수 있는 충분한 근거와 여지를 갖고 있었다. 서희는 쐐기를 박듯이 덧붙여 말했다.

장군께서 만일 나의 말을 천자께 전달해 준다면 어찌 천자께서 애절하게 여겨 받아들이지 않겠소?

서희는 자신의 요구를 거란 황제에게 전하라는 말까지 함으로써 소손녕에게 귀국의 명분까지 제공한 것이다.

담판 결과

최종적으로 서희는 소손녕과 두 가지 사항에 합의하였다. 첫째, 고려는 송과의 조공-책봉 관계를 단절하고 새로 거란과 조공-책봉 관계를 맺는다는 것, 둘째, 고려가 압록강 이남의 여진족을 축출하고 영토로 확보하는 데 거란이 동의하고 협조한다는 것이었다. 소손녕이 거란 본국으로 협상 내용을 보고하자, 거란 성종은 "고려가 이미 강화를 요청해 왔으니, 마땅히 군사 행동을 중지하라."고 명을 내렸다.

결국 소손녕은 안융진 전투의 패배에도 불구하고 고려와의 통교를 맺고자 했던 거란의 첫 번째 목표를 달성함으로써 귀국의 명분을 갖게 되었다. 서희가 제시한 조건은 거란과 고려가 서로 이익을 볼 수

대한민국 나침반 역사 속의 위인들

있는 접점이었다.

회담이 합의에 이르자 소손녕은 서희에게 축하연을 제의했다. 이것은 협상 상대방에 대한 신뢰 표시라고 할 수 있다. 그러나 서희가 "본국이 비록 잘못한 일은 없다고 하더라도 요가 수고롭게 군대를 내어 멀리 오게 되었으니, 상하 모두가 당황하여 무기를 들은 채로 여러 날을 들판에서 지새웠으므로 어찌 차마 잔치를 열고 즐기겠는가?"라고 완곡히 거절했다. 그러자 소손녕이 "두 나라의 대신이 서로 만났는데, 어찌 환호의 예가 없겠는가?"라고 하며 다시 청하자 마침내 서희도 수락하였다.

소손녕은 개경으로 돌아가는 서희에게 낙타 10마리, 말 100필, 양 1,000마리와 비단 500필의 예물까지 주었다. 회담 결과가 강자인 거란이 철군하는 것으로 되었는데, 이렇게 많은 예물을 준 것은 이해하기 힘들다. 소손녕이 회담에 만족했던 것이고, 그만큼 고려의 송과의 관계 단절과 거란과의 통교가 예상치 못한 희소식이었기 때문이었다.

자칫 잘못하면 나라의 운명을 건 큰 전쟁이 일어날지도 모를 회담이 성공적으로 끝나자 고려의 군신과 백성들은 크게 기뻐했다. 서희가 회담을 마치고 돌아오자 성종은 신하들을 거느리고 몸소 행차하여 강가에 나가 맞이하였다. 백성들도 구름처럼 모여들어 환호성을 올리며 개선하는 길을 반겼다. 성종은 대묘에 나가 제사를 올리고 큰 잔치를 열어 서희의 노고를 치하했다. 그뿐만 아니라 문무관들의 벼슬을 한 계급씩 올려 주고 백성들에게는 3일간이나 술과 음식을 내렸으며 죄 짓고 도망한 자들을 사면하는 등 온 나라가 잔치 분위기가 되었다.

후속 조치

결국 거란은 서희의 제안을 받아들여 군대를 철수시켰고 소손녕은 994년 2월 서희와의 합의 내용을 재확인하는 서한을 보내왔다. 이 서한은 거란이 서희-소손녕 회담의 합의 사항을 최종 확인하는 '비준' 절차를 취한 것이다. 현대 사회에서도 조약 등 중요한 회담 결과는 회담 대표가 가서 서명하고 각각의 국내적 인준 절차를 완료했을 때 발효하는 형식을 취하고 있는데, 서-소 회담도 오늘날과 유사한 형태로 진행되었음을 알 수 있다.

소손녕의 서한은 거란 성종의 재가를 받았기 때문에 거란의 국서로서 효력을 가지며 이에 대해 고려의 반대나 이의 제기가 없었으므로 양국 간에 합의된 협정이라고 할 수 있다. 우리 역사에 '서-소 협정'이라고 불리고 있는 것은 바로 소손녕이 고려에 보내 온 서한을 가리키며, 여기서 거란은 압록강 서쪽 5개 지역에 축성할 것이니 고려도 압록강 동쪽에 속히 축성하여 조공로를 개통시키자고 촉구하였다. 《고려사》에 그 내용이 실려 있다.

우리 황제는 칙령으로, '고려와는 좋은 우호관계가 일찍부터 통하였고 국경이 서로 맞닿았다. 비록 작은 나라가 큰 나라를 섬김에 진실로 합당한 규범과 의례가 있지만, 그 처음과 끝을 살펴본다면 모름지기 오래도록 우호 관계를 남겨야 한다. 만약 미리 대비책을 마련하지 않으면 사신이 오가는 길이 도중에 막힐까 걱정이다. 따라서 고려와 서로 상의하여 길의 요충지에 성곽과 해자를 쌓아 만들도록 하라.'라고 말씀하셨습니다.

대한민국 나침반 역사 속의 위인들

황제의 명령을 받고 스스로 생각해 보니, 압록강 서쪽 마을에 5개의 성을 쌓아 만드는 것이 어떨까 하여 3월 초에 축성할 곳으로 가서 성 쌓는 공사를 착수할까 합니다. 삼가 요청하건대 고려의 대왕께서 미리 지휘하여 안북부로부터 압록강 동쪽에 이르기까지 총 280리 사이에 적당한 지역을 돌아다니고 성들 사이 거리의 멀고 가까움을 헤아리게 하시고, 아울러 성을 쌓을 일꾼들을 보내 우리 측과 같이 시작할 수 있도록 명령하여 주시며 쌓을 성의 수가 도합 몇 개인지 빨리 회보하여 주십시오. 귀한 것은 거마가 오가며 통함으로써 길이 조공할 수 있는 길을 여는 것과 영원히 우리 조정을 받들어 스스로 편안할 수 있는 계책을 마련하는 것입니다.

고려 성종이 합의를 기정사실화하고 전쟁 재발을 막기 위해서 거란과 외교관계를 서두르자, 서희는 이렇게 아뢰었다.

제가 소손녕과 약속하기를 여진을 깨끗이 평정하고 옛 땅을 수복한 뒤에야 조근(朝覲, 임금 알현)이 행하여질 것이라고 하였는데 이제 겨우 강 안쪽을 수복하였으니, 요청하건대 강 밖의 영토까지 획득하고 나서 빙례(聘禮, 찾아가는 예의)를 행하더라도 늦지 않을 것입니다.

성종은 "오래 수교하지 않으면 후환이 생길까 두렵다."라고 말하였다. 고려는 거란 성종의 연호인 '통화(統和)'를 사용하고 포로로 잡혀간 사람들의 송환을 요구하였다. 협상 조건에 따라 드디어 고려에서는 시중 박양유를 사신으로 파견하였다. 거란으로부터 고려 국왕으로 정식 책봉 받아 고려와 거란 간의 조공-책봉 관계가 수립되었다.

고려는 거란과의 통교를 결정한 후에 송과의 관계를 어떻게 정리해야 할 것인가를 숙고하지 않을 수 없었다. 994년 6월 송에 원욱을 밀사로 파견하였다. 고려 사절은 지난해 거란 침입과 그에 따른 강화 내용을 설명하고 거란의 침략으로 불가피하게 굴복했으므로 지금이라도 송에게 함께 거란에 복수하자고 제안하였다.

그러나 송은 거란과 군사적 충돌을 원하지 않았고 서하를 무마하기 위한 세폐 지급과 거란과의 전쟁으로 국고가 피폐해진 상황이라 고려의 제안에 동의할 형편도 아니어서 이에 응하지 않았다. 고려는 이를 빌미로 송과 외교 관계를 단절하였는데, 송이 절대로 수용할 수 없는 외교적 제안을 하여 국교를 단절하는 절차를 밟기 위한 전략을 썼던 것이다.

서희의 담판으로 압록강 동쪽의 영유권을 인정받은 고려는 북방 개척에 박차를 가하였다. 994년부터 996년에 이르는 짧은 기간 동안 청천강에서부터 압록강까지의 280리 지역에 웅거하고 있던 여진족을 몰아내고 장흥진, 귀화진, 안의진, 흥화진 등 4진과 곽주, 귀주, 선주, 맹주 등 4주에 성을 쌓고 의주에는 '압록강구당사'를 설치하였다. 이곳을 통치하기 위해 흥화·용주·통주·철주·구주·곽주 등 6주를 설치하였다. 서희는 강동 6주에 성을 쌓고 고려 영토에 편입하는 작업을 몸소 지휘했다.

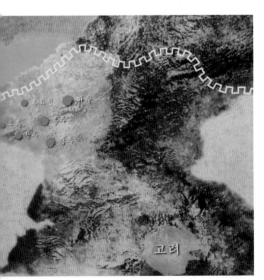

강동 6주(자료: 서희 역사관)

대한민국 나침반 역사 속의 위인들

#4
서희 담판의 의의 및 서희 장군의 리더십

서희 담판의 의의

서희의 담판은 '한국사 최고의 협상'으로서 빛나는 쾌거이자 대표적인 실리 외교의 성과로 평가받고 있다. 상대방의 의중을 꿰뚫고 위기를 기회로 만든 서희 외교는 오늘날에도 큰 귀감이 되고 있는데, 그 의미를 세 가지 측면에서 분석할 수 있다.

첫째, 고려를 위난에서 구했고 고구려가 우리 역사임을 각인시켰다. 할지론이 결정되었기 때문에 만약 서희의 강력한 반대가 없었다면 십중팔구 고려 조정은 소신도 없이 나약하기만 한 신하들의 주장대로 절령(자비령) 이북의 땅을 거란에 떼어주고 굴욕적인 화친을 맺게 되었을 것이다. 그 결과 고려는 거란의 속국이 되어 두고두고 나라의 주권이 간섭당하는 수치를 감수해야 했을 것이다. 더 나아가 한반도 북쪽을 거란이 지배함으로써 장차 국토의 보전마저 힘든 상황이 되었을지도 모른다.

서희의 담판으로 인해 한 치의 땅도 손실 없이 절체절명의 위기를 극복하게 되었고, 거란이 고려에게 고구려 옛 땅인 강동 6주 지역을 인정함으로써 고구려가 객관적으로 우리 역사에 명백히 편입될 수 있었다. 1057년(문종 11년) 거란이 고려에 보낸 국왕 책봉 조서에 보면 "주몽(朱蒙)의 나라에서 왕위를 이어받아 현도의 고을에 가르침을 베풀었으며 관용과 위엄으로 강한 군대를 바로잡고 온화함으로 아름다운 풍속을 일으켰다."라고 문종을 평가하는 내용이 있는데, 거란은 고려가 주몽이 세운 고구려를 계승하였음을 인정하고 있다. 이러한 배경하에서 1145년(인종 23년) 정사인 《삼국사기》가 편찬될 수 있었다.

둘째, 서희 담판으로 영토를 압록강까지 확장시켰다. 80만 대군을 이끌고 쳐들어왔다는 소손녕의 위협에 땅을 떼어주자는 논의가 대세였던 당시에 오히려 서희는 여진에 대한 협공을 빌미로 청천강 이북을 장악했다. 압록강과 청천강 사이에 280리 땅은 고려가 북진을 하고 싶어도 거란과의 충돌을 우려해 차지하지 못하고 있던 곳이었다. 외교 담판으로 피 한 방울 흘리지 않고 당당하게 광대한 영토를 확보하였다. 압록강 유역을 다시 차지하게 됨으로써 고구려 멸망과 발해 멸망 이후 축소되었던 한민족의 생활권이 압록강을 자연 경계로 확장되었다.

셋째, 서희 담판을 계기로 방어망을 튼튼히 하였다. 고려가 군제 정비에 노력한다고 해도 청천강과 절령을 1, 2차 방어선으로 하는 방위 체제로 거란을 상대하기는 너무 위험했다. 고려가 제대로 전쟁을 수행하기 위해서는 압록강과 청천강에 이르는 지역에 1차 방어선을 두어야 했다. 서희 담판을 통해 서북면의 군사·교통상의 요지인 압록강과 청천강 사이에 강력한 강동 6주 방어망을 구축하였기 때문에 그 후 전개되는 전쟁에서 고려는 강동 6주를 통해 거란을 비롯한 대륙 세력의 침입을 막아냈다.

거란은 강동 6주를 빼앗기 위해 두 차례나 고려에 쳐들어왔다. 첫 번째 침공 때 고려는 양규가 흥화진 전투에서 거란 대군을 격파했다. 두 번째 침공 때는 강동 6주에 막히자 화가 난 거란군은 보급 체제와 순리를 무시하고 강동 6주 지역을 무리하게 강행 통과했다가 강감찬 고려군의 추격과 역습에 걸려 유례없는 참패를 당했다. 이 전투가 유명한 귀주대첩으로 다시는 거란이 침략해 볼 엄두를 내지 못하게 만들었다. 만약 강동 6주 방어선이 없었다면 고려는 거란과의 전쟁을 승리로 이끌 수 없었을 것이다. 강동 6주의 가치는 몽골군의 1차 고려 침입 때 박서의 항전에서도 나타난다. 이런 점에서 서희의 담판을 통한 영토 확장과 방어망 구축의 중요성은 우리 민족의 역사에서 큰 의미가 있다고 말할 수 있다.

서희 장군의 리더십

서희 장군은 지혜와 용기 있는 결단을 통해 우리 역사에 불멸의 업적을 남겼다. 위급한 상황에서도 탁월한 분석과 혜안으로 거란군의 상황과 고려군의 전술적 장단점을 파악한 바탕 위에서 전략을 마련하여 대처하였기에 전화위복의 승리, 싸우지 않고 얻은 승리, 시간이 경과하면서 더욱 빛나는 시대를 초월한 승리를 거두었다. 2009년 외교통상부는 서희 장군을 '우리 외교를 빛낸 인물 1호'로 선정했다. 한국 역사상 최고의 외교관인 서희, 그는 어떤 리더십을 가진 인물이었을까?

첫째, 서희 장군은 강직한 성품에 실력을 겸비한 문신이고 나라를 위해서는 일신의 안위를 돌보지 않은 충신이었다. 서희의 할아버지 서신일은 이천 지역의 호족이었고, 부친은 높은 직위에 있었기 때문에 음서제로 채용될 수 있었으나, 과거시험 대과에 당당히 급제했다.

부친 서필의 강직한 기질을 이어받아 임금에게 직언을 서슴지 않은 강직한 관리였다. 서희가 국왕의 행차를 따라 서경에 갔을 때에 성종이 영명사에 몰래 가서 놀려고 하자, 간언하여 왕의 계획을 중지시켰다. 또한, 공빈령 정우현이 봉사를 올려서 시정에 대해 비판하다가 왕의 노여움을 샀는데, 성종이 재상들을 모아 놓고 "정우현이 감히 월권하여 그 일들을 논했으니, 그에게 죄를 주는 것이 어떠한가?"라고 묻자, 모두 "명령대로 하겠습니다."라고 말하였지만, 서희는 "옛날에 간쟁하는 데에는 관직이 따로 없었으니, 정우현의 비판은 대단히 적절하오니 마땅히 표창할 만합니다."라고 간했다.

그리고 서희는 젊은 시절부터 탁월한 외교관의 능력을 발휘했다. 《고려사》에 "광종 23년(972)에 사명(使命)을 받들고 송에 갔는데, 당시 송에 조회하지 않은 지가 10여 년이 된 터에 서희가 이르러 몸가짐을 법도에 맞게 하니, 송 태조가 그를 가상히 여겨 검교병부상서를 제수하였다."라는 기록이 있다.

서희 장군은 할지론이 이미 결정된 상태에서 관직을 걸고 '선항전' 전략을 제시했을 뿐만 아니라 위험을 감수해야 하는 강화회담을 자청했다. 소위 '오랑캐'인 거란을 상대로 하는 담판이기 때문에 자칫 적진에 들어갔다가 죽을지도 모르고 협상이 국운을 건 중대사인 만큼 잘못되면 책임이 따를 수밖에 없었으나, 담대한 용기를 발휘하여 목

대한민국 나침반 역사 속의 위인들

숨을 돌보지 않고 담판에 나서 나라를 위기에서 구해 냈다.

둘째, 서희 장군은 국제 정세에 밝았고 상대방의 목적과 취약점을 정확하게 꿰뚫어 보았다. 일찍이 송나라에 사신으로 가 본 적이 있어 송나라와 거란 양국과의 관계와 거란의 상황을 잘 알고 있었다. 나라의 운명이 바람 앞의 등불처럼 어려움에 처했을 때 정세를 꿰뚫어 보는 깊은 통찰력으로 거란의 속셈을 알아차렸다.

서희 장군은 막강하다는 거란군이 쾌속 진군을 하지 않고 계속 말로 항복을 요구하고 있는 태도가 수상하다는 점을 간파하였다. 소손녕이 80만 대군을 몰고 왔다고 호언하였으나 이것은 소손녕이 고려 사신 이몽전에게 한 말로서 그대로 신뢰하기는 어렵다. 여요전쟁(麗遼戰爭, 고려-거란 전쟁) 중 거란군의 규모가 가장 컸던 때가 성종이 친정을 했던 2차 침공 때로 이때 병력이 40만이었다. 강감찬에 패한 소배압이 침공할 때는 10만이었다.

서희 장군은 적의 허장성세에 넘어가지 않고 적군의 군세를 객관적으로 판단하였다. 특히 거란이 송과의 전쟁에 대비하는 것이 중요한 상황이라 고려와의 전쟁을 장기전으로 끌고 가려고 하지 않을 것이라는 점을 간파하였다. 거란의 대군을 맞아 고려 조정 전체가 위축되어 항복이냐 할지냐를 논하고 있을 때 서희 장군은 지피지기의 사고로 '선 항전 후 협상' 전략을 내놓은 냉철한 판단력의 소유자였다.

서희 장군은 거란의 침공 목적을 정확하게 꿰뚫어 보았다. 거란이 옛 고구려의 영토였던 서경 이북의 땅을 요구했지만, 고려를 침공한 것은 다른 큰 목적이 있었다. 당시 거란은 송나라와 '연운 16주'를 두고 영토 분쟁 상황이었고 송나라와 한판 승부를 벌여야 했다. 거란으로서는 송나라와 전쟁을 하고 있는 상황에서 송나라와 친한 관계에 있는 고려가 배후에서 공격을 해오면 상당한 위험에 빠지게 된다. 송나라와의 전쟁에 앞서 이러한 위험 요인을 해소하기 위해 침입한 것이다.

셋째, 서희 장군은 협상의 기본을 정확히 알고 실리 외교를 전개하였다. 협상을 시작할 때 기세가 중요하며, 그래서 예비 협상이라 할 수 있는 의전 절차 협의 과정이 중요하다. 소손녕이 대국의 귀인인 자신에게 뜰에서 절해야 한다고 위압적으로 말했을 때 서희 장군은 두 나라 대신이 만나는 것이기 때문에 군신의 관계가 성립되지 않는다고 하면서 굽히지 않고 당당한 자세를 취하였다. 결국 소손녕은 대등하게 대면하는 예식 절차를 승낙했다. 서희 장군은 적의 군사들로 가득한 곳에서 동아시아 군사 대국의 백전노장과 회담하는 어려운 상황이었으나, 당황하거나 위축되지 않고 오히려 상대의 기선을 제압했던 것이다.

서희 장군은 확실한 협상 포지션(position)을 가지고 있었다. 협상 포지션은 협상자가 초기에 상대에게 주장하거나 내세우는 것이다. 소손녕이 위협적인 어조로 신라를 계승한 고려가 거란 땅을 침범했다고 지적하면서, 현재 차지하고 있는 고구려의 옛 땅을 고구려를 계승한 거란에게 돌려주라고 협박했다. 이것은 어느 나라가 고구려의 계승 국가인가를 따지는 매우 중요한 논점으로서 협상 초기 단계에서 핵심 이슈였다. 서희 장군은 고려라는 국호와 평양을 서경으로 정한 사실을 들면서 북진 정책을 거론하며 고려가 고구려의 후계자임을 논증하고, 나아가 거란의 동경조차도 오히려 고려의 영토가 되어야 마땅하

대한민국 나침반 역사 속의 위인들

다고 역공을 가하여 첫 번째 쟁점인 고구려 후계 논쟁을 고려의 승리로 이끌었다.

서희 장군의 협상 목표(goal)는 원대했다. 빼앗길 것을 생각한 것이 아니라 고려의 미래를 위해 무엇을 얻을 것인가를 생각하면서 실리 협상을 전개하였다. 소손녕이 고려가 바다를 넘어 송을 섬기기 때문에 오늘의 출병이 있게 된 것이라고 하면서 땅을 바치고 사신을 파견하면 무사할 수 있을 것이라고 말하자, 서희 장군은 거란과 국교를 맺기 위해서는 길을 막고 있는 여진을 내쫓고 그 땅을 고려가 차지해야 가능하다는 조건을 내걸었다. 여진이 가로막고 있는 영토를 고려가 차지해야 거란과 통교할 수 있다는 서희 장군의 설득 논리는 뛰어난 발상이 아닐 수 없다.

그리고 거란과의 관계에서 서희의 외교가 성공할 수 있었던 결정적 요인의 하나는 서희 장군의 인격에 대한 소손녕의 신뢰였다. 협상의 중요한 요소 중 하나인 관계(relationship) 구축에 성공했던 것이다. 협상에서 관계는 신뢰나 친밀감을 바탕으로 생기는 개인적 관계(interpersonal relationship)를 말한다. 상대방의 협박에 기죽지 않는 당당함과 함께 예법에 맞는 언행과 태도는 상대방의 마음을 얻는 데 주효했다. 서희의 협상 리더십은 단순한 기술이 아니라 리더의 정도의 실천이었다.

당초 고려의 협상 목표는 침략군인 거란군 철수였으나, 국가적 과제인 영토 회복까지 달성하였다. 협상에는 물론 내주는 것도 있어야 한다. 진정으로 승리하는 협상은 양측이 만족하되 많이 얻어내는 협상이다. 서희 장군은 협상 상대방이 만족할 수 있는 욕구(interest) 수준을 정확히 파악하고 있었다. 고려는 거란이 내심 원하는 송과의 국교 단절, 거란에 대한 명분상의 존대를 받아 들였다. 내준 것은 고려에게 큰 손해가 아니었다. 고려는 송에게는 동맹국으로 절실한 나라이지만 고려의 입장은 달랐다. 그래서 거란의 제의를 받아들였던 것이다. 고려는 거란을 상국으로 인정했지만 조선 시대 사대와는 큰 차이가 있다. 고려는 거란에게 내정 간섭을 받지도 않았다.

송 태종은 거란(요)을 상대로 979년과 986~989년 2회에 걸쳐 전쟁을 일으켰으나 모두 실패하였다. 두 나라는 계속 갈등을 겪다가 1004년 '전연의 맹'이라는 형제의 맹약을 맺고 화친하였다. 이 맹약은 송나라에 침입한 요나라의 성종과 이를 막기 위해 북상하였던 송의 진종이 전주에서 대진하고 체결한 강화조약이다. 요나라는 매년 비단 20만 필, 은 10만 냥을 받게 되었고 송에 대한 군사적 우위를 확인하며 동아시아 최강의 국가로 인정받게 되었다. '전연의 맹'과 '서희-소손녕 담판'을 비교해 보면 고려가 얼마나 성공적인 협상을 했는지가 드러난다. 해마다 거란에 수십만 필의 비단과 은을 바친 송나라와는 달리, 고려는 당당히 평화를 쟁취해냈다.

상대방의 의중을 꿰뚫고 위기를 기회로 만든 서희의 뛰어난 외교력은 우리 역사상 대표적인 실리 외교의 성과로 평가받고 있다. 절체절명의 위기에서 인명의 희생이나 전쟁의 수고 없이 나라를 구한 것은 물론 영토를 청천강에서 압록강 유역까지 확장시켰기에 서희는 '한국 역사상 최고의 외교관'이라는 칭송이 따른다.

이후 고려는 유연하면서 실리적인 외교를 통해 주변 강자들과의 투쟁에서 살아남았다. 거란이든, 송이든, 금이든 강온의 외교노선을 구

대한민국 나침반 역사 속의 위인들

사하며 외교 주도권을 쥐면서 국제적 지위를 공고히 하였다. 강자들의 경쟁 속에서 생존과 번영의 길을 찾아야 하는 오늘날 우리에게 결단력과 슬기, 그리고 자신의 목숨을 돌보지 않는 용기와 충성심으로 국가를 위기에서 구한 서희 장군은 귀중한 스승이요 본받아야 할 리더의 전형이다.

서희 테마파크

자주정신이 투철한 외교관이며 문무의 비범한 자질을 갖춘 뛰어난 전략가요 나라를 위해서는 일신의 안위를 돌보지 않은 충신 서희 장군의 고향인 이천에는 서희 테마파크가 조성되어 있다. 스토리텔링 산책로와 서희역사관, 추모관으로 구성되어 있다. 겨레의 위대한 스승이자 자랑스러운 정치 외교가인 장위공 서희 선생의 정신을 고취하기 위해 조성되었다. 거란과의 담판에서 보여준 실리와 명분, 뛰어난 지략과 위기를 기회로 만든 외교적 업적을 배우고 체험하는 역사 학습의 장으로 활용되고 있다.

서희 역사관

#5
불굴의 용장 양규의 활약과 강감찬의 귀주대첩

거란 침략 시 강동 6주의 역할

　이후 거란은 강동 6주의 반환을 집요하게 요구했다. 이 지역의 고려 귀속에 대해 뒤늦게 후회한 거란 성종은 강조의 정변을 구실로 직접 대군을 이끌고 고려에 쳐들어 온 2차 침입과 고려 국왕의 친조 불이행을 이유로 단행된 3차 침입의 실질적인 목적이 모두 강동 6주 반환이었다. 이 때문에 강동 6주의 획득이 오히려 거란과의 분쟁의 씨앗이 되었다고 보는 견해도 있다. 그러나 거란이 강동 6주의 반환을 요구한 것은 이 지역의 전략적 가치를 뒤늦게 깨달았기 때문이다.

　강동 6주를 축으로 하는 방어선은 이후 진행된 고려-거란 전쟁에서 결정적인 역할을 했다. 고려군은 거란군의 보급로를 위협하고 퇴각하는 거란군을 요격해서 막대한 피해를 입힐 수 있었다. 예를 들면 의주 바로 아래에 위치한 흥화진은 거란군을 견제하는 절대적인 요충지로서 거란과의 전쟁 내내 단 한 번도 함락되지 않았다. 거란군은 2차 침입 때는 흥화진 때문에 병력의 절반을 압록강 나루인 무로대에 남겨 두어야 했다. 흥화진만이 아니라 통주, 곽주, 귀주를 중심으로 하는 방어망은 부분적으로는 함락되는 경우가 있었지만 거란군에게 완전히 장악된 적은 없었다. 이 때문에 거란군의 행로는 지연되었고 보급로와 퇴로의 안전을 확보하기 위해 상당수의 병력을 이곳에 남겨 두어야 했다.

강동 6주를 통해 거란을 막은 가장 대표적인 사례가 2차 침공 때 보여준 양규의 활약이다. 강감찬의 귀주대첩도 서희의 강동 6주 확보를 기반으로 한 것이었다. 이곳에서 시간을 끌어준 덕분에 이 덕분에 고려군은 거란군의 보급로를 위협하고 퇴각하는 거란군을 요격해서 막대한 피해를 입힐 수 있었다. 결국 거란군은 성과 없이 큰 손실을 입고 귀국해야 했다.

거란의 2차 침입과 양규의 활약

1009년(목종 12년) 강조가 목종을 시해하고 현종을 왕위에 올리는 유혈 정변을 일으켰다. 이때는 바로 거란의 전성기로서 거란의 성종은 강력한 대외 정복 사업을 추진하여 자국의 능력을 과시하고자 하였다. 여진(동여진)으로부터 목종 폐립 사건을 전해들은 거란은 강조를 거란으로 압송할 것을 요구하였다. 고려가 이를 수용하지 않자 거란 성종은 강조의 죄를 묻는다는 명분으로 1010년(현종 1년) 11월에 직접 40만 대군을 이끌고 고려를 공격했다.

천추태후와 김치양의 음모와 강조의 목종 폐립 사건

천추태후는 성종 때 김치양과 사통 관계에 있다가 발각되어 김치양은 귀양가 있었다. 성종이 죽고 목종이 18세의 나이로 즉위하자 모후 헌애왕후가 섭정을 하여 천추태후라 하였다. 천추태후는 자신의 아들이 왕이 되자 김치양을 불러 들였고, 김치양은 우복야 겸 삼사사에 올라 인사를 농단하였다.

천추태후와 김치양은 아들이 생기자 목종에게 후사가 없음을 기화로 자신들의 아들에게 왕위를 계승시키려고 모의하였다. 태조의 유일한 혈통인 대량원군을 강제로 신혈사(후에 진관사)로 출가시켰다. 대량원군은 천추태후와 김치양이 보낸 궁녀들에게 독이 든 음식을 먹을 것을 강요받거나 자객들에게 목숨을 위협받는 등 그야말로 비참하고도 처절하게 생명줄을 이어갔다. 진관 스님은 위험을 무릅쓰고 법당 아래 굴을 파고 대량원군을 보호하였다.

북한산 진관사 일주문

급기야 김치양 일파는 목종을 살해하려고 대궐에 불까지 놓았으나 뜻을 이루지 못하였고 놀란 왕은 병석에 눕게 되었다. 음모를 알게 된 목종은 이러한 사건이 후계자가 정해지지 않았기 때문에 일어난 것으로 생각하고 신하들과 의논해 대량원군을 맞아오게 하는 한편, 서경의 서북면도순검사 강조에게 명해 상경해 호위하게 하였다.

서경은 북방을 겨누는 고려의 창이자 외적의 침입을 막는 든든한 방패였고 고려 최강의 정예부대가 주둔하고 있었다. 임금의 밀명에 강조는 약간의 병력과 함께 개경을 향해 출발했다. 하지만 그의 움직임은 천추태후 측에 노출되고 말았고, 태후는 즉각 사람을 보내 절령(자비령)을 봉쇄하고 개경에 들어오는 것을 막았다.

그러자 천추태후 정권에 불만을 품은 위종정, 최창이 강조를 찾아가 거짓으로 김치양의 반란으로 목종이 죽었다며 무장 봉기를 촉구했다. 분개한 강조는 서경으로 돌아가 군사를 일으켜 5,000명의 정예군을 몰아 개경으로 쳐들어갔다. 강조는 평주(황해도 평산)에 이르러서야 임금이 죽지 않았다는 사실을 알았다. 결과적으로 거짓 정보를 믿고 정변을 일으킨 꼴이 되었는데, 그렇다고 군대를 물릴 수도 없는 노릇이었다.

강조는 김치양의 반란을 핑계로 목종과 천추태후를 폐위시키고 대량원군을 옹립하기로 했다. 경솔하게 군사 행동을 해놓고 뒤늦게 명분을 짜 맞춘 것이다. 강조의 군대가 대궐을 침범하자 목종은 법왕사로 물러앉고 대량원군이 즉위하니 이가 곧 현종이다. 목종과 천추태후는 귀법사를 거쳐 충주로 추방되었는데, 강조는 후환이 두려워 사람을 보내 목종을 시해했다.

현종은 거란군의 침입에 맞서 강조를 행영도통사로 삼고 군사 30만을 보내 통주에 주둔시켜 방어하도록 했다. 거란군이 흥화진을 공격했으나 흥화진 부대가 이 공격을 잘 막아냈다. 성의 방비가 만만치 않음을 알게 된 거란 성종은 부하를 시켜 화살로 고려군에 다음과 같은 편지를 보내게 하였다.

짐은 전 왕[목종] 왕송이 우리 조정에 복속하고 섬겼는데, 그 유래가 오래되었다. 지금 역신 강조가 임금을 시해하고 어린아이를 세웠으니, 이 때문에 친히 정예군을 거느리고 이미 국경에 당도하였다. 너희들이 강조를 체포하여 짐 앞으로 보내면 즉시 회군하겠지만, 그렇지 않으면 바로 개경으로 쳐들어가서 너희 처자들을 죽일 것이다.

거란 성종이 칙서를 화살에 매어 성문에 꽂아 재차 항복을 종용했지만 고려군은 말을 둘러대는 답장을 보내면서 수용하지 않았다. 홍화진 군대가 항복할 의사가 없음을 알아 채린 거란 성종은 "너희들은 백성을 위안시키고 기다려라."라고 하면서 병력 20만을 무로대에 주둔시키고 나머지 20만은 강조가 머물고 있는 통주로 출동시켰다.

거란군은 고려군을 공격했지만 번번이 실패했다. 강조는 지형의 이점을 이용해 거란군이 밀고 오면 검차(劍車, 많은 검을 실어 다연발로 쏘는 이동이 가능한 무기)를 앞세우고 적을 공략하였다. 이 같은 고려군의 전략으로 거란군은 더 이상 진군을 못하고 제자리걸음만 해야 했다. 그래서 거란군은 야음을 틈타 별동부대로 고려군의 본영을 급습하였다. 몇 번에 걸쳐 승전을 거듭하던 강조는 적군의 습격에 관한 보고를 받았으나 적을 얕보는 마음이 생겨 군사를 보내지 않고 오히려 "입안의 음식처럼 적으면 좋지 않으니 많이 들어오게 하라."고 하면서 적을 깊숙한 곳으로 유인하여 몰살시킬 생각을 하고 있었다.

그러나 거란군이 본영을 급습하자 고려군은 당황한 나머지 우왕좌

대한민국 나침반 역사 속의 위인들

왕하였고 그 틈을 이용해 거란의 대군이 밀려들었다. 순식간에 고려 군은 포위되고 강조는 포로가 되어 거란 성종에게 끌려갔으며, 강조 는 고려에 대한 지조를 굽히지 않아 처형되었다. 이에 대해《고려사》 는 다음과 같이 기록하고 있다.

> 거란 임금이 결박을 풀어 주며, '내 신하가 되겠느냐?'고 묻자 강조는 '나는 고려 사람인데 어찌 너의 신하가 되겠느냐?'라고 항거했다. 다시 물 었으나 대답은 처음과 같았으며 칼로 살을 발라내며 물어도 대답은 역시 마찬가지였다. 이현운에게 물으니, '이미 두 눈은 새로운 해와 달을 우러 러본 터에 오직 충성을 다할 뿐 어찌 옛 나라를 생각하겠습니까?'라고 대 답하였다. 강조가 노해 이현운을 발로 차면서, '너는 고려 사람으로 어찌 그따위로 말하느냐?'라고 꾸짖으니 결국 거란은 강조를 처형하였다.

고려 정예군을 대파한 거란군은 흥화진으로 다시 기수를 돌려 강조 의 편지를 위조하여 항복을 권유하였으나 양규는 "우리 는 왕의 명령을 받고 온 것 이요 강조의 명을 받은 것이 아니다."라고 하면서 항복 하지 않았다. 거란군은 다시 고려군이 차지한 통주성을 공격했으나 함락하지 못했 으며, 근처의 곽주성을 함락 하여 6,000여 명의 수비군을

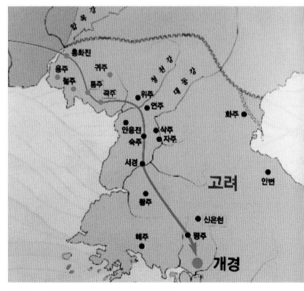

거란의 2차 침입로 (자료: 강감찬 전시관)

남겼다.

　이후 거란군은 개경으로 남하하는 길에 서경까지 공격했으나 서경
도 함락하지 못하고 있었다. 서경이 거란군의 공격을 받고 있던 무
렵 양규는 흥화진에서 700명의 결사대를 이끌고 통주까지 와서 적군
1,000명을 사살하고, 곽주를 점령하여 잡혀 있었던 고려 백성 7,000여
명을 통주로 옮겨 통주성의 방비를 강화했다. 서경도 함락하지 못하
고 중간 기지를 상실한 거란 성종은 그대로 진군했고 1011년 1월 1일
개경에 들어와 성을 불태웠다.

　거란군이 남하하자 현종은 강감찬의 건의에 따라 남쪽으로 내려가
공주를 거쳐 노령산맥을 넘어 나주로 몽진했다. 고려 조정은 하공진
을 거란 진영에 보내 철군 교섭을 하도록 했다. 거란 성종은 현종이
피신해 행방이 묘연하고 강동 6주를 점거하지 못한 채 개경 깊숙이 들
어와 불안해지자, "철군하면 고려 왕이 친조하겠다."라는 하공진의
제의를 받아들였다.

세 치의 혀로 거란군을 퇴각시킨 충신 하공진

현종이 남쪽으로 몽진할 때 하공진은 뒤따라가다가 도중에 알현하고서, "거란은 본래 역적의 토벌을 명분으로 삼았고 이미 강조를 체포하였으니, 만일 사신을 보내어 화친을 청한다면 저들은 반드시 군대를 철수할 것입니다."라고 아뢰어 현종의 허락을 받았다.

하공진은 추격해 오는 거란군 진영에 가서 고려 국왕은 진실로 와서 뵙기를 원하였으나 다만 군사의 위세를 두려워했고 또한 국내의 어려운 사정 때문에 강남으로 피난 갔으니 속히 군사를 거두어 달라고 요청하였다. 거란 측이 "국왕은 어디 있는가?"라고 묻자, 하공진은 "지금 강남으로 갔는데 있는 곳을 알지 못한다."라고 대답하였다. 또 거란 측에서 "강남이 먼가? 가까운가?"라고 묻자, 하공진은 "강남은 너무 멀어서 몇만 리인지 알 수 없다."라고 답하니, 추격하던 거란 군대가 되돌아갔다.

이듬해에는 하공진이 고영기와 함께 거란 진영으로 가서 군대를 철수할 것을 간청하니, 거란 임금이 허락하였고 하공진 등을 억류하기로 하였다. 하공진은 억류됐지만, 내심 환국을 도모하면서 겉으로는 충성과 근실함을 보였는데, 거란 임금은 이를 간파하지 못한 채 잘 대해 주었다. 고려 현종이 개경으로 돌아왔다는 소식을 듣자 거란 임금은 하공진을 연경에 살게 한 후에 양가의 딸을 배필로 삼아 주었다.

하공진은 좋은 말을 많이 사서 고려로 가는 길에 차례로 배치해 두었는데, 어떤 자가 그 계획을 보고하였다. 거란 임금이 국문하자 하공진은 "저는 우리나라를 감히 배반할 수 없습니다. 죄는 만 번 죽어도 마땅하나 살아서 대국을 섬기기를 원하지 않습니다."라고 말하였다. 거란 임금은 의롭게 여기고 그를 풀어주면서 절개를 바꿔 충성을 다할 것을 설득하였으나, 하공진의 말투가 더욱 강경하고 불손해지자 참형에 처했다.

하공진은 진주 사람이다. 진주성에는 충절신 하공진 장군의 영전과 위패를 모시는 '경절사'가 있다. 거란 40만 대군을 세 치의 혀로 퇴각시키고 적국의 볼모가 되어서도 절개를 굽히지 않은 하공진 장군의 죽음은 곧 위국충절의 상징이 되어 진주가 충절의 고장이라 일컫는 효시가 되었다.

하공진 사당 경절사

거란군은 철수하면서 수만 명의 고려인을 포로로 잡고 청천강까지 북상했는데, 귀주에 주둔해 있던 귀주 별장 김숙흥과 중랑장 보량이 습격해 거란군 1만 명을 죽였다. 때맞춰 양규도 거란군 예비 병력이 주둔하고 있던 무로대를 습격하여 2,000여 명의 목을 베고 고려 백성 3,000여 명을 구출했다.

김숙흥은 귀주에서 흥화진 방향으로 거란군을 추격했고, 양규는 흥화진에서 귀주로 가는 길을 따라가며 거란군을 계속해서 공격했다. 이수에서 석령까지 추격해 2,500여 명의 거란군을 베고 고려인 1,000여 명을 구출했다. 여리참에서 세 번의 전투를 벌여 1,000여 명의 적병을 죽이고 고려인 1,000여 명을 구출했다. 지친 거란군에게 계속 타격을 입혀가며 고려 백성들을 최대한 많이 구출해 내는 것이 양규의 작전이었다. 양규와 김숙흥은 거란군 부대가 접근한다는 정보를 받고 애전에서 이 부대를 요격해 1,000여 명의 목을 벴다.

이때 거란 성종이 직접 이끄는 거란군 본대가 나타났다. 거란 황제의 친위군이었던 만큼 꽤 많은 병력이 양규 부대를 포위했다. 양규와 김숙흥은 화살이 떨어지고 병사들이 다 쓰러질 때까지 처절하게 싸웠고 수십 대의 적의 화살을 맞고도 끝까지 싸우다가 힘이 다해 장렬하게 전사했다.

양규 부대는 전멸했지만 거란군도 고려군에 입은 피해가 컸고 큰비까지 내려서 군마와 낙타가 쇠약해지고 손상된 무기도 많았다. 이미 지칠 대로 지친 거란군은 별수 없이 퇴각하였다. 겨우 국경인 압록강 일대에 이르렀지만 흥화진의 수비대장 정성이 뛰어나와 거란군이 압록강을 반쯤 건널 때 그 후위를 맹렬히 추격하여 많은 병력을 수장시켰다. 고려는 항복했던 여러 성을 모두 수복하였다. 양규는 한 달 동안 모두 일곱 번 싸워 많은 적군을 죽이고 포로가 되었던 3만여 명의 백성을 구출하였으며, 노획한 낙타·말·병장기는 이루 다 헤아릴 수 없었다.

초조대장경 판각

거란이 침입하자 고려는 현종 2년(1011년)에 민심을 단결시키기 위해 대장경을 판각하였다. 흔히 초조대장경으로 불리는 이것은 북송에 이어 세계에서 두 번째 이루어진 문화적 성과였다.

그 후 문종의 아들 대각국사 의천이 초조대장경의 부족한 부분을 보충하기 위해 거란의 대장경을 참조하고 중국과 일본에서 많은 불경을 구해 〈신편제종교장총록〉을 만들었다. 이 목록을 바탕으로 선종대에 판각 작업을 하게 되는데 이것이 속장경이다.

칠대실록 편찬

거란의 2차 침입으로 개경이 함락되고 궁궐이 불타는 바람에 사초가 소실되었다. 이에 따라 현종은 사료를 복원하기 위해 황주량에게 명하여 태조에서 목종까지의 실록을 편찬하도록 했다. 이것이 고려 최초의 실록인 칠대실록이다. 칠대실록 편찬 이후 고려는 각 왕대마다 실록을 편찬하는 전통을 가지게 되었다. 고려실록은 이자겸의 난 때 불에 탈 뻔하기도 하고, 원나라 침입 때는 원에 빼앗기기도 하였으나 가까스로 보존되어 조선 초에는 태조에서 공양왕에 이르는 고려 34대 왕의 실록이 모두 편찬될 수 있었다. 그러나 애석하게 임진왜란 때 춘추관이 소실되었기 때문에 칠대실록은 다른 고려실록과 함께 소실된 것으로 보인다.

거란의 3차 침입과 강감찬의 귀주대첩

거란은 2차 침입에서 회군하는 조건으로 고려 국왕의 거란 입조와 강동 6주의 반환을 내걸었다. 하지만 고려는 왕이 와병 중이라는 핑계를 대며 거란에 입조하지 않고 대신 형부시랑 진공지를 보냈고 강동 6주의 반환도 거부하였다.

고려가 거란의 요구를 수용하지 않자 현종 5년(1014년) 10월 소적렬이 이끄는 거란군이 압록강을 넘어 침입했다. 지나가는 길목에 있는 흥화진을 포위했지만 고려군은 거란의 공격을 모두 막아냈다. 거란은 이듬해 1월 군사력을 증강해 압록강의 섬에 위치한 내원성에 가교를 설치하고 다리의 양편에 성책을 쌓고 흥화진과 통주, 용주 등을 공격하면서 강동 6주 반환을 요구했으나 고려는 냉담하게 반응하였다.

마침내 1018년 12월 소배압이 10만 대군을 동원하여 대대적인 침략을 해 왔다. 고려 역시 거란의 침략을 예상하고 20만 군대를 동원하였다. 상원수는 평장사 강감찬이 맡았다. 강감찬이 처음 병력을 이끌고 진을 친 곳은 영주였다. 곧 흥화진으로 나아가 수공으로 크게 승리하였다. 흥화진 승리에 관해 《고려사》의 〈강감찬 열전〉에 다음과 같이 기록되어 있다.

흥화진에 이르러 기병 1만 2천을 뽑아 산골짜기에 매복시킨 후, 동아줄로 소가죽을 꿰어 성 동쪽의 큰 냇물을 막고 기다렸다. 적이 다가오자 막아 놓았던 물줄기를 터뜨리고 복병을 돌격시켜 크게 승리하였다.

흥화진 전투에서 엄청난 사상자를 낸 소배압은 무모하게도 개경을 향해 계속 남하하였다. 이에 부원수 강민첨이 뒤를 추격하여 자주(지금의 평안남도 순천)의 내구산에서 거란군을 격파하였고, 시랑 조원이 이끄는 고려군이 대동강 부근에서 다시 한번 크게 섬멸하였다.

계속되는 패배에도 불구하고 소배압은 개경 입성의 망상을 버리지 않았다. 이듬해 정월 자신의 직할대를 이끌고 개경에서 100여 리 떨어진 황해도 신은현까지 진출하였다. 이때 강감찬은 이미 병마판관 김종현에게 군사 1만을 주고 도성으로 돌아가 방어하도록 해둔 상태였다. 그리고 들판의 작물과 가옥을 전부 철거하라고 명령했다. 이른바 청야전술을 쓴 것이다. 소배압의 거란군은 총력으로 공격했으나 개경이 함락되지 않자 탈진한 상태에서 회군하기 시작했다.

거란군이 퇴각하려는 기색을 보이자 강감찬은 곳곳에 군사를 매복하여 급습하도록 했다. 소배압이 외나무다리에서 강감찬과 만난 곳이 바로 '귀주'였다. 처음 양 진영은 팽팽하게 맞선 채 좀처럼 승부에 나서지 않았다. 그러다가 개경에 내려갔던 김종현의 부대가 가세하고 갑자기 바람의 방향이 바뀌어 비바람이 남쪽에서 거란군이 있는 북쪽으로 불기 시작하자 남쪽에 진을 치고 있던 고려군의 기세는 한층 높아졌다.

전세가 불리하다는 것을 깨달은 거란군은 북쪽으로 달아나기 시작했고, 고려군은 도망치는

거란의 3차 침입로(자료: 낙성대 공원)

대한민국 나침반 역사 속의 위인들

적을 맹렬히 추격하여 거의 몰살시켰다. 《고려사》는 다음과 같이 기록하고 있다.

시체가 들을 덮었으며 사로잡은 포로와 노획한 말·낙타·갑옷·병장기를 다 셀 수 없을 지경이었다. 살아서 돌아간 자가 겨우 수천 명이었으니 거란이 이토록 참혹하게 패배한 것은 전례가 없었다.

강감찬이 삼군을 거느리고 개선하여 포로와 노획물을 바치니 왕은 친히 나와 영접하였다. 비단을 누각에 묶고 풍악을 준비하여 장군과 병사들을 위해 잔치를 열었고 금으로 만든 꽃 8가지를 몸소 강감찬의 머리에 꽂아주었다. 왕이 왼손으로 강감찬의 손을 잡고 오른손으로는 술잔을 잡고서 위로와 감탄의 말을 그치지 않으니 강감찬은 감당할 수 없다며 사의를 표하였다.

겨우 목숨만 부지한 채 거란으로 되돌아간 소배압은 거란 왕에 의해 징계를 당하고 관직에서 쫓겨났다. 한창 전성기를 구가하고 동아시아 최강의 국력을 자랑하던 거란은 귀주에서 크게 패하여 정복전쟁을 중지할 수밖에 없게 되었다. 반면 귀주대첩 이후 고려는 금나라가 흥기할 때까지 송, 거란과 함께 동북아시아의 한 축으로서 120여 년의 평화를 유지했다.

전란이 끝난 후에 강감찬 장군이 개경 외각에 나성을 쌓을 것을 건의하자 현종은 왕가도에게 명령하여 축조하게 하였다. 그리고 고려는 압록강에서 영흥 지역을 거쳐 동해안에 이르는 천리장성을 쌓아 거란과 여진족의 침입에 대비하였다. 《고려사》는 강감찬 장군의 인품과 역할에 대해 감동적으로 기술하고 있다.

강감찬은 성품이 청렴하고 검약하여 집안 살림을 돌보지 않았다. 체구가 작은 데다가 얼굴이 못생겼으며 의복은 더럽고 낡아서 보통 사람보다 낫지 않았다. 그러나 엄숙한 얼굴로 조정에 서서 큰일에 임하여 정책을 결정지을 때는 위엄 있는 모습으로 나라의 기둥이자 주춧돌이 되었다. 당시 풍년이 들고 백성이 안정되어 나라 안팎이 평안하니 사람들은 그 모두가 강감찬의 공이라고 생각하였다.

낙성대

강감찬 장군이 태어나던 날 하늘에서 큰 별이 떨어졌다 히여 장군의 생가의 터를 낙성대(落星坮)라고 불렀다. 서울 지하철 2호선 낙성대역에서 인현초등학교를 지나 약 1㎞ 거리의 주택가에 있다. 이곳에 '강감찬 장군 낙성대 유허비'가 세워져 있다.

이곳에서 조금 떨어진 곳에 낙성대 공원이 조성되어 있다. 강감찬 장군을 기리기 위한 사당 안국사가 있으며, 생가터에서 옮겨 온 고려 시대 3층 석탑도 있다. 공원 광장에는 강감찬 장군 동상이 웅장한 모습으로 세워져 있다. 또한, 강감찬 전시관이 있어 강감찬 장군에 대해 공부할 수 있다.

강감찬 장군 유허비

강감찬 장군 동상

제3장

몽골 침입에 온몸으로 맞선
무명의 승장 김윤후

김윤후 장군은 13세기 세계 최강이었던 몽골군에 대항한 고려의 '대몽항쟁' 기간에 백성들을 규합하는 남다른 리더십을 발휘해 몽골군을 두 번이나 격퇴하는 혁혁한 전공을 세웠다. 몽골의 2차 침입 때에 처인성 전투에서 정규군의 사령관도 아니요 관리도 아닌 평범한 승려의 신분이었지만 부곡민들을 이끌고 몽골군 총사령관 살리타이를 사살하여 적군을 물리쳤다. 5차 침입 때에는 충주성에서 노비 문서를 불태우면서 백성들의 사기를 진작시켜 승리를 거두어 몽골군의 남하를 막았다.

처인승첩도(이상학 연구위원)

#1

몽골 1차 침입과 대몽항쟁 시작

무신정권 수립

고려의 귀족 정치는 숭문천무의 정책에 따라 문을 중시하고 무를 천하게 여겼다. 무신들은 차별 대우를 받았고, 군인들은 전투와 노역에 시달릴 뿐만 아니라 봉급도 제대로 받지 못해 생활이 어려워 불만이 많았다. 결국 의종의 보현원 놀이를 틈타 정중부, 이고, 이의방을 중심으로 한 무신들이 정변을 일으켜 문신들을 죽이고, 의종을 폐하여 거제도로 귀양을 보내고, 그 아우 호를 왕(명종)으로 세웠다. 이것이 1170년 일어난 '정중부의 난'이다.

이에 김보당의 의종 복위 운동이 일어나고, 병부상서 겸 서경유수 조위총이 정중부·이의방을 타도하기 위해 서경에서 군사를 일으켜 연주성을 제외한 절령 이북의 40여 개의 성이 호응했으나 실패하였다.

무신들이 권력을 독점하게 되자 무신들 간에 권력 다툼이 벌어져 이고는 이의방에게 죽임을 당하고, 이의방 역시 정중부에게 살해되었다. 정중부는 중방을 중심으로 과거의 문신들 이상으로 탐욕을 부리다가 젊은 장군 경대승에 의해 제거되었다. 경대승은 중방을 무력화하고 신변 호위 기구로서 사병 집단인 도방을 두어 정권 유지의 기반으로 삼았다. 1183년에 경대승이 병사하자 이의민이 권력을 잡고 중방에서 정치하였다. 이의민의 횡포가 심해지자 최충헌이 살해하고 정권을 장악하였다. 이러한 무신들의 권력 다툼으로 고려는 큰 혼란에 빠졌다.

무신들은 농민의 토지를 빼앗아 농장을 확대하였고, 조정의 지방에 대한 통제력이 약해지자 지방관들도 가혹한 수탈을 일삼았다. 이를 견디다 못한 백성들은 봉기를 일으켰는데, 향(鄕)·소(所)·부곡(部曲) 등 특수 행정 구역과 속현에서 많이 일어났다. 공주 명학소에서는 일반 군현보다 무거운 부담에 시달리던 주민들이 망이·망소이를 중심으로 봉기하였다.

전주 지방관의 횡포에 반발하여 죽동 등 관노가 난을 일으켰고, 만적의 난과 같은 천민들의 신분 상승 운동을 목적으로 하는 난도 발생했다. 삼국 부흥을 기치로 하는 난도 발생하였는데, 경상북도 운문(청도)의 김사미와 초전(울산)의 효심이 연합한 농민 봉기군은 신라 부흥을 표방하였고, 최광수는 서경에서 고구려 부흥을, 이언년은 전라도 담양에서 백제 부흥을 표방하고 거병하였다.

권력을 잡은 최충헌은 농민과 노비들의 봉기를 진압하고 강력한 독재 정치로 무신 정권 초기의 혼란을 수습하였다. 자신을 반대하는 세력을 사정없이 제거하였으며 왕권을 무기력하게 만들었다. 최고 권력 기관으로 교정도감을 만들었다. 교정도감의 책임자인 교정별감은 형식상 왕이 임명하도록 되어 있었으나, 실제로는 최씨 무신 정권이 타

도될 때까지 실력자에게 자동적으로 계승되었다. 최충헌의 아들인 최우는 인사 기구인 정방과 명망 높은 문신들을 교대로 숙위시키는 서방을 설치하였다. 이러한 기반 위에서 최충헌, 최우, 최항, 최의에 이르는 4대 60여 년간에 걸친 최씨 무신정권이 유지될 수 있었다.

몽골 동진과 여몽 접촉

13세기는 몽골의 시대로서 몽골은 당시 세계사의 키워드였다. 1206년 칭기즈칸이 몽골을 통일하고 칼끝을 금에 거누면서 금의 국력은 급속히 쇠퇴하였다. 이 틈을 타 거란족이 대요수국을 세웠으나 금에 쫓겨 서쪽으로 이주했고, 다시 그곳에서도 몽골에 의해 동쪽으로 내몰렸다. 이렇게 쫓긴 거란인들이 압록강을 넘어 고려에 들어와 평양 동쪽 강동성에 웅거하였다. 1218년(고종 5년) 12월경 패잔병을 추격하여 온 몽골군과 고려군은 거란족 격퇴라는 합동 작전 과정에서 첫 외교 관계를 맺게 되는데, 이를 형제의 관계를 맺었다고 표현하기도 한다. 이와 관련하여 《고려사》에는 다음과 같이 기록되어 있다.

조정(몽골)에서 합진과 찰라를 보내 토벌했는데, 눈이 쌓이고 길이 험해 식량이 공급되지 못했다. 고왕(고종)이 이를 듣고 조충과 김취려를 보내 군사와 식량을 공급하고 그들을 함께 섬멸했다.

김취려는 신장이 6척 5촌으로 크고 수염이 배 아래로 드리울 정도로 길었기 때문에 예복을 입을 때마다 반드시 두 명의 여종에게 수염을 나눠 들게 한 뒤에 띠를 매었다.

합진은 그 우람한 모습과 말씨를 보고 들은 후 대단히 기이하게 여긴 나머지 자리에 나란히 앉아 나이를 물었다. 김취려가 "예순에 가깝소."라고 하자 "나는 아직 쉰이 안 됩니다. 우리가 이제 한 집안이 되었으니 그대는 바로 형이고 나는 동생이요."라고 하며 김취려에게 동쪽을 향해 앉게 하였다.

그러나 무서운 기세로 아시아와 유럽을 점령하고 있던 몽골과 평화로운 외교 관계 유지는 쉬울 수는 없었고 몽골의 침략 칼끝을 벗어나는 것은 불가능한 상황이었다. 강동성이 함락된 후 몽골은 마치 고려에 큰 은혜나 베푼 것처럼 사신을 보내 과중한 공물을 요구하자 고려 조야의 불만이 높아갔다. 특히 사신 저고여는 지나치게 많은 공물을 요구하였을 뿐만 아니라 태도가 지극히 불손하여 상하 모두가 싫어했다.

이런 상황에서 양국의 외교 관계는 저고여가 귀국하다가 1225년(고종 12년) 1월 압록강 부근에서 피살됨으로써 파탄을 맞았다. 몽골은 이를 구실로 고려와 국교를 단절하였고, 이것은 고려를 침입하는 구실로 되었다. 그런데 칭기즈칸이 1227년에 서하를 정벌하는 도중에 사망하는 등 여러 가지 사정으로 인해 정작 몽골이 고려를 침입한 것은 국교가 단절되고 6년 만인 1231년(고종 18년)이었다.

태종으로 즉위한 오고타이 칸이 금에 대한 본격적 공략을 시작하면서 고려 역시 그 작전에 포함되었다. 몽골의 고려 침입은 금을 멸하여 만주와 화북 지방을 점령하고 나아가 남송과 일본을 정벌하기 위한 기지를 구하려던 것으로서 동아시아 정복전쟁의 일환이었다.

1차 몽골 침입

살리타이가 거느린 몽골군은 압록강의 관문인 함신진(의주)을 포위하고 남하해 철주성을 공격했다. 철주성을 함락시킨 몽골군은 정주와 삭주를 잇달아 공격해 점령했다. 그러자 서북면병마사 박서는 정주·삭주·위주·태주 등의 병력을 귀주성으로 집결시켜 몽골군에 맞섰다. 몽골군은 여러 겹으로 성을 포위하고 밤낮으로 맹렬한 공격을 퍼부었다. 그러나 박서가 이끄는 고려군은 성을 굳건히 지켰을 뿐 아니라 반격을 가해 몽골군에 큰 피해를 입혔다. 몽골군은 30여 일 동안 공격했으나 피해만 커지자 결국 공격을 중단하고 물러났다. 영웅적 전투로 몽골군의 파상공세를 물리친 귀주성 전투에 대해 《고려사》의 〈박서열전〉에 다음과 같이 기록되어 있다.

몽골군이 성을 여러 겹으로 포위하고 밤낮으로 서문·남문·북문을 공격하자 성 안의 군사들은 적을 기습 공격해 패주시켰다. 몽골 군사가 위주부사 박문창을 생포한 후 성으로 들어가서 항복을 권유하게 하자 박서는 그를 처형해 버렸다. 또 몽골이 정예 기병 300명을 뽑아 북문을 공격해 오자 박서는 그들을 쳐서 물리쳤다.

몽골이 누차(樓車, 망루가 있는 수레)와 거대한 평상을 만들어 쇠가죽으로 겉을 싼 뒤, 그 속에 군사를 감추고 성 아래로 접근하여 굴을 뚫기 시작했다. 박서가 성벽에 구멍을 파 쇳물을 부어서 누차를 불태우자 땅이 꺼져 몽골군 30여 명이 압사했다. 그리고 썩은 이엉을 태워서 나무 평상을 불사르자 몽골군은 놀라 우왕좌왕하다가 흩어졌다.

대한민국 나침반 역사 속의 위인들

몽골이 다시 대포차 15문으로 성의 남쪽을 공격해 상황이 매우 급박해지자 박서는 다시 성 위에 언덕을 쌓아올리고 포차로 돌을 날려 적군을 물리쳤다. 몽골은 30일 동안 성을 포위한 채 온갖 방법으로 공격하였으나 박서가 그때마다 적절히 대응하며 성을 굳게 방어하자 몽골군은 견디지 못하고 퇴각했다.

귀주성에서 격렬한 전투가 벌어지고 있는 동안, 다른 경로로 남하한 몽골군은 용주·선주·곽주 등을 함락하고 황주와 봉주에까지 이르렀다. 몽골군은 다시 귀주성을 포위하고 공격을 가해왔다. 한때 몽골군이 성 안으로 침입하면서 치열한 전투가 벌어졌으나, 백성들까지 나서 필사적으로 싸운 끝에 몽골군을 물리쳤다. 몽골군이 귀주를 포위하고 있을 때 그들 장수 가운데 나이가 일흔에 가까운 사람이 있었는데 고려군의 용맹함에 대해 이렇게 고백했다.

내가 성인이 되어 종군하면서 천하의 성에서 전투하는 모습을 두루 보았지만 이처럼 공격을 당하면서도 끝내 항복하지 않은 경우는 보지 못했다.

귀주성은 993년 거란 1차 침입 때 서희의 담판에 의하여 얻은 이른바 '강동 6주'의 하나로, 거란의 3차 침입 때에도 강감찬의 고려군이 거란군을 대파한 대첩의 현장이기도 하다. 서희는 담판을 통해 거란군을 물리친 것만이 아니라 이후 고려의 국가 방어체계 구축에 엄청난 기여를 한 셈이다.

몽골군은 위력으로도 어찌하지 못하자 귀주성을 포기하고 남하하여 개경의 외곽까지 진출하여 약탈과 살육을 일삼았으며 개경의 4개문 바깥에 진을 쳤다. 고려 조정에서 왕족을 보내어 황금, 백은 등의 예물로 몽골군 지휘관들을 달래고 양국 간의 평화를 지속시킬 것을 약속하여 화의조약을 성립시키자, 몽골군은 서경을 비롯한 서북면 지역의 14개 지역에 다루가치 72명을 배치하고 철수하였다.

강화도 천도

몽골 침입이 개시될 때 집정자는 최충헌의 아들 최우였다. 최우는 몽골군이 고려를 압박하자 싸우기로 결정하고 몽골군이 수전에 약하다는 사실에 착안하여 고종 19년(1232년) 강화도로 천도하였다. 강화로 도읍을 옮기며 '강도(江都)'라고 불렀고 일시적 피난이 아니라 천도였기 때문에 개경과 마찬가지로 '황도(皇都)'로 지칭되기도 했다. 1270년 환도하기까지 고려는 39년간 '강도 시대(江都時代)'를 열게 된다.

강화도는 개경에 가깝고 육지와 매우 근접하면서도 조석간만의 격차와 조류 등으로 물에 취약한 몽골군의 약점에 대응할 수 있는 섬이다. 여기에 강화도를 중심으로 연안 해로에 대한 장악력을 그대로 유지하면 조세를 뒷받침할 지방에 대한 지배가 가능하여 조운제도의 편의를 그대로 이용할 수 있다.

이때 천도 반대도 있었으나 최우는 반대론자를 참하고 각지에 별감을 보내 산성이나 섬으로 입보(入保, 들어가 지킴)하여 저항하도록 독려함으로써 강력한 항전 태세를 갖추어 나갔다. 이는 몽골과의 전면전에 대비한 것이었고 이로써 몽골과의 전쟁은 불가피하게 되었다.

고려의 강력한 저항으로 전쟁은 장기적 국면으로 전개되었다. 육지로 나와 환도하고 항복하라는 몽골에 맞서 끈질기게 버텼다. 1231년부터 1259년까지 몽골의 고려 침입은 흔히 6차에 걸친 과정으로 정리되고 있지만, 내용적으로는 대소 11회에 걸친 것이었다.

몽골군은 육지를 무자비하게 노략질하여 강도 정부를 고립시키는 작전을 구사했다. 고려 국왕이 스스로 백기를 들고 강화도에서 밖으로 나올 수밖에 없는 상황을 만들기 위해 방화와 약탈을 일삼았다. 몽골의 침략은 고려 역로를 따라 진행되었다. 남북으로 연결되는 3개 노선이 주된 공격로였다. 첫째는 압록강에서 개경을 거쳐 동경(경주)까지 이르는 노선, 둘째는 강화도를 공략하기 위한 서해안 일대의 노선, 셋째는 동계 지역의 해안가를 따라서 내려오는 노선이다. 몽골군은 3개 노선을 따라 공격하면서 나뭇가지처럼 주변 지역으로 확대 공격하였다.

⌂ #2
김윤후의 1차 승리: 적장을 살해한 처인성 전투

2차 몽골 침입 ⌂

몽골의 2차 침입은 고려의 강화도 천도와 다루가치 제거가 발생한 후 이루어졌다. 내시 윤복창과 서경순무사 민희 등이 각각 서북면과 서경에서 다루가치를 습격하자, 이에 1232년 8월 살리타이가 이끄는 몽골군이 다시 고려를 침공했다. 몽골군은 고려를 배반한 홍복원의 도움으로 서경을 쉽게 함락시킨 후 같은 해 10월 개경에 도달하였다.

몽골군이 대대적으로 침공하자 최우는 사태가 양국 간의 오해에서 비롯된 것이라고 항변하면서 철수를 요구하였다. 살리타이는 강화도에 사신을 보내 강도 정부의 환도와 그 선행 조치로 국왕과 최우의 입조나 출륙을 요구하고, 별동부대는 경상도까지 남하하여 약탈을 자행했다. 이때 대구 팔공산 부인사가 불타는 바람에 여기에 보관되어 있던 초조대장경이 소실되고 말았다.

처인성의 위치 및 특징

　동정군 원수이며 최고사령관인 동시에 고려 공략의 책임자 살리타이의 몽골군 기마부대는 강도를 비껴나가 남경(고려 시대 삼경 중 하나로 지금의 인왕산 아래쪽에 존재하였던 것으로 추정)을 노략질하며 빠른 속도로 남하하여 광주(廣州)에 이르렀다. 광주는 고려 중도인 양광도의 큰 진이면서 남쪽 길의 요지였다.

　살리타이는 한강을 건너 광주라는 중요한 내륙 거점을 확보하여 남진을 모색하는 한편 강화도로 통하는 수로를 차단하여 '강도' 조정을 압박하기 위해 광주산성(현재의 광주 남한산성)을 공격하였다. 광주산성은 672년 신라 문무왕 때 축성한 성으로 둘레 8km 정도 되는 대형 성곽이었다.

광주 남한산성 성곽

　살리타이가 휘하 병력을 이끌고 광주에 이른 것은 1232년 11월 중순이었다. 몽골군은 저항하는 성곽에 대해서는 기습 공격을 하고, 대형 성곽은 봉쇄한 후 포위 공격을 하였다. 이때 포로를 전면전에 앞세우는 전술을 사용하였다. 몽골군은 이 전법으로 쉽게 광주를 공략할 수 있으리라 생각했는데 막상 격렬한 저항에 부딪혔다. 광주산성을 줄기차게 공격했지만 광주부사 이세화를 중심으로 한 결의에 찬 방어로 끝끝내 함락되지 않았다. 광주산성 전투에 대해서 〈이세화 묘지명〉에 다음과 같이 기록되어 있다.

몽골의 대군이 와서 수십 겹으로 포위하고 몇 달 동안 온갖 계교로 공격하였는데, 아군이 주야로 수비를 튼튼히 하고 수시로 응변하는 일을 그들이 전혀 예측 못할 정도로 하였으며, 혹은 생포하고 죽인 수효가 많았으므로 오랑캐는 불가한 일임을 알고 드디어 포위를 풀고 갔다.

《고려사》에도 "광주는 신묘·임진년에 오랑캐 군대의 포위 공격을 받았으나 능히 굳게 지켜 함락되지 않았으니 상요(常徭, 부역)와 잡역을 면해 주도록 하라."는 기록이 있는 것으로 볼 때 몽골군이 광주산성을 함락시키지 못했다는 것을 알 수 있다.

살리타이는 할 수 없이 광주를 포기하고 용인을 지나 충주로 향하려고 했다. 막상 용인에 와 보니 주민들은 전부 피난가고 빈 성만 있었다. 그러다가 인근 처인성에 군량 창고가 있다는 소문을 듣고 그리로 향했다. 《신증동국여지승람》 용인현 고적조에 "처인성은 현 남쪽

처인성 위치

25리에 있다. 흙으로 쌓은 것인데 지금은 거의 무너져 폐해졌다. 군창이 있었다."라고 기록되어 있다. 처인성이 용인시 남사면으로부터 화성과 평택

으로 이어지는 경기평야 지대의 가장자리에 위치한 점으로 미루어 이전부터 군량이나 식량 보급기지로서의 역할을 했을 것이라는 짐작이 가능하다.

고려는 청야전술을 구사하여 몽골군이 이르는 전략적인 위치나 진로에 식량이 될 만한 것을 남겨 두지 않았다. 그런 상황에서 살리타이가 이끄는 몽골군에게 군창으로서 처인성은 식량을 확보해야 해야 할 시급한 전략 목표가 되었을 것이다. 전쟁을 수행하는 데에는 무엇보다도 전략 물자의 보급과 수송이 우선시되어야 하는데 군사들이 먹는 식량 제공이 원활하지 못하다면 현지 확보나 조달의 수단을 생각하지 않을 수 없기 때문이다. 처인성이 위치한 곳은 겹겹이 구릉으로 감싸여져 있다. 노략질이나 침략 위험에 대비한다면 정부가 관리하는 양곡 보관창고로서 당시 처인성은 최적의 위치에 있었다.

처인성은 작은 토성이었다. 평면이 정방형에 가까운 사다리꼴이고 높은 곳은 깎고 낮은 곳은 다지는 식으로 성을 쌓았다. 800년에 가까

처인성

운 세월이 흘러서인지 현재는 간신히 토성의 형태만 유지하고 있다. 토성 앞에 '처인성승첩기념비'와 안내 표지판이 없었다면 평범한 언덕으로 보일 만큼 입지 조건과 규모가 매우 불리하였다. 처인성을 수비한 병력은 정부군이 아닌 부곡민과 김윤후가 이끈 승려 집단 등 비정규군이었다. 부곡이란 향, 소와 함께 특수 행정구역으로 신분이 천한 사람들이 거주했던 곳이다.

처인성 전투 전개

김윤후를 비롯한 승려 및 처인 부곡민은 숨죽여 조용히 기다리고 있다가 몽골군이 성으로 접근하자 결사 항전을 다짐하며 단결하여 싸웠다. 기습적으로 강노와 화살, 돌화살 등으로 공격하였다. 이때 몽골군의 총사령관이 사살되는 믿기 힘든 일이 벌어졌다. 살리타이가 승려 김윤후가 이끄는 처인 부곡민과의 전투에서 사살된 것이다. 그 시점은 1232년(고종 19년) 12월경이었다. 지금도 처인성 앞 들판은 적장을 사살했다고 해서 사장(射場)터로 불린다.

처인성 전투에 대해서 《고려사》의 〈김윤후전〉에 "몽골군 원수 살리타이가 성을 공격하자 김윤후가 이를 사살하였다."라고 기록되어 있고, 《원사(元史)》에도 살리타이 사살에 관한 기록이 보인다.

태종 4년 8월, 다시 살리타이를 파견하여 군사를 거느리고 고려를 정벌케 했는데, 왕경 남쪽에 이르러 처인성을 공격하던 중 유시(流矢)에 맞아 죽었다.

처인성 전투도 (자료: 전쟁기념관)

　살리타이의 사망은 몽골군으로서는 굉장한 충격이었다. 막강한 기세의 몽골군도 총사령관을 잃자 우왕좌왕하다가 회군하였다. 그때 모습을 안정복의《동사강목》에는 이렇게 기술하고 있다.

　몽골 군사는 일시에 함께 돌아가지 않고, 혹은 먼저 가기도 하고 혹은 뒤에 떨어지기도 하고 동으로 갈까 북으로 갈까 망설이면서 그 향할 곳을 알지 못하였다.

　전쟁이 끝난 후 고려 조정은 김윤후에게 무신으로서 최고의 벼슬이자 정3품인 상장군직을 제수했다. 그런데 김윤후는 살리타이를 직접 죽인 것은 자신이 아니라고 하면서 상장군직을 사양했다.《고려사》에 다음과 같이 기록되어 있다.

　일찍이 승려가 되어 백현원에서 살았는데, 몽골군이 오자 김윤후는 처인성으로 피난하였다가 몽골 원수 살리타이가 와서 성을 공격하니 김윤후가 그를 사살하였다. 왕이 그 공을 가상히 여겨 상장군을 제수하였으나 김윤후는 다른 사람에게 공을 양보하면서 말하기를, '전시를 맞았지만 나에게는 궁전(弓箭, 활과 화살)이 없었으니 어찌 헛되이 무거운 상을 받을 수 있겠습니까?'라고 하며 고사하고 받지 않자 이에 섭랑장으로 고쳤다.

정확하게 과거를 확인할 수는 없지만 아마도 두 가지로 추정할 수 있다. 하나는 이 작은 처인성에서 치열한 공방전 도중에 김윤후가 아닌 다른 누군가의 화살에 살리타이가 맞아 죽었을 수도 있다. 김윤후가 처인성 전투의 공적에 대해 말한 내용에 꾸밈이 없다면 살리타이를 공격하여 사살한 공로는 처인성에서 항전하였던 처인 부곡민이었을 것이다. 아니면 실제 김윤후가 사살했지만 살생을 금하는 불자로서 굳이 이 사실을 드러내고 싶지 않았을 것이다.

조정에서는 그의 뜻을 받아들이면서도 공을 기리고자 직책을 낮추어 종6품의 섭랑장을 제수하였다. 김윤후는 백현원 승도의 수장이며 처인성 전투에 참가했던 처인 부곡민들을 대표하는 신분으로 왕으로부터 승전에 대한 공로를 인정받은 것으로 볼 수 있다.

처인성 승리의 의미

처인성 전투의 승리 원인은 김윤후의 탁월한 지도력과 처인 부곡민의 단합된 항쟁에서 찾을 수 있으며, 그 역사적 의의는 매우 크다. 첫째, 대몽 항쟁사에서 매우 특징적인 전투로서 적장을 사살해 적군을 철군시킨 완벽한 승리라는 점이다.

고려와 몽골 간의 6차에 걸친 전쟁 중에 몽골군 총사령관이 사살되

대한민국 나침반 역사 속의 위인들

면서 패퇴하여 철수한 것은 2차 전쟁이 유일하다. 승장 김윤후와 부곡민들이 분연히 일어나 몽골의 총사령관 살리타이를 사살함으로써 세계에서 가장 사나웠던 몽골군을 격퇴시키고 승리로 이끌었다는 사실은 우리 민족의 강인성을 보여준 자랑스러운 역사적 사건이라 할 수 있다.

둘째, 고려 국왕과 최우의 출륙, 개경으로 환도 등 몽골의 집요한 요구로부터 강도 정부를 구해 주었다. 처인성 승전은 천도 이후 강화도 무인정권의 긴장과 불안을 크게 해소해 주고 강화도의 방어 시설과 각종 도성으로서의 설비 경영에 집중할 수 있는 시간적 여유를 주었기 때문이다. 그리고 방호별감이나 지휘관이 파견된 일반 군현의 입보 전략에 의한 대몽항전에 커다란 활력과 자극을 주었다.

최우 정권은 강화도 천도가 결정되고 추진되는 것과 병행하여 백성들을 산성과 해도로 입거시키는 입보책을 취하였다. 이것은 청야전술을 통해 기동성을 특장으로 하는 몽골군의 병참을 약화시켜 장기전을 치르고자 하는 차원에서 이루어진 것이며, 해도인 강화도로 천도하는 것과 궤를 같이 하는 것이었다. 입보처로 해도 이외에 산성이 추가된 것은 전국적 시행을 고려한 데서 비롯되었다. 입보처는 몽골군을 피해 입보하는 곳으로만 기능하는 것이 아니라 몽골군의 후방 부대를 기습·견제하거나 '강도'를 향하는 수로를 방어하는 등의 전략적 요충지 역할을 하였다.

셋째, 처인성 승전은 주력이 정규적인 군이 아니라 처인 부곡의 하층민들이 중심이 돼 이끌어냈다는 점에서 민중의 대몽항쟁으로도 높이 평가된다. 13세기 초 동북아시아의 평원을 누비며 일으킨 정복전쟁으로 세계에서 가장 넓은 영토를 확장했던 몽골에게 일개 부곡민들이 뼈아픈 패배를 안긴 것이다.

몽골과의 전쟁이 오래 끌었던 것은 이 같은 저변 기층에서의 항전이 있었기 때문이다. 상층부 관료나 관병의 항전보다도 하층민의 항전이 더 강하고 처절했다. 이와 같은 항전을 통한 몽골군 격퇴는 충주, 상주, 진천 등 이후 수많은 지역에서 재현되었다. 이것은 몽골군의 침략에 대한 대응이 지방 각처에서 자위적 측면에서 이루진 결과였다.

처인성 승전의 성과로 부곡이었던 작은 천민 집단의 마을이 처인현으로 승격했다. 승전으로 인해 부곡민이 집단 포상을 받은 것이다. 당시 고려에는 향·소·부곡이라는 특수한 지방 하급 행정 구획이 광범위하게 존재하고 있었으며, 이들 주민의 신분은 노비나 천민에 가까웠다. 처인 부곡의 주민이 면천돼 신분 상승의 계기가 되면서 사회 체제를 변화시키는 귀중한 계기가 되었다. 현재의 용인은 1414년(조선 태종 14)부터 용구현과 처인현을 합쳐 용인으로 부르게 되면서 시작되었다.

#3

김윤후의 2차 승리:
전략적 요충지를 지켜낸 충주성 전투

3차, 4차, 5차 몽골 침입

1232년 사령관 살리타이가 처인성 공격을 하다가 사살당함으로써 몽골군의 고려에 대한 초기 공격은 완전한 실패로 끝나고 말았고, 몽골의 공격과 고려의 방어라는 싸움은 장기적 양상으로 전개되었다. 1233년과 이듬해 연이어 동진과 금을 멸망시킴으로써 대륙의 주도권을 잡은 몽골은 살리타이의 죽음에 대한 보복을 선언하며 1235년에 다시 침입하였다. 이것이 몽골군의 제3차 침입으로서 1239년까지 약 5년 동안에 걸친 싸움이었으며, 이때 황룡사와 9층 목탑이 불에 타 없어졌다.

고려는 국가적인 결속을 위해 팔만대장경을 조판하며 곳곳에서 처절한 항전을 했다. 그리고 한편으로 강화를 추진하였는데, 이때 몽골 내부에 권력 암투가 벌어져 몽골군은 고려의 화의 요청을 받아들이고 서둘러 철군하였다. 당시 몽골에서는 오고타이가 죽고 칸의 계승을 둘러싼 내분이 일어나서 고려에 더 이상의 요구를 할 수 없었다.

몽골군은 1247년에 개경 환도를 요구하며 제4차 침입을 하였는데,

이때도 몽골 칸 몽케가 죽었다는 연락이 오자 철수하였다. 몽골군이 철군한 후 1249년 11월에 최우가 죽고 그의 아들 최항이 후계자가 되었다. 최우는 일찍이 적자가 없었고 폐출된 기생인 창기 출신 서련방을 통해 서자인 두 아들 만종, 만전(최항)을 낳았다. 최우는 원래 사위인 김약선을 자신의 후계자로 낙점해 두었으나, 무고에 넘어가 김약선을 제거하고 최항을 후계자로 삼았다.

몽골군은 1251년에 다시 강화도 출륙, 개경 환도를 요구하고 1253년(고종 40년) 7월 5차 침입을 감행했다. 몽골군은 예구를 원수로 하여 압록강을 건너 북계를 거쳐 서해도로 남하한 종래의 경우와 함께 동계로 진입하여 남하하는 양면 침략을 전개하였다. 이에 따라 전장이 강원도 지역까지 확대되었다. 몽골 주력군은 철원, 춘천, 양근성, 천용성을 함락시키고 남하하여 10월 10일경 충주에 당도하였다. 남진 과정에서 항복한 고려인들을 공격에 이용하고 있었으며, 영남 지역으로의 남하를 위한 전초 단계로서 충주성을 포위, 공격하였다.

충주의 전략적 위치

충주를 포함한 중원 지방은 한반도의 허리에 해당하고, 백두대간의 장쾌한 산줄기와 남한강의 도도한 물줄기가 감싸 안고 있다. 남북을 연결하는 육로가 만나는 곳이자 수로가 발달되어 있는 교통의 요지로서 전략적 요충지이다. 삼국 시대에는 이곳을 둘러싸고 치열한 각축전이 벌어졌고, 철이 많이 생산되어 이 지역을 차지하는 세력은 강력

대한민국 나침반 역사 속의 위인들

한 군사력을 보유할 수 있었다.

충주 지역은 마한 연맹체에 속했는데, 백제가 성장하는 과정에서 백제의 영역에 편입되었다. 장수왕은 427년 수도를 평양으로 옮긴 뒤, 475년에 백제의 수도 한성을 점령하고 그 여세를 몰아 충주·제천·단양 등지까지 진격하였다. 이때 고구려는 충주에 국원성을 설치하고 남한강 유역 일대의 경영과 신라 정벌을 위한 책원지(策源地)로 삼았다. 이 무렵 고구려 남진 정책의 성공을 기리는 척경적 의미를 지닌 중원 고구려비를 세웠다. 이 비석의 이름은 행정구역이 변경되면서 충주 고구려비로 바뀌었다. 이 비석은 현재 충주 고구려비전시관에 보존되어 있다.

비석으로 본 한강 유역 쟁탈전

백제와 신라는 433년 나제동맹을 체결하여 고구려의 남진을 저지하려 했으나, 고구려는 백제를 공격하여 수도 한성을 점령하고 한강 유역을 차지하고 481년에 신라를 공격하여 7개성을 점령하였다. 그 후 백제와 신라가 연합하여 551년 고구려를 공격하여 한강 유역을 되찾았는데, 553년 신라가 백제의 한강 하류 지역을 점령함으로써 나제동맹은 깨지고 적대 관

세 개의 비석 위치(충주 고구려비전시관)

계로 돌아섰다. 충주 고구려비, 단양 적성비, 북한산 진흥왕 순수비는 치열했던 한강 유역 쟁탈전을 증언하고 있다.

1. 충주 고구려비

한반도에서 발견된 유일한 고구려 석비라는 점에서 역사적 가치가 크다. 광개토대왕비와 함께 한국 고대사의 비밀을 풀어주는 중요한 열쇠이다. 이 석비는 한반도의 중부 지역인 남한강 유역에서 발견되었다는 점에서 그 중요성이 더 높게 평가된다.

충주 고구려비는 고구려가 한강 유역까지 영역을 확장한 장수왕 이후 세운 것으로 추정되며, 5세기 고구려의 남진과 신라와의 관계를 알려주는 사료로서의 가치가 매우 크다. 비문에서는 고구려를 태왕(太王)의 나라로, 신라는 동이(東夷)로 지칭하고 신라 왕을 매금이라고 불렀다. 이것은 고구려가 상위의 입장에서 신라를 대했다는 것을 의미한다.

고구려 왕이 신라 매금에게 의복을 하사했다는 내용도 고구려와 신라가 주종 관계에 있음을 보여준다. 고구려 왕을 '고려대왕(高麗大王)'이라고 칭하고 있으며, '신라토내당주(新羅土內幢主)' 등의 표현에서 고구려군이 신라의 영토에 주둔하며 영향력을 행사했다는 사실이 확인된다.

2. 단양 신라 적성비

이사부를 비롯한 여러 명의 신라 장군이 왕명을 받고 출정하여 고구려 지역이었던 적성 지역을 공략하고 난 뒤, 성을 쌓고 그들을 도와 공을 세운 적성 출신의 야이차와 가족 등 주변 인물을 포상하고 적성 지역의 백성들을 선무할 목적으로 세웠다.

이로써 신라는 죽령을 넘어 한강(남한강) 상류

대한민국 나침반 역사 속의 위인들

를 차지함으로써 한강 중하류로 진출할 수 있는 발판을 마련하게 된다. 여기의 이사부는 우산국을 정벌하였다고 《삼국사기》에 나오는 이사부로 알려졌다. 비석은 땅속에 묻혀 있어서 글씨 상태가 양호한 편이며, 단양 적성에 비각을 설치하여 보존하고 있다.

3. 북한산 진흥왕 순수비

진흥왕은 553년 백제로부터 한강 하류 지역을 빼앗아 이곳에 신주를 설치했으며, 555년 10월에는 몸소 북한산에 순행하여 강역을 획정하고 이를 기념해 순수비를 세웠다. 비문에는 진흥왕이 북한산을 둘러보고 돌아오는 길에 지나온 여러 고을의 세금을 면제시켜주고 죄수들을 석방하도록 했다는 내용이 들어 있다. 1816년(순조 16년) 7월에 추사 김정희가 김경연과 함께 이 비석을 조사하고, 다시 이듬해 6월 조인영과 같이 비문을 조사하여 비로소 진흥왕 순수비임을 확인하였다. 서울 북한산 남쪽 승가사 서남방에 위치한 비봉 정상에 있었으나, 파손이 우려되어 현재는 국립중앙박물관에 소장되어 있다.

중원이란 명칭은 충주 지역에 두었던 5소경의 하나인 중원경에서 연유하며 《삼국사기》에서 기록을 찾아 볼 수 있다.

중원경은 본래 고구려 국원성이었는데, 신라가 평정하여 진흥왕이 소경을 설치하였으며, 문무왕 때 성을 쌓았고 둘레가 2,592보였다. 경덕왕이 중원경으로 고쳤으며 지금의 충주이다.

신라가 중원경을 설치하고 귀족의 자제와 호민들을 이주시킴으로써 이 지역은 신라의 주요한 정치·경제·문화의 중심지가 되었다. 940년 고려 태조가 이곳을 충주라 개칭하였으며 최승로의 건의로 983년 성종이 12목을 설치하고 지방관을 파견할 때에 12목에 포함될 정도로 중요한 지역이었으며, 내륙에는 드물게 조운 창고인 조창(덕흥창)이 있었다.

이곳은 몽골 침입 때에도 주요 침투로였는데 고려 민중의 강력한 저항에 남진이 차단되었다. 1231년 몽골 1차 침입 때 충주 지역 노비 출신 지광수는 노비와 잡류별초를 이끌고 몽골군을 격퇴하였다. 1253년 5차 몽골 침입 당시 몽골군은 승승장구 남하를 거듭했지만 충주산성을 지키는 충주 관민들의 항전에 부딪혀 더 이상 남진하지 못하게 되었다.

1254년 철제 도구의 생산지인 다인철소의 거주민들이 몽골군을 막아내 익안현으로 승격되었다. 이외에도 충주 별초군의 제천 박달현 전투 등 대몽항전에서 10여 차례가 넘는 승전이 있었다. 여러 차례 몽골군을 잘 막아냈던 충주성도 1256년에는 몽골군의 총공격에 의해 주민들이 큰 희생을 치렀다.

5차 몽골 침입 시기 충주성 전투

몽골의 5차 침입 때 충주성은 처인성 전투에서 활약한 김윤후가 방호별감으로 지키고 있었다. 방호별감은 강도 정부에서 파견된 무인으로 몽골의 3차 침략기인 1236년부터 본격적으로 파견되었고, 해당 지역의 수령을 통제하면서 군현민의 동원을 총괄하는 임무를 띠고 있었다.

1253년 10월 중순에서 12월 중순까지 충주성 전투는 무려 70여 일 동안 계속되었고, 성안에는 식량과 물자뿐만 아니라 사기도 떨어져 극한 상황으로 치달았다. 이때 김윤후는 노비 문서를 불태워 사기를 진작시키는 특단의 조치를 내려 승리를 쟁취했다. 《고려사》에 당시 상황이 기록되어 있다.

김윤후가 충주산성 방호별감이 되었는데 몽골군이 쳐들어 와 충주성을 포위하기를 70여 일간 하니 군량을 저축한 것이 거의 바닥났다. 김윤후가 괴로워하는 군사들을 북돋으며 말하기를, '만약 힘을 내어 싸울 수 있다면, 귀천을 가리지 않고 모두 관작을 제수하려 하니 너희는 불신함이 없도록 하라.'고 하고는 드디어 관노 문서를 취해 불사르고 또 노획한 우마를 그들에게 나누어 주었다. 사람들이 모두 죽음을 무릅쓰고 적에게 다가가니 몽골군은 조금씩 기세가 꺾였고 결국 남쪽을 도모할 수 없었다.

충주성 공격이 진전을 보지 못한 상태에서 예구는 지휘부 내의 갈등 때문에 몽골에 소환되고 말았다. 이후 부장

충주 대몽항쟁 전승기념탑

아모간과 반역자 홍복원 등이 충주성 공격을 계속하였지만 충주성은 끝까지 사수되었다. 방호별감 김윤후는 뛰어난 리더십으로 충주성을 사수함으로써 몽골군의 남진을 저지하는 데 성공했다. 사기를 불러일으켜 전투에 임하게 함으로써 모든 백성이 신분의 귀천을 초월해 하나로 뭉쳐 항전력을 높여 천하무적인 몽골 대군을 물리친 것이다.

몽골군이 철수하자 조정에서는 약속대로 승리에 대한 공을 인정하여 전쟁에 참여한 노비들을 해방시켜 주었다. 그리고 공로를 세운 사람들에게 차등 있게 관작을 내려주었으며, 충주를 국원경으로 다시 승격시켰다. 김윤후는 정3품인 감문위상장군의 벼슬을 받았다. 그 후 김윤후는 수사공 우복야(정2품)에 이르렀다.

그런데 몽골군을 물리친 충주성의 정확한 위치가 어디인지에 대한 논란이 계속되고 있다. 두 개의 산성이 유력한 곳으로 거론되고 있는데, 충주산성과 대림산성이다. 충주산성은 충주시 동남쪽에 병풍처럼

충주산성

위치한 해발 636m의 남산(금봉산)에 있으며, 이 산의 정상부를 빙 둘러
싸고 있어 남산성이라고도 불린다.

대림산성은 충주에서 수안보를 거쳐 문경새재(조령)로 가는 교통 요
지에 위치한 산성이다. 해발 487.5m인 봉화대가 있는 봉우리를 정점
으로 하여 동서향으로 길쭉하고 서쪽 부분이 좁은 삼태기 형태의 지
형을 하고 있다. 또한, 능선의 방향은 월악산에서 뻗어 내려온 방향성
을 유지하여 동서로 길게 뻗어 있기 때문에 남쪽이나 북쪽으로 가는
길목을 동서 방향에서 차단하기에 매우 유리한 입지 여건을 갖추고
있다. 경사가 심하고 암벽이 형성된 천연 요새이다.

대림산성은 교통 요지에 버티고 있으므로 몽골군이 경상도로 내려
가려면 이 산성을 반드시 점령하려 했을 것이다. 그런데 고려는 몽골
군을 피하여 해도나 산속 깊숙이 들어가 저항하는 전략을 취하고 있
었고 몽골군의 침입이 거듭됨에 따라 주둔지는 점점 깊고 높은 산속
에 조성되었다. 군사 전략상 교통 요지에 있는 대림산성을 주둔지로
설정하는 것은 합당한 방법이 아니다. 그리고 산 규모 면에서 충주산
성이 대림산성보다 버티기에 유리하다. 이러한 측면에서 5차 몽골 침
입 시 주력이 항전했던 충주성은 충주산성일 가능성이 크고, 일부는
대림산성에 들어가 몽골군에 저항했을 것으로 여겨진다.

#4

김윤후 장군에 대한 평가 및
김윤후 장군의 리더십

의병 항쟁의 선구

　처인성 승전은 지역 주민들의 자위적 항전으로서 피지배층을 역사의 전면에 등장시킨 의병운동의 선구적 사례를 남겼다. 주체적인 저항 세력이 지배층이나 권력층이 아니라 일반 민중, 곧 농민, 부곡민을 중심으로 한 피지배층이고 승려 신분인 김윤후를 중심으로 이러한 민중들이 호흡을 같이하여 국난을 이겨내고자 했기 때문이다. 임진왜란 때 충청도에서 의병을 일으킨 조헌은 의병을 모집하는 격문을 보낼 때 김윤후가 지휘한 처인성 승전을 '의병의 선구'로 규정하여 언급하였다.

　원충갑(고려 충렬왕 때 공신)**이 북을 한 번 치고 매를 날려 치악산에서 합단적**(원나라 반란군)**을 꺾고 김윤후는 화살 하나로 돼지**(몽골군)**를 맞혀 죽여 황성**(토성)**에서 몽병을 물리쳤으니, 이들은 모두 유**(유학자)**나 승**(승려)**이었고 무를 숭상하는 자나 뛰어난 장수가 아니었다.**

　임진왜란을 당하여 관군이 일거에 무너지면서 국가 존망이 위태롭게 되자 각지에서 의병과 승병이 일어나 왜적과 싸웠다. 의병들이 투쟁한 덕분에 이순신 장군, 권율 장군 등 관군이 전열을 정비하고 왜 군과 대적할 수 있었다. 조선 시대의 의병은 지휘부와 참여자들이 비교적 일관된 군사적 조직을 갖추고 필요한 경우 가까운 지역이나 먼 지역을 이동하며 전투에 참여하는 군사적 기능이 강한 집단이었다.

이에 비해 고려 시대 대몽항전에 참여하였던 각지의 농민군들은 향촌 방위의 입장에서 침략한 적군에 대응하였으며 조선 시대 의병보다 비체계적이고 소극적인 집단이었다. 이들은 전투가 끝나고 몽골군이 물러나면 곧 본업으로 돌아오는 농민으로서 일시적으로 참여한 것이기 때문에 의병이라고 부르지 않는다.

이러한 차이점에도 불구하고 대몽항전 때에 보여준 이 같은 농민과 천민들의 적극적 활동은 300년 후 임진왜란 때 조선 의병의 밑거름이 되었고, 나아가 구한말 일제 침략에 대항하여 들불처럼 봉기한 의병 전쟁과 일제강점기 때 독립군 항쟁의 선구가 되었다.

대몽항쟁의 상징

김윤후 장군은 고려가 몽골군의 말발굽에 짓밟힐 때 고려인의 투쟁 정신을 대표하는 인물이었다. 당시 넓은 아시아의 문명권은 몽골군에 의해 초토화되었고 심지어 몽골군은 유럽에까지 진출하여 유럽인들을 공포의 도가니로 몰아 넣을 정도로 천하무적을 자랑했다. 서하, 금나라, 호라즘 제국, 러시아 공국들, 압바스 왕조, 대리국, 남송 등을 점령하여 그 이름조차 지구상에서 사라지게 하였다.

이러한 몽골군에 대항하여 고려는 장기간에 걸쳐 항쟁하였으며, 김윤후 장군이 이끈 전투는 대몽항전 중에서 가장 빛나는 승리였다. 김윤후 장군은 백성들을 규합하는 남다른 리더십을 발휘해 몽골의 대군을 두 번이나 격퇴하는 혁혁한 전공을 세웠다. 그 결과 적군은 철군하였고 고려인의 사기 진작에도 적지 않은 영향을 주었다.

김윤후 장군과 같은 활약이 없었더라면 몽골 침략의 과정에서 우리 민족의 항쟁이 빛을 바랬을 것이다. 후일 강화도 정부가 개경으로 환도한 후 몽골이 고려와 강화를 맺고 고려의 주권과 고유한 풍속을 인정한 것은 고려를 직속령으로 완전히 정복하려던 계획을 포기한 것을 의미한다. 이것은 고려의 항전이 있었기에 가능했고 끈질긴 저항의 결과였다.

김윤후 장군의 리더십

몽골의 침입이 30여 년간 지속되는 동안 끝까지 대몽항쟁에 나선 것은 민중들이었고, 김윤후 장군은 민중들을 규합하여 몽골군에 대한 항전을 이끈 지도자였다. 농민, 부곡민, 노비 등 피지배층 집단의 끈질긴 투지를 이끌어 내어 야수와 같은 몽골군에게 처인성과 충주성에서 두 번에 걸쳐 영웅적 승리를 거둔 김윤후 장군의 위대한 리더십은 바로 지도자의 큰 귀감이다.

첫째, 용기 있는 리더십이다. 13세기 초, 몽골군은 세계 최강의 군대였다. 더구나 처인성을 공격한 몽골군의 대장 살리타이는 칭기즈칸의

대한민국 나침반 역사 속의 위인들

신임을 받고 있었던 인물로서 막강한 군세를 자랑하며 1차에 이어 2차로 고려에 침입했다. 반면 처인성은 초라한 토성에 불과했고, 방어하는 병사들도 없이 부곡민들이 지키고 있었다. 이러한 매우 열악한 상황에서 승려 김윤후는 리더가 되어 부곡민을 이끌고 적에 대항하는 용기를 보여 주었다. 객관적으로 불리한 전투의 전면에서 지휘하면서도 용기를 잃지 않았던 측면에서 보면 조선 시대 이순신 장군에 필적할 만한 인물이다.

둘째, 겸양 미덕 리더십이다. 처인성 전투에 대해 조정에서는 김윤후의 공을 크게 인정하여 상장군 직책을 제수하려 했지만 사양하고 체면치레를 할 만한 작은 상만 받았다. 적장, 그것도 최고 사령관을 죽였다면 누가 죽였든 지휘관에게 큰 상이 돌아가는 것은 예나 지금이나 군대 상벌 규정의 원칙이다. 김윤후가 지도자로 활약한 전투에서 적장을 죽인 것이 사실이고 몽골군이 퇴각한 것도 사실이므로 김윤후의 공훈이 빛났지만, 김윤후는 자신의 공을 강하게 부인하고 사양했다. 이 같은 김윤후 장군의 인품과 리더십은 전투에 참여한 사람들이 그를 따르게 된 동기가 되었을 것이다.

셋째, 신뢰의 리더십이다. 당시 세계 최강이었던 몽골군에 대항한 충주성 전투는 무려 70여 일간 계속됐고, 성안에는 식량과 물자뿐만 아니라 사기도 떨어져 극한 상황으로 치닫고 있는 상황에서 김윤후는 노비 문서를 과감히 불태워 사기를 진작시키는 특단의 조치를 단행했다. 그리하여 자신과 가족, 삶의 터전인 고향을 스스로 지키려는 투지를 불러일으켜 천하무적인 몽골 대군을 물리쳤다.

조정에서는 약속대로 전쟁에 참여한 노비들을 해방시켜 주었고 공로를 세운 사람들에게 관작을 내려주었다. 지휘관을 따르는 병사들에게, 특히 일반 백성들에게 신뢰를 주느냐 그렇지 않느냐는 승패에 큰 영향을 미친다. 극한 상황에서 초인적인 힘과 단결력을 이끌어낸 김윤후 장군에 대한 신뢰가 있었기에 신분의 귀천을 초월해 하나가 되어 불가능한 승리를 거둔 것이다.

넷째, 투철한 책임의식과 희생정신의 리더십이다. 몽골군의 침략에 직면하여 방호별감으로서 백성들을 충주성으로 피난하게 하고, 성이 함락되기 직전의 절체절명의 위급 상황에서 끝까지 성과 주민들을 버리지 않고 싸워 백성을 구했다. 김윤후 장군은 처인성 전투에 이어 충주성 전투에서 승리함으로써 고려의 장기 항쟁의 계기를 만들었다. 세계에서 가장 넓은 영토를 확장했던 강력한 몽골군에게 굴하지 않고 항전하여 승리한 것은 김윤후 장군처럼 국가와 백성들을 위해 자신을 던진 이들이 있었기에 가능했다.

강화가 성립되면서 몽골과의 전쟁에서 공을 세운 것이 오히려 죄가 되는 상황에서 김윤후 장군에 대한 자료가 제대로 정리되거나 그것을 내세울 수 있는 여건이 되지 못했기 때문에 자연히 기록이 소실되었을 것이다. 김윤후 장군이 승려 출신이란 점도 후대의 역사에서 환영받지 못한 이유였을 것이다. 《고려사》가 조선 시대에 집필된 만큼 유교를 국시로 받아들인 조선 사회에서 고려 시대 승려 출신의 위인을 크게 주목할 리 없었고, 따라서 승려인 김윤후의 공을 높이 세운다면 국가 이념인 유교보다 불교를 치켜세우는 격이 되기 때문에 김윤후에 대한 자세한 기록을 꺼렸을 것이다.

또한, 김윤후는 불교의 평등사상에 입각해서 볼 때 위계질서를 강조하는 조선의 입장에서 이러한 인물을 제대로 조명하기가 부담스러웠을 수도 있다. 따라서 김윤후는 태어나고 죽은 시점뿐만 아니라 출신 신분에 대해서 명확한 기록이 부족하다. 그렇지만 《고려사》에 수록되어 있는 〈김윤후 열전〉의 처인성과 충주성 승전에 대한 간략한 기록만으로도 국난 극복의 리더로서의 숭고한 자격을 느낄 수 있다.

지금까지 우리는 외적을 물리친 3대 영웅으로 대개 을지문덕, 강감찬, 이순신 장군을 꼽고 있지만, 이제는 한 사람 더 추가시켜 4대 영웅으로 김윤후 장군의 이름을 올려놓아야 할 것 같다. 김윤후 장군은 조국이 백척간두의 위기에 처했을 때 진실한 용기와 지혜는 결국 행동으로 표현된다는 것을 보여준 리더로서 새로운 평가를 받아야 할 것이다.

#5

삼별초 항쟁

삼별초 구성 및 역할

최우의 집권 초기에 도적이 횡행하자 이들을 잡기 위해 용사를 선발하여 부대를 조직하고 이를 야별초라 하였다. 비록 방범대에 불과했지만 야별초는 그 어떤 정규군보다 강한 군사력을 가진 최정예 부대였다. 그 뒤 인원이 늘고 기구가 확대되어 좌별초·우별초로 나뉘어 편성되었다. 이후 최항이 몽골군에 붙잡혔다가 탈출해 온 군사와 장정들로 구성된 신의군이라는 별초부대를 창설하였다. 삼별초는 좌별초, 우별초, 신의군으로 구성된 3개의 별초군을 총칭한다.

삼별초는 권신의 정치 권력과 깊이 유착되어 있어 사병적 성격이 농후하였으나 국가 재정에 의해 양성되고 국고에서 녹봉을 받는 등 권신의 사병과는 구별되었고 몽골과의 항전에 주요 군사력을 제공하였다. 당시의 군사력으로서는 2군 6위의 조직이 형식상 남아 있었고 최씨 정권의 순수한 사병 집단인 도방의 병력도 존재했으나 전투 병력으로서 가장 위력을 발휘한 것은 삼별초였다. 전란 말기에는 야별초군이 현지 주민을 산성으로 옮기고 적의 공격에 대응하는 전략을

대한민국 나침반 역사 속의 위인들

직접 주관하기도 했다. 또한, 정변이 있을 때마다 삼별초의 무력은 결정적인 구실을 하였다.

대몽 강화와 삼별초 반발

최씨 정권을 비롯한 무신 세력이 몽골에 대한 결사 항전을 주장했던 데 반해 왕을 중심으로 하는 문신 세력은 출륙하여 친조하라는 몽골의 요구를 받아들여 빨리 강화를 맺고자 했다. 그리고 몽골의 힘을 빌려 무신 세력에게서 권력을 빼앗아 오려고 했다. 1257년(고종 44년) 최항이 죽고 최의가 권력을 이어받았으나 이듬해에 김준, 임연 등에 의해 최의가 피살되어 최씨 정권이 무너졌다.

이러한 상황에서 고종은 몽골과 타협하여 강화의 실마리를 잡았다. 대몽골 관계에서 1259년은 전환점이었다. 고려 태자 전(佛, 나중에 원종)이 처음으로 몽골에 입조하였다. 그런데 최씨 정권이 타도되어 일단 왕정이 복구된 외형적 형세였으나 조정의 실권을 장악한 것은 여전히 김준 등 무인들이었다. 출륙환도를 미루면서 경우에 따라서는 결전도 불사하겠다는 강경한 태도를 보였다. 그러자 원종은 무인들의 세력을 억제하고 출륙환도를 단행함으로써 왕정 복구를 확립하려고 하였다.

임연은 정권을 장악하고 있던 김준과 왕의 사이가 벌어진 틈에 1268년(원종 9년) 김준을 죽이고 권력을 장악했으나 2년 만에 죽고 아들 임유무가 이어받았다. 1270년 5월 왕에게 밀명을 받은 무인들에 의해 임유무가 살해되어 마침내 무신정권이 종식되자 조정은 개경으로 환도하였다. 1231년 강화 천도로부터 40년 만의 일이었다.

그런데 몽골과의 전쟁 과정에서, 그리고 무인정권이라는 환경에 의해 성립되고 성장해 왔던 삼별초는 바뀐 정치 환경에 적응할 수 없었다. 삼별초가 출륙환도의 방침에 불응하고 저항한 것은 당연한 귀결이었다. 원종이 개경 환도 선언을 하자, 삼별초는 "다른 마음을 품고 마음대로 부고(府庫)를 열었다."라고 《고려사》에 기록되어 있다. 사실상의 봉기가 시작된 것이다.

원종은 상장군 정자여를 보내 회유를 시도했으나 실패하자, 장군 김지저를 강화도에 파견하여 삼별초 명부를 압수하였다. 삼별초 구성원에 대한 대대적인 숙청이 뒤따를 것은 불을 보듯 뻔했다. 명부 압수는 삼별초가 하나로 결집하여 봉기하는 데 결정적인 계기를 만들어 주었다. 장군 배중손이 야별초 지유, 노영희 등을 설득하여 일단의 삼별초를 규합해서 왕족인 승화후 온(溫)을 왕으로 옹립해 1270년 6월 1일 봉기하였다.

삼별초 항쟁 경과

삼별초는 우선 노비 문서를 포함한 각종 국가의 기본 문서들을 소각하였다. 노비의 상당수는 신분 해방의 욕구에 의해 삼별초에 합류하였다. 삼별초는 강화도에 남아 있던 귀족들을 배에 태워 진도로 이송했다. 재물과 자녀를 싣고 진도로 내려갈 때 무려 1,000여 척이나 되었다고 한다. 강화도를 떠나 74일 만에 진도 벽파 꽃자리항(연등)에 상륙했다.

강화도는 육지에서 가까워 몽골군의 반격이 용이한 지역이었기 때문에 보다 안전한 진도로 근거지를 옮긴 것이다. 진도는 서남해의 요충으로 육지와 도서를 연결하는 교차점이고 경상·전라도 지역의 세곡이 조운을 통하여 개경으로 운송되는 데 있어 중요한 길목으로서 전략적으로도 중요한 지역이었다.

진도 용장성 항몽 유적지

삼별초는 진도 용장성을 거점으로 삼고 고려의 정통 정부임을 자처하면서 황제 국가를 표방하였다. 세력을 확대하여 합포(경상남도 마산)·금주(경상남도 김해)·동래·거제·남해도·나주 등 전라·경상도 연안 지역을 점거하였고 제주도를 확보함으로써 후방의 안정 지대까지 갖추게 되었다.

1270년 8월, 조정은 장군 양동무와 고여림에게 공격하도록 하였으나 여의치 않자 9월에 김방경을 전라도 추토사로 임명하여 몽골군 원수 아해와 함께 공격하였다. 그래도 성과를 올리지 못하자 1271년 5월, 고려인으로 몽골에서 권력을 행세하던 홍복원의 아들 홍다구가 새로운 몽골군 지휘관에 임명되고 김방경·흔도·홍다구의 대규모의 연합군이 기습적으로 공격하였다. 연합군의 진격에 삼별초 지휘부는 혼란에 빠져 무너졌고 승화후 온도 희생되었다.

진도에 있던 대부분 사람들이 포로로 잡혔으나 일부가 김통정의 지

휘 아래 진도를 빠져나와 제주도로 옮겨 잔여 삼별초를 규합하여 반격 작전을 감행했다. 그리고 점차 제 해권을 되찾고 영향력을 확대하여 전라도와 경상도 연안 지역에 진출 하여 개경으로 운반되는 조운선을 공격해 세곡을 탈취하였다. 심지어 충청, 경기의 서해 연해까지 진출 하여 개경을 위협하며 지방 관아를 공략했다.

이에 고려 원종은 삼별초 진압에 전력을 기울였다. 원나라 세조 쿠 빌라이 또한 일본 정벌의 기지로서 제주를 중요시해 사신을 보내 제 주 공략을 촉구하였다. 처음에는 회유를 시도하였으나 효과가 없자, 1273년 2월, 여몽 연합군은 대대적인 공격을 가했다. 대공세에 밀린 삼별초는 후퇴하다가 뿔뿔이 흩어졌다. 김통정은 70여 명의 휘하 부 장과 함께 산속으로 피신했지만 포위망이 점차 좁혀오자 재기의 가능

항몽 순의비(제주 항파두리 항몽 유적지 소재)

성이 없음을 알고 자결하였다. 이로써 진도와 제주도로 옮기며 지속된 삼별초 항전은 약 3년 만에 끝나게 되었다.

삼별초 항쟁의 의의

삼별초는 몽골제국의 세계 정벌전쟁에서 가장 치열하게 저항했던 무력 집단이었다. 고려·몽골 연합군의 대규모 공격에도 3년간이나 버틸 수 있었던 것은 삼별초가 매우 우수한 정예 전투 병력이기 때문이었다. 그리고 배후에 남부 지역 각처의 농민들이 삼별초의 항거에 적극적으로 호응했기 때문이었다. 삼별초 항쟁으로 인해 고려의 몽골에 대한 저항은 43년 동안 지속한 셈이고, 몽골로서는 거의 유례가 없는 장기전이었다. 그 항쟁 지역도 내륙을 넘어 연안 도서 지역으로 확대되었다.

특히 몽골군뿐만 아니라 개경으로 환도하여 몽골에 고개 숙인 조정에 대해 투쟁하려는 굳은 결의가 민중 사회의 내부에 고양되어 있었다는 사실은 중요한 역사적 의미를 가진다. 경상도 밀성군·청도군의 농민들은 진도의 삼별초에 호응해 관헌을 습격하고 폭동을 일으켰다가 진압되기도 하였다. 또 개경의 관노들이 몽골의 다루가치와 조정 관료를 죽이고 진도로 도망갈 계획을 세웠다가 탄로가 나 처형되기도 하였다. 이 사건들은 당시 반정부, 반몽적인 민중의식의 일면을 보여주는 것이다.

이러한 민중들의 저항 정신이 삼별초의 대몽항쟁과 서로 동조하게 된 것은 삼별초 항쟁의 역사적 성격을 뚜렷이 보여준다. 고려의 항전이 세계 제국을 이룬 몽골에 대항하는 매우 이례적인 사례라면, 삼별초 항전은 몽골이라는 거대한 파고를 직접 막는 도전으로써 민족적 정기를 한층 고양시킨 사건이었다.

삼별초의 봉기는 왕조의 입장에서는 반란이었지만, 고려 왕조의 정통성과 자주성을 위협하던 몽골 침략군에 대해서 끝까지 목숨을 바쳐 싸운 항전이었다. 온 백성이 분개했던 몽골군을 대상으로 맞서 싸우며 고려인의 자주적인 정신을 보였다는 점에서 삼별초 항쟁으로 표현되고 있다.

#6

문화재 소실과 복원

초조대장경과 속장경, 황룡사 소실

몽골 침입에 의한 전쟁의 장기화에 따라 피해가 매우 심각했다. 직접적인 전투 이외에도 몽골군의 방화와 약탈로 인한 피해도 이루 말할 수 없었다. 자랑스러운 문화유산도 대거 피해를 입었다. 1232년 몽골군의 제2차 침입 때 대구 부인사에 있던 초조대장경이 소실되었다. 흥왕사가 불타 속장경도 소실되었다.

1238년 몽골군 제3차 침입 때 9층탑으로 유명한 경주 황룡사가 불탔다. 황룡사에는 에밀레종보다 훨씬 큰 규모의 범종도 있었지만, 이종의 행방도 알 수 없게 되었다. 황룡사 종은 감포 부근 대종천의 물에 수장되었다고도 하고, 감포 부근 동해 바다에 빠뜨려졌다고도 한다. 귀중한 문화재가 몽골군의 방화와 침탈 앞에서 허망하게 전소되거나 망실되고 말았다. 고려 시대 명문장가인 이규보는 《동국이상국집》에서 이를 매우 안타까워했다.

심하도다. 달단(몽골)이 환란을 일으킴이여! 그 잔인하고 흉포한 성품은 이미 말로 다할 수 없고, 심지어 어리석고 엉큼함은 금수보다 심하나이다. 저들이 지나는 곳마다 불상과 불경이 모두 불에 타버렸습니다.

황룡사 9층 목탑

황룡사는 규모나 위치 측면에서 신라 제일의 사찰이며 신라의 사상과 예술에서도 그 차지하는 비중이 컸다. 《삼국사기》에 "진흥왕 14년(553년) 봄 2월에 담당 관청에 명하여 월성(月城)의 동쪽에 새 궁궐을 짓게 하였는데, 그곳에서 황룡(黃龍)이 나타났다. 왕이 이것을 괴이하게 여기고는 [계획을] 고쳐서 불사(佛寺)를 짓고, '황룡(皇龍)'이라는 이름을 내려 주었다."고 기록되어 있다.

《삼국사기》와 《해동고승전》에는 황룡사가 진흥왕 27년(566) 완공되었다고 되어 있으나, 《삼국유사》는 기축년(己丑年, 569년)에 황룡사 주위의 담을 쌓고 17년 만에 겨우 완성하였다고 기술하였다. 사찰의 완공 시점이 다르게 전하는 것은 전자에서는 중요한 시설들이 갖춘 것을 기준으로, 후자에서는 건축물 둘레에 담장까지 둘러 공사가 완전히 마무리된 것을 기준으로 완공 시점을 설정하였기 때문이다.

황룡사 유적지

황룡사의 중심은 9층 목탑이었다. 당나라로 유학 갔던 자장이 643년(선덕여왕 12년)에 귀국하여 탑을 세울 것을 왕에게 청하였다. 이에 백제의 명공 아비지가 목재와 석재를 써서 건축하였는데, 높이가 225척이었다. 이 탑의 각 층은 아래에서부터 일본, 중화(中華), 오월(吳越), 탐라(托羅·제주도), 응유(鷹遊, 백제), 말갈, 단국(丹國, 거란), 여적(女狄, 여진), 예맥(濊貊)의 아홉 나라를 상징하는데, 이는 이들 나라로부터의 침략을 막을 수 있다는 뜻을 담고 있었다고 한다.

경주는 이탈리아 로마, 터키 이스탄불, 중국의 시안, 일본 교토와 함께 천 년의 세월을 간직한 세계적인 고대 수도 5곳 중 한 곳이다. 황룡사 9층 목탑만 복원이 되어도 로마의 콜로세움, 피사의 사탑처럼 랜드마크로서 경주가 손꼽히는 위대한 문화유산을 가진 도시라는 것을 세계에 보여줄 수 있다.

황룡사 창건에 관한 내용은 《삼국사기》, 《삼국유사》 등 여러 문헌에 상당히 자세하게 기록되어 있다. 그리고 1976년부터 1983년 12월까지 8년 동안 진행된 황룡사지에 대한 발굴조사를 통해 역사적 사실이 확인되었다. 불타고 없어진 것을 한탄만 해서는 안 된다. 후대인들이 해야 할 일은 정신을 받아 계승한다는 생각으로 복원에 힘쓰는 것이다.

마침 '신라왕경 특별법'이 통과되고 특별법이 포괄하는 유적지에 황룡사지가 포함되었다고 하니 다행스러운 일이다. 우리 민족의 큰 자랑거리인 황룡사 9층 목탑 등 황룡사가 조속히 복원될 수 있도록 관련 분야 전문가들이 긴밀히 협력하여 속도를 내야 할 것이다.

팔만대장경 조성

팔만대장경은 몽골의 침입으로 초조대장경과 속장경이 불타버린 후 만들었다 해서 재조대장경으로도 불린다. 또한, 고려 시대에 판각되었다는 데 의미를 두어 고려대장경이라고도 부르고, 매수가 8만여 판에 달하는 목판에 새겼다고 하여 흔히 팔만대장경이라고도 부른다. 고종 때 대장도감을 설치하여 만든 목판각으로 현재 해인사 장경각에 보관하고 있어 정식 명칭은 '해인사고려대장도감(각)판'이다.

고려 왕실과 실권자인 최우를 중심으로 한 군신들은 현종 때 초조대장경을 만든 것과 마찬가지로 부처님의 위력을 빌어 외적을 퇴치하려는 염원으로 대장경 조성 사업을 결행하였다. 판각 작업은 1236년(고종 23년) 강화에 대장도감을 설치하면서 시작되었다. 개태사의 승통 수기의 교정을 바탕으로 대장도감과 진주 지방 남해의 분사 대장도감에서 이뤄졌다.

남해 연안에 분사도감을 설치하여 판각을 나누어 진행한 것은 그곳이 몽골의 병화가 미치기 쉽지 않은 남해안 지방인데다 당시 무신 권력의 핵심인 최우의 근거지였고, 더구나 팔만대장경을 판각하기 위한 경판 재료를 가까운 거제도에서 구하여 제작할 수 있는 지리적인 이점이 있었기 때문이다.

글자 한 글자 새길 때마다 절을 세 번씩 했다고 한다. 수천만 개의 글자가 하나같이 그 새김이 고르고 잘못된 글자가 거의 없다. 무엇보다 거란, 여진, 일본의 불교 경전까지 두루 모아 정리했기 때문에 현재 없어진 중국이나 거란의 대장경 내용도 담겨 있다. 약 15년의 긴 세월을 거쳐 마침내 1251년에 팔만대장경은 완성을 보게 되었다.

대장경 판각 사업은 단순히 신앙적인 의미가 아니라 이를 통해 민심을 모으려는 일종의 정신 교화라고 할 수 있으며, 전쟁의 소용돌이 속에서 민족적인 자긍심과 나라에 대한 민음을 결집시키려고 한 것이다. 최씨 무인정권이 팔만대장경 조성에 커다란 기여를 한 것은 부인하기 어려우나, 대장경은 기본적으로는 국가적 사업이었다. 대장도감은 국가 조직이었으며 분사도감의 경우도 고려의 지방 통치 조직에 의한 운영이 뒷받침되었다. 그리고 다양한 계층이 참여하였다. 교·선종을 망라한 불교계, 문인 지식층, 왕족 귀족으로부터 일반 군현민에 이르는 광범한 계층의 참여가 수반되었다.

팔만대장경

팔만대장경에는 고려인들의 지혜와 과학적인 우수성 그리고 장인 정신 등 여러 가지 신비로운 요소들이 담겨져 있다. 단순히 법문을 담고 있는 경전이 아니라 고려인들의 민족적 자긍심과 국가에 대한 민음을 엿볼 수 있는 정신적 산물이며, 몽골 침입이라는 불구덩이 속에서 피어오른 눈부신 연꽃이다.

팔만대장경 보존

　판각된 대장경은 만들어지는 대로 강도로 옮겨지고 보관되었다. 그리고 강화도의 판당에서 낙성식이 거행되었다. 팔만대장경은 완성된 이후에도 계속된 몽골 전란, 삼별초의 봉기로 인한 혼란, 고려 말 왜구의 빈번한 침입, 임진왜란, 그리고 6·25전쟁에도 불구하고 화를 면하고 지금까지 온전하게 보존되어 온 것도 역시 신비롭고 기적과 같은 일이다.

　완성된 대장경판은 강화도성 서문 밖의 대장경 판당에 줄곧 수장(收藏)되었다가 1318년 선원사로 옮겨졌고, 조선 시대에 들어와 태조 때에 서울 지천사(支天寺, 서울시청 맞은 편 자리에 위치)로 옮겨졌다가 최종적으로 해인사에 보관되었다. 임진왜란 때 소실 위기를 맞았으나 홍의장군 곽재우를 비롯한 거창의 김면 장군, 합천의 정인홍 장군이 이끄는 경상도 의병과 소암대사가 이끄는 해인사 승병과 승려들이 왜군을 막아 보전될 수 있었다.

　6·25전쟁 때에 팔만대장경은 결정적으로 소실 위기를 맞게 된다. 공산군이 낙동강까지 내려와 일진일퇴의 공방을 벌이다 인천상륙작전을 기해 국군과 유엔군의 반격으로 북쪽으로 퇴각하였는데, 그때 낙오된 공산군 약 900명이 가야산에 숨어 산줄기와 계곡의 요해처인 해인사를 중심으로 주변 숲을 진지화해서 국군에 맞섰다.

　토벌을 진행하던 육군이 공중 지원을 요청하여 해인사 주변의 공비를 폭격해 달라는 주문을 하자 당시 김영환 대령을 편대장으로 한 네

대의 전폭기가 발진했다. 전폭기는 각각 500파운드 폭탄 2발씩과 5인치 로켓탄 6발씩을 장착하고 있었고, 특히 편대장 김영환 대령의 1번기는 750파운드 네이팜탄을 적재하고 있어서 폭탄을 투하할 경우 해인사 전체가 불바다가 될 판이었다.

그러나 갑자기 편대장 김영환 대령은 편대기들에게 "각 기는 나의 뒤를 따르되 나의 지시 없이는 절대로 폭탄과 로켓트탄을 투하하지 말라."고 폭격 중지를 명령했다. 폭격을 인도한 정찰기가 "편대장은 무엇하는가? 빨리 폭탄을 투하하라."고 재촉하였다. 그러나 김영환 대령은 사찰 상공을 몇 바퀴 선회한 뒤 해인사의 뒷산 능선 너머로 폭탄과 로켓트탄을 투하하고 귀대했다. 대장경판이 보존된 장엄한 역사적 순간이었다.

김영환 대령은 군법에 따라 전시 명령 불복종으로 군사재판에 회부되었다. 미 군사고문단 책임자가 경위를 추궁하자 김영환 대령은 죽기를 각오하고 말했다.

태평양전쟁 때 미군이 일본 교토를 폭격하지 않은 것은 교토가 일본 문화의 총본산이라 생각했기 때문이 아니었습니까? 그뿐만 아니라 영국이 인도를 영유하고 있을 때, 영국인들은 차라리 인도를 잃을지언정 셰익스피어와는 바꾸지 않겠다고 하지 않았습니까? 이와 마찬가지로 우리 민족에게도 인도하고도 바꿀 수 없는 세계적 보물인 팔만대장경판이 있습니다. 이를 어찌 수백 명의 공비를 소탕하기 위하여 잿더미로 만들 수 있겠습니까?

팔만대장경은 오늘날 남아 있는 세계에서 가장 오래되고 완벽한 대장경판으로 유네스코 세계문화유산으로 지정되어 그 가치를 인정받고 있다. 민족적 자긍심과 참된 기개를 가진 김영환 대령이 없었다면 위대한 민족문화유산이자 세계문화유산인 팔만대장경은 일순간에 잿더미가 되었을 것이라고 생각하니 아찔하다. 김영환 장군은 1954년 3월 5일 F-51(무스탱)기로 사천 기지를 이륙하여 강릉 기지로 향하던 중 기상 악화로 동해안 묵호 상공에서 실종되어 34세의 젊은 나이로 장렬히 전사하였다. 해인사 입구에는 김영환 장군 팔만대장경 수호 공적비가 세워져 있다.

김영환 장군 팔만대장경 수호 공적비

제4장

백성을 위해 배우기 쉬운
한글을 창제한 성군 세종대왕

세종대왕 동상(광화문광장 소재)

세종대왕은 훌륭한 정치를 하고 찬란한 민족문화를 꽃피운 성군이다. 특히 백성들을 위해 배우기 쉬운 한글을 '훈민정음'이라는 이름으로 창제한 현군이다. 세종은 명나라와의 관계와 학자들의 반대 등을 염려하여 왕자, 공주 등 가까운 혈육의 도움을 받아가며 비밀리에 훈민정음을 창제하였다. 집현전 학자들은 창제 후에 세종의 가르침과 지시에 따라 훈민정음 안내서인 《훈민정음 해례본》 집필에 참여했고, 새 문자를 실험하고 널리 보급하기 위한 후속 작업을 하는 데 중요한 역할을 하였다.

세종대왕의 업적

유교문화의 기틀 확립

세종은 깊은 유학적 소양, 다양한 학문에 대한 탐구력, 중국 문화에 경도되지 않은 주체성과 독창성, 사물에 대한 통찰력과 판단력과 함께 추진력을 지니고 있었다. 학문 분위기를 진작시키고 왕도 정치를 이끌었으며, 경연을 중시하고 의정부 서사제(議政府 署事制)를 시행하여 왕권과 신권의 조화를 꾀하였다. 정책연구기관인 집현전을 설치하여 인재를 육성하고 이들에게 각종 의례와 제도를 정비하도록 하였다. 세종 시대는 유교 정치의 기반이 안정되어 정치, 경제, 사회, 문화 전반에 걸쳐 기틀이 확립되었다.

시계, 측우기, 천문 관측 기구 제작, 역법 발전

세종은 시간의 중요성을 깊이 인식하고 정확한 시간을 알려주는 시계를 만드는 데 힘을 쏟았다. 시계는 농사, 의식, 치안, 군사작전 등에 절대 필요한 도구였다. 가장 간편한 원초적인 시계는 해시계였다. 해

앙부일구(해시계)

시계인 앙부일구(仰釜日晷)는 시계판이 가마솥같이 오목하고 솥이 하늘을 향하고 있는데, "하늘을 우러러보는(仰) 가마솥(釜) 모양에 비치는 해그림자(日晷)로 때를 아는 시계"라는 뜻이 담겨 있다고 해서 붙여진 이름이다. 이것은 낮 시간을 살피는 데는 도움을 주지만 밤에는 아무런 기능을 하지 못했다. 그래서 만든 시계가 자동 물시계인 자격루이다.

그리고 강우량 계측기인 측우기를 제작하여 백성들의 생활에 도움을 주었다. 장영실의 측우기 발명은 이탈리아인 베네데토 카스텔리의 측우기(1639년)보다 거의 200년 앞선 세계 최초의 것으로서 세종 시대 과학 업적의 상징물이자 대표적인 예다. 천문 관측 기구인 혼천의도 만들었다. 혼천의는 해와 달, 별과 오행성(수성, 금성, 화성, 목성, 토성)의 위치를 관측하는 기구이다. 여주에 있는 세종대왕릉에 이러한 과학기술 발명품을 복원해 놓아 감상할 수 있다.

농업 생산력의 증대에는 무엇보다 농

자격루(물시계)

측우기

혼천의

시(農時)가 절실히 요구되었다. 아무리 좋은 종자를 가지고 있어도 적절한 시기를 잃어버리면 풍년을 기대할 수 없기 때문이다. 그래서 달력이 매우 중요했다. 기존에는 원나라의 수시력이나 명나라의 대통력, 아라비아의 회회력 같은 달력을 사용함으로써 우리나라의 역법 체계와는 맞지 않는 부분이 많았다. 이들 역법을 종합하고 혼천의와 같은 천체 관측기구를 활용하여 '칠정산내외편'이라는 독자적인 역법을 만듦으로써 보다 더 정확하게 천문을 관찰하고 이에 적합한 일력을 제시할 수 있게 되었다.

농업·의학서 발간

농경사회였던 만큼 농업의 발전은 곧 경제적 안정을 의미했고 이를 위해 여러 가지 농서를 발간했다. 대표적인 것이 정초에 의해 편찬된 《농사직설》이다. 이전까지는 중국에서 수입된 농서인 《농상집요》를 가지고 농사를 지었지만, 기후와 풍토가 다른 관계로 효과적인 생산을 기대할 수 없었다. 세종은 농업이 발달한 경상도, 충청도, 전라도 삼남 지방의 관리들에게 그 지방의 농사법을 적어 올리게 했다. 《농사직설》에는 기후와 토양, 곡식 종류에 따라 종자를 보관하는 법, 종자 뿌리는 법, 모내기하는 법, 김매는 법, 물 대는 법, 거름 주는 법

등이 자세히 적혀 있다.

의학에도 신토불이의 바람이 불어왔다. 우리나라 산천에서 생산되는 약재를 중심으로 증상에 따른 처방을 기록한 《향약집성방》을 간행하였다. '향약'이라는 말은 우리나라 향토에서 생산되는 약재를 의미하는 것이다. 민간에서 사용되던 우리 고유 의학의 전통을 바탕으로 하고 중국에서 수입한 중의학의 처방법을 조화시켜 독자적인 의학 전통을 찾으려 한 것에 이 책의 특징이 있다. 그 후 세종은 방대한 의학백과 사전인 《의방유취》를 편찬하게 했다.

제도 개혁, 활자 개량 및 음악 발전

세종은 백성을 사랑한 어진 왕이었고 백성들의 인권 문제에도 상당히 신경을 썼다. 죄수들의 건강을 염려하여 감옥 시설을 개선하는 한편, 남형(濫刑, 법규에 의하지 않거나 법규 이상의 것을 집행하던 형벌)을 금하고 억울하게 죽는 이가 없게 하기 위하여 삼심 제도인 삼복법을 실시하였다. 노비에게 주인이 가혹한 형을 가하지 못하도록 했고 실수로라도 노비를 죽인 주인을 처벌하도록 했다.

15세 미만과 70세가 넘은 사람은 살인죄나 강도죄가 아니면 감옥에 가두지 못하게 하고, 10세 이하와 80세 이상인 자는 사형에 해당되는 죄를 범했더라도 감옥에 가두지 못하게 하였다. 이전에는 겨우 7일에 불과하던 관비의 출산 휴가를 100일로 늘리고 남편에게도 휴가를 주었으며 출산 1개월 전에도 쉴 수 있도록 배려했다.

세액의 공정을 기하기 위해 각 도의 토지를 비옥도에 따라 3등급으로 나누어 세율을 정하고 관련 사무를 담당할 '공법상정소'를 설치하였다. 이를 보강하기 위해 '전제상정소'를 설치하고, 풍작과 흉작에 따라 연분 9등법과 토지의 비옥도에 따라 전분 6등법에 의한 수등이척법으로 공평한 조세 제도를 실시했다.

금속 화폐인 조선통보를 주조하고, 주자소를 설치하여 활자를 개량하고 새 활자를 만들어 인쇄 능률을 올렸다. 동활자인 경자자, 갑인자와 납활자인 병진자를 새로 주조하였다. 음악 분야에서는 관습도감을 설치하고 박연으로 하여금 아악을 정리하게 하였다. 악기도감을 설치하여 많은 아악기들을 제조하였고 편경과 편종을 대량 생산하였다.

역사의식 고취와 국토 확장

세종은 역사의식을 고취시키기 위하여 고려 역사를 편찬토록 하여, 1451년(문종 1년)에 기전체 《고려사》가 완성되고, 다음 해에는 편년체 《고려사절요》가 완성되었다. 단군 사당을 따로 세워 단군을 섬기게 하고, 신라, 고구려, 백제의 시조묘를 사전(祀典, 제사 지내는 예전)에 올려 제를 올리게 하였다.

국토의 개척과 확장을 통하여 국력을 신장하는 일에도 심혈을 기울였다. 이종무로 하여금 대마도를 토벌하게 하고, 최윤덕은 4군(여연군, 자성군, 무창군, 우예군)을 개척하고, 김종서는 6진(종성, 온성, 회령, 경원, 경흥, 부령)을 설치하였다. 세종은 이 지역에 남방의 백성들을 이주시켜 살게

대한민국 나침반 역사 속의 위인들

하는 사민 정책을 실시했다.

4군 6진의 개척은 압록강과 두만강 유역을 우리의 국경선으로 삼는 중요한 계기가 되었다. 이로써 압록강과 두만강 이남의 땅이 조선의 영토가 되어 오늘날 우리 국토의 모양을 이루게 된 것이다. 이와 같은 업적을 이룰 수 있었던 것은 세종이 문치에 편중하지 않고 군사 훈련, 화기의 개발, 성의 수축, 병선의 개량, 병서의 간행 등 국방에도 소홀히 하지 않았기 때문이다.

4군 6진(자료: 전쟁기념관)

#2

훈민정음 창제 과정 및 동기

훈민정음 창제

훈민정음 창제에 관한 기록은 1443년(세종 25년)부터 나온다. 세종실록은 1443년 12월 30일에 이렇게 기록하고 있다.

이달에 임금이 친히 언문 28자를 지었는데, 그 글자가 옛 전자(篆字, 중국 고대 서체)**를 모방하고, 초성·중성·종성으로 나누어 합한 연후에야 글자를 이루었다. 무릇 문자**(文字, 한자)**에 관한 것과 이어**(俚語, 표준어가 아닌 언어)**에 관한 것을 모두 쓸 수 있고, 글자는 비록 간단하고 요약하지마는 전환하는 것이 무궁하니, 이것을 훈민정음**(訓民正音)**이라고 일렀다.**

훈민정음이라는 대단한 일을 연말에 간단하게 소개한 것은 훈민정음 창제가 불러올지도 모를 후폭풍을 예감하고 일부러 가볍게 공표했다는 인상이 짙다. 명나라를 떠받드는 사대주의에 어긋나고 외교적 마찰을 초래할 수 있을 것으로 우려했기 때문이다. 이것은 그 후에 신하들이 훈민정음에 반대할 때 가장 중요한 논리로 나타났고, 당시의 국제 질서에서 충분히 제기될 수 있는 우려였다.

신하들의 반대 상소

　세종대왕이 훈민정음 창제를 알리고 그로부터 한 달 20여일 후인 1444년(세종 26년) 2월 20일 집현전 일부 학자들이 반대하는 상소를 올렸다. 이 상소에 가담한 대표적인 학자는 최만리, 신석조, 김문, 정창손, 하위지, 송처검, 조근 등이다. 이들은 당시 집현전을 대표하던 쟁쟁한 학자들로 당대의 학풍을 주름잡고 있던 학자들이다. 특히 최만리는 집현전 부제학으로서 상급 직책인 영전사, 대제학, 직제학 등이 겸직인 것을 감안하면 당시 집현전의 실질적인 수장이었다.

　이 상소문 때문에 최만리는 훈민정음 창제의 반대자로 낙인찍혀 대대로 욕을 먹었지만, 이 상소문 덕분에 훈민정음 창제 과정과 핵심 쟁점을 알 수 있었다. 상소문에 대해 세종이 직접 반박했고, 그 뒤에 나오는 《훈민정음 해례본》에서 체계적으로 반박이 이루어진다. 결국 최만리의 상소문은 제대로 된 반포를 위한 검증 역할을 했다고도 할 수 있다. 《세종실록》에 상소문 내용이 실려 있다. 최만리의 상소문과 세종과 신하들 간의 논쟁을 통해서 훈민정음의 창제 동기와 창제 주체에 대해서도 알 수 있기 때문에 자세히 소개한다.

　집현전 부제학 최만리 등이 상소하기를,

　신 등이 엎디어 보옵건대, 언문을 제작하신 것이 지극히 신묘하와 만물을 창조하시고 지혜를 운전하심이 천고에 뛰어나시오나, 신 등의 구구한 좁은 소견으로는 오히려 의심되는 것이 있사와 감히 간곡한 정성을 펴서 삼가 뒤에 열거하오니 엎디어 성재(聖裁, 임금의 재가)하시옵기를 바랍니다.

우리 조선은 조종 때부터 내려오면서 지성스럽게 대국을 섬기어 한결같이 중화의 제도를 준행하였는데, 이제 글을 같이하고 법도를 같이하는 때를 당하여 언문을 창작하신 것은 보고 듣기에 놀라움이 있습니다. 설혹 말하기를, '언문은 모두 옛 글자를 본뜬 것이고 새로 된 글자가 아니라.' 하지만 글자의 형상은 비록 옛날의 전문(篆文)을 모방하였을지라도 음을 쓰고 글자를 합하는 것은 모두 옛것에 반대되니 실로 의거할 데가 없사옵니다. 만일 중국에라도 흘러 들어가서 혹시라도 비난하여 말하는 자가 있사오면, 어찌 대국을 섬기고 중화를 사모하는 데에 부끄러움이 없사오리까.

예로부터 구주의 안에 풍토는 비록 다르오나 지방의 말에 따라 따로 문자를 만든 것이 없사옵고, 오직 몽골·서하·여진·일본과 서번(西蕃, 티베트)의 종류가 각기 그 글자가 있으되, 이는 모두 이적(夷狄, 오랑캐)의 일이므로 족히 말할 것이 없사옵니다. 옛글에 말하기를, '화하(華夏, 중화)를 써서 이적을 변화시킨다.' 하였고, 화하가 이적으로 변한다는 것은 듣지 못하였습니다. 역대로 중국에서 모두 우리나라는 기자의 남긴 풍속이 있다 하고, 문물과 예악을 중화에 견주어 말하기도 하는데, 이제 따로 언문을 만드는 것은 중국을 버리고 스스로 이적과 같아지려는 것으로써, 이른바 소합향(蘇合香, 진기한 약재의 맑은 향)을 버리고 당랑환(螳螂丸, 말똥)을 취함이오니, 어찌 문명의 큰 흠절이 아니오리까.

신라 설총의 이두는 비록 야비한 이언이오나, 모두 중국에서 통행하는 글자를 빌어서 어조에 사용하였기에 문자가 원래 서로 분리된 것이 아니므로, 비록 서리(胥吏·중인 출신 하급관리)나 복예(僕隸·관에 예속된 노비)의 무리에 이르기까지라도 반드시 익히려 하면 먼저 몇 가지 글을 읽어서 대강 문자를 알게 된 연후라야 이두를 쓰게 되옵는데, 이두를 쓰는 자는 모름지기 문자에 의거하여야 능히 의사를 통하게 되기 때문에 이두로 인하여 문자를 알게 되는 자가 자못 많사오니, 또한 학문을 흥기시키는 데에 도움이 되었습니다. (중략)

진실로 관리된 자가 언문을 배워 통달한다면, 후진들이 모두 이러한 것을 보고 생각하기를, 27자(공개 당시에는 27자였다가 나중에 1자 추가)의 언문으로도 족히 세상에 입신할 수 있다고 할 것이오니, 무엇 때문에 고심 노사하여 성리의 학문을 궁리하려 하겠습니까.

이렇게 되오면 수십 년 후에는 문자를 아는 자가 반드시 적어져서, 비록 언문으로써 능히 이사(吏事, 관리의 사무)를 집행한다 할지라도, 성현의 문자를 알지 못하고 배우지 않아서 담벼락을 대하는 것처럼 사리의 옳고 그름에 어두울 것이오니, 언문에만 능숙한들 장차 무엇에 쓸 것이옵니까. 우리나라에서 오래 쌓아 내려온 우문(右文, 학문을 무예보다 높이 여김)의 교화가 점차로 땅을 쓸어버린 듯이 없어질까 두렵습니다.

(중략) 옛것을 싫어하고 새것을 좋아하는 것은 고금에 통한 우환이온데, 이번의 언문은 새롭고 기이한 한 가지 기예에 지나지 못한 것으로서, 학문에 방해됨이 있고 정치에 유익함이 없으므로, 아무리 되풀이하여 생각하여도 그 옳은 것을 볼 수 없사옵니다.

(중략) 옥에 갇혀 있는 죄수로서 이두를 해득하는 자가 친히 초사(招辭, 죄인이 자기의 범죄 사실을 진술한 말)를 읽고서 허위인 줄을 알면서도 매를 견디지 못하여 그릇 항복하는 자가 많사오니, 이는 초사의 글 뜻을 알지 못하여 원통함을 당하는 것이 아님이 명백합니다. 만일 그러하오면 비록 언문을 쓴다 할지라도 무엇이 이보다 다르오리까. 이것은 형옥의 공평하고 공평하

지 못함이 옥리의 어떠하냐에 있고, 말과 문자의 같고 같지 않음에 있지 않은 것을 알 수 있으니, 언문으로써 옥사를 공평하게 한다는 것은 신 등은 그 옳은 줄을 알 수 없사옵니다.

(중략) 만일에 언문은 할 수 없어서 만드는 것이라 한다면, 이것은 풍속을 변하여 바꾸는 큰일이므로, 마땅히 재상으로부터 아래로는 백료(百僚, 신료)에 이르기까지 함께 의논하되, 나라 사람이 모두 옳다 하여도 오히려 두루 두루 생각하고 다시 세 번을 숙고하여 역대 제왕들의 뜻을 물어 그릇됨이 없게 하고 중국에 상고하여 부끄러움이 없으며, 백세라도 성인을 기다려 의혹됨이 없은 연후라야 이에 시행할 수 있는 것이옵니다.

(중략) 언문 같은 것은 국가의 급하고 부득이하게 기한에 미쳐야 할 일도 아니온데, 어찌 이것만은 행재에서 급급하게 하시어 성궁(聖躬, 임금)을 조섭하시는 때에 번거롭게 하시나이까. 신 등은 더욱 그 옳음을 알지 못하겠나이다.(후략)

임금이 소를 보고, 만리 등에게 이르기를,

너희들이 이르기를, '음을 사용하고 글자를 합한 것이 모두 옛 글에 위반된다.' 하였는데, 설총의 이두도 역시 음이 다르지 않으냐. 또 이두를 제작한 본뜻이 백성을 편리하게 하려 함이 아니하겠느냐. 만일 그것이 백성을 편리하게 한 것이라면 이제의 언문은 백성을 편리하게 하려 한 것이다. 너희들이 설총은 옳다 하면서 군상의 하는 일은 그르다 하는 것은 무엇이냐. 또 네가 운서를 아느냐. 사성 칠음에 자모가 몇이나 있느냐. 만일 내가 그 운서를 바로잡지 아니하면 누가 이를 바로잡을 것이냐.

또 소에 이르기를, '새롭고 기이한 하나의 기예라.' 하였으니, 내 늘그막에 날을 보내기 어려워서 서적으로 벗을 삼을 뿐인데, 어찌 옛것을 싫어하고 새것을 좋아하여 하는 것이겠느냐. 또는 전렵(田獵, 활 또는 길들인 매나 올가미 따위로 산이나 들의 짐승을 잡는 일)으로 매사냥을 하는 예도 아닌데 너희들의 말은 너무 지나침이 있다.

그리고 내가 나이 늙어서 국가의 서무를 세자에게 오로지 맡겼으니, 비록 세미한 일일지라도 참여하여 결정함이 마땅하거든, 하물며 언문이겠느냐. 만약 세자로 하여금 항상 동궁에만 있게 한다면 환관에게 일을 맡길 것이냐. 너희들이 시종하는 신하로서 내 뜻을 밝게 알면서도 이러한 말을 하는 것은 옳지 않다.

만리 등이 대답하기를,

설총의 이두는 비록 음이 다르다 하나, 음에 따르고 해석에 따라 어조와 문자가 원래 서로 떨어지지 않사온데, 이제 언문은 여러 글자를 합하여 함께 써서 그 음과 해석을 변한 것이고 글자의 형상이 아닙니다. 또 새롭고 기이한 한 가지의 기예라 하온 것은 특히 문세(文勢, 글의 기세와 힘)에 인하여 이 말을 한 것이옵고 의미가 있어서 그러한 것은 아니옵니다. 동궁은 공사라면 비록 세미한 일일지라도 참결하시지 않을 수 없사오나, 급하지 않은 일을 무엇 때문에 시간을 허비하며 심려하시옵니까.

훈민정음 반포를 반대하는 주된 논리는 이제껏 중국의 제도와 문물을 받아들여 오다가 우리의 독자적인 말과 글을 쓰게 되면 중국을 자극할 수 있다는 점과 이미 이두가 있으니 한글은 필요가 없다는 것, 그리고 한글은 기예에 불과하다는 것 등이었다. 이들은 언문을 쓰면 오랑캐가 되고, 언문은 장난에 지나지 않은 것으로 인식하고 있었다.

그러나 훈민정음 반대 논리에는 한자를 쓰고 있는 양반층이 소위 문자 권력을 확보함으로써 기득권을 빼앗기지 않겠다는 생각이 들어가 있었다. 훈민정음의 창제는 그들의 삶의 원리, 생존의 조건을 송두리째 뒤흔드는 사건이었다. 한자는 자신들이 평생 배워도 못 배우는데, 28자만 배우면 된다니 도저히 있을 수 없는 일이었다. 상전을 섬겨야 할 백성이 감히 문자를 안다는 것은 상전만이 누려야 할 특권이 무너지는 것이었다. 그것은 단지 문자 혁명만이 아니라 문화 혁명이요 삶의 혁명이었다.

세종은 신하들의 반대 의견에 대해 설득의 논리를 펴면서 훈민정음의 반포를 주도해 나갔다. 이제 중국과는 다른 우리의 독자적인 문자, 어리석은 백성들이라도 누구나가 쉽게 쓸 수 있는 글자의 창제는 꼭 필요하다고 여겼기 때문이다. 그리고 더욱더 철저하게 반포를 준비해 나갔다.

훈민정음 반포

한글 해설서인 《훈민정음 해례본》을 펴낸 날이 한글을 반포한 날이라고 할 수 있다. 세종 28년(1446년) 9월 29일자 《세종실록》에 다음과 같이 기록되어 있다.

이 달에 훈민정음이 이루어졌다. 어제(御製)에 나랏말이 중국과 달라 문자와 서로 통하지 아니하므로, 우매한 백성들이 말하고 싶은 것이 있어도 마침내 제 뜻을 잘 표현하지 못하는 사람이 많다. 내 이를 딱하게 여기어 새로 스물여덟 글자를 만들었으니, 사람들로 하여금 쉬 익히어 날마다 쓰는데 편하게 할 뿐이다.

대한민국 나침반 역사 속의 위인들

이 기록을 통해 훈민정음은 1446년 9월에 반포되었다는 것을 알 수 있다. 《훈민정음 해례본》 정인지 서문에 9월 상한(上澣)이라고 되어 있는데, 상한은 상순이고 상순은 1일부터 10일 사이를 가리키므로 반포한 날은 결국 음력 9월 1일부터 10일 사이이다.

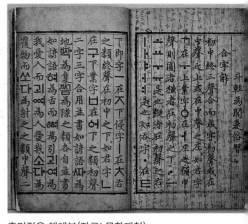

훈민정음 해례본(자료: 문화재청)

《훈민정음 해례본》은 전체가 33장으로 이루어진 목판본으로 새로 만든 문자 '훈민정음'의 창제 목적과 이 문자의 음가 및 운용법, 그리고 이들에 대한 해설과 용례를 붙인 책이다. 책의 내용은 세종 임금이 직접 쓴 '예의(例義)', 집현전 학사들이 쓴 '해례(解例)', '정인지의 서(序)'로 구성되었다. '서'는 오늘날의 머리말과 같으며, '예의'는 한글을 만든 이유와 한글의 사용법을 간략하게 설명한 글이다. '해례'는 집현전 학사들이 한글의 자음과 모음을 만든 원리와 용법을 상세하게 설명한 글이다.

즉 '해례'는 '예의'의 설명을 더 구체적이고 상세하게 해설한 부분으로, 훈민정음의 글자를 만든 원리(제자해), 첫소리 글자의 풀이(초성해), 가운뎃소리 글자의 풀이(중성해), 끝소리 글자의 풀이(종성해), 글자를 합하여 쓰는 것에 대한 풀이(합자해), 그리고 글자를 사용

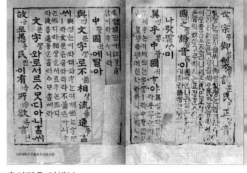

훈민정음 언해본

하는 예(용자례)로 구성되었다. 해례본이라는 말은 '제자해'의 '해'자와 '용자례'의 '례'자를 따서 붙인 이름이다.

1459년(세조 5년)에는 《훈민정음 해례본》 가운데 세종이 직접 쓴 '예의'를 우리말로 번역하고 풀어서 《훈민정음 언해본》을 펴냈다. "나랏말싸미 듕귁에 달아"로 시작되는 문장은 '예의'의 첫머리에 있는 한문으로 된 내용을 훈민정음으로 바꾸어 놓은 것이다.

한글날의 유래

1926년 11월 4일 조선어연구회(한글학회 전신)가 주축이 되어 매년 음력 9월 29일을 '가갸날'로 정하여 행사를 거행하다가, 1928년 명칭을 '한글날'로 바꾸었다. 1931년에 음력 9월 29일을 율리우스력으로 환산해서 10월 29일로 정했다가, 1934년에 다시 그레고리력으로 환산해서 10월 28일로 변경하였다.

1940년에 경북 안동에서 《훈민정음 해례본》이 발견되어 훈민정음 반포일이 음력 9월 상한임이 확인되었다. 상한은 1일부터 10일 사이를 가리키므로 반포한 날은 결국 음력 9월 1일부터 10일 사이이다. 광복 후, 한글학회는 음력 9월 상한의 마지막 날인 9월 10일을 양력으로 환산하여 10월 9일을 한글날로 정했다. 한글 반포 500돌인 1946년 10월 9일에 덕수궁에서 기념식을 거행했고, 그 후 매년 이날을 한글날로 기념하고 있다.

북한에서도 한글을 기념하고 있다. 다만 북한은 훈민정음 창제 기념일이라 하여 훈민정음을 창제한 날을 기념하고 있다는 점이 다르다. 1443년 음력 12월 30일 자 《조선왕조실록》에 "이달에 임금이 친히 언문 28자를 지으셨다."라는 기록이 나온다. '이달에'라고 했으니, 정확히 12월 어느 날에 새 문자가 만들어졌는지는 알 수 없다. 그래서 북한은 음력 12월 중간인 12월 15일을 창제일로 잡고, 그 날짜를 양력으로 바꾸어 1월 15일을 기념일로 삼고 있다.

훈민정음 창제 동기

　세계 여러 나라에서 사용하는 대부분의 글자는 태어난 날이 정확히 언제인지, 어떻게 발전해 왔는지 잘 알 수가 없다. 하지만 한글은 만든 사람들과 태어난 날짜, 그리고 해설서까지 있다. 더 나아가 창제 동기가 분명히 밝혀져 있는 글자는 세계적으로 한글이 유일하다. 그래서 세계의 많은 학자들도 한글에 대해서 모두 감탄하고 부러워한다.

　역사가 수천 년 되었지만 이때까지 우리글은 없었다. 입으로는 우리말을 하고 글은 한자를 빌려다 쓰는 생활을 해오면서 백성들의 불편함은 이루 말할 수 없었다. 대부분 백성들은 한자를 배우지 못하여 책을 읽을 수 없었다. 양반들도 10년은 공부해야 논어, 맹자를 자유롭게 읽을 수 있고, 적어도 20년은 공부해야 제대로 된 책을 쓸 수 있었다.

　세종은 나라의 근본인 백성들이 어려운 한자를 깨닫지 못하고 백성들이 자신들의 뜻을 바로 전하지 못한 것을 안타깝게 생각하였다. 바로 세종은 한자를 모르는 백성들이 표현하고 싶은 뜻이 있어도 소통할 수 없는 것을 가엾이 여겨 누구나 쉽게 익힐 수 있도록 훈민정음을 만들었다. 훈민정음은 소리가 나는 대로 쓸 수 있어 문자마다 뜻을 알아야 하는 한자보다 훨씬 쉬워 많은 백성이 문자의 혜택을 누릴 것으로 기대하였다.

　세종은 여러 학자와 대신들과 시험 삼아 훈민정음을 사용해 보았다. '용비어천가'와 같은 시가와 각종 경서를 한글로 번역하여 보급함으로써 그 호응 정도를 검토한 결과 비교적 반응이 좋은 것으로 확인되었다. 여러 사람이 사용하기에 우수한 글임이 밝혀지자 세종은 훈민정음을 온 백성에게 널리 가르치기로 하였다.

훈민정음 창제의 주인공

세종대왕 창제

훈민정음은 세종대왕이 집현전 학자들의 도움을 받아 창조했다는 공동 창제설이 우리 사회에 널리 퍼져 있다. 그것은 교과서의 영향이 크기 때문이다. 지금은 많이 바뀌었으나 몇 년 전만 해도 대부분의 역사 교과서에 공동 창제설이 기술되었다. 그리고 세계적으로 인정받을 만큼 뛰어난 문자를 왕이 혼자 만들었을 리 없다는 의심에서 출발한다.

《문자의 역사(history of writing)》 저자인 앨버틴 가우어(Albertine Gauer)도 마찬가지다. 가우어는 세종이 새로운 문자를 손수 발명한 공로자로 종종 묘사되지만, 다른 나라처럼 권위자인 왕에게 창제의 공적을 돌린 것으로 보고 있다. 일반 사람들도 상식적으로 판단할 때, 한 나라의 왕이 손수 새로운 문자를 만들었다는 것은 쉽게 믿기지 않는다. 그렇게 놀라운 문자 창제를 어떻게 혼자서 할 수 있느냐는 것이다. 그래서 가우어의 견해가 수긍이 간다.

그런데 훈민정음을 연구하는 학자들은 임금이 단독으로 추진할 수밖에 없는 어려운 일이라고 생각하고 세종대왕 고유의 작품이라고 믿고 있다. 훈민정음 창제는 강력한 창제 의지와 그것을 떠받들 수 있는 뛰어난 지식과 아이디어가 함께해야 가능한 일이었다. 객관적인 역사적 사실로 보나 훈민정음 관련 학문적, 맥락적 진실로 보아서도 공동 창제설이 성립하기 어렵다고 보고 세종이 직접 한글을 창조했다는 친제설을 믿고 있다.

첫째, 세종이 직접 만들었다는 강력한 근거는 실록에서 찾을 수 있다. 1443년 12월 30일자 《세종실록》에 "이달에 상감마마께서 친히 언문(諺文) 스물여덟 글자를 만드셨다."라고 기록되어 있어, 훈민정음을 세종대왕이 친히 만들었다고 밝히고 있다. 가우어의 주장처럼 실록의 기록은 신하들이 한글 창제의 공적을 왕에게 돌린 것으로 볼 수 있으나, 조선왕조실록은 사실을 기록하기로 유명하고, 또한 당시 논쟁이 되었을 뿐만 아니라 중국이 문제를 제기하면 관련되는 사람이 책임을 져야 하므로 훈민정음을 사실에 어긋나게 기록할 수 없었을 것이다.

둘째, 최만리 등 집현전 학사들이 창제 반대 상소를 올린 것을 보면 새 문자 창제는 공식적인 기관인 집현전에서 이루어진 것이 아니고 세종이 직접 비밀리에 창제했다는 것을 알 수 있다. 바로 한글 창제 과정은 비밀 프로젝트였고 그 주체는 임금이 될 수밖에 없었으며, 공동 연구라면 비밀 연구라는 사실 자체를 부정하는 것이 된다. 비밀리에 창제가 이루어졌다는 것은 훈민정음이 공표된 뒤에 집현전 학사 최만리 등이 "신하들과 의논도 하지 않았다."라고 비판한 데서도 증명된다.

만약 집현전 관원들이 공개적으로 조력자로서 일했다면 최만리 등이 모르고 있을 리가 없을 것이고, 훈민정음이 창제되기도 전에 이미 반대 운동이 거세게 일어났을 것이다. 이것은 집현전 학자들이나 조정 관료들이 이 작업에 참여하지 않았다는 반증이다. 사대부들의 반발을 피하고 고도의 집중 연구가 필요한 연구였으므로 당연히 비밀리에 추진할 수밖에 없었고 공개로 했다면 진행 자체가 어려웠을 것이다.

최만리는 집현전의 실질적인 수장이었고 그 재직 기간도 길어 집현전이 어떻게 돌아가는지 훤히 아는 인물이었다. 집현전의 실질 수장인 부제학만 6년을 지냈고 집현전 학사 등의 직책으로 집현전에서 일한 기간만 무려 17년이다. 태종 시절부터 왕의 경연을 맡는 학사를 했으니 실질적인 기간은 20년이 넘는다. 만약 집현전에서 훈민정음 창제 작업을 수행했다면, 아무리 비밀리에 작업했다고 해도 최만리가 이러한 움직임을 모를 리가 없는데 그동안 가만히 있다가 창제 이후에야 반대하는 상소를 올린 것은 앞뒤가 맞지 않기 때문이다.

더구나 훈민정음 창제를 반대한 신하들의 상소와 논쟁을 보면 집현전 학사들과의 공동 프로젝트가 아니라 세종이 창제하였음을 알 수 있다. 상소문에서 "백성을 다스리는 데 하나도 이롭지 않은데 왜 굳이 힘을 들이고 애써 연구하십니까?"라는 내용이 있는데, 세종이 '연구' 했음을 알 수 있다.

세종은 "설총의 이두도 역시 옛글과 음이 다르지 않은가. 또 이두를 만든 본뜻도 백성을 편하게 하려는 것이 아닌가. 설총의 이두는 옳다고 하면서 지금 임금이 하는 일은 그렇지 않다고 하니 어찌 된 일인가?"라고 묻는다. 또한, 세종은 신하들에게 "그대들이 운서를 아는가. 사성·칠음의 자모가 몇 개나 되는 줄 아는가. 신기한 재주라고 했는데, 내가 나이가 들면서 책으로 날을 보낼 뿐인데 어찌 옛것을 싫어하고 새것만을 좋아하겠는가?"라고 좀 더 어려운 언어학적 물음을 던진다.

세종은 비밀리에 연구한 끝에 1443년에 훈민정음 28자를 신하들에게만 알리고, 실험과 연구를 거듭한 후에 1446년 음력 9월 상순에 《훈민정음 해례본》을 통해 새 문자 훈민정음과 그것을 만든 원리와 운용 방법을 알린 것이다.

셋째, 세종이 직접 만들었다는 중요한 근거는 세종이 직접 밝힌 역사적 사실에서 찾을 수 있다. 세종대왕이 쓴 《훈민정음 해례본》 서문에 해당하는 '예의' 내용은 다음과 같다.

우리나라 말이 중국과 달라 문자와는 서로 통하지 아니하여 이런 까닭으로 어리석은 백성이 말하고자 하는 바가 있어도 마침내 제 뜻을 펴지 못하는 사람이 많으니라. 내가 이것을 가엾게 생각하여 새로 스물여덟 글자를 만드니, 모든 사람으로 하여금 쉽게 익혀서 날마다 쓰는 데 편하게 하고자 할 따름이니라.

《훈민정음 해례본》에 수록된 '정인지 서'도 세종대왕의 친제설을 뒷받침하고 있다.

계해년 겨울에 우리 전하께서 비로소 정음 28자를 창제하시고, 간략하게 예의를 들어 보이시고 이름을 훈민정음이라고 지으셨다.

넷째, 신숙주의 문집인 《보한재집》 기록은 세종이 뛰어난 언어학자이며 훈민정음을 만들었음을 증언하고 있다.

상감마마께서 우리말의 음운 체계가 중국어와는 비록 다르다고 하더라도 자음과 모음, 그리고 성조 등 언어로서 갖추고 있어야 될 요소는 중국어와 마찬가지로 다 갖추고 있어야 한다고 하시고, 또 여러 나라가 모두 제 나라 언어음을 나타낼 수 있는 글자를 가지고 있어서 각각 제 나라말을 기록하고 있으나, 오직 우리나라만이 제 글자를 가지고 있지 않다고 하여 언문 자모 스물여덟 글자를 만드셨다.

세종은 우리말과 중국말의 음운 체계의 차이를 알고 있었을 뿐만 아니라 자음, 모음, 성조 등의 요소를 이해하고 있었다. 사실 지금 이 시점에서 전 세계의 문자 관련 전문가를 모아 놓고 연구한다 해도 한글과 같은 문자를 만들지 못할 것이다. 그렇게 보는 이유는 이렇다. 한글 자체가 완벽에 가까운 문자이다. 한글 창제자 세종은 지금의 시각으로 보아도 최고의 학자였다. 학문 차원에서 보더라도 언어학뿐만 아니라 음악학, 천문학 등 새로운 문자 설계에 필요한 학문 분야에 정통한 인문학자이자 과학자였고 디자인과 음악에 정통한 예술가였다.

한글과 같은 문자는 융합적인 능력을 갖춘 사람이 오랜 연구 끝에 발명할 수 있는 것이지 여러 사람이 모여 지혜를 모은다고 해결될 문제가 아니다. 한글은 언어학뿐만 아니라 철학, 음악, 수학 등 다양한 관련 학문에 정통한 천재가 지속적이고 오랜 노력 끝에 만들 수 있는 문자이지 오히려 공동 연구로는 창제하기 어려운 문자다.

집현전 학자들의 연구·실험과 후속 조치

공동 창제설은 왜 나왔을까? 1445년 1월 7일자 실록에 "집현전 부수찬 신숙주와 성균관 주부 성삼문을 요동에 보내 운서를 질문하여 오게 하였다."라고 기록되어 있다. 이들이 요동에 간 목적이 1487년(성종 18년) 2월 2일자 실록에 구체적으로 나타나 있다.

세종조에 신숙주, 성삼문 등을 보내어 요동에 가서 황찬에게 어음과 자훈을 묻게 해 《홍무정운역훈》, 《사성통고》 등의 책을 이루었기 때문에 우리나라 사람들이 이에 힘입어 중국 말을 대강 알게 되었다.

새로운 문자에 대해 물어본 것이 아니라 한자의 뜻과 음을 자문했던 것이다. 신숙주가 요동을 방문한 것은 한글이 탄생하고 2년 뒤인 1445년(세종 27년) 무렵 일이다. 물론 이 요동 방문을 통해 음운에 대해 공부함으로써 훈민정음의 완성도를 높이는 데 기여하였을 것이다. 세종은 2년 9개월 동안 집현전 일부 학사들과 실험 검증한 뒤 1446년 음력 9월 상순에 백성들에게 《훈민정음 해례본》을 통해 알렸다.

이 해설서를 함께 펴낸 사람들이 집현전 학사인 정인지, 최항, 박팽년, 신숙주, 성삼문, 이개, 이선로, 강희안 등이다. 바로 이 해설서 때문에 훈민정음을 세종과 집현전 학사들이 함께 창제했다고 보는 것인데, 이것은 올바른 판단이 아니다. 집현전 학자들은 창제 후에 세종의 가르침과 지시에 따라 훈민정음 안내서인 《훈민정음 해례본》 집필에 참여했고, 새 문자를 실험하고 널리 보급하기 위한 후속 작업을 하는 데 중요한 역할을 하였다.

임금이 단종에서 세조로 바뀌면서 이들 집현전 학자들의 운명은 엇갈리게 된다. 정인지, 최항, 신숙주는 세조에게 적극적으로 협력했다. 박팽년, 성삼문, 이개는 단종을 복위시키려다 모진 고문을 받다가 목숨을 잃었고, 강희안도 공범으로 의심을 받아 고초를 치러야 했다.

《훈민정음 해례본》 집필 참여 학자

정인지

원로 학자임에도 새롭고 파격적인 일에 적극 참여하였고 총책임자 역할을 했다. 《고려사》 편찬에도 깊숙이 관여한 실용 학문의 대표 인사라고 볼 수 있다.

최항

훈민정음 창제 당시 34세였고 정인지 다음의 연장자였다. 나머지는 젊은 신출내기 학자들이었기 때문에 최항이 《훈민정음 해례본》 집필 작업을 주관했다. 박팽년, 신숙주, 이개 등과 함께 《운회》를 훈민정음으로 번역하였다.

박팽년

"가마귀 눈비 맞아 희는 듯 검노매라. 야광명월이야 밤인들 어두우랴. 님 향한 일편단심이야 변할 줄이 있으랴."라는 시조로 유명하다. 성삼문과 더불어 대표적인 사육신이다.

신숙주

성삼문과 함께 요동에 귀양 와 있던 명나라 한림학사이자 음운학자인 황찬을 찾아가 음운에 관해 토론했다. 이두는 물론 중국어·일본어·몽골어·여진어에 능통했으므로 《훈민정음 해례본》 집필 작업에서 중요 역할을 했으리라 짐작할 수 있다. 《동국정운》, 《사성통고》 등 운서 편찬에서도 주도적으로 활약했다.

성삼문

세조가 단종을 몰아내고 왕위에 오르자 단종의 복위를 협의했으나 김질의 밀고로 체포되어 친국을 받고 처형되었다. 세조 타도를 도모한 사육신의 대표이다.

강희안

화가이면서 인문학자이다. 신숙주, 최항, 박팽년 등과 《고금운회》를 번역했고 용비어천가 주석 달기에 참여했다.

이개

사육신 중 한 사람이며 《운회》 번역과 《동국정운》의 번역, 편찬에도 참여했다.

이선로

이현로라는 또 다른 이름으로 알려진 인물이다. 안평의 책사 노릇을 하였는데, 수양대군에 의해 매질을 당하고 한양에서 내쫓겼다가 죽음을 당했다.

훈민정음을 새롭게 만들었지만 그간 사용해온 한자와 뒤섞여 혼란스러웠기에 세종은 신숙주, 최항, 박팽년 등에게 사용되는 한자음에 대한 통일된 표준음을 정하라고 명했다. 그 결과 1448년 우리나라 최초의 '한자음 통일안'에 해당하는 《동국정운》이 간행돼 성균관 등에 배포됐다. '우리나라의 바른 음'이라는 뜻인 '동국정운'이라는 책은 중국의 운에 관한 책 《홍무정운》과 구별된다.

《홍무정운》의 한자 발음을 훈민정음으로 표기한 《홍무정운역훈》, 《사성통고》는 훈민정음을 통해 중국 음(특히 북방 음)에 가장 가깝게 표기하고자 하는 노력에서 나온 것이다. 이에 비해 《동국정운》은 기준이 없이 쓰이던 조선의 한자음을 통일하려는 의도로《훈민정음 해례본》의 완성과 더불어 그것을 이용해 체계화한 운서이다.

훈민정음 창제의 조력자

세종이 훈민정음 창제의 조력자가 누구인가를 세종이 밝히지 않아 이를 두고 수많은 억측이 나돌고 있다. 그 사업은 철저하게 밀실에서 진행되었기 때문에 임금과 몇 사람의 조력자 외에는 아는 사람이 없었다. 창제 전까지는 비밀 프로젝트였으므로 주로 왕실 인척 중심으로 이끌었을 것으로 짐작된다.

명나라 황제의 권력이 막강하여 조선을 크게 압박하는 상태에서는 훈민정음 창제는 매우 어려운 일이었다. 명과 조선은 '차동궤 서동문(車同軌 書同文)'의 관계를 맺고 있었는데, 이는 "수레가 달리는 궤도가 서로 같고, 같은 문자를 사용하고 있다."라는 뜻이다. 제도와 문자 생활이 같은 나라라는 것이다. 따라서 만약 조선이 독자의 문자를 만들어 사용한다면 이는 명에 대한 반역으로 오해받을 위험이 컸다.

명나라에서 가장 약한 황제가 등장한 것은 세종 17년(1435년)이었다. 그해 9세로 어린 영종 정통제가 황제로 등극하자, 조선은 훈민정음을 만들 수 있는 하늘이 내려준 절호의 기회로 포착한 듯하다. 다만 이 무렵에 해마다 흉년이 들어 그 뒷수습에 여념이 없어서 착수하지 못하고 있다가 세종 23년(1441년) 무렵부터 농사가 호전되면서 비로소 본격적으로 시작된 것으로 보인다. 또 이때 세종으로서는 세자가 이미

28세로 장성하여 업무의 상당 부분을 넘길 수 있었던 것도 유리한 환경이었다. 세종은 "내가 나이 늙어서 국가의 서무를 세자에게 오로지 맡겼으니"라고 했다. 세종이 한글 창조를 위해 업무의 상당 부분을 세자에게 일임했다는 것을 알 수 있다.

훈민정음 창제 전까지는 세종은 주로 왕자, 심지어 정의공주 등 가까운 혈육의 도움을 받아가며 새 글자 만드는 일에 몰두하였다. 세조는 수양대군 시절부터 훈민정음과 관련한 중요 임무를 담당하며 훈민정음 보급에 힘썼다. 대군 시절에 한글 최초의 산문집 《석보상절》을 썼다. 이 책은 어머니 소헌왕후의 명복을 빌기 위해 부처의 일대기를 담았다. 정의공주가 조력자로서 큰 역할을 하였다. 공주가 시집간 남편인 안맹담 집안의 〈죽산안씨대동보〉에 이에 관한 내용이 기록되어 있다.

세종대왕이 우리말과 한자가 서로 통하지 못함을 안타깝게 여겨 훈민정음을 만들었는데, 변음 토착이 잘 풀리지 않아 여러 대군들에게 풀어보라고 했으나 풀지 못했다. 그러자 공주에게 과제를 주었더니 풀어냈다. 임금이 크게 칭찬하고 공주에게 노비 수백 명을 상으로 주었다.

위 기록 가운데 가장 중요한 대목은 '변음 토착'이라는 것이다. 이 말은 "말소리가 바뀔 때 토를 붙인다."라는 뜻이다. 토는 보통 한문에 다는 토를 가리키지만, 이 경우에는 언문 28자를 조합하여 글자를 만들 때 종성의 받침 글자를 붙이는 것을 말한다. 지금도 국어를 배울 때 가장 어렵게 느끼는 부분의 하나가 바로 받침 글자이다. 훈민정음을 만들 때에도 가장 고심한 부분이 바로 이 부분이었을 터인데 정의 공주가 이를 풀어냈으니, 세종이 크게 기뻐하여 상으로 노비를 준 것은 당연하다고 할 것이다.

그리고 세종이 훈민정음을 공주에게 주어 민가에서 시험해 보도록 하자 공주가 그 결과를 세종께 보고했다고 한다. 이른바 항간에 떠돌며 쓰이는 토속어인 이어(俚語)를 잘 알아야 그에 맞는 글자를 만들 수 있다. 이어를 알려면 여항(閭巷, 백성의 살림집이 많이 모여 있는 곳) 사람들의 말이나 짐승들 소리, 그리고 온갖 의성어까지도 채취하여 그 높낮이와 강약, 청탁, 길고 짧음 등을 파악해야 한다. 지방에 따라 방언이 다르니, 그 조사 대상이 넓을 수밖에 없다. 이런 일을 하는 데 여성인 공주는 매우 적합한 조력자가 될 수 있었을 것이다.

#4

훈민정음 창제의 정신·원리·효과

훈민정음 창제의 정신

'백성을 가르치는 바른 소리'라는 뜻의 훈민정음 창제는 세종의 정치 문화 코드를 가장 대표하는 업적이다. 세종의 정치 문화 코드를 관통하는 것은 자주정신, 애민정신(민본정신), 실용정신이었다.

첫째, 자주정신으로서, 우리나라 말이 중국 말과 달라서 한자로는 분명한 뜻을 적을 수 없으므로 우리 글자를 만들어야겠다는 것이다. 중국 것에 사로잡히지 않고 우리 스스로 주인이 되는 '자주정신'을 밝힌 것이다. 말은 있는데 글자가 없어 다른 나라의 글자를 빌려 쓴다면 언젠가는 그 나라의 문화가 자신도 모르게 스며들게 되어 내 것이 없어지게 되니 결국 그 나라에 속박당할 수밖에 없다는 뜻이다.

둘째, 애민정신(민본정신)으로서, 훈민정음을 만든 이유는 '백성'을 위함이었다. 세종은 백성들에게 관대하고 은혜로운 왕이었다. 백성을 위해서 기획하여 언어를 창제한 인류 역사상 최초의 일이다. 모든 백성이 자신들의 생각을 글자로 써서 의사를 표현할 수 있게 하여 의사소통의 어려움을 해결해 주고 억울한 일을 당하지 않도록 해야겠다는 것이다. 당시 죄지은 사람들의 자세한 사정을 적은 문서들이 한문이나 이두로 되어 있다 보니 그 결과로 억울한 옥사도 발생할 수 있었다. 한자를 모르는 사람들이 억울한 일도 많이 생기고 한문을 잘못 이해하여 그릇된 판결을 하는 경우가 많았다.

셋째, 실용정신으로서, 원리만 배우면 그 원리에 따라 누구나 쉽게 쓸 수 있게 하는 데 있다. 사람 몸의 발성기관을 연구하여 그 이치를 본떠 글자를 과학적인 구조로 만들었기에 배우기 쉽고 이해하기 쉽다. 알기 쉽고 배우기 쉬운 글자를 통해 한 나라의 백성으로서 알아야 할 것을 알게 하고, 글을 통해 자신의 생각을 표현하게 함으로써 서로를 이해하고 화합하며 조화롭게 잘살게 하려는 정신이 담겨 있다.

훈민정음 창제의 원리

《훈민정음 해례본》에 수록된 '제자해'에서 훈민정음을 만든 원리를 일목요연하게 설명하고 있어 타임머신을 타고 15세기로 돌아가지 않고도 훈민정음 창제 원리를 확실히 이해할 수 있다. 첫째, 훈민정음을 만든 원리의 핵심은 말소리에서 자연의 이치를 찾는 데 있었다. 훈민정음이 소리의 세계를 제대로 담아낼 수 있었던 것은 말소리(음성)를 정확히 관찰하여 분석해 냈기 때문이다.

사람의 말소리는 자연의 소리 가운데 하나지만 다른 동물이나 자연의 소리와 달리 자음과 모음으로 쪼갤 수 있다. 자음은 우리말로 닿소리라고 한다. 내쉬는 숨이 발음기관의 어느 한 군데에 닿아서 생기는 소리이다. 모음은 홀소리라고 한다. 목젖, 혀, 이, 입술 등의 발음기관에 닿지 않고 나는 소리이다. 말소리는 자연의 수많은 소리의 일부이다. 훈민정음은 그런 자연스런 특성을 가장 잘 살린 문자라고 할 수 있다. 1867년에 벨(A. M. Bell)은 인간의 가장 이상적인 문자는 소리 나는 기관과 작용을 모방한 것이라고 했다. 훈민정음은 사람 몸의 발성기관 구조를 연구하여 만든 최초의 언어로 기록된다.

둘째, 훈민정음은 천지자연에 흐르는 보편 법칙, 즉 주역의 오행사상, 삼재(三才)사상, 음양사상에 바탕을 두고 있다. 이러한 원리에 따라 문자를 만들고 보니 완전하고 과학적이어서 자연의 섭리를 가장 잘 담을 수 있었다. 소리뿐만 아니라 천지자연, 우주 삼라만상이 음양오행의 이치로 되어 있기 때문이다.

닿소리 글자의 다섯 가지 소리(ㄱ ㄴ ㅅ ㅁ ㅇ) 바탕은 오행사상을 상징한다. 즉 동양철학에서 만물을 생성하고 온갖 물건의 형상을 변화시키는 다섯 가지 원소로 "금(金, 쇠), 목(木, 나무), 수(水, 물), 화(火, 불), 토(土, 흙)"를 이르는 말이다. 홀소리 글자의 기본 글자 세 글자는 각기 하늘(天, ·), 땅(地, ㅡ). 사람(人, ㅣ)의 삼재사상을 상징한다. 삼재사상은 우주의 세 가지 근원을 뜻하는 말이다.

그리고 기본 글자에서 나머지 글자를 만드는 과정에는 역학에서 만물의 근원이 되거나 반대되는 성질을 가진 음양사상이 녹아 있다. 음양사상은 왼쪽과 오른쪽, 위쪽과 아래쪽, 해와 달, 남성과 여성, 낮과 밤 등을 말하는데, 훈민정음도 "ㅏ ㅓ ㅗ ㅜ ㅑ ㅕ ㅛ ㅠ"처럼 오른쪽과 왼쪽, 위쪽과 아래쪽을 음양으로 나누어 만들어 만들었다. 인간이 이해한 우주와 자연의 진리까지도 담으려고 했기에 알면 알수록 놀라운 것이 바로 훈민정음이다.

훈민정음 창제의 효과

세종은 누구나 문자를 통해 지식과 정보를 나누고 소통하기를 원했다. 하층민조차도 문자를 통해 소통할 수 있는 길을 여는 것, 그것은 15세기에 혁명과도 같은 것이었다.

첫째, 훈민정음 창제로 누구나 자신의 의사를 자연스럽게 표현할수 있는 세상이 열렸다. 그 당시 양반들이 아무리 한문을 잘했어도 한문은 번역문이었다. 말은 우리말로 하고 생각도 우리말로 하는데 그것을 중국식으로 번역하여 한문으로 표현한 것이다. 그러다 보니 한문의 천재라 하더라도 자신의 감정 표현을 한문으로는 그대로 할 수없었다. 그런데 훈민정음은 30개를 넘지 않는 자모음만으로 수천 개의 음절을 만들 수도 있고 슬기로운 사람은 하루를 마치기 전에 배울수도 있는 쉬운 문자이다.

둘째, 지식을 보급하고 나눌 수 있는 문자 혁명을 이루었다. 훈민정음의 창제로 어려운 한자 시대가 가고 쉬운 한글 시대를 맞이하는 전기가 되었다. 양반 사대부들은 여전히 한자를 선호하였지만, 글을 배우기 힘든 백성들이나 궁중의 여성들에게 한글은 그야말로 가뭄 끝의단비 같은 존재였다. 훈민정음 창제는 서민들의 한글 소설이나 궁중문학의 발전으로도 이어져 조선의 문화 저변을 확대하는 데도 크게

대한민국 나침반 역사 속의 위인들

기여하였다.

셋째, 세종은 중국 중심의 질서 자체를 거부한 것은 아니지만 최소한 그 틀을 깰 수 있는 문자를 만들었다. 조선은 소중화에 대한 자부심이 강한 사대부들이 세운 나라였다. 한자는 단순히 중국의 문자가 아니라 중화를 따르던 동아시아 문화의 거대한 물결이었고 거부할 수 없는 절대 세계였다. 양반 사대부에게 한자는 절대 권력이었고 그 외의 문자를 상상하는 것조차 힘들었다. 그러한 사대부 일부를 설득해 해례본 저술에 참여시킨 것은 사대부들의 반발을 잠재우기 위한 세종의 놀라운 정치력이었다.

#5
훈민정음 보급 조치 및 한글 사용 확대

훈민정음 보급 조치

　세종은 우리말에 적합한 훈민정음을 만들었지만 오랜 세월 중국의 한자를 사용하고 중국 문화에 익숙해져 있기 때문에 쉽게 받아들여지지 않을 것이라고 생각했다. 훈민정음을 널리 알리는 동시에 어떻게 하면 좀 더 빠른 기간 내에 백성들이 널리 사용하게 하는 방법이 없을까 고민했다. 훈민정음을 반포한 지 한 달 만에 실제 공문서를 발행하고, 두 달이 안 되어 훈민정음 전문 관청인 언문청을 설치했다.

훈민정음 동전

　　관료 시험 과목에 훈민정음을 넣어서 시험을 보도록 하기도 했다. 세종 28년 12월 26일 실록에 "금후로는 이과(吏科)와 이전(吏典)의 취재(取才) 때에는 훈민정음도 아울러 시험해 뽑게 하되, 비록 의리(義理)는 통하지 못하더라도 능히 합자(合字)하는 사람을 뽑게 하라."라는 명을 내린 기록이 있다. 백성뿐만 아니라 중간 관리에게도

이 문자를 보급하려는 세종의 뜻을 헤아릴 수 있다. 또 '효뎨례의'라는 글자를 새긴 동전을 만들어 새 글자가 어떻게 생긴 것인지 백성들에게 보게 했다.

사대부들은 세종 사후 하급 관리 시험에서 훈민정음을 퇴출시켰다. 하지만 세조는 세종의 뜻을 이어받아 훈민정음 보급 정책을 다시 추진하였다. 그 뒤 실생활에서 훈민정음이 유용하게 쓰이자 훈민정음 사용을 반대했던 사대부들도 훈민정음을 모르면 불편하게 되었고, 훈민정음의 우수성을 인정할 수밖에 없었다. 더 나아가 사대부들은 세종이 훈민정음을 창제한 지 17년 뒤인 1460년(세조 6년)에 예조에서 훈민정음을 문과시험 과목으로 채택하자고 건의하였다. 그리하여 세조 때에는 하급 관리의 시험이 아닌 문과에 공식 과목으로 채택되어 명실상부한 고급 관리 시험 과목으로 인정받게 되었다.

또한, 각종 경서와 시가를 훈민정음으로 번역하여 보급하였다. "불휘 기픈 남간 바라매 아니 뮐쌔 곶 됴코 여름하나니"로 시작되는 〈용비어천가〉는 세종의 지시로 정인지, 안지, 권제 등이 지어 간행한 악장의 하나로서 훈민정음으로 쓴 최초의 작품이다. 조선 개국의 당위성을 이야기하는 내용으로 조선을 세우기까지 목조·익조·도조·환조·태조·태종의 사적을 중국 고사에 비유하여 그 공덕을 기리어 지은 노래이다.

세종은 왕비 소헌왕후가 승하하자 그 명복을 빌고 민중을 불교에 귀의하게 하기 위해 둘째 아들 수양대군을 시켜 《석보상절》을 쓰게 했다. 수양대군이 《석보상절》을 지어 올리자 세종이 석가의 공덕을 찬송하여 《월인천강지곡》을 지었다. 후에 수양대군은 세조 임금이 되어 1459년에 《월인천강지곡》에 자신이 지은 《석보상절》을 고쳐 합한 책인 《월인석보》를 펴냈다. 《월인석보》 첫머리에 훈민정음 언해본을 담아 백성들이 쉽게 훈민정음을 배울 수 있도록 했다.

당시 조선은 유교를 국가 이념으로 삼았지만 백성 중에는 불교를 따르는 사람이 많았다. 그러다 보니 세종은 백성이 믿는 불교를 통해 훈민정음을 보급할 목적으로 불경 언해 작업을 시작했다. 세조는 아버지 세종의 뜻을 이어받아 불경 언해 작업뿐 아니라 불경을 제작하는 관청인 간경도감을 세워 훈민정음 보급에 앞장섰다. 성종 때에는 《삼강행실도》를 훈민정음으로 번역해 보급했다. 그리고 성종은 《향약집성방》을 초록하여 훈민정음으로 번역하여 주자소에서 간행하여 반포하라고 명했다.

연산군 때 임금의 폭정을 비방하는 언문서가 나돌았다. 이로 인해 연산군은 언문을 가르치고 배우는 것을 금하고, 언문으로 된 책을 불사르게 하고 언문을 사용할 줄 하는 사람을 신고하게 하였다. 이때 많은 언문 서적이 안타깝게 불태워져서 초기에 지어진 많은 언문 책들이 사라졌다. 그런데 병조정랑 조계형에 명하여 언문으로 역서를 번역하도록 했다. 공식적인 일까지 언문 사용을 금하지는 않았음을 알 수 있다. 모든 언문을 탄압한 건 아니고 자신을 비방한 문서에 쓰인 언문을 탄압한 것이라고 볼 수 있다.

여성들 사이에 한글 사용 확대

한자와 한문을 공부할 기회가 없는 일반 백성들도 문자 생활을 영위할 수 있도록 하겠다는 세종의 취지는 당시의 분위기에서는 매우 파격적이고 개혁적인 것이었으나 그런 생각이 실제로 실현되는 데에는 많은 시간이 걸렸다. 우선 지배층은 한문을 사용하는 공식적인 문자 생활을 여전히 유지하였다.

양반들 사이에 뿌리 깊게 자리 잡은 성리학적 사고는 중국의 것을 받들고자 하는 사대주의 의식과 밀접하게 연결되어 있었고, 이러한 의식은 한문을 진서로, 한글은 천한 것으로 여기게 만들었다. 조선의 주류 사대부들은 한글을 철저히 이류 문자로 묶어 두었다. 지배층 중에도 한글을 사용할 줄 아는 이가 늘어 갔지만, 이들은 한자와 한문이라는 공식적이고 특권적인 문자를 사용하고 있었기 때문에 특수한 경우가 아니면 한글을 사용하여 글을 쓰는 일이 별로 없었다.

한자 문화에 젖어 있었던 양반 관료들은 한글을 아랫사람들이나 여자들이 배우는 글이라며 낮추어 보고 이를 멀리했다. 즉 오랫동안 한자에 길들여진 까닭에 한글을 상스러운 글자라는 뜻의 '언문', 부녀자들이나 배우는 글이라는 뜻의 '암클' 등으로 낮추어 불렀다. 여성들에게는 교육의 기회가 극히 적었고 여성이 한문을 배운다는 것은 불필요하다는 인식이 널리 퍼져 있었던 탓에 양반 가문의 여성들은 주로 배우기 쉬운 언문을 사용하여 서신을 주고받거나 글을 쓰는 등의 활동을 하였다.

한글 보급의 일등 공로자는 왕실 여성이었다. 권력 중심부에 있던 이들은 자신들이 발행한 공문서에 언문을 썼기 때문이다. 이들이 발행한 공식 문서를 '내지'라고 불렀다. 나아가 여성들 사이에서 언문이 활용되면서 소위 '내간체'라고 부르는 여성들 특유의 문체까지 등장하였다. 《계축일기》, 《한중록》, 《인현왕후전》 등의 수필 작품은 당시의 시대적 상황이나 인물들을 사실적으로 그려 내고 있다.

이들 작품은 한글이 지닌 표현의 구체성을 살려 여성으로서 살며 억눌려왔던 감정과 사회적 불만, 한을 세밀하고 운치 있는 필치로 담아냈으며 한문으로는 표현하기 어려운 미묘한 감정의 흐름을 한글을 통해 드러냄으로써 당시까지의 한문 중심 문학에서 등한시되었던 감정, 일상의 영역이 큰 비중을 차지하게 되는 계기를 마련하였다.

조선 중기 3대 궁중 수필집

1. 계축일기

인목대비 폐비 사건이 시작되었던 1613년(계축년, 광해군 5년)을 기점으로 하여 일어난 궁중 비사를 인조반정 뒤 기록한 수필 형식의 글이다. 지은이에 관하여는 인목대비를 가까이서 모시던 나인이라는 설, 폐위된 인목대비 자신이라는 설, 정명공주와 나인의 합작이라는 설이 있다.

2. 인현왕후전

숙종이 인현왕후를 폐위시키고 간악한 장희빈을 왕후로 세웠다가 다시 폐위시킨 뒤 인현왕후를 복위시킬 때까지의 궁중 비극을 역사적 사실에 입각하여 다룬 것이다. 작자에 대해서는 당시 인현왕후를 모신 궁인일 것이라는 것이 통설이었으나, 왕후 폐출에 반대하였던 박태보(朴泰輔)의 후예나 왕후의 친정 가문에서 지은 것이라는 반론이 제기되었다.

3. 한중록

정조의 어머니이자 사도세자의 빈인 혜경궁 홍씨가 남편인 사도세자가 영조에 의해 뒤주에 갇혀 죽은 일과 자신의 불우한 일생을 회상하며 궁중에서 있었던 일들을 자서전적으로 기록하여 쓴 수상록이다. 시아버지 영조와 남편 사도세자, 아들 정조, 손자 순조에 이르기까지의 파란만장한 궁중사를 담아낸 이 책은 역사와 문학을 뛰어넘는 인간 내면을 기록한 책이라는 평가를 받고 있다.

뛰어난 한글 문학 탄생

한글이 많은 양반 관료들 사이에서 여전히 소홀히 대접받고 시련을 겪으면서도 세월이 흐르면서 뜻있는 학자나 문인 관료를 중심으로 차츰 널리 퍼지기 시작했다. 노래나 문학 방면에서 뛰어난 노래집이 지어졌는데, 《악장가사》, 《악학궤범》, 《시용향악보》이다. 《악장가사》는 아악과 속악 가사를 모아 엮은 가집으로서 가사의 내용이 주가 된 책이고, 《악학궤범》은 음악의 이론과 제도 및 법식을 주로 다루고 있으며, 《시용향악보》는 향악의 악보를 기록한 악보집으로서 음악의 곡조를 위주로 하고 있다.

또한, 우수한 한글 시가들이 많이 나타났으며, 먼저 송강 정철의 작품집에서 볼 수 있다. 정철은 조선 중기 문신이자 학자이며 시인으로서 강원도, 전라도, 함경도의 관찰사를 지내면서 〈관동별곡〉, 〈훈민가〉, 〈사미인곡〉, 〈속미인곡〉, 〈성산별곡〉 등 수많은 가사와 단가를 지었는데 우리나라 가사 문학의 대가다.

그 뒤를 이어 고산 윤선도의 한글 시가 문학이 나타났다. 윤선도는 조선 중기 문신이자 시조 작가다. 1636년 병자호란이 일어나자 수군을 거느리고 강화도로 갔으나 이미 함락되었기에 되돌아갔다. 병자호란이 평정된 후 왕에게 문안드리지 않았다는 죄목으로 경상도 영덕으로 귀양 갔다가 이듬해 풀려나 보길도의 부용동과 금쇄동에서 은거하면서 〈어부사시사〉, 〈오우가〉 등 한글로 자연을 노래한 매우 뛰어난 작품을 남겼다. 윤선도는 자연을 문학의 소재로 채택한 시조 작가 가운데 탁월한 역량을 나타낸 것으로 평가받는다.

조선 중기 광해군 때의 정치가이자 학자였던 허균은 최초의 한글 소설인 《홍길동전》을 지었다. 부패한 사회를 개혁해 새로운 세상을 이루고자 했던 허균의 혁명적인 사상이 고스란히 드러나 있는 이 소설은 당시 사회의 모순을 비판한 사회 소설이라는 점에서 큰 의의를 지닌다. 김만중은 한글을 나라 글로 삼아야 한다고 주장하고, 한글 소설 《구운몽》, 《사씨남정기》 등 빼어난 작품을 남겼다.

그리고 이제까지 입으로만 전해 오던 '이야기'가 글로 옮겨져 《춘향전》, 《심청전》, 《흥부전》 등 뛰어난 한글 소설 문학 작품들이 나타났다. 한글 소설은 서민 백성들에게 많은 사랑을 받았으며, 한글 소설이 유행하면서 판소리 문학도 등장하게 되었다.

한글 연구 및 보급 확대

1527년(중종 22년), 당대 최고의 학자인 최세진이 한자 학습서 《훈몽자회》를 펴냈다. 《훈몽자회》에는 3,360자의 한자가 실려 있는데, 그 한자의 뜻과 음을 한글로 달았다. 당시 사대부들은 어려운 한자를 익히느라 애를 많이 써야 했다. 하지만 《훈몽자회》 덕분에 사대부들은 혼자서도 한자 공부를 할 수 있게 되었다. 이처럼 한글은 한자 교육에도 유용하게 사용되었다.

17, 18세기에 새로운 학문의 기운이 움트기 시작했는데, 바로 실학이다. 실학은 중국 중심의 사고방식에서 벗어나 우리 것을 찾자는 자주정신을 바탕으로 이론과 생각에만 치우쳐 있는 낡은 태도에서 벗어나 실사구시를 주장한 실용적인 학문이다. 여러 분야에서 우리 것을 연구하기 시작했고, 자연히 훈민정음을 본격적으로 연구한 학자들도 나타났는데, 신경준은 《훈민정음운해》를, 유희는 《언문지》를 저술하였다.

1894년에는 갑오개혁을 통하여 한글이 공식적으로 공문서에 사용되기에 이르자 비로소 나라 글자(국문)로 인정받게 되었다. 유길준은 최초의 국한문 혼용체로 서양 견문기인 《서유견문》을 썼다. 이 책은 갑오개혁의 사상적 배경이 되었을 뿐 아니라 계몽사상 형성에 영향을 주었으며 국문학이나 신소설에도 커다란 영향을 끼쳤다. 독립신문이 창간됨으로써 한글은 새로운 전환기를 맞이했다. 1896년 창간한 우리나라 최초의 일간지로 국문판과 영문판으로 구성되었다. 한글판 독립신문은 모든 내용을 순 한글로만 표기했을 뿐만 아니라 한글의 띄어쓰기를 처음으로 시행함으로써 한글 맞춤법의 진전에도 큰 영향을 주었다.

한글 보존·보급에 기여한 인물

한글 연구 운동의 초석을 세운 주시경

주시경은 "언어까지 잃게 되면 민족 정체성을 확립하는 바탕을 잃어버리는 것이니 영원히 독립을 이룰 수 없다."라고 강조했다. 민족의 정체성과 언어는 깊은 관련이 있다고 주장한 국어학자이자 독립운동가이다. 과거를 보기 위해 서당에서 공부를 하던 주시경은 서당에서 배우는 방식이 너무 어렵고 합리적이지 못하다는 생각을 하게된다. 우리말로 하면 바로 알아들을 수 있는 것을 왜 하필 어려운 한문음을, 그것도 알아듣지도 못하는 것을 되풀이하는가 하고 의문을품게 되었다.

주시경은 진짜 필요한 공부는 한글 공부라는 생각을 하게 되고 과거시험을 포기하고 배재학당에서 공부를 시작하면서 한글을 연구하였다. 그리고 청년들에게 우리말과 글을 체계적으로 가르치기 시작했다. 이화·휘문·배재·경성 등 학교를 두루 오가면서 한글 강의를 했다. 언제나 교재들을 보자기에 싸들고 왕래했기 때문에 '주보따리'라는 별명을 얻기까지 했다.

1896년 독립신문이 창간되자 동료들과 국문동식회를 조직해 한글을 연구하고, 한글 전용, 한글 띄어쓰기, 쉬운 말 쓰기의 방법을 만들었다. 1907년 7월 국문연구소가 설립되었다. 이 기관은 대한제국 학부 안에 설치한 한글 연구기관으로 훈민정음 창제 당시의 정음청 설치 이후 한글을 연구하기 위한 최초의 국가연구기관이었다. 주시경은 국문연구소의 주임위원, 그리고 전임위원으로 임명되었다.

주시경은 1908년 국어연구학회를 조직하고, 산하에 '강습소'를 설립하여 국어 강습 활동을 펼치는 한편, 최현배 등 수많은 동량들을 양성했다. 그리고 문법서의 저술 계획을 세우고, 고어와 방언의 채집도 의논하였다. 1914년에는 한글의 소리 내는 방법에 대한 과학적인 기초를 풀이한 《말의 소리》를 발행하였다. 훈민정음(訓民正音) 역시 한문 이름이기에 주시경은 '하나이자 크고 바른 글'이라는 뜻의 우리글 이름, '한글'을 지었다. 맞춤법이 통일되지 않았기에 우리의 말과 글을 사용하는 데 혼란이 많은 점을 생각하여 맞춤법을 고안하였다.

우리나라 최초의 국어사전인 '말모이'를 편찬하려다가 일제의 탄압에 못 이겨 다른 나라로 떠나 한글 연구를 하려던 주시경 선생은 몸도 돌보지 않는 한글 연구와 강의로 말미암아 안타깝게도 1914년 7월 27일 38세의 젊은 나이로 세상을 달리하였다.

주시경 선생 동상(주시경 광장 소재)

제자들은 주시경 선생의 뜻과 취지를 이어받아 1921년 '조선어연구회'를 만들었다. 1931년 1월 10일 '조선어학회'로 이름을 고쳤으며, 1942년 조선어학회 사건으로 활동이 중단되었다가 광복 후 1949년 9월 25일 이후 '한글학회'로 정하였다. 그리고 주시경 선생의 노력을 바탕으로 마침내 1933년 '한글 맞춤법 통일안'이 처음으로 발표되기에 이르렀고, 그 후 몇 차례의 수정 보완을 거치며 오늘에 이르고 있다.

최초의 한글 세계지리서 《사민필지》를 펴낸 헐버트

미국인 헐버트(H. B. Hulbert) 박사는 1886년 소학교 교사로 초청을 받고 내한하여 고급 양반의 자제들을 대상으로 영어 교육을 하는 한국 최초의 근대식 공립 교육기관인 육영공원에서 외국어와 역사를 가르쳤다. 1891년 미국으로 돌아갔다가 1893년 미국 감리교회 선교사 자격으로 조선에 돌아와 선교 활동을 했다.

헐버트는 교사로 근무를 하다가 한글의 우수성에 감명을 받아 순한글로 세계지리 교과서인 《사민필지》를 펴냈다. 또한, 한글의 우수성을 〈The Korean Alphabet I〉란 논설로 세계에 알렸다. 헐버트는 이 글에서 "문자사에서 한글보다 더 간단하게 더 과학적으로 발명된 문자는 없다."라고 평가하였다.

1905년 을사늑약이 체결되자 헐버트 박사는 고종의 밀서를 휴대하고 미국으로 돌아가 국무장관, 대통령과 면담하려 했으나 성사되지 못했다. 1906년 다시 내한하여 일본의 야욕과 야만적 탄압 행위를 폭로하기 위해 고종에게 헤이그에 밀사를 파견할 것을 건의하였다. 그런데 3명의 밀사는 일본의 방해로 회의에 참가할 수 없게 되었다. 헤이그에 도착한 헐버트는 '만국평화회의보' 편집장으로 활동하고 있는 영국인 언론인 스테드(William T. Stead) 주선으로 평화 클럽에서 특사들의 주장을 지원하는 연설을 했다. 하루 전 헤이그 밀사 이위종이 프랑스어로 연설한 '대한제국의 호소'를 뒷받침하는 내용이었다.

결국 헐버트는 1908년 일제에 의해 추방되었다. 추방된 후 미국 매사추세츠주 스프링필드에 정착하여 목사로 활동하면서 3·1 운동 직후인 1919년 8월 미 상원에 진술서를 제출하여 일제의 잔학상을 고발하고 대한독립을 호소하였다. 헐버트는 한국에 대한 관심과 사랑은 그치지 않았으며 한국의 독립을 위해 물심양면으로 힘썼다.

헐버트는 대한민국 수립 후 1949년 광복절에 국빈으로 초대를 받았다. 86세의 헐버트는 몸은 늙었지만 한국에 간다는 것이 너무 기뻤다. 그런데 7월 29일 한국 땅을 밟게 되었으나, 노환과 지병, 그리고 오랜 여정으로 인한 여독으로 일주일 만에 타계하였다. 헐버트 박사는 평소 "나는 웨스트민스터 사원보다 한국 땅에 묻히기를 소원한다."라고 말하였는데, 양화진 외국인 묘지에 묻혔

헐버트 박사의 묘
(양화진 외국인 선교사 묘원 소재)

다. 한국 정부는 1950년 3월 1일 외국인 최초로 건국공로훈장 태극장을 추서했다. 헐버트는 한국인보다 더 한국과 한글을 사랑한다는 말을 들을 정도로 지극한 한국 사랑을 보여주었다.

《훈민정음 해례본》(안동본)을 지켜낸 간송 전형필

《훈민정음 해례본》의 '예의' 부분은 무척 간략해 《세종실록》과 《월인석보》 등에도 실려 있어 전해져 왔지만, 한글 창제 원리가 밝혀져 있는 '해례'는 알려져 있지 않았다. 한글학자들도 해례본이 없었기 때문에 창제의 원리를 추측할 수밖에 없었다. 그래서 고대 글자 모방설, 고전(古篆, 전서) 기원설, 범자(산스크리트어) 기원설, 몽골 문자 기원설, 심지어는 창살 모양의 기원설까지 의견이 분분했다. 훈민정음 해례본이 발견되고서야 온전한 진실을 알 수 있었다.

《훈민정음 해례본》(안동본)은 1940년 국문학자 김태준의 제자였던 이용준에 의해 그 존재가 처음 밝혀졌다. 다만 이 책을 어디서 발견했느냐는 두 가지 설이 맞서 있다. 하나는 자신의 진성 이씨 집안(경북 안동시 와룡면 주하리 이한걸 집안 회양당 소장)에서 발견했다는 것이고, 또 하나는 처가(경북 안동시 와룡면 가야리 광산 김씨 긍구당가 김응수 소장)에서 발견했다는 것이다.

이용준은 이를 김태준에게 이야기했다. 김태준은 이용준과 함께 안동으로 내려가 해례본을 직접 확인했다. 앞부분 두 장이 뜯겨져 나간 상태였으나 김태준이 알려준 세종실록 내용을 바탕으로 서예가인 이

대한민국 나침반 역사 속의 위인들

용준이 안평글씨체로 보완하였다. 완성된《훈민정음 해례본》을 서울로 옮겨 왔으며 조선어학회 회원을 비롯한 관련 학자들에게 공개하게 되었다. 이어서 모사본 두 권을 만들어 한 권은 방종현, 홍기문에게 주었는데, 1940년 7월 30일자 조선일보 학예란에 연재하기 시작했다. 한글학자 외솔 최현배는 훈민정음 원본인《훈민정음 해례본》의 발견에 감격해 자신의 저서《한글갈》에서 이렇게 썼다.

훈민정음 반포 후로 500년 동안의 실록에 훈민정음 간행 기록이 없고, 최세진·신경준·유희 같은 한글학자들도 그 원본을 보았다는 기록도 도무지 없다.

진정한 원본이 나타나기를 고대함이 간절하더니, 천만뜻밖에 영남 안동에서 이런 진본이 발견되었음은 참으로 하늘이 이 글의 운을 돌보자고 복주신 것이라 아니할 수 없다.

아! 반갑도다. 훈민정음 원본의 나타남이여! 여태껏 도무지 형체도 없고 말도 없던 훈민정음의 원본이 그 정연한 체제로써 나타났음은 한국 최대의 진서임은 물론이요, 또 그 해례로 말미암아 종래 정음학의 여러 가지 의혹의 구름안개를 헤치어 줌은 우리 심정의 들도 없는 시원스러운 일이요, 과학 정신의 최대의 만족이다.

이용준은 잘 보관할 만한 사람에게 넘기고 싶다고 말했고, 김태준은 당시 문화재 수집 활동을 활발히 하고 있던 간송 전형필을 만나 해례본 이야기를 했다. 전형필은 은행에서 1만 1,000원을 찾아와 1,000원은 김태준과 이용준에게 사례금으로 주고 1만 원은 해례본 값으로 치뤘다. 그때 당시의 물가로 따지면 기와집 열 채 값에 해당되는 금액이었다. 전형필은 광복이 될 때까지 《훈민정음 해례본》의 소재를 철저히 숨겼다고 한다. 이후 6·25전쟁이 발발하여 피난 갈 때도 이 책을 먼저 챙기고 베개 밑에 두고 잠을 잘 정도로 귀중하게 보존하였다.

1956년 이 소장본을 바탕으로 사진을 촬영하여 만든 영인본이 제작되었다. 전형필은 영인본 제작을 위해 이 소장본을 흔쾌히 내놓았다고 한다. 내놓은 것뿐만 아니라 책을 한 장 한 장 해체하는 것까지 직접 했다고 한다. 훗날 영인본 출간과 관련해서 그 의미를 전형필은 다음과 같이 말했다.

이 책은 오랫동안 서고 깊이 넣어두었다가 해방 이후 널리 세상에 내놓았습니다. 영인본이 나와 널리 책으로 세상에 퍼지게 되었으니 무거운 짐을 내려놓은 것 같아 적이 안심이 되었습니다.

〈한글학회 100년사〉는 영인본 출간의 의미를 크게 평가했다.

간송본의 발견은 역사적인 사건이요 민족적인 경사였다. 그러나 손쉽게 접할 수 없었기에 만족하지 못했다. 마침내 영인본이 나옴으로써 누구나 쉽게 해례본을 대하게 됐고 신진들의 날카로운 분석도 뒤따랐다.

《훈민정음 해례본》은 1962년에 국보 70호로 지정되었고, 1997년 10월에 유네스코 세계기록유산으로 등재되었다.

＃7
한글에 대한 평가

세종은 꿈이 컸고 장대했다. 세종이 꿈꾼 문자는 중국의 한자음까지도 완벽하게 적을 수 있는 문자였다. 그리고 모든 말소리를 완벽하게 적을 수 있는 바른 소리 문자, 바로 정음 세상을 꿈꿨다. 세종은 그 꿈대로 거의 모든 소리를 완벽히 적을 수 있는 글자인 한글을 창조하였다. 세종은 자연과 사람에 대해 남다른 열정과 탐구심을 가지고 있었다. 천지자연의 이치를 담은 말소리에 주목했고, 그런 말소리의 이치를 그대로 담은 문자를 만들었다.

한글은 500여 년 전에 만들어졌지만 현대 언어학의 관점에서 보아도 손색이 없는 훌륭한 제자 원리를 갖추고 있고 매우 과학적이며 매우 쉬운 글자로 인식되고 있다. 한글 24자를 조합해서 1만 1,000여 개의 음절을 만들어 낼 수 있어 여러 가지 소리를 거의 완벽하게 표현할 수 있다. 사람의 말소리뿐만 아니라 바람 소리, 새소리, 개 짖는 소리, 그 어떤 자연의 소리든 실제 소리에 가장 가깝게 적을 수 있는 문자이다. 비슷한 소리를 나타내는 자음이나 모음은 비슷한 모양을 하고 있어서 과학적 원리를 갖고 있다고 평가된다.

한글은 한국말을 적는 완벽한 문자인 동시에 언어사적으로 길이 빛

날 독창성과 과학적 원리를 갖고 있어 세계의 언어학자들에게 찬사를 받고 있다. 네덜란드 레이던대학 포스 교수는 "한국인이 세계에서 가장 좋은 알파벳을 발명하였다."라고 하였고, 미국의 라이샤워는 "한글은 오늘날 사용되는 문자 체계 중 가장 과학적이라고 할 수 있다."라고 했다.

세계적인 언어학자로 알려진 독일 함부르크대학 샷세 교수는 "서양이 20세기에 들어서 완성한 음운 이론을 세종대왕은 그보다 5세기나 앞서 체계화했으며 한글은 전통 철학과 과학 이론이 결합된 세계 최고의 문자이다."라고 평가했다. 영국의 샘슨(Sampson)이라는 언어학자는 한글에 대해서 "신이 인간에게 내린 선물"이라고 극찬했다. 영국의 역사학자 존 맨(John Man)은 "한글은 모든 언어가 꿈꾸는 최고의 알파벳"이라고 최고의 찬사를 하였다.

공전의 히트를 친 베스트셀러 《총, 균, 쇠》 저자인 미국의 생물학자이자 문명학자인 다이아몬드는 "한글은 문자의 사치일 정도로 문자로서 완벽함을 담고 있다."라고 말했다. 미국 교육 행정관인 홀트는 "한글은 독창적이고 과학적인 글자로 명확하고 간결하게 음성을 표기할 수 있으며, 한국인이 하나로 단결할 수 있는 원동력이 되고 있다."라고 했다. 이렇게 한글의 가치와 실용성에 대한 찬사는 끝이 없다.

한편 램지(Ramsey) 교수는 한글 창제의 동기가 된 세종의 애민정신에 주목하여 한글을 높이 평가하였다.

한글의 창제는 한국뿐 아니라 현대 세계의 모든 인류에게 속한 인간적 가치를 나타낸다. 그런 보편적 가치 중의 하나는 근대 이전에는 결코 볼

수 없었던 이성적 사고와 과학적 방법이다. 또 하나의 보편적 가치는 사회적 약자를 위한 배려이다. 귀족주의적이고 관료주의적인 사회에서 세종은 문맹 타파의 열성적 옹호자였던 것이다.

독일 학자인 하스 펠마트(Haspelmath)는 한글날인 10월 9일을 '세계 언어학의 날 (World Linguistics Day)'로 정하여 기념하자는 제안을 했다. 한글은 문맹률 제로의 문자라고 한다. 유네스코도 이런 점을 인정하여 1989년 문맹 퇴치에 이바지한 사람에게 주는 상의 이름을 〈세종대왕상(King Sejong Literacy Prize)〉으로 명명하였다.

한글이 2020년 10월 1일부터 4일까지 태국 방콕에서 열린 '제2회 세계문자 올림픽대회'에서 1위에 올랐다. 세계 문자올림픽은 가장 쓰기 쉽고, 가장 배우기 쉬우며, 가장 풍부하고 다양한 소리를 표현할 수 있는 문자를 찾아내기 위한 취지로 개최된다. 심사 기준은 ① 문자의 기원, ② 문자의 구조와 유형, ③ 글자의 수, ④ 글자의 결합 능력, ⑤ 문자의 독립성 및 독자성, ⑥ 문자의 실용성, ⑦ 문자의 응용 개발성 등이다. 한글이 2009년 대회에 이어 또다시 1위를 차지하여 그 우수성을 세계적으로 인정받게 된 것이다.

한글은 정보화 시대에 더욱 빛을 발하고 있어 시대를 뛰어넘는 문자로 자리매김하고 있다. 최소 문자를 통한 가획과 합성의 원리에 의해 간단한 배열로 문자 입력의 과학을 실현하고 있기 때문이다. 한글은 컴퓨터의 조합형 원리와 완전히 일치한다. 컴퓨터 자판 입력 속도도 빠르며, 스마트폰에서는 다른 문자는 비교가 안 된다. 4만 자나 되는 한자나, 100글자가 넘는 일본 문자로는 휴대전화 자판의 입력과

국립한글박물관

검색 속도는 24자인 한글을 도저히 따라올 수 없다.

한글은 예술과 산업 등 다양한 분야에 응용되어 한글 춤, 한글 패션 쇼, 한글 캐릭터 등이 개발되고 있으며, 이러한 콘텐츠들은 한글 세계화에 기여하고 있다. 그리고 세계 각국과 각지에 세종학당이 설립되어 한글의 세계화에 첨병 역할을 하고 있다. 국립한글박물관에 가면 세종대왕의 훈민정음 창제에서 한글이 걸어온 길을 살펴볼 수 있다.

대한민국 나침반 역사 속의 위인들

제5장

절체절명의 위기에 빠진
나라를 구한 성웅 이순신 장군

이순신 장군 동상 (광화문광장 소재)

이순신 장군은 왜군의 침략으로 나라가 풍전등화의 위기에 빠진 상황에서 한산도 해전 등을 통해 남해 바다의 제해권을 확보하여 전세를 바꾸었다. 진도 울돌목에서 13척의 배로 130여 척의 왜군에 맞서 명량대첩을 거두어 서해를 통해 한양으로 진공하려던 왜군의 기도를 저지했다. 노량에서 도주하던 적선을 추격하다가 유탄에 맞아 "싸움이 지금 한창 급하니 내가 죽었다는 말을 하지 말라."는 말을 마치고 숨을 거두었다. 한 번도 패배한 적이 없는 23전 23승을 기록한 이순신 장군의 신화는 세계 해전사에서 보기 드문 승전 기록이며 장군의 생애는 한 편의 대하드라마라 해도 과언이 아니다.

#1

임진왜란 발발 무렵 정세

이이의 십만양병설

1583년 병조판서 율곡 이이는 선조에게 10만 병력을 양성하여 외적의 침략에 대비하자고 건의했다. 도성에 2만, 8도에 각각 1만씩을 두어 호세를 면제하여 주고 무예를 단련케 하여 6개월마다 나누어서 번갈아 도성을 수비하는 방책이었다. 10만 양병설에 관해서는 이이의 제자 김장생이 쓴 《율곡행장》에 기록되어 있다.

일찍이 경연에서 청하기를 군병 10만을 미리 길러 완급에 대비해야 할 것입니다. 그렇지 않으면 10년이 지나지 않아 장차 토붕와해(土崩瓦解)의 화가 있을 것입니다.

그러나 이이의 양병설은 문약한 풍조에 찌든 조정의 반대에 직면했다. 반대 중심에 임진왜란 극복의 일등공신인 서애 유성룡이 있었다는 점은 역사의 아이러니다. 두 사람은 개인적 친분에도 불구하고 한 사람은 서인, 한 사람은 동인인 데다 급진 개혁과 온건 개혁이라는 점에서 충돌이 잦았다. 유성룡은 아무 일도 없이 평화로운 때에 군사를 양성하는 것은 화란의 단서를 만드는 것이라는 논리로 반박했다. 실학자 홍대용은 청나라 선비들과 나눈 편지에서 이이의 양병설을 정면으로 반대한 이가 유성룡이었다고 썼다. 이이는 자신의 고충을 이렇게 토로했다고 한다.

이현(而見, 유성룡)**도 이렇게 말하는구나. 나랏일을 의논할 사람이 아무도 없다.**

그때는 왜란이 발생하기 10년 전이었다. 나라의 재정 형편이 매우 어려웠기 때문에 유성룡이 양병설을 반대했다고 하여 비난하기는 곤란하다고 할 수 있다. 장차 일어날지 모르는 난리 때문에 막대한 국방 예산을 집행하기란 쉬운 일이 아니었기 때문이다. 그러나 국가를 이끌어가는 사람은 국가의 장래를 생각하면서 일을 해야 하는데, 유성룡은 멀리 보지 못하고 현재 상황에 안주했다. 결국 10만 양병이라는 국방 개혁 플랜은 좌절되었고, 10년 뒤 임진왜란이라는 국가적인 참변을 당하게 된다.

통신사 파견

당시 조선의 조정은 내부의 혼란으로 외부의 적을 돌아볼 여유가 없었다. 개국 초기부터 정치적으로 기득권을 잡고 있던 훈구파와 성리학을 기반으로 새로운 정치 세력으로 부상하던 신진 사림 세력 간의 대립이 수십 년 동안 이어졌다. 몇 차례의 사화를 거치며 사림 세력이 정권을 잡았지만, 이들 간에 다시 학연과 지연을 기반으로 붕당이 형성되고 대립이 격화되면서 그 폐해가 커지고, 조정의 혼란은 점점 더 심해졌다. 급기야 1589년 정여립의 역모 사건으로 1,000여 명이 죽고 국론이 분열되는 최악의 상황(기축옥사)까지 벌어졌다.

반면, 일본은 도요토미 히데요시(豊臣秀吉)가 전국시대를 통일하여 혼란을 수습하고, 오랜 기간의 싸움에서 얻은 제후들의 강력한 무력을 해외로 방출시켜 조선을 거쳐 명을 정복한다는 망상적 목표를 추진하려고 했다.

이때 조선 조정에서는 일본의 사정을 파악하기 위해 1590년(선조 23년) 정사 황윤길, 부사 김성일, 종사관 허성으로 구성된 통신사를 파견했다. 사신들이 받아온 답서에는 무례한 구절과 정명가도(征明假道, 명을 칠 것이니 길을 빌려 달라)를 뜻하는 글이 있어 침략의 의도가 분명하였으나 1591년 3월 이들 사신이 복명하는 자리에서 당파적인 엇갈림과 함께 조정의 의견도 통일되지 못하였다.

정사 황윤길은 현지에서 수집한 조총까지 내보이며 "머지않아 반드시 병화가 있을 것이옵니다."라고 보고했다. 그러나 부사 김성일은 "공연히 인심을 현혹시키고 있다."라고 반박했다. 도요토미 히데요시의 인상을 묻는 질문에도 황윤길은 "눈에 광채가 있고 담력이 남달라 보였사옵니다."라고 말했음에 비해 김성일은 "눈이 쥐와 같고 생김새는 원숭이 같으니 두려울 것이 못 됩니다."라고 다르게 대답하였다.

선조와 집권 파당인 동인 세력은 부사 김성일의 그릇된 의견에 방점을 찍었다. 그 이유는 김성일은 동인이요, 옳은 정보를 낸 황윤길은 서인이었던 탓이다. 영의정 이산해와 좌의정 유성룡 모두 동인이었다. 조정 대신들은 국가와 백성의 안위보다는 당리당략에 따라 저울

대한민국 나침반 역사 속의 위인들

질해 보고 태평한 때에 양병은 도리어 화를 키운다고 반대했다. 당파에 찌든 조정과 무능한 왕은 국가의 안위를 뒤로한 채 사사로운 감정으로 국사를 그르쳐 침략에 대비할 기회를 놓치고 말았다.

조정을 휘두르고 있었던 동인의 대일본 전략은 기본적으로 선린 외교였다. 이이의 10만 양병설에 동인의 유성룡이 반대했던 것도 그런 맥락이었다. 유성룡은 임진왜란이 끝난 후에 쓴 《징비록》의 서문에서 사전에 방어 준비를 다하지 못한 데 대한 통렬한 참회의 반성문을 썼다.

나같이 불초한 사람이 나라가 어지러울 때 중대한 책임을 맡아 위태로운 시국을 바로잡지 못했으니 그 죄는 용서받을 수 없다.

이순신의 전라좌수사 임명

이순신은 1545년(인종 1년) 3월 8일(양력 4월 28일) 부친 이정과 모친 변씨 사이에서 4남 1녀 중 셋째로 한양의 건천동(지금의 중구 인현동)에서 태어났다. 부친은 네 아들의 이름을 희신, 요신, 순신, 우신이라고 지었는데, 중국의 전설적인 인물들인 복희씨, 요임금, 순임금, 우임금의 이름에서 한 자씩 따고, 항렬자를 뒤에 붙여 이름을 지은 것이다. 이순신의 이름에 들어간 순임금은 요임금의 뒤를 이어 중국 천하를 다스렸다는 임금으로 온순, 효성의 대명사와 같은 인물이며 태평성대 '요순시대'를 열었다는 중국 신화 속의 주인공이다.

어린 시절 건천동 같은 마을에 살았고 이순신의 평생 후견인이 역할을 한 유성룡은 《징비록》에서 이순신의 어린 시절을 다음과 같이 회고했다.

이순신은 어렸을 때 재주가 뛰어나고 성격이 활달해서 작은 일에 얽매이지 않았다. 나무를 깎아 활과 화살을 만들어 마을에서 놀았는데, 자신의 마음에 들지 않는 자를 만나면 그 사람의 눈을 쏘려 했으니, 어른과 노인들 중에 그를 꺼려하여 감히 그 집 문 앞을 지나가지 못하는 사람도 있었다.

충무로

이순신 장군 생가터 표지석

충무로는 이순신 장군의 시호에서 유래되었다. 중구 충무로 1가 21번지(중앙우체국)에서 극동빌딩을 거쳐 충무로 5가 8번지에 이르는 폭 10~20m, 길이 1,750m의 도로이다. 충무공 이순신의 탄생지가 이 길에 연접해 있는 옛 건천동이다. 일제강점기에는 1914년 4월 1일부터 본정통이라 불렸으며, 광복 후 1946년 10월 1일 일제식 명칭을 개정할 때 명현과 명장의 이름을 따서 붙이면서 충무로로 제정되었다.

이순신은 13세 전후하여 외가가 있는 충청도 아산으로 이사를 한 후 이곳에서 성장하였다. 어릴 때부터 무인의 자질을 보였지만, 이순신은 문과 응시를 준비해 오다가 21세 때 혼인한 후 방향을 바꾸었다. 무관 출신으로 남해안의 수령(보성군수)을 지낸 장인의 영향과 권유, 그리고 본인의 자질과 성격 등이 작용하여 이순신은 22세부터 본격적인

대한민국 나침반 역사 속의 위인들

무과 수업을 시작했다. 28세 때 무과에 응시하여 시험 도중 낙마해 다리를 다치는 부상을 입어 낙방하였으나, 4년 뒤인 1576년(선조 9년) 식년무과에 합격하였다.

1587년 조산보 만호 겸 녹둔도 둔전관 시절 여진족의 침략을 받아 10명이 전사하고 백성들이 잡혀가는 피해를 입었다. 녹둔도 전투는 수십 명의 병력으로 1,000명에 달하는 여진 기마병을 상대해 방어를 하고 반격까지 감행해 주민 60여 명을 구해내 패전이라고 할 수 없는 전투였지만, 상급자인 함경도 북병사 이일이 이순신의 병력 증원 요청을 거부한 책임을 면피하기 위해 책임을 돌리려 전투에서 졌다는 이유로 이순신을 잡아 가두고 조정에 보고했다. 그러나 이순신 쪽에서 자신의 무고함을 강력하게 따져 묻고 선조 역시 패배한 것과는 다르다며 백의종군 조치를 내렸다. 《조선왕조실록》은 선조의 지시를 이렇게 기록하고 있다.

전쟁에서 패배한 사람과는 차이가 있다. 병사로 하여금 장형을 집행하게 한 다음 백의종군으로 공을 세우게 하라.

녹둔도 전투는 선조와 조정에 이순신의 이름이 알려지게 되는 계기가 되었다. 선조는 임진왜란이 터지기 몇 해 전부터 왜란의 조짐을 경계하고 있었다. 비변사에 '불차채용'의 특명을 내린 것도 그 때문이었다. 그것은 서열과 관계없이 능력 있는 장수들을 뽑아 올리라는 것이었다. 이에 비변사의 삼정승과 병조판서 등이 각자 대여섯 명씩 후보를 써냈다. 영의정 이산해와 우의정 정언신이 각각 이순신을 추천함으로써 중복 추천을 받았다. 1589년 2월 이순신은 전라도순찰사 이광

휘하의 조방장이 되었다.

여기서 특히 주목해야 할 것은 정언신의 추천이다. 정언신은 이미 이순신을 직접 겪어서 잘 알고 있었다. 명종 21년(1566년) 유성룡과 함께 문과에 급제했고 사헌부 장령, 동부승지 등을 거쳐 함경도 병사로 나가 녹둔도에 둔전을 설치하고 군량미를 비축했다. 이후 한양으로 올라와 대사헌, 부제학 등을 지냈고, 선조 16년(1583년) 오랑캐 이탕개가 침입하자 함경도 순찰사로 임명되어 이순신, 신립, 김시민, 이억기 등을 거느리고 격퇴하였다. 마침 그 공으로 우의정으로 있으면서 이순신을 천거한 것이다.

1589년 12월, 이순신은 유성룡의 천거로 정읍 현감이 되었다. 관직에 오른 지 14년 만이었다. 선조 24년(1591년) 2월 이순신은 진도 군수로 임명되었다가 부임하기도 전에 다시 유성룡이 천거하여 전라좌도 수군절도사(전라좌수사)로 특진하였다. 이에 대간에서는 아무리 인재가 없다고 하더라도 지나친 인사라고 반발하였지만 선조는 더 이상 문제 삼지 말라고 하명했다.

이순신의 일이 그러한 것은 나도 안다. 다만 지금은 상규에 구애될 수 없다. 인재가 모자라 그렇게 하지 않을 수 없었다. 그 사람이면 충분히 감당할 터이니 관작의 고하를 따질 필요가 없다. 다시 논하여 그의 마음을 동요시키지 말라.

결국 이순신은 정3품 전라좌수사로 최종 임명되어 임진왜란이 발발하기 1년 2개월 전에 부임했다. 당시 남해안에는 경상좌수영, 경상우수영, 전라좌수영, 전라우수영 4개의 수군 진영이 있었다. 한양에서

대한민국 나침반 역사 속의 위인들

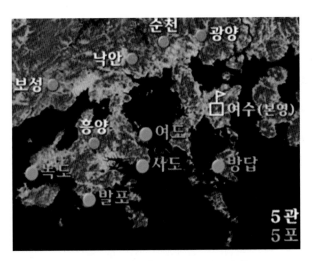

전라좌수영 5관 5포(자료: KBS 역사스페셜)

볼 때 왼쪽에 있는 것이 좌수영, 오른쪽에 있는 것이 우수영이다. 경상좌우도를 나누는 경계는 낙동강이고, 전라좌우도는 백두대간이 전라도로 내려와서 생긴 지맥인 호남정맥을 기준으로 나뉜다. 이순신은 여수에 부임하자마자 현장을 이해하기 위해 예하 5관(지방행정단위: 보성군, 낙안군, 순천부, 광양현, 흥양현)과 5포(해군기지: 발포진, 녹도진, 사도진, 방답진, 여도진)에 대한 초도순시를 하였다.

이제 막 부임한 이순신 전라좌수사에게 예하부대를 순시할 수 있는 권한이 주어진 것은 제승방략 체제 때문이었다. 평시에는 예하부대들의 수장과 휘하 부대들은 5관 5포에 머물지만, 전시가 되면 전라좌수영으로 집결하여 연합 수군을 편성하고 수군통제사의 지휘를 받게 되어 있었다. 이순신은 다가올 전란을 예상하고 제승방략 체제가 제대로 작동하는지 점검하였다.

조선시대 국방 체제 변화

1. 진관 체제

조선 전기 지방군의 방위 체제는 해안과 국경의 중요한 곳에만 진을 설치했던 영진 체제였다. 그런데 영진 체제는 외적의 침입으로 변방의 진이 함락될 경우 내륙은 아무런 대책 없이 무너질 수밖에 없는 위험이 있었다. 이런 약점을 보완하기 위해 세조 때 전국을 여러 개의 진관으로 개편하기 시작하여 1466년 진관 체제를 완성했다.

진관 체제는 전국의 진에서 각자 독립적으로 전투를 하는 시스템으로, 하나의 진이 무너져도 그다음 진이 건재하기 때문에 적이 일시에 내륙으로 진출할 수 없다는 장점이 있다. 하지만 세력이 큰 여진이나 왜구가 쳐들어와 변방의 작은 진을 하나씩 공격하면 속수무책으로 당할 수밖에 없었다. 삼포왜란과 을묘왜변, 니탕개의 난 등 대규모 침입 때 진관 체제가 제대로 효능을 발휘하지 못하자 선조 때 진관 체제를 대체하여 개편한 군사적 시스템이 바로 제승방략 체제이다.

2. 제승방략 체제

제승방략 체제는 평소엔 지휘관이 없다가 전시에 중앙에서 내려온 장수나 혹은 지방의 가장 높은 계급을 가진 장수가 지휘권을 잡아 지방의 군대를 합쳐서 대규모 부대를 편성해 싸우는 체제이다. 외적이 침입해 오면 그 주변의 진에 있는 병사들이 일정한 거점으로 집결하여 합동 작전을 펼치는 형태로 임진왜란 초기에 육군과 수군에 공통으로 적용되었다.

그런데 임진왜란 때 단점이 명백하게 드러나게 되었다. 첫째, 전시에 징집병을 재빠르게 편성하기가 어렵고 훈련 상태 또한 열악하여 병사들과 지휘관들이 손발을 제대로 맞추어 행동하기가 어려웠다. 둘째, 최고 지휘관이 각 지방의 지형과 지리를 잘 몰라 이용하기가 어렵고 하급 군관의 숫자가 부족하였다. 셋째,

한 번 패전하면 다시 병력의 재모집이 어렵고 후방 방어선이 텅 비게 되어 적 군의 빠른 진격을 허용하게 되었다. 결국 이러한 제승방략 체제는 임진왜란 초 기 조선군이 허무하게 무너지는 결과를 초래하였고 유성룡의 건의로 속오군으 로 대체되었다.

3. 속오군

중앙에는 훈련도감을, 지방에는 속오군을 설치하였다. 속오군은 명나라 장군 척계광의 《기효신서》에 나타난 속오법과 삼수기법에 따라 양인·공사천인으 로 구성하여 조직하였다. 병농 일치제에 따라 농한기에 훈련에 참가하고 평상 시에는 생업에 종사하면서 향촌을 지키고 유사시에는 소집되어 국가 방어에 동원되었다.

그런데 양반들이 노비와 함께 속오군에 편제되는 것을 회피하여 결국 상민과 노비들만 남게 되었다. 그리고 사노비의 경우 속오군으로 편성되어 군역을 지 게 되면서 군공을 세워 신분 향상이 이루어지는 경우가 발생하면서, 납속책과 함께 조선 후기 신분제 문란의 한 원인이 되기도 하였다.

이순신은 무기 체계를 정비하고 병사들의 무예 훈련을 본격적으로 시작하며 무너진 성곽을 보수했다. 불과 1년여의 짧은 기간에 주력 전 선인 판옥선 24척과 거북선 2척을 확보했다. 판옥선은 나무못을 사용 하여 대부분 짜 맞추는 기법으로 건조했기에 배에서 함포를 발사해도 진동을 견딜 수 있었다. 밑바닥이 평평하여 수심이 얕은 남해안의 지 형에 알맞은 전선이었다.

무엇보다 이순신의 전쟁 준비 가운데 압권은 거북선의 건조다. 물 론 거북선은 이순신의 창작품은 아니다. 태종실록에 거북선이 등장한다. 그러나 이순신은 거북선을 개량해 총포를 최대한 장착한 '전투용 거북선'으로 새롭게 건조했다. 판옥선에다 덮개를 씌우고 선체를 튼튼한 박달나무 등으로 보강한 후 얇은 철판 장갑을 입혀 그 위에 칼이나 송곳을 꽂았다. 거북선 제작에는 나대용이 큰 역할을 하였다. 1592년 4월 12일(양력 5월 22일) 난중일기에는 "식사 후에 배를 타고 거북선의 지자포, 현자포를 쏘았다."라고 쓰여 있다. 그리고 바로 그다음 날 왜군이 조선 땅을 침략했다.

#2
왜군 침략과 이순신의 제해권 장악

임진왜란 발발

대륙 진출을 꿈꾸던 도요토미 히데요시는 9개 부대 15만 8,700명의 육군 병력과 수군 9,200명, 대기병 11만 8,300여 명의 병력으로 침략군을 편성하였다. 1592년(임진년) 4월 13일(양력 5월 23일) 고니시 유키나가(小西行長)를 선봉으로 1만 8,700명을 실은 700여 척의 왜군 대선단이 조선으로 다가왔다.

이때 바다를 관찰하던 다대포 응봉 봉수대는 왜군의 침입을 알리는 봉화를 올렸다. 왜군은 4월 14일(양력 5월 24일) 부산포에 상륙하여 부산진성을 공격하였다. 부산진 첨사 정발이 민관군 합동으로 싸웠으나 한나절도 버티지 못하고 함락되었다. 왜군은 다음 날 동래성을 공격하였고 동래부사 송상현이 성안의 백성들과 함께 분전했으나 안타깝게도 모두 순절하였다. 상주 싸움에서도 조선군은 참담하게 패배했다.

선조는 신립 장군에게 희망을 걸었다. 신립은 평소 북방에서 즐겨 쓰던 병법대로 기병을 주축으로 전투하기 위해 충주성 근처 평야 지대에서 남한강 탄금대를 배수진으로 왜군에 대항했다. 탄금대는 신라

탄금대

진흥왕 때 가야에서 귀화한 악성 우륵이 가야금을 탔다는 것에서 지명이 유래한다.

전투 당일 비가 억수같이 쏟아지는 바람에 땅이 질척거려 조선군은 기병을 제대로 활용할 수 없었다. 신립은 참패를 하고 달천강에 투신 자살했고 8,000명의 병사들도 전멸하다시피 했다. 조선군으로서는 적을 막을 수 있는 천연의 요새지인 조령을 내준 것이 치명적이었다. 사실 이때 신립의 참모장인 김여물 등이 조령의 지리적 이점을 활용하는 방어 진지 구축론을 제시했으나 신립이 고집을 꺾지 않았다. 조선에 파병된 명나라 장수들은 하나같이 조령과 같은 천혜의 요새를 두고서도 어떻게 한양에 이르는 길을 그렇게 쉽게 내주었는지 의아해 했다.

4월 29일(양력 6월 8일) 신립이 패했다는 비보가 전해지자, 다음 날 선조는 피난길에 올랐다. 왕비와 궁녀 수십 명도 뒤를 따랐다. 임금이 한양을 버리고 떠나자 분노한 백성들이 노비 문서를 보관하고 있던 장예원과 형조에 불을 질렀고 경복궁에도 불을 질렀다. 왜군은 고니시의 군이 5월 2일(양력 6월 11일), 가토의 군이 5월 3일 한양에 들어오고, 파죽지세로 치고 올라가 6월 14일(7월 22일)에 평양을 점령하고 함경도까지 올라가 침략한 지 약 2개월 만에 전라도를 제외하고 거의 전 국토가 왜군에 유린되었다.

대한민국 나침반 역사 속의 위인들

이순신의 연전연승

　이순신이 왜군의 침입 소식을 처음 접한 것은 1592년 4월 15일(양력 5월 25일) 저녁 경상우수사 원균의 첩보 연락에 의해서였다. 원균은 휘하 장수 이영남을 보내 구원 요청을 해 왔다. 구원 요청을 받은 이순신은 조정에 출전 여부를 묻는 장계를 올렸으며, 4월 26일에 경상도 지역으로 출전하라는 지시를 접했다. 이순신이 경상도 해역으로 출정을 결심하게 되는 데에는 부하 장수들의 굳건한 전투 의지가 결정적 뒷받침이 되었다.

　실제로 출동하기 이틀 전까지도 이순신은 결심을 굳히지 못하고 있었다. 아직 이억기의 전라우수군이 도착하지 않아 병선이 부족하다고 생각했기 때문이었다. 하지만 녹도만호 정운, 방답첨사 이순신(李純信), 흥양현감 배흥립, 군관 송희립 등은 죽기로 싸우겠다며 신속히 경상도로 나아가자고 입을 모았다. 일부 장수들이 영남 구원을 반대하자 송희립은 분개하면서 출전할 것을 역설하였다.

　영남은 우리 땅이 아니란 말입니까? 적을 토벌함에 있어서는 이 도, 저 도에 차이가 없으니 먼저 적의 선봉을 꺾어 놓게 되면 본도 또한 보전할 수 있을 것입니다.

　특히 출동 전날, 정운은 혼자 이순신을 찾아와 "전라우수군은 아직 오지 않았지만, 적이 이미 한양까지 박두했으니 분함을 이길 수 없소. 기회를 놓치면 뒷날 후회해도 돌이킬 수 없을 것이외다."라며 출정을 재촉하였다. 정운과의 면담 직후 마침내 영남 해역에 진군할 것을 결심한 이순신은 곧바로 방답첨사 이순신을 불러 다음 날 새벽에 출진할 것을 명했다. 이순신은 출동을 알리는 장계를 조정에 올리면서 각오를 다졌다.

육지 안으로 향한 적들이 곧 한양을 침범한다 하므로 신과 여러 장수들은 분발하지 않는 이가 없습니다. 칼날을 무릅쓰고 사생을 결단하듯 적이 돌아갈 길을 차단하고 적을 쳐부순다면 그들은 후방이 염려스러워 곧바로 북진을 멈추고 후퇴할 겁니다. 그러므로 오늘 5월 4일(양력 6월 13일) 첫닭이 울 때 출전하여 바로 경상도로 향합니다.

이순신의 전라좌수군은 주전함인 판옥선 24척과 작은 협선 15척, 그리고 포작선(고기잡이배) 46척으로 도합 85척을 이끌고 왜선의 소재지를 탐색하면서 조심스럽게 남해안 동쪽으로 이동해 나갔다. 이틀 뒤인 5월 6일 경상우수사 원균의 판옥선 4척, 협선 2척이 한산도에서 합세함으로써 총 91척의 경상·전라 연합 함대가 형성되었다.

전선(戰船)이 아닌 협선과 포작선이 대거 동원된 것은 이순신이 첫 전투에 나서는 수병들을 안심시키고 적에게 위세를 보이기 위한 고육책이었다. 즉 전투 경험이 없는 데다 왜군에 대한 막연한 두려움을 가지고 있었던 조선 수병들에게 "우리 세가 작지 않다."라는 자신감을 심어 주고, 왜군에게는 만만히 덤벼들 상대가 아니라는 인상을 주기 위한 것이었다.

전라·경상 양도의 지휘관들을 소집하여 작전 계획을 세우고 5월 6일 거제도 송미포구에서 밤을 지샌 후 다음 날 왜군 전선이 머물고 있다는 가덕도 방면으로 향하던 중에 거제도 옥포 앞바다에서 척후선으로부터 왜군 함선을 발견했다는 연락을 받았다. 왜군과의 최초 전투는 조선 수군의 운명을 좌우할 수 있는 중요한 것이기 때문에 이순신은 우선 동요하는 부하들의 마음을 안정시키기 위해 다음과 같이 지시했다.

명령 없이 함부로 움직이지 마라. 신중하기를 산과 같이 하라.

함대는 옥포만으로 들어가기 전에 항해 대열에서 전투 진영으로 전환하고는 좌우로 늘어서서 포구를 완전 봉쇄한 다음 일제히 진격하였다. 왜선은 30여 척이 정박하고 있었는데, 왜군은 조선 함대를 뒤늦게 발견하고서야 허둥지둥 배에 올랐다. 순식간에 왜선들이 조선 수군의 화포와 불화살을 맞아 격침되었고 옥포만은 불바다가 되었다.

이로써 남해안에서의 왜 수군과의 최초 전투는 조선 수군의 일방적인 승리로 끝났다. 이 해전에서 조선 수군은 26척의 왜군 전함을 부수었다. 이어 합포와 적진포에서도 16척의 적선을 불살라 없앴다. 이들 전투에서 승리로 조선 수군은 자신감을 갖게 되었다.

1차 출전을 성공적으로 마치고 귀환한 이순신의 함대는 즉시 2차 출전 준비를 하였다. 부상병을 치료하고, 천자총통 등을 비롯한 화포를 수리하고 화살은 물론 군량미를 보충하였다. 이억기의 전라우수군까지 가세한 연합 수군은 5월 29일(양력 7월 8일) 2차 출전을 하였다. 6월 10일까지의 전투에서 사천해전, 당포해전, 제1차 당항포해전, 율포해전 등에서 적선 72척을 불태웠다.

특히 사천해전은 최초로 거북선을 사용한 전투로써 거북선의 활용도를 실전에서 확인한 것 또한 매우 큰 성과였다. 조선 함대도 피해가 없었던 것은 아니다. 거북선 건조를 실무 지휘했던 군관 나대용이 적탄에 부상을 입고 이순신이 총격을 받았다. 왼쪽 어깨를 뚫고 들어간 총탄이 등에 박히는 부상이었다. 그러함에도 불구하고 이순신은 흔들림 없이 전투를 지휘했다. 이순신은 6월 14일 올린 장계에서 거북선의 특징을 이렇게 설명하였다.

신은 일찍부터 섬 오랑캐가 침노할 것을 염려하여 특별히 귀선을 만들었습니다. 배의 앞머리에는 용두를 설치하였으며, 아가리에서는 대포를 쏘게 만들었고 등에는 날카로운 쇠꼬챙이를 꽂았는데, 안에서는 밖을 볼 수 있으나 밖에서는 안을 엿볼 수 없게 되어 있습니다. 비록 적선 수백 척이 있다고 하더라도 그 속에 돌진하여 대포를 쏠 수 있게 만들었습니다. 이번 싸움에 돌격장으로 하여금 적선 속으로 먼저 달려 들어가 천자포, 지자포, 현자포, 황자포 등 각종 총통을 쏘게 했습니다.

거북선이 실전에서 큰 역할을 했음을 말해 주고 있다. 선박 제조 기술이 뛰어난 군관 나대용을 비롯한 실무 기술진들이 대거 투입되어 제작된 거북선은 사천해전 이후 왜군에게는 공포의 대상이 되어 거북선을 맹선이라고 불렀는데, 아마도 자신들의 입장에서 도저히 알아

거북선 모형(자료: 통제영 전시관)

볼 수 없는 배, 그래서 무서운 배라는 뜻인 듯하다. 이후 거북선은 한산대첩을 비롯한 각종 해전에서 맹활약하게 되는데, 이순신은 신규로 건조한 거북선을 활용하여 여러 전술을 실행할 수 있게 된 셈이었다.

한산도 대첩으로 제해권 장악

물자를 보충하고 전열을 가다듬은 이순신 함대는 1592년 7월 6일(양력 8월 12일) 전라우수사 이억기 함대와 함께 좌수영을 출발, 노량에 이르러 경상우수사 원균의 함선과 합세하였다. 조선 수군은 이순신의 전라좌수영군 24척, 이억기의 전라우수영군 25척, 원균의 경상우수영군 7척을 합해 모두 56척의 전선과 거북선 3척으로 연합 함대를 편성한 상태였다. 수군의 연패 소식을 들은 도요토미 히데요시는 와키자카 야스하루, 구키 요시다카, 가토 요시아키라 등에게 하루 빨리 연합부대를 이끌고 가서 조선 수군을 격파하라고 명령했다. 그런데 혼자 큰 공을 세우겠다는 욕심에 와키자카 야스하루가 단독으로 전함을 이끌고 달려왔다

이순신 함대는 7월 7일(양력 8월 13일) 저녁 당포에 이르렀을 때 적함이 거제도 견내량에 들어갔다는 정보를 접했다. 견내량은 지형이 좁아 물살이 세고 암초가 많아 조선의 주력선인 판옥선의 활동이 자유롭지 못하고 배끼리 부딪히면 적의 육박전술에 말려들 우려가 있었다. 또한, 조선의 장기인 포격전을 하기 어려울 뿐만 아니라 만약 형세가 불리해지면 적이 뭍으로 도망칠 우려가 있었다. 이런 이유에서 이순신

은 왜군을 넓은 한산도 앞바다로 끌어내어 일거에 전멸시키기로 작전
을 짰다.

한산도 바다에 이르러 바라보니, 왜군 대선 한 척과 중선 한 척이 선
봉으로 나와서 조선 함대를 몰래 보고서 도로 진치고 있는 곳으로 들
어갔다. 그래서 뒤쫓아 들어가니, 대선 36척과 중선 24척, 소선 13척,
모두 73척이 대열을 지어 정박하고 있었다. 먼저 판옥선 5, 6척으로 하
여금 적의 선봉을 쫓아가서 급습하도록 하였다. 이에 적선들이 일시에
쫓아 나오자 조선 함선은 거짓 후퇴를 하며 적을 유인하였다. 왜군은
5, 6척의 판옥선 정도는 쉽게 섬멸할 것으로 생각하고 추격해 왔다.

그때 숨어 있던 50여 척의 조선 함대가 일시에 나타나 왜군의 선단
을 반쯤 포위했다. 판옥선을 추격하던 왜군 함대가 정신을 차려 보니,
어느새 학익진을 펼친 조선 함대에 포위되어 있었다. 학익진은 학이
날개를 펼친 듯한 형태를 취하고 있다고 하여 붙여진 이름이다. 그 모
양은 반원 형태인데 이는 적을 포위하면서 공격하기에 적합하다. 초

한산도대첩 학익진(자료: 현충사 충무공 이순신기념관)

기에는 일렬횡대인 일자진을 취하고 있다가 적군이 공격하게 되면 중앙의 부대가 뒤로 차츰 물러나면서 좌우의 부대가 앞으로 달려 나아가 좌우에서 적군을 포위 공격하도록 되어 있다. 따라서 중앙에 있는 적군에게 집중적인 공격을 하기에 용이하였다.

지자총통, 현자총통, 승자총통 등 함포가 일제히 불을 뿜었고 화살이 셀 수도 없이 적선을 향해 날아갔다. 조선 수군의 집중 포화로 왜군의 선봉 주력선 2, 3척이 순식간에 불길에 휩싸였다. 뒤따르던 왜선들이 반격은 하였으나 기세가 꺾여 퇴각하려 했다. 그러나 서로 좌충우돌하며 혼란만 가중되었다. 이에 사기충천한 조선 수군은 맹공격을 가하여 50여 척의 적선을 격파하고 나포하는 큰 승리를 거두었다.

해전사 연구의 세계적인 대가 헐버트(Hulbert, H. G.)는 고대 제3차 페르시아전쟁 때 아테네 함대를 주력으로 한 그리스 연합 해군이 살라미스해협에서 우세한 페르시아 해군을 괴멸시킨 해전에 비유하며 감탄했다.

이 해전은 조선의 살라미스(Salamis) **해전이라 할 수 있다. 이 해전이야말로 도요토미의 조선 침략에 사형선고를 내린 것이다.**

이순신은 한산도 전투에서 왜 수군의 주력 부대를 궤멸시켰다. 남해 바다의 제해권을 확보하면서 서해로 통할 수 있는 적의 해상 병참선을 끊어버렸고, 임진왜란의 전세를 조선 쪽으로 유리하게 만들었다. 한산도대첩은 진주성대첩, 행주대첩과 더불어 임진왜란 3대첩의 하나로 불린다. 연거푸 이순신에게 충격적인 패배를 당한 왜군은 근본적인 전략 수정이 불가피하게 되었다. '수륙병진'이라는 조선 침략군략은 무용지물이 되었다.

왜군은 평양까지는 속도를 냈으나 평양에서 주둔하면서 선조를 바짝 추격하지 않았다. 병참선이 약화된 상황에서 더 이상 북상하는 것은 무리라고 판단했을 가능성이 크다. 부산포에서 우마차나 병사들의 등짐으로 식량과 탄약을 운반하는 것보다 배를 이용하면 한강이나 대동강으로 훨씬 많은 짐을 수월하게 실어 나를 수 있지만 이순신 장군이 바다에서 버티고 있으니 다른 방법이 없었다. 평양에 주둔하고 있던 고니시 유키나가 부대는 더 이상 북상하지 못한 채 발이 묶여 버린 것이다.

부산포해전 승리

1592년 해전의 마지막을 장식한 전투는 부산포해전이었다. 부산포는 왜군이 가장 먼저 상륙하여 점령한 이래 조선 주둔 왜군의 본영 역할을 하는 곳이었다. 이순신 함대가 주둔하고 있는 여수 좌수영에서 부산포까지의 이동 거리 때문에 다도해 연안선을 따라 이동하는 조선 함대는 결국 왜군의 첩보망에 노출될 수밖에 없고, 더구나 통영과 거제도를 기점으로 하여 부산포에 이르는 해상로는 적들이 장악하고 있는 바다였다.

이순신은 누구도 감히 상상하지 못했던 부산포 습격이라는 회심의 작전을 펼쳐 방심하고 있던 적의 허를 찔렀다. 8월 24일(양력 9월 29일) 적의 본거지 부산포 정벌을 떠나는 전라수군 연합 함대의 규모는 판

대한민국 나침반 역사 속의 위인들

옥선 74척에 협선 92척 등 총 166척이었고, 경상우수영 함선을 합하여 조선 수군 규모는 총 173척이었다. 조선 연합 함대는 해역과 포구를 샅샅이 뒤지며 부산포 진입 전에 걸림돌이 될 수 있는 적선과 왜적을 소탕하는 작전을 벌이면서 나아갔다.

드디어 9월 1일(양력 10월 5일) 조선 함대는 부산포를 향해 돌격하며 포사격을 감행했다. 왜군은 500여 척이 정박하고 있었지만 수적 우위에도 불구하고 감히 승선하여 해상에서 조선 함대와 맞싸울 엄두를 내지 못하고 배를 버리고 높은 언덕에 몸을 숨긴 채 조총과 화살로 반격할 뿐이었다. 조선 함대는 왜군을 밀어붙였다. 높은 고지에서 조총을 쏘아대는 왜군의 반격이 거세었지만 화력이 우세한 조선 수군이었다.

부산포해전에서 조선 함대는 적선을 100여 척이나 부수는 큰 전과를 올렸다. 왜군 입장에서 자신들이 잡으러 다녔던 조선 함대가 자신

임진왜란 초기 주요 해전
(자료: 현충사 충무공 이순신기념관)

들의 코앞에 번연히 나타났는데도 옴짝달싹하지 못하고 뭇매를 맞은 것이다. 이순신은 조정에 올린 장계에서 "그동안 4차례 출전하여 10 번 싸워 모두 이겼으나, 장수와 군사들의 공로로 말하자면 이번 부산 싸움보다 더 큰 승리는 없을 것입니다."라고 자평했다. 그만큼 부산포 해전은 대승이었다.

하지만 부산포해전에서 조선 수군도 녹도만호 정운을 비롯하여 30 여 명이 희생되었다. 이순신은 정운의 전사 소식을 듣고 "나라가 오른팔을 잃었도다."라고 탄식했다. 조정에 정운의 사당을 지어줄 것을 건의하는 장계를 올렸다. 부하이며 전우이고 동지였던 정운을 잃은 이순신의 애통함은 손수 지은 제문에 잘 드러난다.

아! 인생에는 반드시 죽음이 있고, 죽고 사는 데에는 반드시 천명이 있으니, 사람이 한 번 죽는 것이야 아까울 게 없으나, 유독 그대의 죽음은 내 가슴을 아프게 하오.

작전을 세우고 칼 휘두르며 배를 몰고 나갈 때마다, 그대는 죽음을 무릅쓰고 앞장서 쳐들어가니, 왜적 수백 명이 순식간에 핏물이 되어 사라지고, 포연은 하늘을 뒤덮었소. 그동안 네 번을 싸워 모두 다 이기니 그게 누구의 공이겠소. 종묘사직 회복할 날이 얼마 남지 않았는가 싶었는데, 어찌 누가 알겠소. 하늘도 무심하지, 그대가 총탄에 맞을 줄을⋯ 하늘이시여, 참으로 당신 뜻은 알기가 어렵구려!

그대와 같은 충의가 고금에 드무나니, 나라 위해 던진 몸은 비록 죽었으나, 그 충절은 여전히 살아 있소. 아! 슬프고 또 슬프다. 이 세상 누가 내 이 슬픔을 알겠는가. 내 극진한 슬픔을 담아 술 한 잔을 여기 바치오니, 이 또한 슬프고 슬픈 일이오.

이순신 파워 인맥

이순신 장군이 빛나는 승리를 거두는 데에는 장군의 리더십과 전략·전술이 중요했지만 맡은 바 임무를 훌륭히 수행한 휘하 장수들의 역할도 컸다. 이순신 장군과 활약한 장수들은 난중일기에 많이 나오는데, 그중에서 아래 4명의 장수가 대표적이다.

정운

이순신이 전라좌수사 부임 후 예하부대를 순시할 때 녹도진에 들러 방비 태세가 매우 훌륭함을 칭찬하였다. 임진왜란이 발발하자 녹도만호 정운은 이순신 장군을 단독 면담하여 출정을 재촉하였고, 크고 작은 싸움에서 솔선하여 앞장서서 적을 무찔렀다. 부산포해전이 치열하게 진행되던 와중에 앞장서 전투를 독려하다가 적이 쏜 철환에 머리를 맞고 전사하였다.

정걸

이순신의 선배로서 나이도 31세나 많은 정걸은 임진왜란 때는 78세의 노장임에도 전라좌수군의 조방장이 되어 이순신을 도왔다. 여러 직책을 역임한 노련한 장수였던 정걸은 풍부한 경험을 바탕으로 판옥선 건조 등 군비 확보에 도움을 주었고, 부산포해전에서 크게 활약하였다. 1593년 충청수사로 있을 때 권율이 행주산성에서 싸우다가 화살이 고갈되어 큰 곤경에 빠진 상황에서 경기지사 이빈과 함께 화살을 배에 가득 싣고 가서 행주대첩을 이루는 데 크게 기여하였다.

나대용

무과에 급제하고 관직에 있다가 낙향하여 거북선을 연구하던 중에 1591년, 장차 왜구가 대대적으로 침입할 것이라는 풍문과 이순신이 전라좌수사로 부임했다는 소식을 듣고 이순신을 찾아가 거북선에 대한 연구 결과를 보고하였다. 이순신은 나대용을 즉시 조선(造船) 담당 장교로 임명, 거북선 제작에 착수하도록 하였고, 1년이 지난 1592년 3월 27일에 완성된 거북선은 발포 실험을 마친 후 사천해전을 시작으로 당포해전, 당항포해전, 견내량해전, 안골포해전 등에서 큰 전과를 올렸다.

송희립

임진왜란 초기부터 이순신의 막하에서 군관으로서 이순신의 두터운 신임을 받았다. 특히 그의 전술에 대한 식견은 모두가 탄복할 정도였다. 경상도 출동을 적극 주장할 만큼 의기도 강했고 해전마다 많은 전과를 거두었다. 조·명 연합군대의 순천 왜교성 수륙 합동 작전, 노량해전 때에는 현장에서의 전술 운용에 탁월한 능력을 발휘하였다.

#3

의병들의 활약과 명나라 원군 참전 및 조선 관군 반격

의병들의 활약

육지에서 관군들이 속수무책으로 무너지자 1592년 6월부터 각지에서 의병과 승병이 들불처럼 일어나 무능한 관군을 대신하여 왜군에게 대항하기 시작했다. 초기 의병은 사대부 집안의 노비들이 주축을 이루는 향병의 성격이었다. 임진왜란 개전 초, 경상도에서 일어난 의병은 스스로 모인 '자모 의병'이며 자기 고장을 지키는 '향보 의병'이었다.

왜군의 공격에서 벗어나 있던 전라도 지역의 의병은 왕을 지키기 위하여 한양 쪽으로 올라간 근왕 의병이었는데, 관에서 불러서 모인 의병이므로 '소모 의병'이라고도 한다. 의병장들은 학연과 지연에 따라 서로 연합했다 흩어지기도 했다. 경상좌도는 퇴계 이황을 정신적 지주로 하는 동인 선비들이 주축을 이루었고, 경상우도는 남명 조식 계열의 비주류 선비들이 중심이 되었다.

의병은 소규모에서부터 많게는 3,000명 정도의 대규모 부대도 있었다. 마을의 지리에 밝다는 이점을 이용해 매복·기습·유격전을 벌이며 용감히 왜군을 막아냈다. 주로 전직 관료와 유생, 승려가 의병장이었고 농민이 중심이 되었다. 당시 의병장으로 이름이 높았던 사람은 경상도의 곽재우와 정인홍, 충청도의 조헌, 전라도의 고경명과 김천일, 황해도 이정암, 함경도의 정문부 등이 있고, 묘향산의 서산대사와 금강산의 사명대사도 승병장으로 이름을 떨쳤다.

곽재우는 경상도 의령에서 일어나 낙동강을 오르내리며 왜군과 싸워 의령, 삼가, 합천, 창녕, 영산 등 여러 고을을 수복했다. 붉은 비단옷을 입은 채 백마를 타고 싸워 '홍의장군'이라 불리었는데, 왜적들은 그의 이름만 들어도 벌벌 떨었다고 한다. 곽재우는 제1차 진주성 전투에도 참전하였다. 정인홍은 경상도 합천에서 의병을 모아 성주, 합천, 함안 등지를 방어했다. 고경명은 전라도 담양에서 의병을 모아 근왕병을 이끌고 선조가 있는 행재소(임금의 임시 처소)로 향하던 중 1592년 7월 9일(양력 8월 15일) 금산에서 벌어진 전투에 참전하여 전사했다. 나주에서 의병을 일으켜 수백 명을 이끌고 선조가 있는 평안도로 향하던 김천일은 한강변의 왜군 진영을 기습하여 큰 피해를 주었다.

충청도에서는 조헌이 공주와 청주를 오가며 의병을 모집하여 옥천에서 봉기했다. 승병장 영규가 이끄는 승군 500여 명과 합세하여 청주성을 회복했다. 그러나 1592년 8월 18일(양력 9월 23일) 금산성 탈환 전투에서 700여 명의 군사로 수만의 왜적과 싸우던 중 모두 장렬하게 최후를 맞이했다. 경기도에서는 홍계남과 우성전이 일어나 안성 등에서 유격전을 펼친 끝에 경기도에 인접한 충청도를 보전하고 강화와 인천 등지를 수비하는 데 일익을 담당했다.

황해도에서 이정암은 1592년 9월 2일(양력 10월 6일) 연안성을 사수하면서 5,000명에 달하는 왜장 구로다의 병력을 물리쳤다. 함경도 경성에서 의병을 일으켜 의병장으로 추대된 정문부는 1592년 9월 16일(양력 10월 20일) 경성을 탈환하고 가토 군을 격파하면서 함경도를 수복하는 데 큰 공을 세웠다.

의병은 이순신의 해상 활동과 더불어 임진왜란을 승리로 이끈 주역이다. 이들 중에는 이순신을 따라다니며 의병 활동을 한 오익창 등 전라도 해상 의병의 활동이 돋보이며, 평양성 탈환 전투에 참전한 승군의 역할도 높이 평가된다. 의병은 게릴라전을 펼쳐 적의 육로 병참선을 차단하여 전쟁의 승기를 잡는 데 큰 역할을 했다.

의병 활약

제1차 진주성 전투

이순신이 해전에서 수차례 승리를 거두어 서해로 나아가는 바닷길을 장악하고 있었기 때문에 왜군의 입장에서 해로를 이용한 보급에 차질이 빚어졌다. 그러자 왜군은 바닷길을 포기하고 싸움에 필요한 군량과 같은 전쟁 물자를 현지에서 충족시키고자 하였다. 도요토미 히데요시는 전라도 곡창지대를 노렸으며, 전라도 침입의 교두보 역할을 해낼 요충지가 바로 진주성이라 간주하고 공략을 명령했다.

1592년 10월 4일(양력 11월 7일), 왜군 3만 명이 진주성을 포위하였다. 조선의 관군과 의병들은 군을 나누어 기각의 지세를 이루었다. 성 내에는 진주 목사 김시민이 이끄는 관군 3,800여 명과 백성이 합세해 결전을 준비했고, 성 외에서는 홍의장군 곽재우가 이끄는 경상도 의병들이 왜군을 배후에서 견제하고 있었다. 이런 상황에서 왜군은 섣불리 공격을 시작하지 못하다가 결국에는 주위의 민가를 모조리 불 지르고 총탄과 화살을 마구 쏘아대며 공격을 하였다.

성 내에 있던 조선 관군은 화차와 현자총통을 비롯한 총포와 화살로써, 백성은 돌과 뜨거운 물로써 대항하였다. 임계영과 최경회가 이끄는 전라도 의병 2,000여 명은 성 외에서 왜군의 후방을 기습 공격했고 곽재우도 유격전을 전개하여 왜군을 혼란에 빠뜨렸다. 10월 9일(양력 11월 12일) 승리가 목전에 다가오는 중에 진주 목사 김시민이 왜군이 쏜 총탄에 맞아 쓰러졌다. 10월 10일(양력 11월 13일) 왜군은 진주성을 포기한 채 마침내 퇴각하였다.

진주성

공방전의 주역인 김시민은 치료에도 불구하고 10월 18일(양력 11월 21일)에 순국하였다. 향년 39세였다. 이 승리는 진주성대첩으로서 한산도대첩과 행주대첩과 더불어 임진왜란 삼대 대첩 중 하나로 왜군이 호남으로 진출하려던 기도를 좌절케 한 중요한 승리였다.

명나라 원군 참전

왜군에 쫓겨 피난길에 오른 선조는 명나라에 사신을 보내 파병을 요청했다. 명나라는 파병에 대한 반대 의견이 많았으나 병부상서 석성(石星)의 주장으로 일본의 침략에 대한 방비책으로 지원병을 보냈다.

조선의 운명을 바꾼 역관 홍순언

선조는 사헌부 대사헌 이덕형과 역관 출신인 동지중추부사 홍순언을 병조참판으로 삼아 명나라에 구원병을 요청하도록 하였다. 그 무렵 명나라는 국운이 기울고 동북 지역인 만주지역에서 흥기하고 있던 여진족의 누루하치와 전쟁을 치루고 있는 상황으로 다른 나라에 병력을 보낼 형편이 아니었다.

홍순언은 병부상서 석성에게 조선이 처해 있는 상황을 설명하고 지원병을 보내줄 것을 요청하였다. 석성은 힘이 닿는 데까지 파병하도록 노력해 볼 테니 너무 걱정하지 말라고 하면서 홍순언을 안심시켰다. 대신들이 반대하였지만, 석성은 순망치한(脣亡齒寒, 입술이 없어지면 이빨이 시리다)는 논리로 결국 명나라 황제 만력제의 윤허를 받아냈다.

홍순언은 일찍이 석성의 도움으로 '종계변무' 문제 해결에 큰 공훈을 세웠는데, 이에 관한 미담이 《통문관지》 등 여러 문헌에 소개되어 있다. 종계변무는 조선의 중요한 외교 사안으로서 《대명회전》에 태조 이성계가 이자춘이 아닌 이인임의 아들로 되어 있을 뿐 아니라 네 명의 고려 왕을 시해했다고 잘못 기록된 종계를 다시 기록해 줄 것을 요청한 것이다.

역관 순언이 북경에 갈 때 통주에 이르러 청루에서 자태가 유난히 아름다운 한 여인을 만났는데, 그 여인이 소복을 입고 있어 연유를 물었더니, "첩의 부모는 본시 저장 사람인데 경사(京師, 북경)에서 벼슬하다가 불행히도 염병에 걸려 돌아가셨습니다. 고향으로 옮겨 장례를 치르려 하나 돈이 없어 부득이 제 몸을 파는 것입니다."라고 말하고는 목메어 울었다. 순언이 불쌍히 여겨 장례 비용을 물으니 300금이면 된다 하여 가지고 있던 돈을 다 내놓고 그 여인을 가까이하지 않았다.

그때 여인이 순언의 성명을 물었으나 말하지 않았다. 그러자 "대인께서 성명을 말씀하시지 않는다면 첩도 주시는 것을 감히 받을 수 없습니다."라고 함으로, 홍 씨 성만 말하고 나왔다. 동행한 무리는 그 얘기를 듣고 웃지 않은 자가 없었다. 그 여인은 후일 명나라 조정의 예부시랑 석성의 후처가 됐다. 그리고 석성은 순언의 의로움을 높이 여겨 동사(조선 사신)를 볼 때마다 홍 통관이 왔는지 물었다.

순언은 공금 빚을 갚지 못해 여러 해 감옥에 갇혀 있었다. 이때 조선에서는 '종계변무' 문제로 여러 차례 사신을 보냈으나 200여 년이 지나도록 해결을 보지 못하여, 한번은 선조가 노하여 교지를 내리기를 "이것은 역관의 죄로다. 이번에 가서 또 청을 허락받지 못하면 마땅히 수석통역관 한 사람을 목 베리라."라고 하명했다. 이에 모든 역관이 감히 가고자 하지 않았는데, 역관들이 "순언은 살아서 옥문 밖으로 나올 희망이 없으니 우리가 빚진 돈을 갚아 주고 풀려나오게 해 그를 명나라에 보내자. 만일 그 일을 허락받고 돌아오면 그에게 복이 될 것이고, 비록 죽는다 해도 진실로 한이 될 바는 없을 것이다."라고 의논하고 함께 가서 그 뜻을 알리니 순언이 흔쾌히 허락했다.

선조 17년(1584년) 순언이 주청사 황정욱을 수행해 북경의 조양문에 이르자, 뜻밖에도 예부시랑 석성이 영접하고 그의 부인이 된 옛날 청루 여인이 무릎을 꿇고 절을 했다. 석성이 "통주에서 은혜 베푼 것을 기억하고 있습니까? 부인의 말을 들으니 참으로 천하의 의로운 분입니다."라면서 연회를 베푼 뒤, "동사가 이번에 온 것은 무슨 일 때문입니까?"라고 물었다. 순언이 '종계변무' 문제를 꺼냈더니 석성은 염려하지 말라고 했다. 그리고 사관에 머문 지 한 달 남짓한 동안에 과연 청한 대로 '종계변무' 문제를 해결해 주었다.

순언이 돌아올 때 부인이 전함 10개에 각각 비단 10필을 담고 말하기를 "이것은 첩이 손으로 짜서 공이 오시기를 기다린 것입니다."라고 했다. 순언이 사양해 받지 않고 돌아왔는데, 압록강에 이르니 깃대를 든 자가 그 비단을 놓고 가는 것이 보였다. 비로소 비단을 보니 자락 끝에 모두 '보은(報恩)'이라는 글자가 수놓아 있었다. 조정에서는 왕실의 계보를 바로잡아 왕실의 정통성을 회복해 준 공적을 치하했는데, 홍순언에게는 광국공신 2등훈에 책봉하고 역관으로는 처음으로 공신 작호인 당릉군에 봉했다.

1592년 6월 15일 변방을 지키던 요양 부총병 조승훈이 5,000명의 선발대를 이끌고 압록강을 넘어왔다. 평양성을 공격했으나 적의 기습을 받아 대패하고 퇴각하였다. 명나라는 이여송을 동정제독으로 삼아 제2차 원병을 파견했다. 1592년 12월 25일 이여송이 4만 3,000여 명의 군사를 거느리고 압록강을 건너왔다. 명나라 군대가 1593년 1월 초, 평양 근방에 이르자 조선의 관군, 그리고 서산대사 휴정이 이끄는 승군 수천 명도 합세하여 1593년 1월 6일(양력 2월 6일) 평양성 공격을 시작하였다.

　　고니시 부대는 성에 불을 지르고 그 길로 성을 빠져나와 얼어붙은 대동강을 건너 도주했다. 고니시군이 퇴각하면서 왜군은 함경도 북방으로 진출한 부대까지 일제히 남하를 시작했다. 왜군이 싸우지도 않고 계속 퇴각하자 이여송은 적을 얕잡아보고 그 뒤를 추격했다. 이를 알아차린 왜군은 1593년 1월 27일(양력 2월 27일) 한양의 북쪽 40리 지점인 벽제관 남쪽의 여석령에 정예병을 매복시켜 명나라 군이 지나가기를 기다렸다가 급습했다.

　　예상치 못한 적의 급습으로 벽제관 전투에서 대패한 이여송은 기세가 꺾여 더 이상 진격을 못하고 개성으로 후퇴했다. 함경도에 있던 가토군이 평양을 기습한다는 소문이 돌자 부총병 왕필적을 개성에 머무르게 하고 조선 장수들도 임진강 이북에 포진하도록 한 다음 평양으로 물러났다. 평양성 전투 패배로 사기가 땅에 떨어졌던 왜군은 벽제관 전투의 승리로 다시 기세를 회복하였다.

행주대첩

　이때 마침 전라순찰사 권율은 명나라군과의 한양 탈환 작전을 위해 상경해서 조방장 조경과 승장 처영 등 2,300명을 거느리고 행주산성에서 배수진을 치고 있었다. 한양에 머물고 있던 왜군은 이 소식을 듣고 병력을 다 모아 행주산성으로 향했다. 1593년 2월 12일(양력 3월 14일) 무려 3만여 명의 대군이 성을 에워싸고 일곱 차례에 걸쳐 공격을 감행하였으나, 권율 장군의 지휘 아래 관군, 의병, 그리고 백성들이 죽을 각오로 싸워 왜군을 물리쳤다. 이것이 바로 임진왜란의 3대 대첩 중 하나인 행주대첩이다. 행주대첩은 전세를 역전시킨 중요한 전환점이 되었다.

　벽제관에서 수많은 사상자를 내고 개성으로 패퇴한 후 명나라 군대는 전투에 대해 별 의욕을 보이지 않았는데, 행주대첩은 전의를 상실한 명나라 원군에게 반성과 용기를 촉구하는 계기를 만들어 주었다. 한양 주변으로 퇴각한 왜군은 혹한과 굶주림에 시달리다가 이후 벌어진 노원평 전투 등에서 패퇴하자 한양에서 철수하였다. 의주로 피난해 있던 선조의 일행은 한양으로 환궁했다.

행주산성

행주산성은 남서쪽으로 한강에 접하고 동남쪽 창릉천이 산성을 돌아 한강으로 흘러 천연의 요새지이고 인근 지역을 조망할 수 있다. 한강변과 동쪽 창릉천변은 절벽과 경사가 심해 침투가 거의 불가능했기 때문에 조선군은 경사가 완만한 곳인 서북쪽에 군사를 집중 배치하고 싸웠다. 산성 위에서 화포와 화살을 쏘고 큰 돌을 굴리면서 올라오는 적을 막았다.

이 전투에서 변이중이 제작한 화차가 큰 역할을 했다. 포탄과 화살이 다하고 돌도 떨어지자 성안의 부녀자들이 긴 치마를 잘라 짧게 덧치마를 만들어 입고 그 치마폭에 돌을 날라주어 싸움을 계속할 수 있었다. 이때 입은 앞치마를 부녀자들의 공을 기린다는 의미로 '행주치마'라고 부른 것이다.

행주산성 격전지 토성 유적지

행주대첩비

제2차 진주성 전투

1593년 전쟁이 휴전기로 접어들면서 명나라와 일본 사이에 강화회담이 오갔고 왜군은 남해안까지 물러났다. 도요토미 히데요시는 왜군 전군에 진주성을 공격할 것을 명령했다. 왜군은 1593년 6월 22일(양력 7월 20일) 진주성 공격을 시작했다. 이는 강화협상을 위한 무력 시위의 성격을 가지고 있었고, 또한 침략 첫 해에 큰 패배를 당했던 제1차 진주성 전투에 대한 보복의 성격도 띠고 있었다.

왜군에 대항하기 위해 관군과 의병은 물론 진주 성민들도 참전하였다. 경상우병사 최경회, 충청병사 황진, 김해부사 이종인, 사천현감 장윤 등 관군이 진주성으로 들어왔고, 의병장 김천일·고종후·강희열 등이 의병을 거느리고 참전했다. 6월 27일까지 전개된 치열한 전투 도중에 의병장 김천일, 경상우병사 최경회, 충청병사 황진 등이 전사하고 진주성이 함락되었으며, 성안에 있던 수만의 백성들이 희생되었다. 이것이 바로 임진왜란 중 가장 치열했던 전투 중 하나로 손꼽히는 제2차 진주성 전투이다.

촉석루

전쟁 때는 장군의 지휘소로 쓰였고 평상시에는 선비들이 풍류를 즐겼던 명소였다. 임진왜란 제2차 진주성 전투에서 7만의 민·관·군이 9만 3,000여 명의 왜군 공격에 격렬하게 맞선 국난 극복의 현장으로 애국과 충절의 상징으로 깊이 뿌리내린 누각이다.

이때 의기 논개가 촉석루 아래 의암에서 적장을 끌어안고 남강에 투신하였다는 이야기가 전설같이 전한다.

진주 촉석루

남강 의암

#4

삼도수군통제사 임명, 정유재란 발발, 파직과 압송

삼도수군통제사 임명

이순신은 1593년 7월 15일(양력 8월 11일) 여수 전라좌수영에서 한산도로 진을 옮겼다. 경상도와 전라도를 잇는 수로상에 있는 한산도는 입구가 좁고 안쪽이 넓은 한산만의 지세가 천혜의 수군 기지라 하기에 부족함이 없는 곳이다. 배를 감출 수 있는 곳이면서 왜적이 지나가는 경로이므로 해상의 요새지이다.

조선 조정은 삼도수군통제사를 신설하였다. 조선 수군 전체가 단일한 명령 계통 아래서 효율적으로 움직여야 한다는 공감대가 형성되었기 때문이었다. 삼도는 충청도, 경상도, 전라도를 뜻하고, 삼도 수군은 충청 수영, 전라 좌수영, 전라 우수영, 경상 좌수영, 경상 우수영을 뜻한다. 그동안의 전공을 인정하여 이순신을 삼도수군통제사에 임명하였다.

이순신은 군비를 증강하는 데 총력을 기울였다. 배의 척수에서 왜군에 절대적으로 열세였던 조선 수군은 진을 옮겼을 당시 충청 수군까지 합쳐 143척에 불과했으나 250척 이상으로 늘렸다. 특히 한산도에 풍부한 적송을 이용하여 튼튼한 전선을 건조할 수 있었다. 또한, 총통을 시험 제작하고 각 진포에 보급하여 만들도록 했다. 전쟁의 장기화에 대비해 둔전을 일구고 병사들을 조련하였다. 왜 수군이 결코 견내량(통영시 용남면과 거제시 사동면을 잇는 거제대교 아래의 협소한 수로) 서쪽으로 진출할 수 없게 되었다. 삼도수군통제사 이순신은 왜군이 서해로 올라올 엄두도 못 내게 철저하게 틀어막았다.

한산도 삼도수군통제사 군영

통영은 곳곳에 이순신 장군의 흔적이 남아 있는 역사 도시이다. 통영이란 이름은 임진왜란 당시 한산도에 있던 '삼도수군통제영'에서 유래되었다.

한산도에는 그 무렵의 역사를 간직한 유적들이 곳곳에 있다. 삼도수군통제사의 중심 건물 제승당은 지금은 충무공 이순신 장군을 모시는 사당으로 쓰이고 있다. 원래 이름은 '운주당'이었고, 이순신 장군이 머물면서 참모들과 밤늦도록 작전 회의를 열던 곳이다. '운주당'은 사라지고 터만 남은 이곳에 1740년(영조 16년) 유허비를 세우고 '제승당'이라 부르기 시작했다.

제승당

수루에 오르면 한산도 앞바다가 한눈에 들어온다. 이순신 장군이 올라가 읊은 〈한산도가〉 시조 속의 그 수루다. 수루는 적군의 동정을 살피려고 성 위에 만든 누각이다.

한산섬 달 밝은 밤에 수루에 홀로 앉아(寒山島月明夜上戍樓)

큰 칼 옆에 차고 깊은 시름 하는 차에(撫大刀深愁時)

어디선가 들려오는 피리 소리 남의 애를 끊나니(何處一聲羌笛更添愁)

한산도 수루

나라를 지키는 장군으로서의 작자의 우국충정과 고독한 심회가 비장하게 나타나 있다. 《청구영언》을 비롯한 여러 가집에 실려 있고, 《연려실기술》에도 기록되어 있다. 이 시조의 한역가는 《이충무공전서》 등에 전한다.

이때부터 파직되어 한양으로 압송될 때까지 이순신 장군이 한산도에서 지낸 날은 모두 1,340일이었다. 현재 남아 있는 1,491일분의 《난중일기》 중 1,029일분이 한산도에서 쓰였다. 난중일기는 임진왜란이 일어난 1592년 임진년 정월 초하루부터 순국한 마지막 싸움인 노량해전 이틀 전인 1598년 11월 17일까지의 기록이다. 이따금 날짜를 건너

뛴 부분도 있지만, 하루가 멀다 하고 치열하게 벌어지는 전투의 긴박한 상황 속에서도 거의 빠짐없이 기록된 전쟁 일기이다.

왜군 함대와의 전투 등 전쟁에 관한 기록뿐만 아니라 나라와 겨레의 참상을 걱정하는 불타는 애국심, 팔순 노모의 안위를 염려하는 극진한 효성심, 부하 장졸을 때로는 너그럽게 포용하고 때로는 엄하게 다스리는 최고사령관으로서 추호도 사심 없는 신상필벌의 자세 등 지도자가 갖추어야 할 탁월한 통솔력까지 생생하게 드러나 있다.

화평 교섭 결렬과 정유재란 발발

명과 일본의 강화회담이 진행되면서 전쟁은 소강 상태로 접어들었다. 명나라 심유경이 주로 화평 교섭의 사절로 왕래했다. 도요토미는 명나라에 대하여 7개 강화 조건을 제시했다. ① 명나라의 황녀를 일본의 후비로 삼을 것, ② 무역증서제인 감합인(勘合印)을 복구할 것, ③ 일본과 명나라 양국 대신이 각서를 교환할 것, ④ 조선 8도 중 북 4도와 한양은 조선에 돌려주고, 4도는 일본에 할양할 것, ⑤ 북 4도를 돌려주는 대신, 조선 왕자 및 대신 12명을 인질로 보낼 것, ⑥ 포로로 잡고 있는 조선의 두 왕자는 석방한다, ⑦ 조선의 대신은 일본을 배반하지 않겠다는 서약을 할 것 등이었다.

반면 명나라는 3개 조건을 내세웠는데, 조선에서 완전히 물러갈 것, 조선의 두 왕자를 송환할 것, 도요토미 히데요시가 이번 전쟁을 공식적으로 사죄할 것 등이다.

강화 조건의 문맥을 조금만 세밀히 살펴보면 조선은 이미 일본에 점령당한 것이나 마찬가지라는 일본의 자체 판단이 깊숙이 내재되어 있음을 쉽게 알 수 있다. 1항부터 3항까지는 명나라와 대등한 조건에서 우호 교린을 재개하자는 뜻이나, 4항부터 7항까지 조선에 해당하는 부분에서 도요토미 히데요시는 매우 강압적인 자세를 취하고 있다.

이와 같은 강화 조건이 명나라 조정에서 받아들여질 리 없다고 판단한 심유경은 일단 황제에게 "도요토미 히데요시는 일본의 국왕으로 책봉되기를 바라며 그렇게 된다면 신하로서 조공을 바치겠다."라는 내용으로 일본 측 국서 내용을 조작해 보고하고 명나라 조정으로부터 협상을 허락받았다. 심유경은 도요토미 히데요시를 일본 국왕에 봉한다는 책서와 금인을 전했는데, 도요토미 히데요시는 명나라에 우롱을 당했다고 격노하고 국서를 찢어버린 뒤 조선 재침의 명령을 각 다이묘들에게 하달했다.

심유경의 국서 위조 사건은 희대의 사기극으로 왜 그가 명나라 조정과 일본 막부 양쪽을 상대로 이와 같은 일을 벌였는지는 역사의 미스터리로 남아 있다. 아마도 강화 협상을 타결시켜야 한다는 강박관념에 쫓기다 보니 이와 같은 어이없는 일을 벌였을 것이다. 심유경의 국서 위조 사건은 조선의 운명에 지대한 영향을 미쳐 입은 피해는 막중하기 짝이 없었다. 도요토미 히데요시의 명령을 받은 왜군은 1597년(정유년) 1월 15일(양력 3월 2일) 고니시 유키나가와 가토 기요마사를 선봉으로 다시 부산포로 들이닥치며 정유재란이 일어났다.

이순신 삭탈관직과 한양 압송

왜군은 이순신이 한산도에서 남해 바다를 지키고 있는 한 수륙양면 작전을 전개할 수 없을 뿐만 아니라 해상교통로에 제한을 받지 않을 수 없어 승리를 장담할 수 없다고 판단하고 비밀 작전을 진행했다. 고니시 유키나가는 가토 기요마사와 함께 이간책을 써서 이순신을 통제사의 지위에서 제거하기로 모의했다. 원래 고니시 유키나가와 경상우도병사 김응서 사이에는 일종의 핫라인이 있었는데, 그 연락책이 조선말을 유창하게 하는 왜군 첩자 요시라라는 인물이었다. 요시라는 몰래 김응서에게 말했다.

저희 장군 고니시 유키나가가 말하기를 '이번 강화의 일이 이루어지지 않은 것은 전적으로 가토 기요마사 때문이어서 내가 그를 몹시 미워한다. 모일에 가토 기요마사가 반드시 바다를 건너올 것이다. 조선은 수전을 잘하니 만약 바다 한가운데서 기다리다가 노리면 죽일 수 있을 것이다. 부디 이 기회를 놓치지 말라.'라고 하셨습니다.

김응서는 그 말을 그대로 받아들일 사람은 아니었으나, 일을 알고도 보고하지 않으면 징계를 당하기 때문에 그 내용을 도원수 권율에게 고하였다. 권율 또한 덮어둘 수 없는 일이므로 조정에 보고하였다. 김응서로부터 이 거짓 첩보를 입수한 조선 조정은 솔깃했다. 고니시 유키나가가 가토 기요마사를 증오한다는 것을 알고 있었던 것이다. 조선 조정은 이순신에게 수군을 이끌고 출정하라는 명령을 내렸다. 도원수 권율도 진격할 것을 권하였다. 그러나 그것이 적의 계략임을 간파하고 있던 이순신은 동요하지 않고 이렇게 글을 올렸다.

한산도에서 부산까지 가다보면 반드시 적진을 경유하게 되는데, 필연적으로 우리의 형세가 간파되어 적들이 우리를 깔보게 될 것이며, 또 부산에 가면 바람을 등지고 적을 맞아 이롭지 못합니다. 그러니 어찌 적의 말만 믿고 전쟁을 시험 삼아 해볼 수 있겠습니까.(윤휴《충무공유사》)

선조수정실록에도 "웅서가 이로써 보고하니, 상이 황신을 보내 순신에게 비밀히 유시(諭示)하였다. 그러나 순신은 바닷길이 험난하고 왜적이 필시 복병을 설치하고 기다릴 것이다. 전함을 많이 출동하면 적이 알게 될 것이고, 적게 출동하면 도리어 습격을 받을 것이다 하고는 마침내 거행하지 않았다."라고 기록되어 있다.

그러자 요시라가 또 와서 "가토 기요마사가 벌써 상륙하였는데, 조선은 어찌 기다렸다가 결딴내지 않았습니까?"라고 거짓으로 한탄하고 애석한 뜻을 보였다. 한편 원균은 일거에 왜선을 제압하는 것이 가장 효과적이라는 서장을 조정에 올렸다. 다시 말해 자신에게 바다를 맡겨달라는 간청이었다.

윤두수, 윤근수 형제를 비롯한 조정 대신들은 이순신을 탄핵하기 시작했다. 어전회의에서 평소 이순신을 의심하던 선조의 내심을 잘 알고 있던 대신들은 이순신을 강하게 비난했다. 현풍현감 박성은 풍문을 듣고 "이순신을 참수해야 한다."라고 상소했다. 결국 첩자 요시라의 반간계에 농락당한 조선 조정은 이순신을 삼도수군통제사에서 파직, 압송하고 원균을 삼도수군통제사로 삼을 것을 명했다. 영남에 있던 도체찰사 이원익은 이순신의 체포 명령 소식을 듣고 급히 조정에 "왜적이 꺼리는 것이 수군인데 이순신을 교체해서는 안 되며 원균을 보내서는 안 됩니다."라고 보고를 올렸지만 허사였다.

선조는 소문이 전부 다 진실은 아닐 것이라 의심하여 특별히 남이신을 한산도로 보내 실정을 몰래 알아보게 하였다. 남이신이 전라도로 들어가자 군인과 백성들 중에 길을 막고 이순신의 원통함을 하소연하는 자들이 이루 헤아릴 수 없을 정도로 많았다. 그러나 남이신은 사실대로 보고하지 않고, "가토 기요마사가 해도에 머문 7일 동안에 우리 군사가 만약 나갔다면 잡아올 수 있었으나 이순신이 머뭇거려 기회를 놓쳤습니다."라고 보고했다.

1597년 2월 26일(양력 4월 12일) 의금부 도사가 이순신을 체포하여 한양으로 압송하여 가는데 그 압송로에 남녀노소 백성들이 모여들어 "사또께서 어디로 가시옵니까? 우리들은 이제 다 죽을 것입니다."라고 통곡하였다. 이순신은 의금부 전옥서에 투옥되었다. 이원익은 "이사람이 죄를 받으니 국사는 다 틀렸다."라고 탄식을 연발했다. 왜군의 재침으로 인해 다시 전란의 소용돌이 속으로 빠져든 상황에서 불패의 신화를 쌓고 있던 장수를 삭탈관직하고 하옥한 것이다. 조정에서는 이순신의 죄를 논의했다. 모진 고문을 받았고 죽음은 시간문제처럼 보였다. 이때 중추부 판사 정탁이 나섰다.

왜적들이 또 쳐들어왔을 때 이순신이 나가지 않은 것은 그럴 만한 사정이 있었다고 봅니다. 당시의 현장 상황이 전투하기에 적합했는지 잘 알 수 없기 때문입니다. 장수란 군사와 백성들의 운명을 맡고 있을 뿐만 아니라 국가의 안위에 관계된 소중한 자입니다. 그래서 예부터 큰 잘못이 없는 한

대한민국 나침반 역사 속의 위인들

임무를 수행할 수 있는 여건을 조성해 주었습니다.

장수는 인재 중의 으뜸입니다. 다른 인재들도 사랑하고 아껴야 하겠지만, 장수의 경우는 적을 막아내는 데에 가장 깊이 관여하는 만큼 법률만을 적용할 수는 없습니다. 이순신은 참으로 장수의 재질이 있고 해전과 육전에 못하는 일이 없는데, 이러한 인물은 쉽게 얻지 못합니다. 이순신은 변방 백성들이 촉망하고 있고 적들이 무서워하는 대상입니다.

만약 죄명이 엄중하여 조금도 용서할 도리가 없다 하고 공로는 생각하지 않은 채 죄만 강조하며 능력이 있고 없음을 고려하지 않고 사리를 보살펴줌도 없이 끝내 큰 벌을 내리는 데까지 이르게 하면 공이 있는 자도 능력이 있는 자도 스스로 더 애쓰려 하지 않을 것입니다. 바라건대 은혜를 베푸는 명령을 내려 문초를 덜어주시고 이순신으로 하여금 공로를 세우게 해주시기 바랍니다.

죽음의 문턱까지 갔던 이순신은 정탁의 직언에 힘입어 겨우 목숨을 구할 수 있었다.

조선수군 패전, 이순신 백의종군과 수군 수습, 왜군의 전라도 점령

원균의 칠천량해전 참패

3월 중순부터는 왜군이 속속 바다를 건너왔다. 1차 침략이었던 임진왜란 때 철수하지 않고 조선에 잔류하고 있던 2만여 병력 외에 600여 척의 전선을 동원하여 그해 8월 초까지 약 14만여 명의 병력을 영남 남해안에 집결시켰다. 왜군이 재침하자 명나라는 병부상서 형개를 총독군문으로, 요동포정사 양호를 경리조선군무로, 마귀를 대장으로 삼아 양원, 유정 등을 잇따라 출병시켰다.

조정에서는 삼도수군통제사 원균에게 부산포 진격을 독촉했다. 이에 원균은 "부산포 진격을 위해서는 그 중간에 있는 안골포 등지의 왜군을 먼저 쳐야 하고 그러기 위해서는 육군 쪽에서 왜군들을 바다로 몰아내 주어야 한다."라고 건의했다. 그것은 줄곧 이순신이 견지해 오던 전략이었다. 그때 고니시 유키나가가 또 다시 첩자 요리사를 보내 김응서에게 속여 말하였다.

모일에 마땅히 더 올 것이니 조선 수군은 요격할 수 있을 것입니다.

도원수 권율은 그 말을 믿었다. 게다가 이순신이 주저하고 싸우지 않아 죄를 얻었다고 여겼기 때문에 날마다 원균에게 싸우라고 독촉했다. 평소에 "이순신이 적을 보고도 싸우러 나가지 않는다."라고 말했고, 또 이 말로 이순신을 모함하여 자기가 그 임무를 대신할 수 있게 된 원균도 자신이 막상 삼도수군통제사가 되고 보니 쉽사리 움직이려 하지 않았다. 그러다가 도체찰사 이원익과 도원수 권율의 계속되는 출병 요구에 못 이겨 한산도를 출발하여 안골포와 가덕도 등지를 공격했으나 아무런 전과도 올리지 못하고 보성 군수 안홍국만 전사한 채 중도에서 돌아와 버렸다. 화가 난 권율은 원균을 호출하여 곤장을 치면서 다시 출전할 것을 명령했다.

원균은 부산포 방향으로 출정하여 다대포에서 육지로 도망치는 적선을 불태웠다. 이어서 절영도로 향하고 있었는데, 왜선들이 교란작전을 펼치자 조선 수군은 분산되고 허기지고 기진맥진한 상태에서 후퇴하여 칠천도에 정박했다. 이때 경상우수사 배설이 "칠천도는 수심이 얕고 폭이 좁아서 배를 운행하기에 불리하니 마땅히 다른 곳으로 진을 옮겨야 합니다."라고 말했으나, 원균은 듣지 않고 준비 없는 결전을 서둘렀다.

결국 왜군은 함선 600여 척을 동원하여 공격해 왔다. 칠천량 좁은 해협에서 접전이 벌어졌고, 기어올라 칼로써 승부를 거는 왜군의 등선육박 전술에 휘말린 조선 수군은 1597년 7월 16일(양력 8월 16일) 처참히 패배하고 말았다. 원균은 수군과 함대를 잃고 자신도 전사하고 말았으며 전라수사 이억기, 충청수사 최호도 전사했다.

이순신 장군이 오랜 세월 갖은 고초를 겪어 가며 키워 놓았던 조선 수군이 어이없이 산산이 부서지고 만 것이다. 배설은 적병이 내습하는 것을 보고 열두 척의 판옥선을 이끌고 전선을 이탈하여 전라도 방면으로 달아났기 때문에 그의 군대만은 홀로 온전할 수 있었다. 군선이 왜군의 손에 들어가는 것보다는 낫다고 보았기 때문이다. 유성룡은 《징비록》에서 적의 간계에 빠져 패배한 데 대해 안타까움을 표했다.

고니시가 거짓으로 김응서에게 정성을 바치면서 이순신이 모함을 당하도록 하였고, 또 원균을 꾀어 바다로 나오게 하여 그 허와 실을 모조리 알아내고 이를 이용해 불의에 습격하였다. 그 계략이 너무나 간교하여 우리는 완전히 그 간계 속에 빠지고 말았으니, 슬프도다!

명나라도 조선 수군의 대패를 심각하게 받아들였다. 임진왜란 때 명나라는 육군 원병을 보내면서도 수군 파병은 하지 않았다. 이순신과 조선 함대가 있어 굳이 수군을 파병할 필요를 느끼지 못했기 때문이다. 조선 수군이 전멸하자 현직에서 물러나 있던 진린을 부총병으로 임명하여 광동성 수군 부대를 파병하였다.

이순신 백의종군과 수군 수습

이순신은 1597년 4월 1일(양력 5월 16일) 옥에서 풀려나 권율의 진영에서 백의종군하라는 명령을 받았다. 4월 1일자 《난중일기》는 "옥문을 나서다."로 시작한다. 중추부 지사 윤자신이 와서 위로해 주었고, 저녁에는 영의정 유성룡, 중추부 판사 정탁, 판서 심희수, 좌의정 김명원, 참판 이정형, 대사헌 노직 등이 사람을 보내어 위로했다.

이순신에게 주어진 유일한 과업이라는 것은 서둘러 경상도 합천 초계에 있는 권율 도원수부에 합류하여 백의종군하게 되었음을 신고하고 다음 명령을 대기하는 일이었다. 감옥에서 나온 다음 날인 4월 2일(양력 5월 17일) 저녁 불편한 몸을 이끌고 도성 안으로 들어가 영의정 유성룡을 만나고 닭이 울어서야 헤어져 도성을 나와 4월 3일 아침 일찍 권율이 있는 남쪽으로 향했다.

과천 인덕원, 수원, 오산, 평택을 거쳐 4월 5일 아산에 도착했다. 선산에 참배하고 친구와 친지들을 만나고 있던 이순신에게 청천벽력 같은 소식이 전해졌다. 자신의 석방 소식을 듣고 여수에서 배를 타고 서해로 올라오던 어머니가 도중에 운명하셨다는 것이다. 어머니 시신을 모시고 집에 빈소를 차린 이순신은 삼년상은 고사하고 장례도 제대로 치르지 못한 채 영전에 하직을 고하고 길을 재촉하는 의금부 도사의 서리를 따라 도원수 권율이 있는 곳으로 향할 수밖에 없었다. 충청, 전라 지역을 통과하여 남쪽으로 내려와 구례와 순천을 오가며 백의종군하다가 6월 8일(양력 7월 21일) 도원수의 진으로 찾아가 도착 신고를 하였다.

7월 18일(양력 8월 18일) 백의종군 중이던 이순신은 칠천량해전 패배의 뼈아픈 소식을 듣고 통곡을 참지 못했다. 수군 전멸에 큰 충격에 빠진 조정은 이항복의 권유로 부랴부랴 교서를 내려 이순신을 다시 삼도수군통제사에 임명하였다.

왕은 이르노라. 오호라! 국가가 의지할 곳은 오직 수군뿐인데, 하늘이 화를 내려 흉악한 칼날이 다시 번뜩여 마침내 삼도의 군사를 한 번 싸움에

서 모두 잃었으니 이후로 바다 가까운 고을은 누가 다시 막아 낼 것인가? 한산도를 이미 잃었으니 왜적이 무엇을 꺼리겠는가?

그대는 일찍 수사 책임을 맡았던 그날부터 이름이 드러났고 또 임진년 승첩이 있은 뒤로 업적이 크게 떨쳐, 변방 군사들이 만리장성처럼 든든히 믿었건만, 지난번에 그대의 직함을 갈고 그대로 하여금 백의종군토록 한 것은 역시 사람의 생각이 어질지 못함에서 생긴 일이었거니, 오늘 이 같은 패전의 욕됨을 만나게 된 것이니 내 무슨 할 말이 있겠는가.

이제 그대를 상중에 특별히 기용하고 백의종군 중에 발탁하여 충청·전라·경상 삼도를 겸한 수군통제사에 임명하노니, 그대는 지금 나아가 군사를 모아 어루만지고 흩어져 도망간 자들을 찾아 불러 단결시켜 수군의 진영을 회복하고 요해지를 지켜 군성을 일시에 떨치면 이미 흩어진 백성의 마음을 다시 편안케 할 수 있고, 적 또한 우리가 준비가 있음을 듣고 감히 다시 방자하게 창궐하지 못할 것이니, 그대는 힘쓸지어다.

그대는 충의의 마음을 굳건히 하여 나라를 건져 주기를 바라는 우리의 소원을 이루어 주기를 바라며, 이제 교지를 내리니 그대는 알지어다.

이순신의 백의종군로와
수군 수습로
(자료: 전쟁기념관)

음력 8월 3일 삼도수군통제사로 다시 임명된 이순신은 왜군이 추격해 오는 급박한 상황에서도 끊임없이 왜군의 움직임을 기민하게 파악해 가며 전라도 여러 고을을 샅샅이 훑으면서 움직였다. 그것은 조금이라도 더 군량과 무기를 확보하고 새로운 군사를 충원하며 흩어진 군사들을 수습하려는 필사적 움직임이었다. 피난 가는 사람들이 이순신이 왔다는 소문을 듣고 기뻐하지 않은 사람이 없었다.

이순신은 진주를 출발해서 하동 두치, 화개를 지나 저녁 늦게 구례 석주관성에 도착하여 현감 이원춘과 전략을 숙의했다. 8월 5일 곡성 옥과에서 군관 이기남, 정사준, 정사립과 합류하였고 8월 6일 정찰 후 돌아온 송대립(송희립의 형)을 만나 정세를 파악했다. 8월 9일 보성 조양창에 도착하고 8월 10일 흥양현감 배흥립이 합류했다. 8월 11일 보성에서 송희립을 만났고 12일 거제현령 안위와 발포만호 소계남을 만나 그간의 사정을 보고받았다. 8월 17일 장흥의 군영 구미에 도착하였고 8월 18일 장흥 회령포에 도착한 후 전라우수사 김억추로 하여금 배설이 숨겨놓은 군선을 모아오게 하여 8월 19일 12척을 인수하였다.

다음 날인 8월 20일 해남군 북평면 이진리로 이동했다. 고문의 후유증으로 몸이 많이 상한 이순신은 토사곽란 증세로 심한 몸살을 앓아 병세가 악화되어 8월 23일에는 배에서 내려 몸조리를 해야 했다. 8월 24일에 겨우 회복하고 해남 어란진에 도착하였으며, 8월 26일 군관 임준영을 만나 왜군이 해남 이진에 들어왔음을 보고받았다. 8월 27일 어란포에서 왜선 8척과 교전하여 적을 몰아내고 8월 29일 진도 벽파진으로 이동했다.

이순신이 벽파진에서 진을 치고 있던 9월 7일(양력 10월 16일) 오전 일찍 탐망군에게서 적선 55척 중 13척이 어란포에 도착했다는 보고를 받았다. 그날 오후에 왜선 13척이 벽파진에 접근하자 전선들이 닻을 올리고 나아가 맞섰다. 적은 조선 수군의 기세에 눌려 도망쳤다. 조선 함대가 먼바다까지 추격했으나 조류도 역류인 데다 역풍까지 불어 도 망치는 적들을 쫓기 힘들었다. 또한, 복병이 있을 것 같아 추격을 중 단하고 되돌아왔다.

이순신은 그날 밤 반드시 야간 습격이 있을 것이라며 전 장병들에 게 대비하도록 했다. 예상대로 밤 10시쯤 적들이 포를 쏘며 기습공격 을 해왔다. 이순신은 엄한 군령을 내리고 손수 최전방으로 나서서 지 자총통으로 응사하면서 반격했다. 적은 포를 쏘아대다가 밤 12시가 넘어서 완전 퇴각했다. 벽파진에서 적의 야습을 예견하고 이를 물리 치자 병사들은 비로소 이순신을 믿고 사기가 살아나기 시작했다.

왜군의 전라도 공략

왜군은 보급로를 탄탄히 하려고 전라도를 점령한 후 북상하려는 계 획을 세웠다. 칠천량해전을 계기로 왜군은 남해안 대부분의 제해권을 장악하여 기세가 등등해졌다. 조선 수군에게 뒤통수를 맞을 것을 염 려해 왔는데 이제는 거칠 것이 없었고, 전라도 해안으로 수군을 진격 시켜 서해를 통해 한양으로 진공할 수 있게 되었다.

정유재란에 앞서 도요토미 히데요시는 장수들에게 지침을 내렸다. 그중에는 임진년과는 크게 다른 것이 있었다. 바로 "전라도를 반드시 손에 넣고, 점령보다는 섬멸을 목표로 하라."였다. 임진년에는 최대한 빨리 한양을 공략하여 선조의 항복을 받으려 했고, 그것은 조선인을 히데요시의 신민이자 대륙 공격군의 일부로 쓰려 했기 때문이기에 잔악 행위는 되도록 자제했다. 그러나 이번 전쟁은 성격이 달랐다. 이순신과 의병들 때문에 공략하지 못했던 전라도를 철저히 유린하고 남녀노소를 가리지 않고 무자비하게 학살했다.

단순히 히데요시 개인의 분풀이 차원으로 볼 수도 있겠으나 공포효과를 극대화해 조선인의 저항을 마비시키고, 최소한의 전력으로 점령을 달성하는 한편 곡창지대인 전라도를 확보해 장기전에도 견딜 수 있도록 하려던 심산이었을 것이다. '코 무덤'도 이때 생겼다. 학살이 우선 목표였으므로 죽인 증거를 보고하기 위해 조선인의 코를 베었고, 그 코를 모아서 본국의 히데요시에게 보내면 히데요시는 흐뭇하게 훑어본 뒤 '코 무덤'에 묻게 했다는 것이다.

모리 히데모토가 지휘하는 '우군'은 양산을 출발해 밀양, 창녕, 합천을 거쳐 곽준 안의현감, 조종도 전 함양군수 등이 지키고 있던 황석산성을 함락하고, 우키다 히데이에가 이끄는 '좌군'은 부산을 떠나 배편으로 사천과 웅천에 상륙하고는 구례를 지나 남원으로 밀려들었다. 남원은 전략적으로 호남과 영남의 요충지이다.

전라병사 이복남과 광양현감 이춘원, 조방장 김경로의 군사 1,000명과 명나라 부총병 양원이 이끄는 군사 3,000명이 왜군과 치열하게 방어전을 펼쳤다. 명군과 조선군의 대포 십여 문이 불을 뿜었으나 수만 정의 왜군 조총들을 제압하지 못했다. 중과부적으로 1597년 8월 16일 (양력 9월 26일) 남원성은 함락되었고, 성민 6,000여 명을 포함한 1만여 의사들은 장렬하게 순절하였다. 명나라 부총병 양원은 포위망을 뚫고 간신히 달아났다. 후에 명나라 조정은 도망친 양원을 처형, 효수하여 군대에 경계로 삼도록 했다.

남원성을 점령한 왜군은 파죽지세로 북상하여 전주로 향했으며, 공포 효과가 작용했음인지 병사들이 도망쳐 버린 전주성을 쉽게 점령하며 전라도마저 손아귀에 넣게 되었다. 히데요시의 조선 정복 야심은 이제 성사 직전이었다.

만인의총

정유재란 때 남원성 전투에서 순절한 의사들의 호국의 얼이 서려 있는 성스러운 곳이다. 여러 사람들이 교룡산성을 지키자고 하였으나, 양원이 본성을 지켜야 한다고 하여 해자를 깊이 파고 군·관·민이 합심하여 싸웠으나 남원성은 함락되고 말았다.

이 싸움에서 1만여 명의 관리와 군사, 백성이 전사하였는데, 임진왜란 이후 시신을 한 곳에 합장하였고, 광해군 4년(1612년) 충렬사를 세워 8충신을 제향하였다. 처음 구 남원역 부근에 있었으나 민가에 둘러싸이게 되어 1964년 현재 자리로 이전하였다.

대한민국 나침반 역사 속의 위인들

#6

조국을 구하고 산화한 불멸의 이순신

명량해전

다시 삼도수군통제사가 된 이순신은 군사를 모집하고 군량을 확보하며 군선을 복원하는 데 심혈을 기울였다. 이순신이 사람들을 불러 모으자 멀고 가까운 곳에서 모여들었다. 이때 조선 수군의 함대는 고작 12척이었다. 칠천량에서 조선 수군이 전멸되던 바로 그때 경상우수사 배설이 빼돌린 배들이었다.

조정에서는 수군이 전멸하자 수군에 대해 희망을 버렸다. 선조도 수군을 해체하고 권율 장군 휘하로 가서 육군에 합류할 것을 명령했다. 하지만 이때 이순신은 다음과 같이 장계를 올려 조정의 망계를 철회케 하였다.

신에게는 아직 전선 열두 척이 있사오니, 죽을 힘을 내어 맞아 싸우면 이길 수 있습니다. 지금 만약 수군을 모두 폐한다면 이는 적들이 다행으로 여기는 바로써, 이로 말미암아 호서를 거쳐 한강에 다다를 것이니 신이 두려워하는 바입니다. 전선이 비록 적으나, 미천한 신이 아직 죽지 않았으니 적들이 감히 우리를 업신여기지 못할 것입니다.

남원성을 공략하여 함락한 왜군은 해상 작전을 전개하기 시작했다. 수군을 서진시켜 서해에서 한강 하구를 통해 직접 한양으로 진격하기 위하여 서둘렀다. 이순신이 확보한 전선은 13척에 불과했다. 이순신이 선조 임금에게 장계를 올렸을 때는 12척이었으나, 이후 1척이 추가로 건조되었다.

이순신의 고민은 진격해 오는 적을 맞는 전장을 어디로 골라야 하느냐는 것이었다. 전쟁의 큰 흐름도, 함선이나 군사의 수효도, 군의 사기도 모든 것이 왜군에 비해 절대적으로 불리하였다. 오직 하나 남아 있는 것은 바로 이곳이 자신들이 무시로 드나들던 그 바다라는 것이었다. 지리를 적극적으로 활용할 수밖에 다른 도리가 없었다. 명량(鳴梁)은 매우 좁은 바닷길로서 글자 그대로 바다가 우는 '울돌목'이다. 울돌목에서는 바닷물이 아주 거칠고 빠르게 흐른다. 단순히 빠르기만 한 게 아니다. 물살끼리 서로 부딪혀서 어지러운 와류, 즉 소용돌이를 만들어 낸다.

진도대교 아래 울돌목

이순신은 울돌목을 왜군 대함대를 맞이해 싸울 장소로 점찍었다. 명량해전은 원거리 함포전이 아니라 근접전의 형태로 전개될 수밖에 없었다. 사실 이것은 조선 수군이 극구 피해야 할 전술이었지만, 이때만큼은 어쩔 수가 없었다. 말 그대로 죽느냐 사느냐의 갈림길이었기에 죽고자 하면 산다는 생각으로 싸울 수밖에 없었다.

9월 14일(양력 10월 23일), 벽파진에 머물고 있던 이순신 함대에 적선 200여 척이 다가오고 있고, 그중의 55척은 이미 어란포에 들어왔다는 첩보가 전해졌다. 이순신은 전령선을 인근 연안과 도서 지역으로 파견하여 피난민들에게 대피할 것을 권하고, 9월 15일(양력 10월 24일) 전 함대를 벽파진에서 전라우수영 자리로 옮겼다. 아무래도 결전의 시간은 다음 날이 될 것으로 예상하고, 이날 휘하 장졸들을 모아 놓고 다음 날 해전의 전법을 설명하면서 강렬한 훈화를 하였다.

죽기를 각오하고 싸우면 살 것이오, 제 목숨만 부지하겠다고 발버둥치는 자는 죽게 될 것이며, 한 사람이 길목만 단단히 지키면 족히 천 명의 적도 떨게 만든다.

《삼국지》에 장비가 조조의 십만 대군을 장판교에서 막아내는 장면이 나온다. 울돌목은 장판교이고 격류에서 버티고 있는 열세 척의 함대는 장비가 되는 것이다. 1597년 9월 16일(양력 10월 25일) 이른 아침, 이윽고 별망군(적의 동정을 살피기 위해 별도로 편성된 탐망군)이 "무려 200여 척의 적선이 명량을 거쳐 곧장 진치고 있는 곳으로 향해 온다."라고 급하게 보고했다.

즉시 전 함대에 명하여 닻을 올리고 바다로 나가니 적선 330여 척이

명량해전도 (자료: 진도 녹진국민관광단지)

몰려왔다. 왜군 함대는 울돌목이 좁은 것을 감안하여 군선 중에서 중형 군선인 세키부네 133척을 선봉으로 진용을 짜고 절대적 수적 우위를 자신하듯이 돌격해 들어오기 시작했다. 이순신 함대는 처음에는 대장선 한 척만이 강한 역류 속에서 왜적을 막았다.

이순신이 탄 배는 순식간에 몇 겹의 포위망에 갇히게 되었다. 이순신은 당황하지 않고 노를 젓도록 재촉하여 앞으로 돌입한 뒤 지자, 현자 등 총통을 폭풍 우레처럼 퍼부었고 군관들은 배 위에 빽빽이 서서 화살을 난사했다. 적의 무리는 당해 내지 못하고 다가오다 물러나곤 하였는데, 조선 수군은 겹겹으로 둘러싸인 탓에 전세를 예측할 수가 없었다. 이순신은 "적이 비록 천 척이라도 우리 배를 대적할 순 없으니 결코 마음이 흔들리지 말고 전력을 다하여 적을 쏘라."라고 독려하였다.

하지만 누가 보더라도 중과부적이었다. 심지어 명량해협이 한눈에 보이는 망금산에서는 백성들이 포위망을 좁히며 몰려오는 왜선들을 좌선이 홀로 상대하는 모습을 보고 망연자실하며 통곡을 할 정도였다. 적선의 숫자와 해협의 거센 역방향 물살에 압도당한 부하 장수들은 여차하면 도망갈 생각을 품은 채로 후방에서 미적대고 있었다. 겁을 단단히 집어먹은 것이다. 정신없이 전투를 치르던 이순신은 문득 뒤처진 전선들을 돌아보고 개탄을 금치 못했다. 호각을 불고 장수를 호출하는 깃발을 높이 올리자, 마지못한 듯 거제현령 안위와 중군 김응함의 배가 달려왔다. 이순신은 안위를 향해 먼저 호통을 쳤다.

네가 정녕 군법에 죽고 싶으냐? 네가 여기서 도망을 치면 어디 가서 숨어 살 것이냐?

그다음, 김응함을 통렬하게 꾸짖었다.

중군장이라는 자가 대장선이 위험에 처했는데도 구원할 생각을 하지 않다니, 네 죄가 무겁기 짝이 없다. 당장 목을 쳐야 할 것이나 전황이 시급하니 지금이라도 공을 세워 죄과를 치르라.

겁에 질려 정신이 나간 듯했던 두 명의 장수는 마치 꿈에서 깨어난 듯 이순신의 호통에 번쩍 정신을 차렸다. 안위와 김응함의 배가 적선을 향해 돌격하며 미친 듯이 총통을 쏘고 화살을 날리며, 등선을 시도하는 적병들을 몽둥이와 창, 심지어는 돌멩이로 쳐 죽이는 일대 난전이 시작되었다. 두 척의 배가 맹렬하게 싸우는 것을 보고 있던 뒤편의 전선들도 더는 물러설 곳도 도망갈 곳도 없다는 것을 이제야 깨달았다는 듯 적선을 향해 돌진했다.

명량해전은 좁은 길목에서 벌어진 치열한 난타전이었다. 왜적들은 조선 함선에 끊임없이 달라붙어 기어오르고 조선 수군들은 창으로 찌르고 활로 쏘고 칼로 찍으며 떨어뜨렸다. 여기저기서 조총과 화살이 교차하고 함성과 비명이 난무하였다. 결국 안위의 함선이 왜선 3척에게 포위당해 발이 묶였다. 이렇게 전투가 치열한 상황에서 만약 조선 수군이 여기서 함선을 한 척이라도 잃는다는 것은 단순히 함대가 손실을 겪는 수준으로 끝나지 않을 일이었다.

그런 상황은 왜 수군에게 화력의 이점을 잃는 것을 의미했고, 동시에 왜군의 사기가 올라 박빙으로 진행되던 전황이 당장이라도 일방적으로 뒤집힐 수 있음을 의미하는 것이었다. 이순신은 즉시 전진하던 좌선을 선회시켜 안위의 함선에 접근한 왜선 3척을 순식간에 포격으로 격침시키면서 안위를 구해냈다. 이때가 명량해전에서 조선 수군에게 가장 위험했던 순간이었다.

때마침 조류가 바뀌면서 이제는 조선군이 유리한 방향으로 물길이 바뀌었다. 조선 함대의 맹렬한 공격을 견디지 못한 왜군 함대가 배를 돌리려 하니 좁은 명량해협이 쉽게 용납할 리 없었다. 적선 3척이 뒤집히며 왜군 함대의 선두가 서로 엉키게 되었다. 이 틈을 타 조선 함대가 총통과 화살을 다시 쏘아대니 왜군 함대는 오갈 바를 모르는 상태에서 조선군의 포화 공격을 받고 진형 전체가 흔들리기 시작했고, 파괴된 적선들이 떠내려가고 바다에는 죽은 왜군의 시신들이 둥둥 떠다녔다.

그때 항복하여 이순신의 배에 타고 있던 왜인이 그 시체들을 바라보다가 붉은 비단 전포를 걸친 자를 가리키며 "저 자가 적장인 듯합니다."라고 하여, 즉시 부하들에게 명하여 적장 마다시의 시체를 바다에서 건져 올려 토막을 내어버렸다. 이에 왜군의 사기는 땅에 떨어지고 왜군 함대는 패주하기 시작했다. 승세를 잡은 이순신의 기함이 다시 앞장을 서서 총통을 쏘면서 진격하고, 12척의 함선도 일사분란하게 적진을 향해 돌격하니 총통을 쏘는 소리와 조선 수군이 내지르는 함성이 바다와 산을 뒤흔들었다. 왜군은 넋이 빠져 줄행랑을 쳤지만,

정작 이날의 승리 지휘관인 이순신은 난중일기에 이날의 전투 상황을 기록한 말미에 "실로 천행이었다."라고 적었다.

왜군은 압도적인 수적 우위를 믿고 이번에야말로 설욕할 수 있을 줄로 믿었으나, 이순신은 지형 조건을 최대한 활용하고 초인적인 지도력으로 13척의 배로 적함 133척을 맞아 싸워 이겼다. 이 싸움에서 적함 31척이 파손되었으나 아군은 병사 몇 명이 부상을 당하는 데 그쳤다. 명량해전 승리로 조선 수군은 제해권을 다시 장악했으며 왜군의 수륙병진 작전을 무산시켜 전세를 뒤집을 수 있었다. 만약 이순신이 죽기를 각오하고 명량 길목을 막지 않았다면, 적군은 탁 트인 바다로 쏟아져 나왔을 것이다. 만약 그랬다면 제아무리 이순신이라고 해도 그렇게 극적인 승리를 거둘 수는 없었을 것이다.

해상 경계 전개 및 전력 확충

명량대첩을 거둔 이튿날, 이순신 함대는 전남 신안군 어외도(어의도)로 향해 피난민을 만나 전승 축하를 받았다. 이틀 뒤에는 전남 영광 법성포 앞바다에 나타나 분탕질을 치던 왜적을 섬멸하고, 다음 날엔 전북 부안 위도에서 피난민들을 만나 그들을 안돈시켰다. 그리고 다음 날 9월 21일(양력 10월 30일) 전북 군산의 고군산도에 도착하여 이곳 관리들을 만나고 충청 수영과 연락을 취했다. 고군산열도에 열흘 이상 머물던 이순신 함대는 10월 9일(양력 11월 17일) 우수영으로 귀환했다.

이처럼 엄중한 해상 경계망을 펼치고 있던 이순신은 10월 14일(양력

11월 22일), 생각지도 못한 불행한 소식을 접하게 된다. 막내아들 면이 아산 땅에 침투한 왜군과 맞서 싸우다 목숨을 잃었다는 것이다. 그때 나이 21세였다. 이날 아들의 전사 소식을 듣게 된 정황을 이순신은 난중일기에 이렇게 적었다.

저녁 무렵, 천안에서 온 사람이 집안 편지를 전하는데, 봉함을 뜯기도 전에 뼈와 살이 먼저 떨리고 마음이 긴장되고 조급했다. 겉봉을 뜯고 둘째 아들 열이 쓴 '통곡(痛哭)'이란 두 글자가 쓰여 있어 셋째 아들 면이 전사한 걸 알았다. 나도 모르게 간담이 무너져 목 놓아 통곡하고 또 통곡했다. 하늘은 어찌 이리도 잔인한고. 내가 죽고 네가 사는 것이 떳떳한 이치거늘 도리어 네가 죽고 나는 살았으니 이런 일이 어디 있단 말이냐.

북상하던 왜군은 1597년 9월 7일(양력 10월 16일) 무렵 직산(천안시 직산읍)에서 명나라군과 몇 차례 전투를 하였으나 선발대의 기세가 꺾이고, 수군이 명량해전에서 이순신이 지휘하는 조선 수군에 대파되자 보급선이 끊길 것을 우려하여 더는 진격하지 못하고 남쪽으로 내려와 순천(고니시 유키나가), 사천(시마즈 요시히로), 울산(가토 기요마사) 등에 왜성을 쌓고 농성하였다.

1597년 10월 27일(양력 12월 7일), 이순신의 함대는 해남 우수영을 떠나 목포 고하도로 통제영을 옮겼다. 목포 남서쪽에 자리 잡은 섬으로 서북쪽이 높아 겨울 한풍을 막기에 적합하였고 적의 이목으로부터 배를 숨기기에도 적당하였다. 목수들을 시켜 막사를 짓게 한 뒤, 이 섬에서 꼬박 108일간 월동을 하였다. 이순신은 여러 사람을 시켜 병력과 군량미를 모으면서 조선 수군을 강군으로 다시 육성하는 일에 몰두했다. 이순신 함대가 활동을 재개하자 수많은 피난민이 이순신 함대의 보호 아래 놓이고자 모여들기 시작했다. 이 인원을 수용하기에 고하도는 너무 협소한 곳이었고 외진 자리였다.

월동을 마친 1598년 2월 17일(양력 3월 23일), 통제영을 완도 북동쪽 고금도로 옮겼다. 고금도는 고하도에 비해 훨씬 동쪽에 있는 섬이다. 호남 좌우 바다와 모두 통하는 위치에 있어 물산의 조달이 원활했고 무엇보다 땅이 넓었다. 피난민들을 많이 받아들여 이들과 함께 둔전을 일구어 군량미를 생산하였다. 고금도는 새로운 통제영의 기능을 훌륭히 수행하게 되었다. 이순신 함대의 판옥선은 80여 척으로 증가하게 되고 소속 장병은 8,000명을 헤아리게 되었다. 1598년 7월 6일(양력 8월 17일)에는 진린이 이끄는 명나라의 수군 본진이 고금도의 통제영에 도착하여 조명 연합함대가 결성되었다.

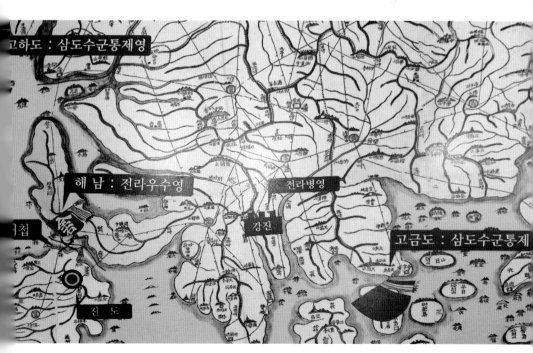

명량대첩 이후 조선 수군 진영(자료: 현충사 충무공이순신기념관)

노량해전

왜군이 남해안 일대로 쫓겨 명나라 군대와 대치하며 화의를 도모하고 있는 동안에 왜란의 장본인인 도요토미 히데요시가 사망하면서 상황은 급변하였다. 히데요시는 철수를 유언하였고, 사후 정치를 담당하게 된 다섯 명의 다이로(大老)들은 왜군에 철수를 지시했다.

왜군은 철수 작전을 서둘렀다. 적이 도망치려 한다면 공격을 더 머뭇거릴 필요가 없었다. 그런데 왜군은 주둔군 간 긴밀한 연락망을 구축하여 한쪽이 공격을 받으면 옆에서 구원병을 보내는 식의 전략을 구사하고 있어 공격이 쉽지 않았다. 정유년 연말과 무술년 연초에 있었던 울산성 공략전에서도 조명 연합군은 가토 기요마사 군을 거의 몰사 직전까지 몰고 갔으나 마지막에 왜군의 상호 구원책에 의해 아쉽게도 물러선 바 있었다.

이런 전철을 거울삼아 나온 것이 동시 타격에 주안점을 둔 '사로병진' 전략이었다. 이것은 명나라 군대의 최선임자이던 병부상서 총독 군무 형개가 입안한 공세 전략으로, 육군을 전라도 방면의 서로, 경상우도 방면의 중로, 경상좌도 방면의 동로 세 갈래로 나누고 여기에 해군이 맡은 수로를 더하여 네 갈래로 총공격을 가하는 것을 그 목적으로 했다. 이 작전의 핵심은 3~4배의 병력을 동원하여 적의 주요 본거지를 동시에 공략하고 적들이 서로 응원하지 못하도록 하여 각개 격파한다는 것이었다.

이순신은 명나라 수군 도독 진린과 함께 1598년 9월 고금도 수군 진영을 떠나 노량 근해에 이르렀다. 사로병진책에 따라 명나라 육군 도독 유정과 수륙 합동작전을 펴 순천 왜성에 주둔하고 있는 고니시 부대를 섬멸하기 위함이었다. 9월 20일(양력 10월 19일), 순천 왜성에 대한 총공격이 시작되었다. 보름 넘게 계속된 순천 왜성 공략 작전은 무위로 돌아갔다.

명나라 수군은 이 싸움에서 수백 명의 전사자를 냈고 수십 척의 전선을 잃었다. 조선 수군은 목숨을 걸고 적탄 앞에 뛰어들어 사도첨사 황세득과 다수의 군관이 목숨을 잃었고, 해남현감 유형을 비롯한 현감과 만호 등이 적탄에 부상을 입었다. 치열한 전투 속에서 조선 수군과 명나라 수군은 서로의 삶과 죽음을 함께 의지해야 한다는 것을 알게 되었고 전우애를 쌓게 되었다. 이것은 곧 다가올 노량해전에서 전력을 상승시키는 효과를 가져왔다.

이제 전쟁 종지부를 찍을 때만을 기다리고 있었다. 하지만 각자 입장은 확연히 달랐다. 왜군은 어서 빨리 철수를 해서 목숨을 보존하는 것이 화급한 문제였지만, 조선의 백성이나 군인들은 왜군에게 당하고 그들을 그대로 돌려보낸다는 것은 있을 수 없는 일이라고 생각했다. 철수하려는 적을 하나라도 더 섬멸하여 7년 동안 조선을 괴롭힌 적에게 복수하고 후환을 없애야 했다.

여기에 엄밀한 의미에서는 제삼자이지만, 현실적으로는 전쟁 작전 지휘권을 행사하고 있던 명나라 군대의 입장은 달랐다. 황제의 명을 받고 남의 나라 전쟁에 참전하고 있지만 전쟁도 끝나가고 왜군도 철수를 한다는데, 흉맹하기 짝이 없는 왜군의 퇴로를 막을 필요가 있겠는가 하고 생각했다. 궁지에 몰리면 쥐도 고양이에게 덤벼든다는데, 더구나 자신들에게 충돌 없이 돌아가게 해달라고 바리바리 선물을 싸들고 오는 왜군들이었다. 난중일기를 통해 노량해전 직전까지 고니시가 얼마나 무사 귀환을 애걸했는지 쉽게 알 수 있다.

11월 14일(양력 12월 11일) 적선 2척이 강화하자며 바다 한가운데로 나오자 진린이 통역을 시켜 맞았다. 오후 8시경에 왜장이 작은 배를 타고 진린을 만나러 와서 돼지 2마리와 술 2통을 바쳤다고 한다.

11월 15일(양력 12월 12일) 이른 아침, 진린을 잠깐 만나고 왔다. 이날도 적선 2척이 강화하자고 두 번, 세 번 도독부를 들락거렸다.

11월 16일(양력 12월 13일) 진린이 사람을 적 진영에 들여보내고 난 후, 적선 3척이 들어와 말 한 필과 창, 칼 등을 가져와 도독부에 바쳤다.

11월 17일(양력 12월 14일) 복병장인 발포만호 소계남과 당진포만호 조효열이 중형 적선 1척이 군량을 가득 싣고 남해에서 바다를 건너가는 것을 한산도 앞바다까지 추격했다. 결국 왜적은 한산도에서 배를 버리고 한산도 기슭을 타고 깊이 도망가 버리고, 노획한 적선과 군량은 모두 명나라 군사에게 빼앗긴 채 빈손으로 돌아와 보고했다.

진린은 고니시의 회유책에 어느 정도 마음이 흔들려 이순신에게 싸움을 그만두는 것이 어떻겠느냐고 물었지만, 이순신은 고개를 가로저으며 일언지하에 거절하고 단호하게 말했다.

장수는 화(和)를 말해서는 안 되며 원수를 그냥 돌려보낼 수 없습니다. 도적을 어찌 놓아 보내라 하십니까? 내 이 도적들과는 맹세코 살아서 하늘을 같이하지 않겠소.

최종적으로 진린은 이순신의 설득에 감화되어 조선 함대와 함께 왜군을 치기로 결심하게 된다. 왜장 고니시는 이즈음 이순신이 있는 한 진린이든 유정이든 설득하는 것이 큰 의미가 없다는 것을 알게 된다. 자신들이 본국으로 돌아갈 수 있는 길을 다른 사람이 아닌 이순신이 막고 있다. 일전은 불가피했다. 고니시가 보낸 연락선이 명나라 수군이 지키는 해역을 빠져나가 사천과 남해로 각각 긴박한 구원 요청을 하기 시작했다.

사천 왜성에 웅거하고 있던 시마즈 요시히로와 고니시의 사위로 남해에 주둔해 있던 대마도주 소오 요시토시가 연합하여 대규모 구원 선단을 구성했다. 이 소식은 곧 조명 연합함대에 전달되었다. 연합함대는 고니시를 포위하는 것보다 고니시를 구원하러 오는 왜군 함대를 저지하는 것이 더 중차대한 일이라는데 인식을 같이했다. 대규모 함대와 전투를 하자면 길목 바로 앞에서부터 요격하여 해협에서 밀려오는 적들을 최대한 압박하여 진형을 갖출만한 틈을 주지 않은 상태에서 쳐부수는 것이다. 선봉 함선을 포격하여 거기서 불길이 솟구치면 그 불길을 탄착점으로 하여 일제 사격을 개시하고 그다음은 돌격전이다.

1598년 11월 18일(양력 12월 15일) 초저녁에 사천, 남해 등지의 왜장들이 500여 척의 함선을 이끌고 노량에 집결하여 횃불을 올리자 순천 왜성도 횃불로 응답했다. 진린이 이끄는 명나라 함대 약 300여 척과 조선 수군의 전선 약 80여 척 등으로 편성된 연합함대는 그날 밤 10시경 노량해협으로 들어갔다. 그리고 밤 12시경 이순신은 함상에서 손을 씻고 무릎을 꿇은 채 향을 피웠다. 그리고 천지신명께 제를 올리며 말했다.

이 짐승 같은 원수를 무찌른다면 죽어도 한이 없겠습니다.

보름이 지난 지 이틀밖에 되지 않았지만, 이날 밤 노량 하늘은 검은 구름에 뒤덮여 칠흑 같은 어둠 속이었다. 다음 날 새벽 2시 무렵 칼바람이 몰아치는 어두운 겨울 바다에서 대혼전이 시작됐다. 최대 결전은 새벽 4시 무렵에 시작되었다. 왼쪽에 있던 진린 함대와 오른편 관음포 쪽에 있던 이순신 함대가 적의 측면을 향해 전속력으로 항진했다. 전투는 과감한 근접 포격전과 돌격 육박전으로 이어졌고 조선군과 명군, 왜군이 한데 뒤엉킨 노량 바다에서는 그 어느 때보다 격렬하고 처절한 해상 전투가 펼쳐졌다. 관음포 쪽으로 도망치다가 퇴로가 막힌 왜군은 최후의 발악을 했다.

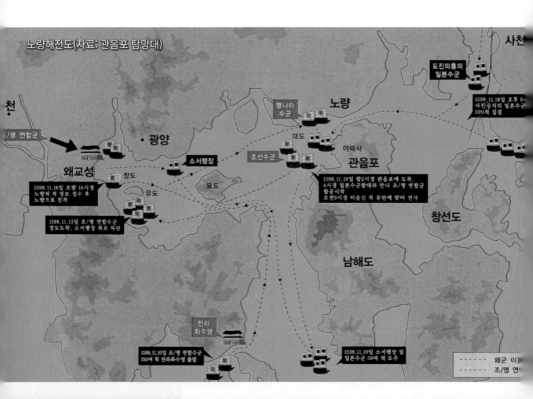

노량해전도(자료: 관음포 탐망대)

이순신 장군 순국

　이순신이 포위되면 진린이 구출하고 진린이 포위되면 이순신이 구출하는 혼전이 계속되었다. 그러나 전투가 막바지로 치닫던 상황에서 적의 유탄이 이순신의 왼쪽 가슴을 뚫었다. 죽음을 맞던 순간 이순신은 놀라 뛰어오는 장졸들에게 말했다.

　싸움이 지금 한창 급하니 조심하여 내가 죽었다는 말을 하지 말라(戰方急 慎勿言我死).

　이 말을 마치자마자 바로 숨이 끊어졌다. 조카 이완이 슬픔을 억제하며 수기를 받아 독전하였으므로 싸움이 끝날 때까지 이순신 장군의 죽음을 알아챈 이가 없었다. 날이 밝을 때까지 계속된 전투는 정오가 되어서야 연합함대의 대승으로 끝이 났다. 왜군이 거의 전멸된 상태에서 고니시 유키나가와 시마즈 요시히로는 남은 범선을 이끌고 도망쳐 여수해협을 빠져나갔다.

　싸움이 끝난 뒤 진린은 이순신의 배를 향하여, "이 통제사 덕분에 간신히 살아났소!" 하고 치사하러 왔다. 그때 수기를 든 채 방성대곡하면서 "숙부께서는 조금 전에 순절하셨나이다."라는 이완의 한마디 대답이 떨어지자 진린은 가슴 메이는 슬픔을 억제하지 못해 세 차례나 엎어지면

이순신 장군 유언 비석
(이순신 순국공원 소재)

서 통곡하였다. 이 소식이 알려지자 조선 수군은 물론 명나라 군사들까지 통곡하였는데 그 소리가 바다를 진동시켰다. 그리고 군량인 고기를 모두 바다에 던지고 이순신 장군의 죽음을 슬퍼하였다.

노량해전은 전란이 시작된 이래 가장 큰 규모의 전투이자 가장 처절한 싸움이었다. 이순신 장군은 500여 척의 왜군 함대와 대적하여 200여 척이나 격침시키는 최후의 승리를 거두었으나 장렬히 전사했다. 한 번도 패배한 적이 없는 23전 23승을 기록한 이순신 장군의 죽음과 함께 7년의 기나긴 전쟁도 마침내 끝이 났다. 상여가 아산 본향으로 돌아갈 때 백성들이 길을 메우고 곡성이 그치지 않았으며 애도의 발길이 천 리를 이었다.

관음포 이락사

이순신 장군의 유해가 맨 먼저 육지에 안치된 곳에 지은 사당이다. 이락사(李落祠)는 이순신 장군이 떨어졌다는 의미의 사당이다.

1832년 이순신 장군의 8대손으로 통제사가 된 이항권이 장군을 기리며 유허비를 세웠다. 이곳에 박정희 대통령이 쓴 "큰 별이 바다에 떨어졌다."는 뜻의 대성운해(大星隕海)란 현판이 걸려 있다.

#7

이순신 장군 추증, 평가 및
이순신 장군의 리더십

이순신 장군 추증과 선양

임진왜란 기간과 그리고 그 후에도 이순신 장군은 조정의 대소 신료와 양반 사대부, 백성들을 막론하고 모두에게 추앙받는 영웅이었다. 그의 죽음 소식을 들은 조정은 이순신에게 우의정을 추증했다. 심지어 이순신을 해임했던 선조 임금도 다음과 같은 제문을 내려 위로했다.

한산도에 진을 치매 적이 감히 엿보지 못하고, 한바다를 가로 막으매 그대 힘만 믿었더니 지난해에 패전한 것 원통한 말 어이할꼬. 그대 그냥 두었던들 그럴 리가 있었으랴. 대장 잘못 바꾼 나의 허물이라 누구더러 도와 달라한들 기운 짐을 어이하리. 다시 부임하여 무너진 뒤를 이어 혼란을 수습하고 군졸을 불러 모았도다. 공로는 사직에 있고 빛나는 충성 절개 죽어도 영화롭다. 인생 한 세상에 한 번 죽음 못 면하네. 죽을 곳에서 죽은 이로 그대 같은 이 드물도다. 나는 그대를 버렸으나 그대는 나를 버리지 않았다.

1604년(선조 37년), 선무공신 1등으로 녹훈되었으며 좌의정이 증직되고 덕풍부원군으로 봉해졌다. 1643년(인조 21년)에는 '충무(忠武)'의 시호를 내렸다. 1659년(효종 10년)에는 남해의 전적지에 비석이 세워졌다. 병자호란의 치욕을 씻기 위해 북벌을 준비하던 효종은 이순신을 다음과 같이 칭송했다.

아침에 이순신의 비문을 보았는데, 죽을힘을 다하여 싸우다가 순절한 일에 이르러서는 눈물이 줄줄 흘러내리는 것을 깨닫지 못하였다. 이는 하늘이 우리나라를 중흥시키기 위하여 이런 훌륭한 장수를 탄생시킨 것이다. 순신의 재능은 남송의 명장인 악비와 같은데, 더욱 작은 병력으로 큰 병력을 공격하는 데 능하였다. 그 당시 왜군의 간사한 모략에 빠져 잘못되어 벌을 받기에 이르렀고, 드디어 원균의 패배가 있게 되었다. 그러나 그 뒤 순신이 거북선을 가지고 대적을 격파하였으니 참으로 쉽게 얻을 수 없는 인재이다.

이순신 장군이 산화한 지 100여 년이 지난 1704년(숙종30년), 아산 지방의 선비들이 "전하, 나라를 구한 충신인 이순신 장군의 사당을 지어야 합니다."라고 상소를 올렸다. "이순신이 자란 아산에 이순신의 사당을 세우도록 하라."는 숙종의 허락으로 1706년(숙종 32년) 아산에 이

숙종이 내린 '顯忠祠' 편액이 걸려 있는 구 현충사

순신의 사당이 세워졌고, 그다음 해인 1707년에는 왕이 직접 '현충사
(顯忠祠)'라는 사액을 내렸다.

아산 현충사

아산에 현충사가 세워진 이후 이순신 장군을 추모하는 발길이 끊이지 않았다. 그
런데 1868년(고종 5년) 대원군의 서원 철폐령에 의해 현충사는 철폐되었으며, 1906
년 을사늑약에 분노한 유림들이 현충사 유허비를 건립하였다. 1910년 나라를 빼
앗은 일본은 이순신 장군을 추모하는 것을 방해했다.

현충사의 향불은 꺼지고 관리가 안 된 건물은 점점 낡아 갔고, 충무공 종손이 가
난해서 충무공 묘소가 경매로 일본인의 손에 넘어갈 지경에 처했다. 이 사실이
1931년 5월 동아일보에 보도되자 민족 지사들이 '이충무공유적보존회'를 조직하
고 동아일보사의 협력으로 민족 성금을 모아 1932년 현충사를 중건하였다.

해방 이후 이순신 장군 탄신일인 4월 28일 탄신 제전을 올려 고인의 넋을 추모하
고 있으며, 1966년 현충사를 다시 중건하고, 1974년 종합적인 조경공사를 시행하
여 오늘의 경관을 갖추게 되었다. 본전 내에는 이순신 장군의 영전을 모시고 있다.

현충사 충무공 이순신 전시관에는 《난중일기》와 이순신 장군이 직접 쓴 편지 등
이 보관되어 있다. 또한, 이순신 장군이 썼던 칼, 허리에 둘렀던 요대를 비롯해서
장군의 유품과 임진왜란 당시에 쓰였던 무기들도 함께 전시되어 있다.

현충사

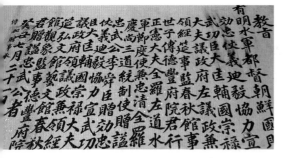
정조의 영의정 추증 교지(자료: 현충사 충무공 이순신 기념관)

1793년(정조 17년)에는 영의정으로 추증되었다. 정조는 조정에 명을 내려 《이충무공전서》를 발간토록 하였다. 이것은 이순신 장군이 남긴 《난중일기》를 기본으로 하여 유성룡의 《징비록》과 같은 당대 기록과 휘하 장수들이 남긴 공식·비공식 문서의 취합은 물론 《조선왕조실록》과 《승정원일기》 등을 집대성한 것이다.

이순신 장군에 대한 평가

이순신 장군이 순국한 직후부터 충무공의 공적에 대한 찬탄과 함께 추모의 정을 그리는 추모 시가 줄을 이었다.

백전백승의 이 장군께서 한 손으로 친히 하늘을 떠받쳤다네(유성룡)

위엄 있는 모습과 장한 그 기상은 적국에 떨치며 적의 우두머리의 야욕을 꺾었도다(이순신 장군의 종사관으로 활약한 정경달)

나라를 중흥시킨 최고의 장수로서 위태로운 나라를 살리셨네(실학자 이수광)

당당하신 충무공의 사당에 백성들이 찾아와 영원히 흠모하네(효종 때 진주 부사, 예조판서 등을 지낸 이기조)

눈부시게 빛나는 큰 은공에 영원히 잊지 못할 이충무공이시여(일제치하 독립운동을 한 애국지사 신규식)

단군 성조 이래 위대한 그 충성과 빛나는 공로가 온 나라를 덮었네(사학자 정인보)

이순신 장군과 함께 연합작전을 수행했던 명나라 장군들의 예찬도 이어졌다. 특히 도독 진린이 후대에도 회자되는 유명한 글을 선조에게 올렸다.

이순신은 천지를 주무르는 경천위지의 재주[經天緯之才]와 나라를 바로잡은 보천욕일의 공로가 있는[補天浴日之功] 사람입니다.

'경천위지(經天維地)'는 하늘을 뒤덮을 재주를 지녔다는 뜻이다. '보천욕일(補天浴日)'의 '보천'은 여와씨가 오색 돌을 갈아서 구멍 뚫린 하늘을 메웠다는 뜻이고, '욕일'은 희화란 여신이 해 열 개를 낳아 목욕을 시켜 환하게 했다는 뜻인데, 하늘을 기우고 태양을 닦을 만한 기상이 있다는 의미이다. 그만큼 충무공의 공로가 지대하다는 것이다.

영국의 해군 제독인 조지 알렉산더 발라드(Gworge Alexander Ballad)는 저서 《일본의 정치 역사에 대한 바다의 역할(The influence of the sea on the political history of Japan)》에서 트라팔가 해전을 통해 나폴레옹의 유럽 제패 야욕을 좌절시킨 넬슨 제독과 비교하여 다음과 같이 이순신 장군을 칭송하였다.

넬슨과 어깨를 나란히 하는 제독이 있다는 사실을 받아들이기란 영국인으로서 어려운 일이다. 그러나 만약 그렇게 대접받아야 하는 인물이 있다면, 패배를 전혀 모르고 전투 중에 전사한 아시아의 이 위대한 해군 사령관(이순신)이 되어야 할 것이다. 그의 전적은 한반도 연안 해저에 용맹한 선원들과 함께 가라앉은 수백 척의 일본 함선의 잔해들로 이루어져 있다.

그리고 단언컨대, 그는 처음부터 끝까지 단 한 번의 실수도 저지르지 않았다. 그의 전투는 수없이 다양한 상황에서도 너무나 완벽하게 수행되었기에 비판을 불허한다. 그의 위업을 요약하자면, 그는 참고할 만한 전례가 없었음에도 불구하고 명백한 결과를 위해서라면 마땅히 취해야 할 방법 그대로 해전을 수행했으며, 나라를 수호하는 자로서 최고의 희생을 치러 그 생애를 마쳤다.

아이러니하게도 임진왜란 침략을 했고 이순신 장군에게 대패했던 일본에서 이순신 장군에 대한 연구와 평가가 매우 높다. 러일전쟁 당시 러시아의 발트함대를 동해 해상에서 대패시킨 일본함대 사령관 도고 헤이하치로는 자신을 넬슨에 버금가는 군신이라고 칭찬하는 말을 듣고 "영국의 넬슨은 군신이라 할 정도의 인물이 못 된다. 해군 역사상 군신이라고 할 수 있는 제독이 있다면 이순신 한 사람뿐이다."라고 이순신에 대한 존경을 표현했다고 하며, 러일 전쟁에 참전했던 소령 가와다 이사오는 자신이 낸 책에 다음과 같이 기술했다.

과연 우리는 이순신의 영령에 우리의 생명과 재산을 보호해 달라고 빌었다. 도고가 혁혁한 전공을 세운 것은 사실이지만, 이순신 장군과 비교하면 그 발가락 한 개에도 못 따라간다. 이순신에게 넬슨과 같은 거국적인 지원과 그만큼의 풍부한 무기와 함선을 주었다면, 우리 일본은 하루아침에 점령당하고 말았을 것이다. 대단히 실례인줄 알지만, 한국인들은 이순신 장군을 성웅이라고 떠받들기만 할 뿐, 그분이 진정으로 얼마나 위대한 분인가 하는 것은 우리 일본인보다도 모르고 있는 것 같다.

이순신 장군의 리더십

인격체의 인간성은 리더십이라는 형태로 표출된다. 위기나 전란의 시기에는 더욱 그렇다. 지장이자 덕장이며 용장이었던 이순신 장군은 구국을 위한 충정과 뛰어난 지략을 가진 리더였으며, 장군의 리더십은 오늘날에도 큰 귀감이 되고 있다.

첫째, 유비무환의 리더십이다. 손자가 말하기를 장수는 지, 신, 인, 용, 엄(智, 信, 仁, 勇, 嚴)의 자질을 갖추어야 하며, 특히 지략이 없으면 무의미하다고 하였다. 좋은 지략은 철저한 준비에서 나온다. 정성이 지극하면 미래를 볼 수 있다고 했다. 이순신 장군은 전라좌수사가 되고 나서 1년 2개월간 나라의 앞날에 환란이 있을 것을 미리 내다보고 유비무환의 자세로 쉴 새 없이 정성을 다해 준비했기에 용맹한 군사를 길렀고 많은 전선을 건조하였으며, 특히 거북선을 완성할 수 있었다. 이순신 장군의 조카 이분은 거북선의 탁월성을 이렇게 기록했다.

설사 적선이 바다를 덮을 정도로 많이 몰려온다 해도 거북선이 적의 선단 속을 출입 횡행하면 향하는 곳마다 적이 쓰러졌다. 그리하여 크고 작은 해전 때마다 이 거북선으로 언제나 승리를 거두었다.

이순신 장군은 먼저 승리의 여건을 만들어 놓고 전쟁을 하는 '선승구전(先勝求戰)'의 자세로 전투에 임하였기에 최소한의 희생으로 최대의 성과를 거두었다. 어느 전투에서나 용의주도하게 뱃길, 물길, 적의 주둔 상태와 전력 규모 등을 소상히 조사했다. 이때 백성들로부터 왜군의 이동이나 상황에 대한 정보를 입수하여 활용하였다.

이러한 정보를 바탕으로 적군이 예기치 못한 시간과 장소에서 결정적 공격을 감행하고 학익진 등 다양한 전법을 구사하였다. 또한, 전술적인 측면을 보면, 거북선은 적진을 침투하는 돌격함으로 사용하였으며 판옥선은 원거리 대형 화포를 발사함으로써 살상보다 적선의 침몰에 주력하여 승리를 거두었다. 그리고 지형과 지물을 우군으로 만들었다. 특히 명량해전에서는 울돌목의 좁은 해협과 억센 조류를 이용하여 절대적인 전력 열세를 딛고 승리하였다.

둘째, 신상필벌과 부하 사랑의 리더십이다. 난중일기를 보면 군령을 어기거나 맡은 일을 게을리한 부하들에게 벌을 주었다는 기록이 자주 나온다. 이순신 장군은 책임을 물을 때는 단호하게 처리했다. 전쟁 준비를 할 때 소임을 다하지 못한 부하들에게 엄한 벌을 주어 군기를 확립했다. 결전이 임박함에 따라 겁을 먹고 도망친 부하들은 공개 처형함으로써 추상 같은 군율을 세웠다. 관리나 부하들이 백성에게 잘못을 저지르기라도 하면 반드시 중죄로 다스려 재발을 막았다.

그런데 이순신 장군은 신상필벌에서 벌에만 치중한 것이 아닌가 하는 오해를 할 수도 있으나, 부하 장졸들에 대한 사랑도 뜨거웠다. 전투가 끝난 후 조정에 올렸던 보고서인 장계에는 전사한 병사들과 부상한 병사들의 이름을 일일이 거명하면서 상을 내릴 것을 주청했다. 부산포해전에서 전사한 녹도만호 정운의 죽음을 안타까워한 이순신 장군은 정운을 모실 사당을 마련해 달라고 간청하는 장계를 올렸다.

그리고 부하의 공적을 보고하는데 그치지 않고 공적이 있는 부하가 합당한 상을 받거나 적절한 보상을 받는 대상에서 누락되는 일이 없도록 세심한 배려를 하였다. 정규군이 아닌 의병들까지도 그들의 공로를 높이 사서 상을 내릴 것을 청하는 장계를 올렸다.

전투에서 전사자가 나오면 시신을 작은 배로 실어 고향으로 보내어 장사를 지내게 했다. 부상자들에게는 약품을 나누어 주고 각별히 구호해 주도록 당부하였다. 전염병에 걸린 병사 구호에도 소홀하지 않았는데, 한산도 삼도수군통제영에 전염병이 돌아 많은 병사가 죽어 나가자 이를 안타깝게 여긴 이순신 장군은 조정에 장계를 올려 유능한 의원을 보내 달라고 요청하였다.

사마천의 《사기》 예양전에 "장부는 자신을 알아주는 사람을 위하여 목숨까지 바친다."라는 말이 있다. 이순신 장군이 다시 삼도수군통제사로 복귀했다는 사실이 알려지자 흩어졌던 부하들이 모여들었다. 장군 밑에서 거북선 돌격장으로 용감하게 싸웠던 이기남은 멀리서 찾아와서 스스로 따라나섰다. 이러한 인간적인 면모가 있었기에 이순신 장군 휘하의 병사들은 지휘관을 중심으로 하나로 뭉쳐 적과의 싸움에서 한 번도 패하지 않은 신화를 만들어 냈다.

셋째, 올바르게 판단하고 주체적인 책임의식을 가지는 리더십이다. 이순신 장군은 강직한 성품 때문에 파직당하고 백의종군을 하는 수모를 겪었다. 심지어 왕의 명령이라도 부당한 것이라면 거부했다. 1597년 정유재란 때 재침해 오는 가토 기요마사를 요격하라고 했지만, 일개 이중간첩인 요시라의 말을 듣고 출전하면 함정에 빠질 수 있다며 공격에 나서지 않았다. 결국 이순신 장군은 파직을 당하고 한산도에서 한양으로 압송되어 감옥에 끌려갔으며, 간신히 죽을 고비를 넘기고 백의종군하는 곤욕을 당했다.

병법으로 볼 때 이순신의 출동 지체는 당연한 판단이었다.《손자병법》에 "적을 알고 나를 알면 백 번 싸워도 위태롭지 않고, 적을 알지 못하고 나를 알면 승리의 확률은 반이며, 적을 알지 못하고 나도 알지 못하면 싸울 때마다 반드시 위태롭다."라고 했다. 적장의 간계를 헤아리지 못하고 출동하는 것은 패배를 자초하는 일이었다. 적장의 간계를 믿고 출동하면 패할 수밖에 없는 일이었다. 장수가 유능하고 군주가 간섭하지 않으면 승리한다고 했다. 이순신이 출동을 지체한 것은 천 리 밖 지휘관의 판단이었다.

이순신 장군 대신 삼도수군통제사가 된 원균이 조정의 요구에 응해 왜군을 공격하다가 칠천량해전에서 전멸에 가까운 참패를 당했다. 목숨을 내놓아야 하는 위험을 감수하면서까지 뜻을 굽히지 않았던 이순신 장군이 옳았다는 것이 증명되었다. 장수는 이기는 병법에 충실해야 하고 이기는 장수라야 충신이라 할 수 있다. 이순신 장군은 올바른 판단에 따라 주체적인 책임 의식을 가지고 승리를 위해 싸웠던 장수였다.

넷째, 나라와 백성을 생각하는 애국 애민의 리더십이다. 이순신 장군의 제일의 덕목은 나라 사랑이었다. 조선과 명의 수전 연합작전을 앞두고 조정은 걱정을 하였다. 명나라 수군 도독인 진린이 보통 까다로운 인물이 아니었고, 조선의 삼도수군통제사 이순신은 자신의 생각이 옳다 하면 그대로 직진하는 성격이기 때문이었다. 그러나 그것은 기우로 끝났다. 진린과의 연합작전에 들어가자 이순신 장군은 자신이 거둔 전공의 대부분을 진린의 공으로 돌리면서 진린의 협조를 적극적으로 얻어냈다. 전쟁이 끝난 뒤 진린은 선조에게 "재주는 천지를 주무르고 공적은 나라를 다시 일으켰다."라는 이순신 장군에 대한 극찬의 글을 올렸다.

이순신 장군의 나라 사랑의 마음은 백성으로 향했다. 난중일기 속에는 한결같이 전란으로 고통받는 백성들의 아픔이 언급되고 있다. 가뭄이 계속되면 백성들과 가뭄 걱정을 함께했고, 가뭄 끝에 비라도 오게 되면 백성들이 얼마나 좋아하겠느냐며 즐거워했다. 먹을 것이 없어 떠도는 피난민들에게 노획한 쌀, 옷, 베를 나눠주고 위로하며 살 수 있는 장소까지 마련해 주었다. 심지어 국가에서 목장으로 활용하고 있는 섬에 피란민들이 들어가서 경작을 할 수 있도록 조정에 건의하는 장계를 올리기도 했다.

관리나 부하들이 행여 백성에게 잘못을 저지르기라도 하면 반드시 중죄로 다스려 재발을 막았고, 또 바쁘게 길을 가다가도 피란민 행렬을 마주치면 말에서 내려 일일이 손을 잡아주며 지혜롭게 잘 숨어서 적에게 잡히지 말라고 위로해 주었다. 이러한 이순신 장군의 애민정신은 백성들의 협조를 이끌어내는 데 원동력이 되었고 열악한 환경에도 불구하고 짧은 기간에 수군을 재건할 수 있었다.

다섯째, 솔선수범의 희생 리더십이다. 이순신 장군은 자신의 몸을 아끼지 않고 솔선하여 전투에 임하였다. 전투 상황에서 앞으로 나가 독려하다 보니 부상을 입기도 하였다. 사천해전에서 적이 쏜 철환에 왼쪽 어깨를 맞아 등을 관통하였는데, 앞 어깨의 큰 뼈를 깊이 다쳐서 고름이 흘러 옷도 입지 못하는 고통을 겪었다. 위험을 무릅쓰고 과감하게 지휘했기에 부하들도 이순신 장군을 따라 격전을 벌였다. 휘하 장수 정운은 부산포해전에서 적진에 돌진하여 교전을 벌이다가 탄환을 맞고 전사하였다.

칠천량해전 후 이순신 장군이 삼도수군통제사로 복귀했을 때 조선의 수군 전체를 책임진 그에게 주어진 전력은 병사 120명과 배 12척뿐이었다. 이때 선조는 바다에서의 싸움은 가망이 없으니 배를 버리고 육지로 나와서 싸울 것을 명령하였으나 이순신은 죽음을 각오하고 바다에서 싸우겠다고 장계를 올려 허락을 받았다. 그리고 명량해전을 앞두고 부하들을 모아 놓고 "죽기를 각오하면 살고, 살려고 하면 죽는다."라는 비장한 정신과 자세로 싸워야 한다고 독려하고, 맨 앞에서 싸우는 솔선수범을 실천함으로써 부하들의 분투를 끌어냈다.

이순신 장군은 한 명이라도 더 섬멸하여 7년 동안 조선을 괴롭힌 적에게 복수하고 후환을 없애려 했다. 노량해전을 앞두고 "이 짐승 같은 원수를 무찌른다면 죽어도 한이 없겠습니다."라는 각오를 다지고 싸웠다. 혼전 중에 적의 총탄을 맞아 "싸움이 지금 한창 급하니 조심하여 내가 죽었다는 말을 하지 말라."는 말을 마치자마자 바로 숨이 끊어졌다. 자신의 목숨보다 나라의 운명이 더 중요했다. 이순신 장군은 죽는 순간까지 승리의 끈을 놓지 않았고 조국 수호의 의지를 꺾지 않았다.

제6장

유배생활 속에서
실학사상을 집대성한 다산 정약용

정약용 선생 동상(남양주시 마재마을 소재)

정약용 선생은 정조의 총애를 받으며 승승장구했지만 정조가 붕어하자 천주교를 믿었다는 이유로 관직을 잃고 유배를 떠나게 되었다. 심신이 피폐해지고 의욕을 잃기 마련인 유배 생활이었지만 오히려 학문에 매진하여 정치, 법률, 교육, 의술, 과학기술, 지리, 문학, 예술 등 다방면에 걸쳐 500여 권에 이르는 방대한 저서를 남겼다. 대표작은 '1표 2서'로서, 《경세유표》에서 제도 개혁을 주장하였으며 《목민심서》에서 백성을 위한 공직자 매뉴얼을 제시하고 《흠흠신서》에서 공정한 형벌 적용에 대해 논했다.

🏯 #1
실학사상의 대두 및 실학파 형성

실학사상의 대두 🏯

　임진왜란과 병자호란 등의 거듭된 전란 속에서 국토는 황폐해졌다. 농사지을 땅이 줄어들어 생계를 유지하지 못하게 된 백성들은 이탈이나 반항 등의 모습으로 자신들의 원망을 표출하기 시작했고, 양반층 중심의 기존 질서도 흔들리게 되었다.

　중국에 사신으로 다녀온 이수광이 문화백과사전인 《지봉유설》에서 《천주실의》와 〈곤여만국전도〉를 소개하고, 정두원이 천리경을 가져오는 등 서양 문물을 소개하여 지식인들의 세계관에 영향을 주었다. 정통 성리학에 바탕을 둔 사회 체계의 한계성을 극복하고 현실에 바탕을 두어 사실을 밝히고자 하는 청나라 고증학의 영향도 받았다.

　이러한 상황에서 실학이 나타나기 시작했다. 실학(實學)은 '실사구시(實事求是)'의 약칭으로 '실제로 소용되는 참된 학문'이라는 뜻이다. 사회적 모순에 대한 대안으로 등장한 새로운 학문적 경향으로 현실과 무관한 공허한 이론만을 제시하는 성리학을 허학(虛學)으로 비판하고 실증적인 태도로 연구하고자 하였다. 그동안 이어져 왔던 폐쇄적인

　　　　　　　　　　　　　대한민국 나침반 역사 속의 위인들

사대주의를 반대하고, 선진 문물을 받아들여 이를 통해 학문과 기술 수준을 높이고 조선 자체 내의 개혁을 통해 부강한 나라를 건설하자고 했다.

17세기에 서서히 형성된 실학적 학풍은 18세기 접어들면서 본격적으로 전개되어 학파 혹은 지역에 따라 그 특징을 파악할 수 있을 정도로 발전했다. 백성들의 생활을 향상하는 입장에서 농촌사회의 문제를 개혁하여 농민들이 잘살 수 있도록 토지제도의 개혁을 추구하는 중농학파와, 상공업의 발전을 모색하여 나라가 부강하도록 하고 중국과의 무역에도 힘써야 한다고 주장하는 중상학파로 나누어볼 수 있다.

중농학파

중농학파는 경세치용(經世致用, 국가와 사회를 운영하는 데 도움이 되는 학문)학파라고도 하며, 토지제도와 국가제도 개혁을 중심으로 조선사회를 변혁시키고자 하는 학풍이다. 서울과 가까운 경기 지방의 개혁적인 학자들에 의해 주도되었다고 하여 근기학파라고도 한다. 성호 이익을 중심으로 한 남인 출신의 학자들이 주축을 이루었다.

근기 남인은 양반사회의 구조적 모순을 직시하고 주류 학문인 성리학의 교조화를 비판하였는데, 특히 민생에 기반을 두고 실용, 실천, 개혁을 강조하였다. 이들은 농촌에서 생활한 덕분에 도시 양반들과 달리 농민들의 고통이 무엇인지, 어떻게 해야 농민들의 생활이 안정될 수 있는지 잘 알고 있었다. 유형원, 이익, 정약용 등이 중농학파에 속한다.

중농학파 학자

유형원

유형원이 살았던 시기는 임진왜란에 이어 병자호란이라는 큰 전란이 발발하고 조선 건국 이래 누적되어 오던 여러 가지 모순이 극대화되어 가는 시점이었다. 게다가 삼정(三政, 전정, 군정, 환곡)의 문란은 농민들의 삶을 파괴하여 노비나 도적으로 전락시키고 있었다. 그 폐단을 바로잡고자 유형원은 《반계수록》을 썼다. 소수의 양반들이 전국의 토지를 차지해 가는 현실을 보면서 균등한 토지의 소유야말로 국가와 백성이 안정되는 데 가장 중요한 요소라고 판단했다. 나라를 부강하게 하고 백성을 편안하게 하기 위해서는 가상 먼저 토지 개혁이 필요하다고 주장했다. 균전론과 경자유전은 유형원의 토지 개혁의 핵심 원칙이었다. 지주들에게 집중된 토지를 국가가 모두 국유화하여 백성들에게 재분배하자고 주장했다. 토지의 공유화가 실시되면 국가 경제의 기본인 농민들이 안정을 찾게 되고 인구가 안정적으로 늘어나 자연히 군대 병력의 충원이 용이해져 국가가 부강해질 것이라고 보았다.

이익

근기학파의 중심적 인물인 이익은 《성호사설》을 통해 여러 제도의 개혁을 주장했다. 이익은 유형원의 학풍을 계승하여 이전에 학자들이 공부하지 않던 천문·지리·율산(律算)·의학에 이르기까지 그 범위를 넓혀 갔으며, 보다 나은 세상을 향한 개혁 방안을 정리했다.

이익은 토지 개혁 방법으로 한전론을 주장했다. 농가마다 가질 수 있는 일정 정도의 토지를 정하고 그 토지는 매매할 수 없도록 하며, 그 이상의 토지를 매매할 때는 관에 보고하도록 하면 점차로 토지의 배분이 균등해질 것이라고 인식한 것이다. 또한, 당시 구휼제도라는 명목하에 사실상은 백성의 목을 죄는 세금으로 탈바꿈해 있던 환곡제도를 혁파하고 민간에서 자율적으로 운영하는 사창제(社倉制)를 실시할 것을 주장하였다.

경세치용의 개혁 사상을 설파한 이익의 사상은 그의 가문의 후손들뿐만 아니라 세상의 개혁에 뜻을 둔 많은 젊은 유학자들에게 영향을 미쳤다. 그들은 함께 이익의 개혁사상을 공부했으며 적극적으로 자신의 학문에 투영하였다. 이들을 이익의 영향을 받은 학파로 분류하여 이익의 호를 따 '성호학파'로 부른다.

그의 제자로는 사학의 안정복, 천문학을 한 황운대, 지리학의 윤동규, 문학의 신후담, 경학을 연구한 권철신 등이 유명하며, 가문의 인물로 경제학을 연구한 이만휴와 천문학과 문학을 연구한 이용후, 경학과 사학의 이가환, 지리학의 이중환 등이다. 이들은 이익의 개혁사상을 이어받아 성호학파를 이루었다. 이익의 경세치용의 개혁사상은 이가환 등을 통해 정약용과 그 형제들에게 전해져 더욱 계승 발전되었다.

중상학파

중상학파는 상공업의 유통과 생산기구 등 기술 혁신을 통해 조선 사회를 변혁시키고자 한 실학 학풍이다. 이용후생(利用厚生)학파, 북학파(北學派)라고도 불린다. 토지제도 중심의 개혁뿐만 아니라 상공업의 발달과 함께 각종 기계나 운송 수단, 기술의 개발 및 청나라와 서구의 문물을 적극적으로 수용하자는 데에 그 핵심이 있다. 유수원, 홍대용, 박지원, 박제가 등이 이에 속한다.

중상학파 학자

유수원

중상학파의 선구자인 유수원은 《우서》를 통해 이용후생을 중점적으로 다루었다. 농업에 있어서는 무리한 토지 개혁보다는 상업적 경영과 기술 혁신을 통하여 생산성을 높이고, 상업에 있어서는 상인 서로 간의 합자를 통한 경영 규모의 확대와 상인이 생산자를 구성하여 생산과 판매를 주관할 것을 주장하였다. 그리고 대상인이 학교와 교량을 건설한다든지 방위 시설을 구축하여 국방의 일익을 담당하는 등 지역사회 발전에 공헌할 것을 제안하였다. 유수원의 이용후생 국부 증진 사상은 그의 뒤를 잇는 홍대용, 박지원, 박제가 등의 북학파 학자들에 의해 계승되면서 유수원은 북학사상의 선구자로 칭하게 된다.

홍대용

홍대용은 청나라 여행을 바탕으로 《담헌서》,《의산문답》,《연기》 등을 저술하였으며 지구가 움직인다는 지전설을 주장했고, 인간도 자연 속에서 살아가는 하나의 생명체에 불과하다는 생명론, 중국이 세계의 중심이 아니라 우주는 무한하다는 우주 무한론을 주장했다. 이러한 자연관을 근거로 화이(華夷)의 구분을 부정하여 민족의 주체성을 강조하였다. 과거 제도를 폐지하고 각 면에다 학교를 세워 8세 이상의 자제를 모두 교육시켜 신분에 구애됨이 없이 조정에 추천해 인재를 등용하고, 양반들의 무위도식을 비판하면서 신분과 관계없이 모두 일을 해야 한다고 주장하였다.

박지원

1780년 삼종형 박명원이 청나라에 사절 정사로 갈 때 수행하여 압록강을 거쳐 북경, 열하를 여행하고 돌아와, 이때 보고 들은 내용을 정리하여 《열하일기》를 저술했다. 박지원은 농업경제가 사회 개혁사상의 중심이 되어야 하지만, 다른

대한민국 나침반 역사 속의 위인들

산업의 경우도 모두 균등하게 발전시킬 것을 주장하였다. 교통운수 시설의 발전을 통해 군현 내의 자급자족적 자연 경제의 울타리를 넘어선 국내 시장의 통일을 염두에 두었다. 부국강병을 위한 광산 자원의 적극적 이용과 산림 개발을 주장하였으며, 상공업을 발전시키기 위해 화폐 문제를 올바르게 개혁해야 한다고 보았다.

박제가

《북학의》에서 수레를 널리 이용하여 국내 상업을 발전시키고 동시에 견고한 선박을 만들어 외국 여러 나라와의 무역에 적극적으로 진출해야 한다고 주장했다. 생산력과 상품 유통의 발전, 그리고 통상 무역은 박제가가 가진 경제관의 주요 골자였다. 상공업을 장려하여 국가를 부강하게 하고 이를 위해 청나라의 선진적인 문물을 받아들여야 한다고 주장했다.

실학의 발달과 함께 역사, 지리, 언어 등 사회 전반에 걸친 국학 연구가 활발하게 진행되었다. 역사 연구에서는 안정복이 중국적 사관에서 벗어나 단군 조선까지 거슬러 기록하여 종전까지 모호한 채로 남아 있던 역사적 사실을 규명한 《동사강목》을 펴냈고, 유득공은 등한시되었던 발해사를 밝힌 《발해고》를 저술하였다. 신경준은 상고에서 조선에 이르기까지 각국의 수도와 강계를 역사 지리적 입장에서 서술한 역사 지리서인 《강계고》를 남겼다.

국토에 대한 관심은 지리서와 지도 제작으로 이어졌다. 한백겸의 《동국지리지》, 이중환의 《택리지》와 같은 역사 인문 지리서가 편찬되었다. 김정호는 지리 연구 분야에서 단연 돋보이는 업적을 남겼는

데, 답사를 통해 〈대동여지도〉라는 정밀하고 실용적인 지도를 완성해 냈다.

추사 김정희는 금석 등에 대한 과학적이고 실증적인 연구를 진척시키고 금석학을 독립된 학문으로 개척하였으며 진흥왕 순수비를 고증한 《금석과안록》을 저술하였다. 실사구시의 방법에 따라 각종 저술 활동이 활발하게 펼쳐져 조선 후기 학문은 새로운 도약기를 맞이하게 된다. 그러나 이와 같은 연구의 흐름은 정조 사후 60여 년간 이어진 세도 정치로 인해 그 빛을 발하지 못했다.

#2

정약용의 출생 및 성장

정약용의 출생

정약용은 1762년(영조 38년) 음력 6월 16일, 현재 경기도 남양주시 조안면 능내리 마재 마을에서 태어났다. 마재는 북한강과 남한강이 하나로 합하여 한강으로 합류하는 지점에 가까워 쌍방으로 물길이 통하고 풍광이 수려한 수향으로서 지금은 팔당호수가 감싸고 있다.

부친 정재원은 대과에 급제하지 않았지만 영조의 특지로 벼슬을 받아 관직에 나갔다. 사도세자가 뒤주에 갇혀 죽음을 당하는 비극적 사건을 지켜보다가 벼슬을 버리고 고향 마재 마을로 내려왔다. 사도세자가 죽은 사건에는 시파와 벽파라는 당파싸움이 작용했다. 잘못이 많기에 마땅히 죽어야 한다고 생각한 집단이 벽파였고, 죽을 만한 이유가 없는데도 자신들의 권력 유지를 위하여 비방하고 모함하여 죽였다고 생각하는 집단이 시파였다. 마침 그때 정약용이 태어났으므로 정약용의 이름을 '귀농(歸農)'이라고 지었다. 벼슬에 대한 미련을 버리고 고향에 돌아가 농사나 짓고 살겠다는 부친의 뜻이 '귀농'이란 정약용의 아명에 담겨 있다.

정재원의 가계는 남인이었고 시파의 중심인물인 채제공과 가까운 사이였다. 직계 선대는 8대가 계속하여 옥당(玉堂, 홍문관)에 오를 만큼 대대로 학자를 배출한 명예로운 나주 정씨 집안이었고, 어머니 집안 인 해남 윤씨 집안은 또한 남인의 시파였다. 어머니는 윤선도의 후손 인 공재 윤두서의 손녀딸이다.

정약용에게는 위로 의령 남씨 소생의 맏형 정약현과 어머니 해남 윤씨 소생의 둘째형 정약전, 셋째형 정약종이 있다. 그리고 누나가 있 는데, 매형은 조선 최초의 천주교 세례자 이승훈이다. 또한, 서제(庶弟) 로 정약황이 있고 서매(庶妹)는 재상 채제공의 서자 채홍근에게 출가하 였다. 그래서 정약용은 모두 8남매다. 그는 형제 가운데서 둘째 형 정 약전과 가장 친밀하게 지냈고 학문적 교류도 가장 깊었다.

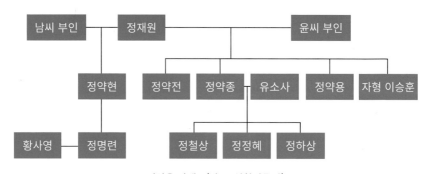

정약용 가계도(자료: 실학박물관)

정약용의 외가인 해남 윤씨 집안은 학문과 벼슬로 이름이 높았던 호남의 대표적 남인계였다. 이 집안의 현조(顯祖, 이름이 높이 드러난 조상)인 고산 윤선도는 당시 남인을 대표했던 인물로서 서인의 영수였던 우암 송시열과 맞대결을 벌였고, 학문과 정치적 능력 모두가 탁월하였다.

대한민국 나침반 역사 속의 위인들

만년에 보길도에서 지었던 단가 40수로 이루어진 〈어부사시사〉는 정철의 가사문학과 쌍벽을 이루는 것으로 평가받고 있다. 윤선도의 증손자인 윤두서는 진사시에 합격하였으나 관직에 나가지 않고 해남의 초야에 은거하면서 다양한 분야의 책을 읽었다. 공재 윤두서는 국보로 지정된 자화상을 그린 뛰어난 화가로서 선비화로 유명하며, 산수화의 겸재 정선, 화조도의 현재 심사정과 더불어 조선 후기 3재로 불렸다.

정약용의 성장

정약용은 지혜가 뛰어나고 스스로 학업에 열중하여 《명심보감》, 《소학》을 비롯한 사서삼경 공부는 기본이었다. 총명하여 어릴 때부터 영재 기질을 보였는데, 7세 때에 시를 지었다.

작은 산이 큰 산을 가리는 것은 멀고 가까움이 다르기 때문이라네.

부친은 이 시를 보고 "분수에 밝으니 자라면 역법과 산수에 능통할 것이다."라고 칭찬했다. 정약용은 열 살 때 옛 경전과 역사서를 모방하여 지은 글이 자신의 키만큼 쌓였다고 하며, 그때까지 지은 글을 모아 《삼미집》으로 묶었다. 어릴 적에 천연두를 앓은 오른쪽 눈썹에 자국이 남아 눈썹을 세 갈래로 나누어 놓았기 때문에 스스로 호를 '삼미자'라고 하였고, 큰형 정약현이 《삼미집》이라 이름 지었다.

특히 6세 때부터 난이도가 높다는 두보의 시를 접하고, 10세 때에는 두보의 시를 본떠 글을 짓기도 하였다. 두보는 당나라 3대 시인에 속하고 시의 성인인 시성(詩聖)으로 일컬어지며, 그의 시는 뛰어난 문장력과 사회상을 생생하게 반영하여 시로 표현된 역사라는 뜻으로 '시사(詩史)'라고 불린다. 사회 부정에 대한 격렬한 분노와 인간에 대한 한결같은 신뢰가 잘 나타나 있어 냉철한 사실주의자, 위대한 인도주의자인 동시에 열렬한 충군애민의 애국자로 평가된다. 정약용이 어렸을 때부터 두보의 시를 공부한 것은 애민사상 형성과 개혁 정책 제시에 밑받침이 되었다.

정약용은 정조가 즉위하던 해인 1776년 열다섯 살에 한양에 사는 홍화보의 딸과 결혼했다. 장인 홍화보는 무과 출신으로 경상우도 병마절도사를 거쳐 승지에 올랐다. 마침 정조가 즉위하여 정권에서 쫓겨난 남인들이 다시 등용되자 부친 정재원도 호조좌랑에 임명되어 한양으로 올라가게 되었다.

#3
정약용의 학문적 배경과 천주교의 영향

성호학파의 배경

정약용은 결혼 후, 부친이 벼슬에 다시 오르면서 한양에 올라와 살게 되어 사람들과 교류의 폭이 넓어졌다. 누나의 남편인 이승훈과 큰형의 처남인 이벽은 가까운 친구가 되었고, 이승훈의 소개로 이익의 종손 이가환을 알게 되었다. 이가환은 성호 이익의 실학을 계승한 유능한 학자로 당시 젊은 유생들의 선망의 대상이었다.

정약용은 이가환을 만나 이익의 문집을 보게 되었는데, 1777년 정약용 나이 16세 때였다. 이것은 단순히 한 학자가 선대 학자의 문집을 보았다는 평범한 사실이 아니라 이익의 학문과 사상이 정약용에게로 전해지는 스승과 제자가 만나는 순간이었다. 이익에게서 직접 사숙하지는 못했지만, 정약용은 이익이 남긴 저술《성호사설》을 읽으면서 그의 정치, 경제, 사회 개혁사상을 체득할 수 있었다. 이익은 근기학파의 중심적 인물이었다. 정약용 자신이 훗날 성호학파인 근기학파의 실학적 이론을 완성한 인물로 평가받게 된 단초가 바로 이 시기에 마련되고 있었다. 정약용은 이렇게 회고했다.

성호 이익의 원고를 처음 보았다. 당시에 온 세상의 후학들이 성호 선생의 학문을 이어가려고 하지 않은 사람이 없었다. 그래서 나도 성호의 학문을 준칙으로 삼았다. 자식들이나 조카들에게 항상 말하기를, '나의 미래에 대한 큰 꿈은 대부분 성호 선생을 따라 사숙하는 데서 깨달음을 얻었다.'라고 했다.

이익의 실학사상에 접하면서 정약용은 자신의 학문적 방향을 잡아갔음을 짐작할 수 있다. 그리고 이가환, 이승훈 등 남인계 학자들과의 교류하면서 민생과 직결되는 실용적인 지식에 관심을 갖게 되었다. 나아가 정약용은 성호학파의 경학적 기초 위에 그 학파의 비판적, 개혁적 학문 풍토를 계승하고 한걸음 더 나아가 노론 북학파의 북학사상도 적극 수용하였다.

천주교의 영향

정약용은 화순현감, 예천군수 등 부친의 임지를 따라다니며 부친으로부터 경사(經史)를 배우면서 과거시험을 준비하였다. 정약용은 22세인 1783년(정조 7년) 2월 세자 책봉을 경축하는 증광감시의 경의초시에 합격하고, 같은 해 4월에 소과 생원시에 합격하여 성균관에 들어갔다.

성균관에서 공부하고 있던 23세 때 평생 큰 영향을 끼쳤던 천주교를 처음 접했다. 1784년 4월 정약용은 고향 마재에 내려가 큰형수의 제사를 지냈는데, 큰형인 정약현의 처남인 이벽도 제사에 참석하였다. 이벽은 한양으로 돌아가는 길에 정약용, 정약전과 함께 배를 타고 한강을 따라 내려오면서 천주교 교리를 설명하였다. 정약용 형제는 한양에 도착하자 이벽의 집으로 따라가 《천주실의》 등 천주교 교리서를 빌려 읽고서 이때부터 천주교 신앙에 빠져들기 시작했다.

18세기 후반에 이르러 정권에서 밀려난 남인 계열의 실학자들이 천주교를 단순한 서양의 학문이 아닌 신앙으로 받아들였다. 이승훈은 1783년 동지사의 서장관에 임명된 부친을 따라 북경에 들어가 약 40일간 그곳에 머물면서 선교사들로부터 필담으로 교리를 배운 뒤에 그라몽(Gramont) 신부에게서 세례를 받아 한국인 최초의 영세자가 되었다. 이때 수십 종의 천주교 책과 십자가상 등을 가지고 귀국하여 이벽, 정약전·약용 형제, 권일신 등에게 세례를 베풀고, 다시 이벽으로 하여금 최창현, 최인길 등에게 세례를 베풀게 하였다.

이들은 1785년 역관 김범우의 명례동(명동) 집에서 신앙 집회를 열기 시작하였으며 이 신앙 집회가 바로 한국에서 처음으로 천주교회가 설립되었음을 의미한다. 그러나 이들의 신앙 집회는 형조 관헌에 적발되는 이른바 '을사추조적발사건'이 발생하여 큰 물의를 일으켰으며, 우선 가정에서 부형들의 엄중한 질책을 받고 배교를 선언하기도 하였다.

정약용의 집안은 천주교를 받아들인 핵심 인물들이 포진해 있었다. 먼저 누나의 남편인 이승훈은 우리나라 최초의 천주교 신도이고, 맏형 정약현의 부인인 경주 이씨는 동생 이벽으로부터 천주교를 받아들인 신도이며, 이벽은 조선 최초로 천주교를 창설한 사람이다. 또한, 정약현의 맏딸 정명련은 남편 황사영을 전도했고, 황사영은 1801년 신유박해가 몰아치자 제천 배론에서 백서사건(황사영 백서사건)을 일으킨 장본인이다.

한국 최초의 조선천주교 회장(명도회장)을 지낸 셋째 형 정약종은 큰아들 정철상 등과 함께 신유박해 때 순교하였다. 부친과 맏형이 순교한 후 정하상은 신유박해로 폐허가 된 조선 교회의 재건과 성직자 영입 운동을 추진하여 주교를 맞아들임으로써 조선 교회가 비로소 명실상부한 체제를 갖추게 하였으며, 1839년 기해박해 때 순교하였다. 그 외 정약용 외가인 해남 윤씨 가문의 윤지범과 윤지눌, 그리고 윤지충 등이 천주교를 전파한 인물들이다. 특히 윤지충은 1791년 금산 진산에서 외종사촌 권상연과 집안의 신주를 불태웠다가 사형을 당하였는데, 이 사건 이래로 조정에서는 천주교를 사학(邪學)으로 규정하고 탄압을 강화했다.

이처럼 조선 천주교의 초기 신앙 공동체를 주도했던 핵심 인물들인 이벽, 이승훈, 윤지충, 황사영은 모두 정약용과 가까운 인척들이고 형제들도 천주교 신앙에 입문하였다. 정약용 집안은 천주교 전래 역사의 축소판이나 다름없었고, 정약용은 초기 천주교 공동체를 이끌어갔던 핵심 인물들에 겹겹이 둘러싸여 있었다.

정약용은 자신이 고백하였다시피 천주교 교리를 듣고 천주교 서적을 보았으며, 한때는 자못 마음을 기울였다. 정약용의 천주교에 대한 태도는 자신의 정치적 진로에 커다란 장애로 작용하여 후일 반대파에 의해 공격을 받는 빌미를 제공하고 만다. 당시 천주교 신앙은 성리학적 가치 체계에 대한 본격적인 도전으로 인식되어 집권층으로부터 강한 비판을 받고 있었기 때문이다. 정약용은 천주교 신앙과 관련된 혐의로 여러 차례 시달림을 당해야 했고, 이때마다 자신이 천주교와 무관함을 변호해야 했다.

#4

정약용의 관료 생활

정조의 총애로 승승장구

성균관에서 정약용은 학문적 깊이를 더하였다. 《대학》과 《중용》 등의 경전도 집중적으로 연구하였다. 성균관에서 시행하는 시험에서 좋은 성적을 올려 정조 임금으로부터 상을 받았다. 1789년(정조 13년) 정약용은 28세 때에 식년문과 갑과인 대과에 급제하여 희릉(중종 계비 존경 왕후의 능)의 직장(종7품)으로 벼슬길의 첫발을 내디뎠다. 일찍이 정약용의 부친이 희릉 참봉을 맡았던 일이 있어서 정약용에게는 부친을 따르는 더욱 뜻깊은 자리였다.

정조는 아버지 사도세자의 죽음에 깊이 관여한 노론 세력들의 견제 속에 어렵게 왕위에 올랐다. 할아버지인 영조에 이어 당파와 관계없이 인재를 등용하는 탕평책을 실시하였고, 왕권을 강화하기 위해 군사적 기반인 장용원을 조직했다. 정조는 왕권 강화와 함께 학문을 장려하고 개혁 정치를 구상했다. 규장각은 이러한 생각이 압축적으로 표출된 공간이었다. 세종이 집현전을 설치해 학문의 전당과 유교 정치 이념을 전파하는 중심 기관으로 만든 것처럼 정조 역시 학문적 연구 성과를 바탕으로 개혁 정치를 수행하기 위해 규장각을 설치했다. 규장각은 정조의 개혁 정치와 문화 중흥을 이끌어 가는 두뇌 집단의 산실이 되었다.

규장각

세조 9년(1463년) 집현전이 혁파됨에 따라 집현전에서 소장하고 있던 서적들이 예문관으로 옮겨졌는데, 세조는 세종이 애써 모은 서적이 산일될까 우려하여 양성지로 하여금 서적을 체계적으로 분류하여 조사하게 하였다. 이 일을 마친 양성지는 국가에서 소장하고 있는 서적을 체계적으로 관리하는 제도를 새로이 만들 필요가 있음을 절감하고 규장각의 설치를 건의하였지만 실현되지 못했다. 숙종대에 이르러 종정사(宗正寺)에 작은 건물을 별도로 지어 '규장각(奎章閣)'이라 쓴 숙종의 친필 현판을 걸고 역대 왕들의 어제(왕이 직접 지은 글)나 어필(왕이 쓴 글씨) 등을 보관하는 장소로 삼았다.

정조는 왕위에 오르기 전 경희궁에서 15년을 지내다가 즉위 후 처소를 본궁인 창덕궁으로 옮겼다. 그리고 창덕궁에서 경관이 가장 아름다운 영화당 옆의 언덕을 골라 2층의 누각을 짓고 어필로 '주합루(宙合樓)'라는 현판을 달았으며, 1층을 '규장각(奎章閣)'이라 이름했다.

창덕궁 후원 주합루

대한민국 나침반 역사 속의 위인들

규장각의 가장 중요한 업무는 역대 왕들의 글이나 책 등을 정리하고 이것을 바탕으로 개혁 정치의 방향을 설정하는 것이었다. 법고창신(法古創新, 전통을 본받아 새것을 창출한다)은 규장각을 설립 정신이었다. 당파나 신분에 구애 없이 젊고 참신한 능력 있는 젊은 인재들을 규장각에 모았다. 박제가, 유득공, 이덕무 등 당대 최고의 인재들을 이곳에 발탁하였다. 그리고 '객래불기(客來不起, 손님이 와도 일어나지 말라)'와 같은 현판을 직접 내려서 규장각 신하들이 학문에만 전념할 수 있도록 배려했고, 때로는 정조 자신이 몸소 그들과 날이 새는 줄도 모르고 대화를 나누며 학문에 대해 토론했다.

규장각에서는 정조와 규장각 신하들의 학문적 열정이 담긴 수많은 책이 간행됐다. 그리고 청나라에서 수입한 도서들을 보관했는데, 이러한 책들은 서양의 문물을 연구하는 데 큰 도움이 됐다. 1782년 2월 외침으로부터 중요한 왕실의 문헌을 보호하기 위하여 강화도에 외규장각을 건립한 후 규장각에서 관리하던 어람용 의궤 등을 옮겨 관리하였다. 병인양요 때 약탈되어 프랑스 국립도서관으로 갔다가 반환된 조선왕조 의궤가 바로 이곳에 있었다.

복원된 외규장각

정조는 젊은 관리들이 규장각에서 재교육을 받는 제도인 '초계문신' 제도를 실시했다. 인재를 기르기 위해 37세 미만의 신진 관료 중에서 유능한 사람을 신분과 상관없이 선발하여 규장각에 소속시키고 경전의 강론과 학문 연마에 정진하게 하는 제도이다. 1781년 시작하여 정조가 사망한 1800년까지 19년 동안 10여 차례에 걸쳐 이뤄졌으며 총 138명이 뽑혔는데, 대표적인 인물이 정약용이다.

정약용의 뛰어난 재주를 인정하고 있던 정조는 정약용이 대과에 급제하여 벼슬에 나가자 규장각 '초계문신'으로 발탁하였다. 정약용은 희릉 직장을 맡은 지 얼마 안 되어 오위에 속하는 무관의 직책인 부사정으로 옮겼다가 승정원의 가주서로 승진하였다. 정약용의 벼슬길 첫 출발은 순풍에 돛단 듯이 경쾌한 항해를 시작하였다. 그리고 정약용은 용산과 노량진 사이의 한강을 건너는 배다리 설계에 참여하였다.

사도세자는 왕위에 오르지 못하고 당파싸움에 희생되어 뒤주에 갇혀 세상을 떠났다. 정조는 11세 어린 나이에 아버지 사도세자의 죽음을 목격했다. 어머니 혜경궁 홍씨에 대한 효심도 깊었지만 슬프게 세상을 떠난 아버지에 대한 그리움과 효심도 대단했다. 임금이 되자 억울하게 죽음을 당한 사도세자의 복권과 추존을 도모하였다. 이것은 생부 사도세자의 아들이라는 처지 때문에 발생할지도 모를 왕위의 정통성 문제를 차단하기 위한 정치적 시도이기도 했다.

양주 배봉산에 있던 사도세자의 무덤은 '수은묘'로 불리어 세자로서의 예우를 받지 못하고 있었다. 조선 시대 왕실 무덤은 왕과 왕비의 경우 릉(陵), 세자와 세자빈 그리고 왕의 친어머니는 원(園), 왕족이지만 세자가 아닌 경우는 묘(墓)라고 했다. 우선 정조는 즉위하면서 사도세자를 장헌세자로 개칭하였으며 무덤 이름을 '영우원'으로 격상하고 '경모궁'이라는 사당도 만들었다. 그로부터 13년이 흐른 1789년(정조 13년) 무덤을 수원 화산으로 옮기고 이름도 현명하신 분을 융성스럽게 받든다는 의미를 담은 '현륭원(顯隆園)'으로 바꾸었다. 아울러 명복을 기원하는 왕실 원찰인 용주사를 창건하였다.

효성이 지극하였던 정조는 해마다 기일이 되면 아버지의 묘소를 찾아 참배하였는데, 수원 화성으로 이장하게 되면서 오가는 뱃길이 문제였다. 어가를 싣고 수종하는 신하·장졸이 수백 명에 이르렀다. 보통 행렬이 아닌 것이다. 정조는 정약용이 수학적 계산과 원리에 밝다는 사실을 알고 한강을 건너는 배다리를 만드는 역사를 맡겼다.

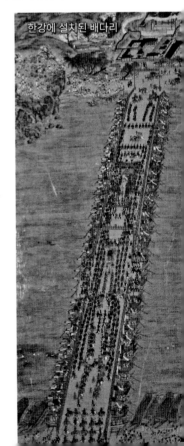

한강에 설치된 배다리

배다리는 다리를 놓기 어려운 큰 강에 배를 나란히 붙여서 임시로 다리를 놓는 것을 말한다. 배다리의 설치를 위해서는 여러 나루터의 배를 징발하여 배의 크기에 따라 배열하고 그 위에 널빤지를 깔아 임금의 거동 행렬이 안전하게 한강을 건너도록 해야 하는 큰 공사로써 비용도 많이 들고 위험한 일이었다. 치밀한 계산으로 설계하여야 하는 기술적인 문제가 따랐다.

그리고 징발한 배를 관리해야 하는 복잡한 문제도 있었다. 60여 척의 배, 연결을 위한 널빤지 2,100개, 공사에 동원된 군사의 숫자만도 1,000명이나 되었지만, 이러한 복잡하고 어려운 일을 정약용은 훌륭히 해냈다. 그가 벼슬에 나간 첫 해에 이처럼 중대한 임무를 맡았다는 것은 정조 임금의 신임이 각별히 두터웠고 유망한 관리로서 순조롭게 출발하고 있음을 확인시켜 주는 것이기도 했다.

정약용은 1790년 29세 때 한림 회권에 선발되고 한림 소시를 거쳐 예문관 검열이 되었다. 그러나 이때 반대파에서 한림의 선발 과정을 두고 사사로운 인정에 따라 격식에 어긋나는 추천이 있었다고 비판하자 정약용은 사직 상소를 올리고 물러났다. 정조는 정약용을 잠시 해미(충남 서산군 해미면)로 유배시켰다가 10일 만에 유배에서 풀어 주었다. 정약용은 조정에 돌아오자 다시 예문관 검열에 임명되고 사간원 정언을 거쳐 사헌부 지평으로 승진되었다. 31세 때인 1792년 3월 홍문관 수찬에 임명되었으나, 진주목사로 있던 부친이 임지에서 세상을 떠나자 고향 마재에서 삼년상을 지냈다.

수원 화성 건축

1789년 10월 정조는 아버지 사도세자의 무덤을 양주 배봉산 아래에서 수원 화산으로 이장하면서 이곳에 살던 백성들은 삶의 터전을 옮겨야만 했다. 그래서 팔달산 아래에 신도시 화성을 건설하였다. 수원 화성은 정조의 효심과 개혁의 꿈이 서린 계획 도시이자 정조의 철학이 고스란히 녹아 있는 도시이다.

화성 건설은 아버지의 무덤을 옮기기 위한 것도 있었지만 백성들을 보다 편리하고 풍요롭게 살게 하려는 마음이 작용하였다. 한편으로는 조정에서 막강한 권력을 갖고 있던 노론 벽파를 견제하고 강한 왕권을 확립하려는 목표도 있었다. 수도 한양에서는 기존의 정치 세력이 강하여 정조의 입지가 약했기 때문에 새로운 근거지로서 수원 화성 건설을 추진하였다.

배다리 설계 임무를 성공적으로 수행한 능력을 확인했던 정조는 정약용에게 화성 축성 계획을 마련하라고 지시했다. 정약용은 정조의 의중을 꿰뚫고 기존 조선 성제의 장단점과 중국 성제의 장점, 그리고 중국을 통해 입수한 서양 과학기술 서적을 연구하여 1792년 도시의 기본 틀과 구체적인 건축 방법까지 꼼꼼히 담은 보고서인 〈성설〉을 완성해 올렸다. 화성의 공사의 전반적인 책임자는 영의정이었던 '채제공'이었다. 채제공은 정약용을 비롯하여 박지원, 홍대용, 박제가 등 젊고 유능한 실학자들을 적극적으로 후원했다.

정조는 정약용에게 성의 무거운 물건을 들 수 있는 방안을 마련하라고 명하면서 중국에서 들여와 규장각에 비치했던 서양의 역학 기술 소개서인 《기기도설》을 보내주었다. 정약용은 이 책을 참고하여 〈기중가도설〉

거중기(마재 마을 실학박물관 소재)

을 지어 도르래의 원리를 이용해 적은 힘으로 무거운 물건을 드는 기구인 거중기를 설계하였다.

수원 화성 장안문

    당초 성곽 건축 계획 기간은 10년이었으나 거중기와 녹로 등 첨단 장비를 활용하여 공사 기간을 대폭 단축하여 시작한 지 2년 9개월 만인 1796년 10월에 완공하였다. 연인원 70만 명이 참여하였으며, 돌덩이 18만 7,600개, 공사비 87만 냥이 소요되었다. 임금 노역을 실시(총공사비용 중 55.9%)하여 일꾼들에게 정확히 품삯을 주고 열심히 일하게 했으며, 성과급제와 공사 실명제를 시행한 것도 공사 단축에 큰 기여를 하였다.

    정조는 화성이 아버지와 관계되는 일이어서 정성을 바친 역사였으므로 철저한 기록을 남기도록 하였다. 1795년(정조 13년) 2월 9일부터 2월 16일까지 8일 동안 한양 도성을 떠나서 수원 화성행궁에 머물렀다. 화성행궁 봉수당에서 어머니 혜경궁 홍씨의 회갑연을 성대하게 마친 후 정약용을 의궤청 찬집문신으로 임명하면서 사도세자의 비궁·침원 및 용주사·배봉진의 여러 가지 유래와 제도 등을 기록하여 찬술하도록 명하자 정약용은 《화성정리통고》를 저술했다.

한편 정조는 현륭원 일대에 본격적으로 나무를 심도록 하였다. 또한, 화성행궁 후원과 팔달산에도 많은 나무를 심었고, 수원과 수원 인근 7개의 광주·용인·과천·진위·시흥·안산·남양 고을로 나무 심기를 확대하였다. 관료들과 시전 상인 등 경제적으로 여유있는 사람들로부터 묘목을 기증받았다. 1789년 7월부터 심기 시작한 나무는 1795년까지 지속적으로 이어졌다. 정조는 수원을 포함한 8개의 고을에 심은 나무의 숫자가 궁금하였다. 그래서 관원들에게 식목 장부를 가져오라고 지시하였다. 그런데 관원들이 가져온 장부의 양이 너무 많아 도저히 숫자 파악을 할 수 없을 정도였다. 정조는 정약용에게 나무의 숫자를 정리하도록 지시하였다.

7년 동안 8읍에서 심은 나무의 장부가 수레에 실으면 소가 땀을 흘릴 정도인데, 그 공로는 누가 더 많으며 나무의 숫자는 얼마인지 아직도 명백하지 않으니 한 권이 넘지 않은 범위에서 정리하라.

정약용은 한 장의 종이에 가로 12칸을 만들고 7년을 12칸에 배열하고, 세로 8칸을 만들어 8읍을 오늘날의 액셀식으로 배열하였다. 칸마다 그 수를 기록해 종합하니 소나무·노송나무·상수리나무 등 여러 가지 나무가 모두 1,200만 9,772그루였다. 1칸마다 그 수를 기록하고 그 총수를 계산하였다. 정약용이 '식목연표(植木年表)'를 만들어 올리자 정조는 크게 칭찬하였다.

한 권이 되지 않으면 상세한 내용을 담을 수 없다고 생각했는데, 그대가 종이 한 장으로 그 많은 장부에 기록된 내용을 담아냈으니, 참으로 훌륭하도다.

정조는 봉조하 김종수에게 화성의 축조 과정을 기록한 《화성성역의궤》를 편찬할 것을 명령하여 1796년 11월에 최초 완성되었고, 1801년 9월에 인쇄되어 발간되었다. 축성 과정에서 사용된 각종 공사법과 군사 배치 등에 대한 규정, 공사에 사용된 각종 기자재의 상세한 모습과 사용 방법, 축조 과정에서 매일의 일상을 기록한 일지, 각 담당 관청들의 명칭과 관원들의 이름, 정조의 윤음 및 각종 전달문, 현장에서 왕과 관련 관청에 올렸던 각종 보고문 및 장계, 축조 과정에서 사용된 물품의 종류와 수량 등 공사 기간 중 있었던 모든 내용들이 상세히 수록되어 있다.

건물의 격자 하나하나가 가진 모양이나 축성에 사용된 재료를 어느 지방에서 공수해 왔는지에 대한 내용까지 있으며, 심지어 건설 과정에 참여한 기술자 석수(石手) 642명, 목수 335명 및 기타 일반 백성들의 성명까지 기록되어 있다.

《화성성역의궤》가 없었다면 세계문화유산 지정도 어려웠을 것이다. 동양 성곽 축성술의 결정체인 수원 화성은 완공된 지 200년이 지난 뒤인 1997년 12월 4일, 유네스코 문화유산 전문가들은 화성을 세계문화유산으로 등록할 만한 충분한 가치가 있다고 인정하였다. 수많은 동아시아의 성 중에서 수원 화성을 세계유산으로 결정한 데에는 수원 화성 자체가 가진 문화적 가치뿐만 아니라 6·25전쟁 때 많은 부분이 파괴되었으나 《화성성역의궤》에 수록된 설계도에 의해 복원했기 때문이다. 유네스코 심사위원들은 수원 화성의 복원 과정에 경탄하면서 당시 원형대로 남아 있는 성으로 간주했다.

천주교에 연루된 순탄치 못한 관료 생활

정약용은 1794년 6월 부친의 삼년상을 마치자 그해 7월 정5품의 성균관 직강에 임명되고 10월에는 홍문관 수찬에 임명되었다. 그리고 곧바로 왕의 특명을 받아 경기 북부 지역 적성·마전·연천·삭녕 지방의 암행어사가 되어 수령들의 잘잘못을 규찰하고 백성들의 어려움을 살폈다. 지방 행정과 민생의 실상을 직접 보고 그 대처 방법을 진지하게 고민하는 소중한 기회였다. 정약용은 삭녕군수 강명길과 연천의 전직현감 김양직이 부정하게 백성을 착취하고 관청의 재산을 사사롭게 착복한 죄악을 일일이 지적하여 고발하였다. 또한, 경기도 관찰사 서용보의 집안사람이 마전의 향교 터를 사적으로 이용하려 한 점도 지적하였다.

암행어사 임무를 마치자 정약용은 1795년 1월에 승정원 동부승지, 2월에 병조참의, 3월에 우부승지를 제수받았다. 정조는 정약용의 벼슬을 높여주며 격려했다. 그러나 정조의 총애를 받을수록 반대파의 견제는 높아지기만 했고, 반대파는 더 이를 악물었다. 그런데 주문모 신부가 밀입국하면서 그들에게는 실로 엄청난 호재가 되었다.

주문모 신부가 조선에 오기까지는 이승훈과 정약종의 노력이 컸다. 지황과 윤유일의 안내에 따라 조선 옷으로 갈아입고 머리 또한 조선식으로 꾸몄다. 주씨 성을 이씨로 고치고 역부 차림새로 의주 관문을 넘어 1794년 12월 23일 조선에 입국하였다. 1795년 6월 초 한양에 도착하여 숨어 지내며 선교 활동을 전개하였다. 그해 6월 밀고로 체포령이 내려져 피신하였으나, 이때 그를 도와 선교하던 최인길·지황·윤유일은 체포되어 처형되었다.

반대파에서는 정약용이 천주교 집단과 깊이 연관되어 있다고 의심하고 비난과 압박을 가하였다. 결국 충청도 금정찰방(金井察訪)으로 좌천되어 약 5개월 동안 그곳에서 생활해야 했다. 정조는 천주교 신앙 문제로 공격의 표적이 되고 있는 정약용을 안타깝게 여겼다. 천주교 신도들이 많은 금정 지역에 보낸 것은 천주교도들을 깨우치게 하는 공적을 이루어 비판의 표적에서 벗어나는 기회로 삼으라는 뜻이 있었다. 정약용은 토호들을 불러다 국가의 천주교 금교령을 어기지 말고 제사를 지내도록 타일렀다.

그 후 정약용은 규장각 교서로 돌아와 편찬과 교정 업무에 종사했고, 병조참지, 승정원 우부승지, 좌부승지에 임명되어 다시 정조의 측근으로 활동하게 되었다. 그러나 천주교 문제가 다시 정쟁의 핵심으로 떠올라 사직을 청원하는 상소문 형식으로 자신이 한때 천주교 신앙에 빠져들었던 사실을 솔직하게 시인하면서 벼슬길에 나온 후 천주교를 버리고 이단의 학문에 뜻을 두지 않았음을 주장하였다. 이것이 '자명소' 또는 '변방소'란 이름으로 잘 알려진 상소문이다. 그 후에도 비난이 그치지 않자 정조는 1797년 6월 정약용을 외직인 황해도 곡산부사로 내보냈다.

정약용이 곡산부사로 부임하기 전 이곳에서는 큰 소요 사건이 있었다. 이전 부사 때 아전의 농간으로 군포 200냥 낼 것을 900냥을 걷어가 백성들이 일어섰다. 이계심이 앞장서서 1,000여 명의 농민들을 모아 관에 가서 호소했다. 그러나 관에서 형벌을 내리려 곤장을 들고 치자, 그들은 도망갔고 이계심도 숨었다. 이 일은 조정에까지 알려지고 주동자를 체포하여 처형하자는 주장이 나왔다. 정약용이 부임하는 길에 이계심이 백성의 고통을 12조목으로 적어 호소하며 가마 앞에 엎드렸다. 서리들이 포박하려고 하자 정약용은 이를 말리면서 관청으로 데려갔다. 정약용은 사실 관계를 확인한 후 이계심을 방면했다.

죽음을 무릅쓰고 사또나 아전들의 잘못을 바로잡으려고 나섰으니, 의롭고 용기 있는 그대에게 상을 주어 마땅하도다. 그런데 상 대신 벌을 내리라니 당치 않은 말이로다.

파격적이었다. 자신이 당할 형벌이나 죽음도 두려워하지 않고 백성들이 당하는 억울함을 관에 항의할 줄 아는 사람이 있어야만 관이 밝은 정치를 할 수 있다는 것이다. 조선 시대의 관리들은 죄가 있건 없건 필요에 따라 "네 죄를 네가 알렸다."라고 매질을 하여 자복을 받아내기 일쑤였다. 특히 백성들의 집단 행동은 반역죄로 치부하여 가중 처벌하였다. 더구나 조정 정승들이 엄하게 처벌해야 한다고 하는 사건이었지만, 정약용은 양심과 법에만 의존하고 외부 판단은 고려하지 않고 판단하였다. 1797년 조선이라는 나라에서 백성이 주인이고 목민관은 백성의 공복이라는 명제가 현실로 실현된 사건이다.

곡산부사로서 정약용은 실학정신을 현장에서 구체적으로 실현하고 뛰어난 목민관의 자질을 드러내 백성들의 추앙을 받게 된다. 곡산부의 고질적인 폐단을 없애고 민생을 위한 행정의 다양한 제도적 기틀을 정비하였다. 백성들이 고르게 환곡을 이용할 수 있도록 하기 위해 직접 돌아다니며 나누어 주었다. 호적·토지대장·군적 등의 등록 사무를 공정하게 처리하고 호포도 관에서 함부로 사용하지 못하도록 하였다. 또 농가마다 의무적으로 송아지를 기르게 하여 농사철에 이용할 수 있도록 장려했다. 그리고 백성들끼리 송사가 벌어졌을 때에는 공정하게 처리해 주었다.

이러한 실제 경험을 토대로 훗날 《목민심서》 등의 저술에서 목민관의 과제를 구체적이고 절실하게 제시할 수 있었다. 또한, 이때 천연두가 만연하자 서학에서 얻은 지식을 바탕으로 적절한 치료책을 세우고 《마과회통》이라는 의학서를 보급하였다. 천연두에 대해 전혀 무방비 상태였던 민간에서 이 치료 대책에 힘입어 많은 환자를 구할 수 있었고, 조정에 알려져 전국적으로 이 처방을 보급하게 되었다.

1799년 4월 정약용은 내직으로 옮겨져 병조참지, 동부승지가 제수되고 형조참의에 올랐다. 정약용은 형조참의로 있으면서 전국 고을에서 일어난 사건의 수사 기록을 열람하고 분석하면서 법률 행정 분야의 안목과 식견을 넓힐 수 있었다. 그러나 반대파들은 여전히 그를 가만두지 않았다. 천주교 신자인 정약용을 처벌해야 한다는 상소가 계속되었다. 특히 남인 시파의 영수요 천주교 탄압을 막아 주던 채제공이 죽은 뒤에 반대파의 공격은 더 심해지고 있었다.

이 때문에 정약용은 사직을 간청하는 상소를 올렸다. 정조는 애써 달래어 조정에 머무르게 했지만 정약용의 사의는 완고하여 처자를 데리고 낙향했다. 고향에 내려갔다는 소식을 듣고 정조는 정약용을 재촉하여 불렀다. 할 수 없이 다시 조정에 돌아왔지만, 정조 임금이

1800년 6월 28일 갑자기 세상을 떠나고 말았다.

정조는 글 읽기와 시 짓기, 그림 그리기를 좋아하고 당파싸움 속에서도 백성을 위한 올바른 정치를 하려 애쓴 성군이었다. 열린 사고로 서학을 이해하고 정약용을 믿고 아끼고 강력하게 보호해 주던 정조대왕의 죽음은 정약용에게는 하늘이 무너지는 것과 같았다. 정조 임금이 없는 세상은 지붕이 없는 집과 같았다.

정약용은 미련 없이 고향으로 돌아와 집의 당호를 '여유당(與猶堂)'이라 지어 불렀다. '여유(與猶)'라는 말은 노자 《도덕경》 제15장의 "주저하는 것이 겨울에 냇물을 건너는 것과 같고, 머뭇거리는 것이 사방의 이웃을 두려워하는 것 같다."에서 나왔다. 그런데, 고향 집에 칩거하면서 조용히 살려고 하였으나 그를 노리고 있던 반대파에서는 급박하게 공격해 왔다.

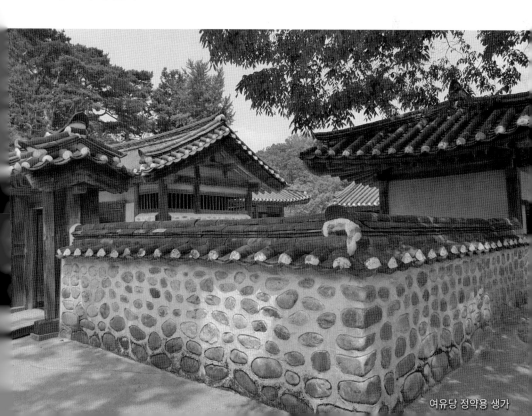

여유당 정약용 생가

#5

유배지에서 꽃핀 정약용의 삶

천주교 탄압과 유배길

　정조가 재위하고 있는 동안은 비록 천주교 금교령을 내렸음에도 불구하고 금지 정책은 온건한 것이었다. 그런데 순조가 즉위하면서 조정의 입장이 강경해지고 유교 관료들의 천주교에 대한 배척도 강도를 더해갔다. 1800년 12월 19일 밤, 한양의 장흥동에서 열린 천주교 신앙 집회가 형조 나졸들에게 적발되면서 천주교인들이 줄줄이 체포되었다. 12세밖에 되지 않은 순조 임금의 뒤에서 수렴청정을 하고 있던 대왕대비 정순왕후는 1801년 2월 9일 "사학(邪學)을 엄중히 추핵(推覈, 죄인을 추궁하여 죄상을 조사함)하는 조치를 실시하라."는 전교를 내렸다.

　오가작통법을 동원한 대대적인 수색으로 많은 천주교인들이 체포되고 순교하였다. 신유사옥이 발생한 것이다. 천주교 신자들이 혹독한 탄압을 받은 이 옥사는 무서운 살육이 감행된 피의 대재앙이었다. 이때 천주교를 믿었던 남인 시파 정약용 집안이 큰 타격을 입게 된다. 정약용의 셋째 형인 정약종과 이승훈이 순교하고 이가환, 권철신 등은 옥사했다. 정약용은 포항 장기현으로, 둘째 형 정약전은 신지도로 유배되었다.

중국인 신부 주문모도 사형에 처해졌다. 한국 천주교 역사상 최초의 외국인 사제인 주문모 신부는 6년 동안 은신하면서 조선 땅 곳곳에서 선교 활동을 펼쳐 조선에 입국할 무렵 3천에 지나지 않던 신도가 1만여 명으로 늘어났다. 관가의 수색망이 날로 좁혀지고 수많은 신자가 잇달아 순교하자 1801년 3월 자수하고 5월 새남터에서 순교하였다.

새남터

용산구 한강 변에 위치하며, 조선 초기부터 군사들의 연무자나 국사범을 비롯한 중죄인들의 처형장이었다. 신유사옥 때부터 천주교 신자들이 순교한 곳이다. 주문모 신부도 여기서 순교하였다. 기해박해 때는 앵베르(범) 주교와 모방(나) 신부, 샤스탕(정) 신부가 순교하였다.

병오박해 때는 한국 최초의 신부인 김대건 신부가 순교하였다. 병인박해 때 베르뇌 주교와 브르트니에르 신부, 볼리외 신부, 도리 신부, 푸르티에 신부, 프티니콜라 신부와 평신도인 정의배, 우세영 등이 순교하였다.

주문모 신부 흉상

1801년 10월에는 흰 비단에 적은 밀서를 북경의 구베아(Gouvea A.) 주교에게 보내고자 한 황사영 백서 사건이 발생하면서 신유사옥의 제2차 옥사가 일어났다. 황사영의 백서는 신유사옥의 내용 등을 자세하게 기록하여 보고하면서 조선 정부를 압박하는 방안을 제안하여 천주교 금압 정책을 해소시키고 신앙의 자유를 얻을 수 있도록 청원한 것이다. 이것은 조선 정부의 입장에서 보면 국가의 존립을 위협하는 반역 행위로 인식하지 않을 수 없는 것이었다.

조카사위 황사영의 밀서 사건으로 인해 정약용은 한양으로 압송되어 의금부에 투옥되었다. 취조를 해본 결과 황사영과 내통한 흔적이 없다는 사실이 밝혀졌으나, 사교의 원흉으로 지목하여 죽여야 한다는 주장이 만만치 않게 제기되었다. 특히 홍희운은 "천 사람을 죽여도 정약용을 죽이지 않으면 아무도 죽이지 않은 것과 같다."라며 압박하였다. 이때 황해도 관찰사 임기를 마치고 한양으로 막 올라온 정일환이 곡산부사의 선정을 들어 순조에게 아뢰었다.

아니되옵니다. 정약용은 지난날 곡산부사로 있을 때 백성들을 잘 다스려 지금도 칭송이 자자한 터에 이런 사람을 죽이면 민심이 흉흉해지고 조정을 불신할 것입니다.

결국 정약용은 강진으로 유배되고, 정약전은 흑산도로 유배되는 판결이 내려졌다. 정약용은 형 정약전과 함께 길을 떠났다. 나주성 밖의 율정점에서 밤을 보내고 다음 날 아침 밤남정 삼거리에서 각각의 유배지를 향해 헤어져야 했다. 이렇게 이별하고 나면 다시 만날 기약도 없이 바다 건너 아득히 멀리 떨어진 섬으로 유배를 가게 된 형과 울며 헤어졌다.

절망에서 희망으로 승화된 유배 생활

강진에 처음 도착했을 때 그를 둘러싼 세상은 온통 절망이었다. 사람들은 정약용을 받아주려고 하지 않았다. 한양에서 벼슬을 하다가 대역죄를 짓고 귀양 온 선비에게 겁을 먹고 달아날 뿐 아무도 상대해 주지 않았고 귀양 온 천주교도라고 손가락질을 했다. 그나마 동문 밖 주막(동문매반가)의 주모가 골방 하나를 내어주었다. 장장 18년 동안의 남도 유배가 시작되었다.

정약용을 주목하는 감시의 눈은 심하였고, 강진현감 이안묵은 그가 임금을 원망한다고 무고하였으나, 증거가 없어 무사히 넘어갔다. 울분과 좌절의 나날들, 유배 생활이 그렇듯이 가장 고통스러운 것은 이 고통이 언제 끝날지 모른다는 것이었다. 그래서 모든 게 무의미해 보였다. 길을 잃었다. 눈에 보이는 길이 아닌 마음의 길, 인생의 길을 잃었다. 이러한 정약용의 생활을 지켜보던 주막의 주모가 어느 날 한마디 했다.

어찌 그냥 헛되이 살려고 하오. 제자라도 가르쳐야 하지 않겠소?

정약용은 그 소리에 깨어났다. 마음을 잡고 학문에 전념하기로 다짐했다. 스스로 생활 태도를 바꾸었다. 본인이 묵고 있는 방을 "생각을 맑게, 용모를 단정히, 말은 적게, 행동을 무겁게 하라."는 의미로 '사의재(四宜齋)'로 이름 지었다. 누구 하나 말 걸어 주는 사람도 없던 그 시절, 정약용은 오히려 "나는 겨를을 얻었구나." 하고 스스로 위로하였다. 그렇게 태도를 바꾼 순간 정약용은 자기가 겪고 있는 시련의 의미를 찾아냈다. 그때부터 4년 동안 주막에 머물며 후학을 양성했다.

사의재

정약용 스스로 편찬한 〈아학편〉을 주교재로 삼아 교육을 하였으니 당대 최고의 학당이 강진 주막에 창실된 셈이다.

1805년 겨울부터는 보은산에 있는 고성암 보은산방에 머물며 주로 《주역》을 연구했다. 이때 정약용은 보은산 정상에 올라 멀리 흑산도에 유배되어 있는 둘째 형을 그리워하였다. 그다음 해 가을부터는 강진읍 시절 그의 애제자가 된 이청의 집에서 기거했다. 마침내 귀양살이 8년째 되던 1808년 봄에 '다산초당(茶山草堂)'으로 거처를 옮겼다.

책 보따리를 들고 이곳저곳으로 거처를 옮기던 읍내 시절에도 학문하는 자세를 잃은 적은 없었지만, 다산초당으로 온 후 비로소 마음 놓고 사색하고 제자들을 가르치며 본격적으로 연구와 저술에 몰두할 수 있게 되었다. 이곳에서 정약용은 희망 없는 유배지 삶을 그의 생애에서 가장 찬란히 빛나는 시간으로 바꿔냈다. 스스로의 다짐이 아들에게 보낸 서신에서 잘 나타나 있다.

폐족이 되어 학문을 힘쓰지 않는다면 더욱 가증스럽지 않겠느냐. 다른 사람들이 천시하고 세상에서 비루하게 여기는 것도 슬픈데, 지금 너희들

은 스스로 자신을 천시하고 비루하게 여기고 있으니, 이는 너희들 스스로 가 비통함을 만들고 있는 것이다. 너희들이 끝내 배우지 않고 스스로 포기해 버린다면, 내가 지은 저술과 간추려 뽑아 놓은 것들을 장차 누가 모아서 책을 엮고 바로잡아 보존시키겠느냐?

유배의 고통을 떨치면서 학문 연구에 집중하였지만, 세월이 흐름에 따라 아내와 자식에 대한 그리움은 간절해만 갔다. 1806년 겨울 부인 홍씨는 멀리 유배지에 있는 남편을 그리워하며 시집 올 때 입었던 빛 바랜 여섯 폭 다홍치마를 보내왔다. 이 해는 두 사람이 결혼한 지 30년이 된 해이기도 했다. 남편이 저술한 책을 제본할 때 책 표지 만드는 데 쓰라는 것이지만, 속으로는 그리운 마음을 보낸 것이었다. 다홍치마와 함께 보내온 시 한 수에 남편에 대한 그리움이 절절히 우러나온다.

> 눈서리 찬 가운데 수심만 더욱 깊어지고
> 등불 아래 한 많은 여인은 뒤척이다 잠 못 이루며
> 그대와 이별 7년 서로 만날 날 아득하네

매조도

정약용은 이 치마를 작게 잘라 훈계하는 말을 적어 〈하피첩〉이라는 작은 책자 4개를 만들어 두 아들에게 주었다. 그리고 치마의 남은 조각을 간직했다가 딸이 시집갈 때 시를 쓰고 매화가지에 한 쌍의 새가 앉은 '매조도'를 그려 족자로 만들어 보냈다. 딸이 복되게 살기를 바라는 아버지의 마음이 넘친다.

> 훨훨 새 한 마리 날아와 우리 뜰 매화나무에서 쉬네
> 진한 그 매화 향기에 끌려 반갑게 찾아왔네

이곳에 머물고 둥지 틀어 네 집안을 즐겁게 해주어라
꽃은 이미 활짝 피었으니 토실한 열매가 맺겠네

정약용의 저술 활동

강진에서의 유배 기간은 관료로서는 확실히 암흑기였지만, 학문적
으로는 매우 알찬 결실을 얻은 수확기였다. 자신의 실학적 학문을 완
성시킬 수 있는 기회로 활용하였다. 연구 분야는 유교 경전을 해석한
'경학'과 국가 경영을 위한 '경세학'을 두 축으로 하고, 예학·문학·역
사학·경제학·행정학·약학·지리학·언어학·풍속학 등 우리가 상상할
수 있는 거의 모든 분야에 걸쳐 있다.

경학에 관한 대표적인 저술은 《대학공의》, 《맹자요의》, 《논어고
금주》, 《중용자잠》, 《시경강의》, 《상서고훈》, 《주역사전》 등이다.
정약용의 경전 주석에는 유가 경전에서 제시하는 핵심 개념을 중심으
로 사상의 윤곽을 조망하거나 아니면 구체적 문헌을 선정하여 종래
주석과의 비교를 통해 경학사적 의미를 검토하는 방법이 동원되었다.
분석적인 눈으로 유교 경전을 해석하여 '경학'의 새로운 지평을 열었
다. 《논어고금주》는 고금의 여러 주석을 종합 비판하여 자신의 새로
운 견해를 밝히고 있는 대표적인 경학 연구서다.

'1표 2서'로 일컬어지는 《경세유표》, 《목민심서》, 《흠흠신서》는 경
세학에 관한 대표적인 저술이다. 《경세유표》에서 새로운 국가 경영을
이루기 위한 제도 개혁론을, 《목민심서》에서 지방 관리들의 폐해 타

파와 지방 행정 쇄신을 설파하였으며, 《흠흠신서》에서 중국의 대명률과 조선의 《경국대전》에 나타난 형벌의 기본 원리와 이념을 논술하고 살인 사건 등 중요한 사건의 판례를 뽑아 설명하였다.

정약용 저서 목록(자료: 실학박물관)

경세유표

《경세유표》는 관제, 군현제, 전제, 부역 등 국가제도 전반에 대한 개혁을 제안한 것이다. 먼저 개혁의 대강과 원리를 제시한 뒤 기존 제도의 모순, 실제의 사례, 개혁의 필요성 등을 논리적이고 실증적으로 상세히 설명하였다. '표(表)'란 군주에게 바치는 글을 가리킨다. 제갈량의 출사표가 대표적인 예이다. 따라서 《경세유표》는 군주에게 바치는 국가제도 개혁안이라고 할 수 있다. 여기에 '유'자가 덧붙여졌다. '유고'는 '유언'처럼 죽은 후를 염두에 둔 것이다.

제반 제도의 개편을 통해 봉건적 통치 구조의 파행적 운영으로 말미암은 폐단을 최대한으로 막아보려는 의도를 가지고 개혁안을 제시하였는데, 《경세유표》 서문에 저술 배경이 잘 나타나 있다.

임진왜란 때 온갖 법도가 무너지고 모든 일이 어수선하였다. 군영을 여러 번 증설하여 나라의 경비가 탕진되고 전제가 문란해져서 세금을 거두는 것이 공평하지 못했다. 재물이 생산되는 근원은 힘껏 막고 재물이 소비되는 구멍은 마음대로 뚫었다. 이리하여 오직 관서를 혁파하고 인원을 줄이는 것을 구급하는 방법으로 삼았다. 그러나 이익이 되는 것이 '되'나 '말' 만큼이라면 손해 되는 것은 산더미 같았다.

관직이 정비되지 않아서 올바른 선비에게는 녹이 없고, 탐욕의 풍습이 크게 일어나서 백성이 시달림을 받았다. 가만히 생각해 보니 모든 것이 어느 하나라도 병들지 않은 것이 없는데, 지금이라도 고치지 않으면 반드시 나라가 망한 다음이라야 고칠 수 있을 것이다. 이러하니 어찌 충신과 지사가 팔짱만 끼고 방관할 수 있을 것인가.

전체 관료 기구를 120개로 한정하고, 20개씩 6조에 소속시켰다. 이로써 국왕-의정부-6조-120 아문의 일원적인 체계를 이루고 있다. 또한, 의정부를 정상화시켰다. 임시 기구였던 비변사가 비정상적으로 비대해져 의정부를 대신했는데, 이를 없애고 비변사가 맡았던 변무 업무를 유명무실해진 중추부에 넘기고 중추부를 병조에 소속시켰다. 요컨대 국왕 중심의 일원적 관료체제가 일사불란하게 움직이는 것을 이상적인 상태로 보고 《경국대전》의 관제처럼 의정부-6조 체제를 회복시키고 있다.

《경세유표》는 국가와 사회의 전반적인 개혁 원칙이 보다 근본적으로 제시된 저술이다. 관직 체계의 전면적 개편, 신분과 지역에 따른 차별을 배제한 인재 등용, 자원에 대한 국가 관리제 실시, 토지 개혁과 부세제도의 합리화, 지방 행정조직의 재편 등 다양한 개혁안들을 제시하고 있다. 남인 실학자들의 공통된 주장인 토지 개혁사상과

대한민국 나침반 역사 속의 위인들

기술과 상공업 진흥을 통한 부국강병 실현이란 북학파들의 주장까지 폭넓게 담겨져 있다. 이 책은 당시 사회의 실상과 온갖 모순을 비판적 안목에서 상세히 서술하여 조선 후기의 사회 및 경제 연구에 중요한 자료가 되고 있다.

목민심서

옛날 성현들은 백성을 부양하는 것을 목민(牧民)이라 하여 가축을 기르는 것에 비유했다. 그래서 지방 수령을 목민관(牧民官)이라 불렀다. 본연의 임무로서 가장 중요한 것은 백성을 올바르고 부유하게 부양하는 일이었다. 《목민심서》는 지방 행정의 구체적인 내용, 목민관이 실제 업무를 하면서 백성을 위해 해야 할 일, 그리고 목민관이 부임할 때부터 퇴임할 때까지 준수해야 할 내용 등이 망라되어 있다. 한마디로 임기제로 파견되는 지방관들을 위한 직무 가이드라고 할 수 있다.

조선 시대의 수령은 국왕을 대신하여 지방의 행정, 사법, 재정, 군사 등 거의 모든 분야를 관장하는 작은 왕과 같았다. 백성들의 삶을 실질적으로 좌우하는 막중한 권한을 갖고 있었다. 다만 국왕에 의해 임명되어 지방이라는 공간적 한계 안에서 통치하였고 임기가 제한된 시간적 한계를 지녔을 뿐이었다.

관찰사가 감시 감독을 하고 암행어사가 수시로 암행을 나오기는 하지만, 백성들에게 걷는 세금, 특히 특산물 수취, 요역 동원 등은 목민관이 마음먹기에 따라 얼마든지 달라질 수 있었다. 그뿐만 아니라 백성들의 일상생활과 관련된 재판도 목민관의 결정으로 좌우되었다. 하지만 조선의 목민관들은 필요한 전문지식을 제대로 배우지 못해 행정 실무는 향리들에 의해 좌우되는 경우가 많았다.

정약용은 부친이 연천·화순·예천·울산·진주 등 여러 고을의 수령을 역임하고 있을 때 임지에 따라가서 백성을 다스리는 법과 수령으로서의 몸가짐을 보고 배웠다. 자신도 경기 암행어사로 파견되어 지방 행정의 문란과 부패로 인한 민생의 궁핍상을 생생히 목도하였다. 또한, 금정찰방, 곡산부사 등의 직책을 역임하면서 민정을 직접 살피게 됨으로써 느낀 바가 많았다. 이처럼 부친의 목민관 시절의 간접 경험과 자신의 목민관 시절의 직접 경험에 더하여 유배기의 민초들과 함께한 경험에 기초하여 목민관의 상을 수립하였고, 여기에 중국과 우리나라의 사례를 종합적으로 참조하여 《목민심서》를 저술했다.

《목민심서》의 전체적인 구조를 보면, 제1편에 '부임' 편을 두고 마지막에 '해관' 편을 두었다. 부임 편에 이어서 목민관이 갖추어야 할 기본 자세를 세 개의 핵심으로 강조한 삼기(三紀), 즉 율기(律己), 봉공(奉公), 애민(愛民)을 두었다.

그다음에 구체적인 실전 매뉴얼인 6전(六典), 즉 이전(吏典), 호전(戶典), 예전(禮典), 병전(兵典), 형전(刑典), 공전(工典) 편을 실었다. 조선의 중앙정부 조직이 6조(六曹) 체제로 구성되어 있듯이 지방은 육방(六房)이라는 행정 조직을 두었다. 육전은 바로 6개 지방 행정 조직의 지침이라는 뜻이다. 이방은 인사 행정, 호방은 세금과 재정, 예방은 의전, 교육과 문화, 병방은 국방 업무, 형방은 형사, 사법 업무, 그리고 공방은 건축, 정약용이 돌아간 뒤공공관리 업무를 담당했다. 그리고 재난 정책에 관한 '진황' 편을 별도로 구성하였다.

지방 행정을 책임지는 목민관의 지침서인 《목민심서》는 철저하게 목민관들을 독자층으로 삼아, 목민관이 지녀야 할 기본 소양과 지방 행정의 이념, 그리고 당면한 현실 문제에 취해야 할 적절한 원칙들을 다루고 있다. 고을의 풍속을 다스리는 법과 군사 다스리는 일, 형벌과 시설물을 다스리는 일, 가난한 백성들을 구제하는 일까지 구체적으로 언급했다. 《목민심서》는 수령의 입장에서가 아니라 어디까지나 백성의 편에서 기술되고 있어 정약용의 애민정신이 잘 드러나 있다. 다산 정약용의 사후에 수많은 필사본이 유통될 정도로 널리 읽혀졌으며 오늘날에도 많은 교양인들이 찾고 있는 우리 시대의 고전적인 경전이다.

흠흠신서

《흠흠신서》는 형법, 법 행정, 살인 사건 판례와 그에 대한 비평을 실은 저술이다. 중국과 조선에서 발생한 살인 사건들을 유형별로 분류하여 수사 및 재판과 관련한 문제점과 자신의 비평을 덧붙인 것으로 우리나라 최초의 판례 연구서라 할 수 있다.

'흠흠(欽欽)'의 뜻은 신중하고 또 신중하라는 것이다. 정약용은 《흠흠신서(欽欽新書)》라고 책 이름을 지은 이유는 삼가는 것이 본디 형벌을 다스리는 근본이기 때문이라고 밝히고 있다. 이 책을 집필한 동기는 바로 군현에서 발생하는 살인 사건의 일차적인 조사와 처리를 맡은 목민관의 무거운 책임을 강조하기 위해서였다. 집필 취지가 《흠흠신서》 서문에 잘 나타나 있다.

　오직 하늘만이 사람을 살리기도 하고 또 죽이기도 하니 사람의 생명은 하늘에 매여 있다. 목민관이 그 중간에서 선량한 사람은 편안히 살 수 있게 하고 죄지은 사람은 붙잡아 죽이는 것이니 이는 하늘의 권한을 드러내 보이는 것일 뿐이다.

　사람이 하늘의 권한을 대신하면서 두려워할 줄도 모르고 자세히 헤아리지 아니한 채 덮어 두고 모른 체하며, 살려야 할 사람을 죽이고 죽여야 할 사람은 살리고서도 태연하고도 편안할 뿐만 아니라 돈에 흐려지고 여자에 미혹되어 비참함과 고통으로 울부짖는 백성의 소리를 듣고도 구제할 줄 모르니 화근이 깊어지는 것이다.

　인명과 관련되는 사건은 고을마다 있는 일이어서 목민관이 항상 당면하는 것임에도 이를 심판함에 있어서 종종 소홀하여 누락하거나 잘못 처리하는 일이 많다. 흠흠이란 무엇인가. 삼가고 삼가는 것으로서 형을 다스리는 근본인 것이다.

　조선 시대 목민관은 행정권뿐만 아니라 사법권도 쥐고 있었다. 고을의 민원이나 소송을 처리하는 일과 함께 살인 등 관내에서 발생한 형사 사건의 수사, 재판 업무가 수령의 주요 일과 가운데 하나였다. 정약용은 곡산부사로 있으면서 관내 살인 사건을 여러 차례 처리하였다. 또 하나 빼놓을 수 없는 것이 형조참의 경험이다. 정약용은 여러 애매하고 의심스러운 부분을 잘 파헤쳐 전후 사정을 종합적으로 밝혀

내곤 하여 정조로부터 칭찬을 들었다. 그 중 하나가 살인 사건의 가해자로 지목된 함봉련 사건이다.

함봉련은 김태명 집안의 머슴이었다. 창고지기 서필홍이란 자가 미납 환곡을 독촉하기 위하여 김태명의 집에 왔다가 집주인이 보이지 않자 받아갈 곡식 대신에 집 안에 있는 송아지를 끌고 나왔다. 마침 집에 돌아오다가 이 광경을 목격한 김태명이 자기 집 송아지를 끌고 가는 서필홍에게 앙심을 품고 폭력을 행사하면서 비극이 시작되었다.

사건 조사 기록에 따르면 김태명은 서필홍을 때려눕힌 다음 배 위에 앉아 무릎으로 서필홍의 가슴을 가격하였고, 땔나무를 지고 돌아오는 머슴 함봉련을 보자 서필홍을 도적으로 지목하고 손봐주라고 지시했다. 이에 함봉련은 땔나무를 진 채 서서 서필홍의 등을 밀어 넘어뜨렸고 서필홍은 이후 집으로 돌아갔다가 갑자기 피를 토하며 죽고 말았다. 그는 죽기 전 "나를 죽이려 한 자는 김태명이니, 당신이 내 원수를 갚아주오."라는 말을 남겼고, 서필홍의 아내는 한성부 북부로 달려가 김태명을 고발하였다.

사건 수사 과정에서 김태명은 자신의 잘못을 인정하지 않았고, 이웃들도 김태명을 비호하고 미천한 신분의 머슴 함봉련에게 죄를 돌렸다. 한성부 북부 관리는 변사체 검시 보고서에서 사망자 가슴 부분이 검붉은 빛으로 변하고 딱딱하며 코와 입에서 피가 나온 정황으로 보아 사망 원인이 폭력이라고 판단했음에도 불구하고 함봉련을 범인으로, 김태명을 목격자로 지목했다.

피해자가 죽기 전에 남긴 말, 김태명이 무릎으로 피해자의 가슴에 치명적인 공격을 가한 사실들을 종합할 때 서필홍을 죽게 한 가해자는 김태명이 분명했으나, 김태명은 고을의 영향력 있는 토호인 반면 함봉련은 머슴에 불과하여 사건은 엉뚱하게 함봉련이 죄를 뒤집어쓰는 처지가 되었다. 이렇게 해서 김태명은 법망을 빠져나갔고 함봉련은 사건의 주범으로 몰려 옥에 갇히고 죽게 될 처지에 놓였다. 하지만 정약용은 시체 검안서, 고발자, 증인의 말 등 사건 문안을 꼼꼼하게 분석한 후 함봉련이 실제 살인자가 아니라는 사실을 밝혀내고 이 옥사를 다시 심리해야 한다고 정조에게 상주했다.

신이 초검과 복검을 기록한 문서를 가져다가 거슬러 올라가 근본 원인을 살펴보고 옥사의 진상을 상세히 검사해 보니, 의심스런 단서가 거듭 나올 뿐만 아니라, 원통하고 억울한 점이 많았습니다.

시체 검안서의 기록에는 '죽은 사람의 다친 흔적이 가슴 한복판에 있는데, 암자색을 띠고 있고 딱딱하게 굳었으며, 둘레가 2촌에 이른다.'라고 하였습니다. 처음 고소한 소장에는 '김복선(김태명)이 무릎으로 가슴 한복판을 쳐서 그 자리에서 피를 토했다.'라고 하였습니다. 이는 바로 죽은 사람이 숨을 거두기 전에 간절히 부탁한 말이며, 다른 여러 사람의 진술에 비해 더 믿을 만한 것입니다. 하물며 검장에 기록된 흔적이 이와 부합하니 더 말해 무엇하겠습니까.

김복선(김태명)의 말은 '함봉련이 땔나무를 지고 돌아오는 길에 죽은 사람을 만나 손으로 그의 등을 밀쳐 그로 인하여 죽게 되었다.'라는 것인데, 만약 그 말과 같다면 상처의 흔적이 등 뒤에 있어야 하고, 실제 사망 원인은 밀침을 당했다는 것에서 벗어나지 않아야 합니다. 그런데 이 시체 검안서에 기록된 상처는 가슴 한복판에 있고, 실제 사망 원인은 갑자기 타격을 당한 데로 귀결되었으니, 어찌 착오가 심한 것이 아니겠습니까.

정조는 함봉련을 석방하라고 하교했다. 이른바 전형적인 '유전무죄형 범죄'였는데, 정약용이 죽게 될 날만 기다리던 함봉련의 억울한 누명을 속 시원히 해결해 주었다. 한 사람의 원통한 사정도 만들어서는 안 된다는 정약용의 신념과 열정이 빛을 발하는 순간이었다. 정약용은 형사 사건에서 재판관이 제대로 법을 집행하지 못하거나, 사건의 실체적 진실을 밝히지 못해 수없이 많은 억울한 자가 나오게 된다면서 그러한 일이 없도록 하기 위해서 《흠흠신서》를 쓴 것이다. 판결에 있어서는 신중함과 관용이 우선되어야 한다는 점을 강조하고 있어 다산 정약용의 애민정신을 엿볼 수 있다.

학문의 산실 다산초당

강진읍에서 남서쪽을 향해 구강포 서쪽 모퉁이를 끼고 내려오면 도암면 만덕리 귤동마을에 닿게 된다. 마을 뒤의 만덕산 기슭에는 다산 정약용의 유배지였던 다산초당이 있다. 다산초당은 본래 귤동마을에 터를 잡고 살던 해남 윤씨 집안의 귤림처사 윤단의 산정이었다. 귀양살이가 여러 해 지나면서 삼엄했던 관의 눈길이 어느 정도 누그러지자 다산의 주위에는 자연히 제자들이 모여들었는데, 그 가운데 윤단이 아들 삼 형제가 있어서 정약용을 초빙했다.

다산은 차나무가 많았던 만덕산의 별명으로 정약용은 이곳에서 기거하면서 자신의 아호를 '다산(茶山)'이라고 붙였다. 그리고 자신이 머물던 곳을 '다산초당(茶山草堂)'이라 하였다. 그곳은 강학과 저술 활동을 하기에 더없이 좋은 아늑하고 조용한 곳이다. 풍광이 아름다울 뿐만 아니라 가까운 곳에 백련사가 있어 소요하기 편하고, 마을 앞에는 구강포가 있어 뱃놀이와 고기잡이를 할 수 있다. 더구나 이 초당에는 1,000여 권이나 되는 책이 마치 다산을 기다리듯이 쌓여 있었다. 정약용은 초당이 흡족했다. 그는 《자찬묘지명》에 이렇게 적었다.

그곳에다 대(臺)를 쌓고 못을 파고, 줄을 맞춰 꽃과 나무를 심고, 물을 끌어다 비류 폭포를 만들었다. 동암과 서암 두 초막을 지은 뒤 천여 권 장서를 두고 저술하면서 스스로 재미를 느끼고 살았다.

윤단은 다산에게 초당에 살도록 숙식을 제공하며 수많은 책을 저술하도록 도움을 주었다. 다산은 외가인 해남 윤씨 집안이 가까이에 있는 것이 다행이었다. 해남 윤씨 종가인 '녹우당'에는 자체적으로 장서를 수집해 '만권당'이라는 장서각을 지어 놓았는데, 다산은 여기서 책을 빌려 보았다. 많은 서적이 뒷받침되었고, 제자들을 두고 강학과 연구, 저술에만 전념할 수 있게 되어 다산초당은 다산 학문의 산실이 되었다. 다산은 장장 18년에 걸친 강진 귀양살이 가운데 10년을 이곳에서 지내며 유배라는 자기 생애의 한겨울 속에서 동백꽃처럼 붉게 학문과 사상을 피워 올렸다.

만덕산의 산책길과 귤동마을 앞의 바다, 스스로 가꾼 초당의 조촐한 정원 속에서 유배객의 울분과 초조함에 대한 위로를 받았다. 암벽에 손수 써서 새긴 '정석(丁石)' 글자에서는 단아한 다산의 성품을 엿볼 수 있

을 뿐만 아니라 앞으로의 생에 대한 결연한 의지를 엿볼 수 있다. 다산의 전 생애가 응고된 글씨 같아 옷깃을 여미게 한다.

다산초당 암벽에 새겨진 '정석'

　다산초당은 초당과 좌우의 동암과 서암으로 구성되어 있다. 다산은 주로 동암에서 기거하며 연구에 몰두하였다. 서암은 주로 윤단의 아들과 손자들로 이루어진 제자들의 거처로 썼고 초당은 교실로 사용되었다. 초당에 걸린 '다산초당(茶山草堂)' 현판은 추사 김정희의 글씨를 집자해 만든 것이다.

　동암에 걸려 있는 '보정산방(寶丁山房)'은 추사가 쓴 것으로 다산의 제자 윤종진이 추사를 찾아가 부탁하자 추사가 써 준 현판이다. 김정희는 평소 정약용을 몹시 존경했다. 그리고 동암에는 다산의 글씨를 집자한 '다산동암(茶山東庵)'이라는 현판도 걸려 있다.

　동쪽 산마루는 틈틈이 올라 바람을 쐬거나 흑산도로 귀양가 있는 둘째 형 정약전을 그리며 먼바다를 내다보던 곳이다. 정약전이 흑산도 근해에서 기록한 《자산어보(玆山魚譜)》는 수산학 관계 대표적인 서적으로 손꼽히고 있다. 섬 주민들의 생생한 경험담과 함께 본인의 세밀한 관찰과 연구를 통해 어류의 이름과 속성, 크기, 형태, 특징, 맛,

다산초당

동암

어획 방법 등을 기록한 어류 생태계 책이다.

책명을 '자산어보(玆山魚譜)'라고 명명한 데 대하여 정약전은 서문에서 '자(玆)'는 흑이라는 뜻도 지니고 있으므로 자산은 곧 흑산과 같은 말이나, 흑산이라는 이름은 음침하고 어두워 두려운 데다가 가족에게 편지를 보낼 때마다 흑산 대신에 자산이라고 일컬었기 때문에 자산(玆山)이라는 말을 책 제목에 사용하게 되었다고 설명하고 있다.

다산초당 동쪽 산마루에는 백련사로 가는 오솔길이 나 있다. 다산이 강진에 유배온 지 5년째 되던 1805년 어느 날 백련사 주지 혜장선사를 만났다. 다산과 혜장선사는 첫눈에 서로를 알아봤다고 한다. 다산은 혜장 스님의 불심과 차도를 알아보고 혜장 스님은 다산의 인품과 학식을 알아봤다. 벗이 될 만한 이가 없는 궁벽한 바닷가 마을에서 혜장은 다산에게 갈증을 풀어 주는 청량제 같은 존재였다. 두 사람은 수시로 서로를 찾아 학문을 토론하고 시를 지으며 차를 즐기기도 하였다. 다산과 혜장이 오가던 오솔길은 동백 숲과 차나무로 가득 차 있다.

백련사

유배 해제, 그리고 귀향

드디어 1818년 가을, 57세의 다산은 유배에서 풀려났다. 짐을 챙기기 전에 먼저 임금이 계신 한양을 향하여 큰절을 올렸다. 실로 감개무량한 순간이었다. 그러나 한편으로는 한양 권신사회의 잔혹함에 몸서리치고 견딜 수 없는 기구함과 절망감에 사로잡혔던 다산에게 따뜻했던 강진을 떠나는 것이 못내 아쉬웠다. 그리고 다산학의 산실인 다산초당에 큰 미련이 남았다. 조정으로부터 철저히 단죄받았던 대역죄인이 대학자로 영원토록 부활한 곳이 바로 다산초당이었다.

다산의 삶은 극과 극에서 아슬아슬하였다. 슬픔과 기쁨은 별개의 것이 아니다. 슬픔은 기쁨의 씨앗이요 기쁨은 슬픔의 모태라 했다. 임금의 칭찬을 받으며 학식과 재능을 발휘하여 펄펄 날던 벼슬아치의 시절도 있었지만, 감옥에 갇히고 국문을 받느라 목숨이 경각에 달렸던 위험천만의 괴로운 시절도, 긴긴 유배 생활에 폐족의 신분으로 살아야 했던 처참한 비운의 세월도 겪었다.

다산을 평생 괴롭힌 대표적인 악연의 하나가 암행어사 시절 서용보의 잘못을 지적한 보고에서 비롯됐다. 경기관찰사 서용보는 7개 읍의 백성들에게 곡식을 비싸게 팔아먹고 정조가 수원 화성 능행길에 과천을 통과해 지나갔음에도 금천을 통과하는 길을 보수한다는 명목으로 백성들에 큰 부담을 주었다. 특히 서용보 집안사람이 향교터를 서용보에게 바쳐 묫자리를 쓰게 하기 위해 고을 선비들을 협박하여 향교를 옮기게 하였다.

이 일로 서용보는 다산을 끝까지 불행하게 만드는 일에 앞장서는 훼방꾼이 되었다. 1801년 다산이 신유사옥 때 국문을 받은 후 큰 잘못이 없다 하여 재판 관계자들이 석방하자고 의견을 모았으나 당시 우의정이었던 서용보의 반대로 석방될 기회를 놓치고 귀양길에 올라야 했다. 1803년 왕실의 최고 어른 정순 대왕대비가 다산을 유배지에서 풀어 주라는 명령을 내렸지만 정승이던 서용보가 다시 가로막아 풀려나지 못했다.

1810년에는 다산의 아들 학연이 바라를 두드리며 아버지의 억울함을 임금에게 호소하여 풀려나갈 기미였지만, 홍명주, 이기경의 방해로 풀려나지 못했다. 다산이 풀려난 이듬해 다시 등용하자는 의견이 있었지만, 서용보가 또 저지해 출사의 기회를 영원히 놓치고 말았다.

그런데 유배에서 풀려 마재마을로 귀향한 지 얼마 뒤에 서용보가 하인을 보내 안부를 물었다. 동태를 살피러 보낸 것인지 인간으로서 차마 하지 못할 일을 저지른 데 대한 반성인지 의도를 알기 어려웠다. 이듬해에도 서용보는 영의정에 올라 출사하면서 다시 하인을 보내 안부를 전했다. 아직 완전히 사면되지도 않은 다산에게, 그것도 정승의 신분으로 두 번씩이나 안부를 전했다는 것은 뭔가 다른 뜻이 있다는 것을 의미했다.

고향으로 돌아온 다산은 이미 이루어진 저술을 수정하고 보완하는 데 힘쓰며 자신의 학문과 생애를 정리했다. 미완으로 남아있던 《목민심서》를 완성하였으며 《흠흠신서》는 그다음 해에 완성했다. 고문상서 25편을 위작이라고 보고 이를 구체적으로 비판한 서경 주석서인

《매씨서평》의 개정·증보 작업을 하고, 민간에서 흔히 쓰이는 한자말의 어원을 추적하여 풀이한 《아언각비》도 만들었다. 자료 부족으로 완간을 미루었던 역사 지리서 《아방강역고》를 완성하였는데, 우리나라의 강역을 문헌 중심으로 살피고 그 내용에 대하여 고증하여 서술하였다. 감히 한마디로 업적을 평가할 수 없을 만큼 방대한 저작을 민족 유산으로 남긴 다산은 1836년 75세를 일기로 세상을 떴다.

#6
다산 정약용 평가 및 다산 정약용의 리더십

실학을 집대성한 시대를 앞서간 지성인

다산이 살았던 18세기 말기~19세기 초기의 조선은 새로운 사회에 대한 열망이 밑에서부터 솟구치던 시기였다. 임진왜란과 병자호란을 거치면서 누적된 사회 모순과 갈등이 여기저기서 터져 나왔으나, 명분론과 도학 이념으로 치우친 성리학은 사회 모순과 갈등을 치유하거나 변화된 사회의식을 국가 체제에 반영하지 못했다. 그래서 일부 깨어 있는 지식인들은 이에 대한 반성으로 '실사구시'를 내세우며 사회 전반에 걸쳐 개혁을 주장했다. 다산은 바로 이러한 변화의 정점에 섰다.

다산은 청년 시절에 실학에 눈을 뜨고 천주교 교리를 알면서 낡은 세계가 깨어져 나가고 새로운 세계가 열리는 정신적 지각 변동을 겪었다. 그리고 경세치용을 몸소 실천했는데, 한강 배다리를 설계하고 서양 과학을 응용하여 거중기, 녹로, 유형거를 설계하여 안전과 효율성을 높임은 물론 축성 비용을 절감하는 효과를 거두어 수원 화성 축성에 기여했다.

다산은 잘못된 제도와 탐관오리의 횡포에 신음하던 당시 백성들의 고통을 누구보다도 가슴 아파했고, 현실 정치의 모순을 날카롭게 지적하였으며, 그러한 모순을 개선하기 위해 애썼다. 백성들에 대해 이러한 인식을 갖고 경세관을 펼치려 한 데에는 다산을 아꼈던 정조의 영향도 컸다. 규장각이 설치된 주합루에 오르는 길에는 작은 '어수문(魚水門)'이 있다. "물고기가 물을 떠나 살 수 없다."라는 격언으로서 통치자들은 항상 백성을 생각하라는 교훈이 담겨진 문으로 정조의 민본적인 정치철학을 보여준다.

창덕궁 후원에 있는 어수문

다산 정약용은 당시의 편견과 명분론을 벗어나 시대를 앞지르는 혜안으로 문제점을 밝혀내는 데 과감했으며 그것을 해결하기 위해 고뇌하던 양심적인 목민관이었다. 머리만이 아닌 실상을 보고 깨우쳐 자신의 경세관을 책으로 엮어 실학을 집대성한 위대한 학자였으며 창의적이고 탁월한 석학이었고 시대를 앞서간 지성인이었다.

자신이 살아 있을 때 자신의 제안이 조정에서 받아들여지는 것을 기대하기는 힘들 것으로 생각하고 죽어서라도 훌륭한 군주가 나타나 채택되었으면 하는 간절함을 담아 500여 권에 이르는 방대한 저서를 저술하였다. 다산은 한자가 발명된 이래 가장 많은 책을 저술한 사람으로 여겨질 정도이며, 현대인도 책 500권을 저술한다는 것은 참으로 어려운 일이다. 보통 사람이 한평생 베껴 쓰기도 힘든 분량이다. 유네스코(UNESCO)는 2012년 세계 기념 인물로 장 쟈크 루소, 헤르만 헤세, 다산 정약용, 크로드 드뷔시를 선정하였다.

과감한 개혁 정책을 제시한 개혁사상가

다산은 젊은 시절 경기 암행어사로 파견되었을 때 지방 행정의 문란과 부패로 인한 민생의 궁핍상을 생생히 목도하였고 금정찰방, 곡산부사 등 목민관으로서 민정을 직시하였다. 부패한 관료의 착취로 고통 속에 허덕이는 백성들을 구하고 누적된 사회적 모순을 개혁하기 위해 구체적 방책을 제시하였다. 과감한 개혁으로 체제를 일신하지 않으면 왕조의 존속을 장담할 수 없다는 것을 절감하고 병든 사회를 치유하는 방책을 담은 수많은 저술을 통해 자신의 주장을 펼쳤다.

토지의 공유와 균등 분배를 통한 경제적 평등의 실현을 기저로 하는 다산의 경제사상이나 인정과 덕치를 통한 민본주의적 왕도 정치를 중핵으로 삼는 그의 사상은 기본적으로 선배 실학자들의 입장을 계승한 것이나 세부적인 면에서 질적인 차이를 보인다. 다산의 사상은 당시 사회가 직면해 있던 봉건적 질곡을 극복하는 데 초점이 맞추어져 있었다.

주로 강진 유배 시기에 이루어진 1표 2서(경세유표, 목민심서, 흠흠심서)가 전반적인 제도 개혁적인 차원에서 저술된 것이라면, 〈원목(原木)〉, 〈탕론(湯論)〉, 〈전론(田論)〉 등 3론은 비교적 젊은 시기의 저술로서 시대를 뛰어넘는 급진적 혁명적 성격을 보여준다. 먼저, 정치사상과 개혁 방안은 〈원목〉과 〈탕론〉에서 설파하고 있는데, 통치권의 근거를 백성에서 찾음으로서 민권사상을 이론화한 점에 그 독창성이 있다.

〈원목(原木)〉의 '원(原)'이란 원래의 의미를 밝힌다는 뜻이며, 양치기 소년을 '목동'이라 부르듯이 '목(牧)'이란 말은 가축을 기른다는 말에서 연유한다. 다산은 처음에는 백성만 있었지 우두머리가 따로 없었는데, 다툼이 생겼을 때 문제를 해결해 주는 사람이 있어 사람들이 그를 우두머리로 추대했다고 말했다. 백성의 필요에 의해서 정한 우두머리가 바로 '목(牧)'이라는 것이다.

다산은 〈원목〉에서 "목민관은 백성을 위해 있는가 아니면 백성이 목민관을 위해서 사는 것인가?"라고 자문하고 "목민관은 백성을 위해 있다."라고 스스로 답함으로써 주권재민적 정치관을 보여주고 있다. 그리고 '법'도 백성의 바람에 따라 정해진 것이며, 백성을 불편하게 하기 위한 것이 아니라 백성을 편하게 하기 위해 존재한다고 결론지었다.

목민관은 백성을 위해 있는가 아니면 백성이 목민관을 위해서 사는 것인가? 백성은 곡식과 쌀, 삼과 생사를 생산하여 목민관을 섬기고, 거마와 하인을 내어 목민관을 보내고 맞이하며, 자신의 고혈과 골수를 다 짜내어 목민관을 살찌우니, 백성은 목민관을 위해 사는 것인가? 아니다. 그렇지 않다. 목민관이 백성을 위해 있는 것이다.

태초의 아득한 옛날엔 백성만 있었을 뿐이니 무슨 목민관이 있었겠는가. 백성들이 즐비하게 모여 살면서 어떤 한 사람이 이웃과 다투어 잘잘못을 가리지 못하였는데 공평한 말을 잘하는 어르신에게 가서 이 문제를 바로잡았다. 사방 이웃들이 모두 감복해서 이 어르신을 추대하여 함께 높여 이정(里正)이라고 이름하였다. 그러더니 여러 마을의 백성들이 마을에서 다투어 잘잘못을 가리지 못한 문제를 가지고 준수하고 학식이 많은 어르신에게 가서 바로잡았다. 여러 마을이 모두 감복해서 이 어르신을 추대하여 함께 높여 당정(黨正)이라 이름하였다.

여러 당의 백성들이 당에서 싸워 잘잘못을 가리지 못한 문제를 가지고 어질고 덕이 있는 어르신에게 나아가 바로잡았다. 여러 당이 모두 감복하여 주장(州長)이라 이름하였다. 그러더니 여러 주의 주장이 한 사람을 추대하여 장으로 삼아 국군(國君)이라 이름하고, 여러 나라의 국군이 한 사람을 추대하여 장으로 삼아 방백(方伯)이라 이름하고, 사방의 방백이 한 사람을 추대하여 우두머리로 삼고 그를 황왕(皇王)이라 이름하였다. 황왕의 근본은 이정에서 시작되었으니, 목민관은 백성을 위해 있는 것이다.

때를 당해서 이정은 백성들의 바람에 따라 법을 제정하여 당정에게 올리고, 당정은 백성들의 바람에 따라 법을 제정하여 주장에게 올리고, 주장은 국군에게 올리고, 국군은 황왕에게 올렸다. 이 때문에 그 법은 모두 백성들을 편하게 하는 것이었다.

그런데 후세에는 한 사람이 스스로 나서서 황제가 되어 자기 아들과 아우 및 가까이 모시는 자와 하인들을 모두 봉하여 제후로 삼고, 제후는 자기의 사인들을 뽑아 주장으로 삼고, 주장은 자기의 사인들을 뽑아 당정과 이정으로 삼았다. 이에 황제는 자기 욕심대로 법을 제정하여 제후에게 내려 주고, 제후는 자기 욕망대로 법을 제정하여 주장에게 내려 주고, 주장은 당정에게 내려 주고, 당정은 이정에게 내려 주었다. 이 때문에 그 법은 모두 임금을 높이고 백성을 낮추며, 아랫사람의 재물을 깎아 내어 윗사람에게 보태 주는 것이 되었다. 그리하여 한결같이 백성들은 목민관을 위해 사는 것처럼 된 것이다.

지금의 수령은 옛날의 제후나 마찬가지이다. 그들을 받들어 모시는 궁실과 거마, 제공되는 의복과 음식, 좌우에서 모시는 여인이나 내시, 노복들까지 임금에 맞먹는 정도이다. 그들의 권능이 사람을 기쁘게도 하고 그들의 형벌과 위엄이 사람을 두렵게도 할 수 있다. 그리하여 거만하게 스스로 높이고 태연하게 스스로 즐겨 자신이 목민관이라는 사실을 잊고 있다.

한 사람이 싸우다가 이 문제를 가지고 그에게 가서 바로잡아 달라고 하면 얼굴을 찡그리고 '어찌 이렇게 시끄럽게 구는가?'라고 하고, 한 사람이 굶어 죽기라도 하면 '제 스스로 죽은 것일 뿐이다.'라고 한다. 곡식과 쌀, 베와 비단을 생산하여 섬기지 않으면 매질하고 곤장을 쳐서 피가 흐르는 것을 보고 나서야 그친다. 날마다 돈을 계산하고 장부를 작성하는가 하면, 돈과 베를 거둬들여 전택을 마련하고 권세가나 재상에게 뇌물을 보내 훗날의 이익을 도모한다. 그러므로 '백성이 목민관을 위해 있다.'라고 말하는 것이니, 어찌 바른 이치이겠는가. 목민관은 백성을 위해 있는 것이다.

〈탕론〉에서는 〈원목〉에서 표명된 주권재민적 정치관에 기초해서 군주권의 존립 근거를 민에서 찾는 한편, 민의에 어긋난 군주를 교체하는 행위의 정당성을 밝히고 있다. 평화적인 정권 교체를 선양이라 한다. 요임금에서 순임금으로, 순임금에서 우임금으로의 정권 교체는 선양의 전형이다. 반면에 폭력적 정권 교체는 혁명 또는 방벌이라 하였다. 정약용은 상나라를 세운 탕왕이 하나라의 마지막 왕인 걸왕을 추방한 것은 과연 옳은 일인가라는 질문을 통해 민의를 반영하기 위한 왕조의 교체의 정당성을 언급하고, 추대와 같은 방식으로 퇴출도 가능하다고 보았다.

탕왕이 걸왕을 추방한 것은 옳은 일인가? 신하가 군주를 쳐도 괜찮은가? 나는 이렇게 말하겠다. 이는 옛날에는 정당한 일이었으며 탕왕이 처음으로 이런 일을 한 것은 아니다. 신농씨 시대에 도가 쇠퇴하여 제후들이 서로 침탈하자 헌원(軒轅, 황제)이 창과 방패 쓰는 법을 익혀 조회 오지 않는 제후들을 정벌하였다. 제후들이 모두 헌원에게 귀의하여 판천의 들판에서 염제(炎帝, 신농씨)와 싸웠는데, 세 차례 싸워서 승리하자 헌원에게 신농씨를 대신하게 하였다. 그렇다면 이것은 신하가 군주를 정벌하는 일인데도 헌원이 행했으니, 신하가 군주를 정벌했다는 일로 죄를 준다면 헌원이 그 수괴가 될 것이다. 탕왕은 어찌 물을 필요가 있겠는가.

저 천자라는 것은 어찌하여 있게 되었는가? 하늘에서 천자를 내려주어 세웠는가? 아니면 땅에서 솟아나 천자가 되었는가? 5가(家)가 인(鄰)이 되고 5가에서 장으로 추대한 사람이 인장이 되며, 5인이 이(里)가 되고 5인에서 장으로 추대한 사람이 이장이 된다. 5비(鄙, 20리)가 현(縣)이 되고 5비에서 장으로 추대한 사람이 현장이 되며, 여러 현장이 함께 추대한 사람이 제후가 된다. 제후들이 함께 추대한 사람이 천자가 되니, 천자는 사람들이 추대하여 된 자이다.

무릇 사람들이 추대하여 되었다면 마찬가지로 사람들이 추대하지 않으면 되지 못한다. 그러므로 5가가 의견이 맞지 않으면 5가가 논의하여 인장을 바꾸며, 5인이 의견이 맞지 않으면 25가가 논의하여 이장을 바꾸며, 구후(九侯)와 팔백(八伯)이 의견이 맞지 않으면 구후와 팔백이 논의하여 천자를 바꾸는 것이다. 구후와 팔백이 천자를 바꾸는 것은 5가가 인장을 바꾸고 25가가 이장을 바꾸는 것과 같으니, 어느 누가 신하가 군주를 정벌하는 일이라고 말할 수 있겠는가.

협의를 통해 집단의 장을 추대한 것처럼 협의에 의해 장의 자리에서 퇴출시킬 수 있다는 것이 〈탕론〉의 핵심이다. 지도자를 추대할 수 있듯이 추대를 철회할 수 있기 때문에 부덕한 천자를 그만두게 할 수 있다는 것이다. 〈탕론〉은 맹자가 주창한 폭군방벌사상에서 더 나간 것이며 다산이 봉건 지배 체제를 뛰어넘는 근대의 혁명적 사상가임을 보여주기에 충분하다.

토지 개혁론은 〈전론〉에서 기술한 여전제(閭田制)와 《경세유표》에서 설명하는 정전제(井田制)의 두 단계로 나누어볼 수 있다. '공동 경작 공동 분배'라는 혁명적인 여전제 토지 개혁을 구상한 〈전론〉은 "하늘 아래 왕의 땅이 아닌 데가 없다."라는 왕토사상이 지배하던 시기에 굶주림과 빈곤에 허덕이던 대다수 백성의 경제 문제를 근본적으로 해결하기 위해 제시된 것이다.

여전제는 한 마을을 단위로 해서 토지를 공동으로 소유하고 경작해 수확량을 노동량에 따라 분배하겠다는 제도로서 30가구를 1여로 하여 여민은 공동 노동을 통해서 생산과 수확을 하는 것으로 설정되어 있다. 여민이 선출한 여장(閭長)은 생산 작업을 분담시키며, 일역부를 만들어 노동량을 기록한다. 여전제의 목적은 토지와 재부가 집중되는 것을 방지하고자 하는 것이었다. 여전제는 토지의 봉건적 소유를 부정하면서 공동 소유·공동 경작을 창안함으로써 그 경제적 내용에 있어서 토지를 사회적 소유로 규정하고 있다.

그런데 여전제는 너무 급진적이라 나중에는 정전제로 바꾼다. 정전제는 전국의 토지를 국유화해 토지를 분배하는데 그중 9분의 1에 해당하는 토지는 공동 소유로 만들어 조세를 걷겠다는 것이다. 정전론에서는 국가에 토지 처분권을 귀속시켜 지주전호제의 재등장을 막아 보고자 하였다. 이 개혁론은 조세 개혁적 성격이 크며 경작권 조정이라는 측면도 있었다. 즉 획일적인 균등화가 아니라 생산을 높이고 백성들에게 실질적 이익이 돌아가도록 하는 것을 목표로 하고 있다.

다산은 상업 및 수공업 분야에 관해서도 개혁적 사상을 가지고 있었다. 베 짜는 기술과 병기 제조법을 도입해야 하며, 궁궐과 성곽의 건축, 수레와 선박의 제조법까지 배워야 한다고 강조했다. 중국으로부터 선진 기술을 받아들이기 위해서 이용감과 같은 관청을 설치할 것을 제안하였다. 그리고 선박과 수레 제조 기술을 장려하기 위해서는 전함사나 전궤사와 같은 관청을 설치해서 기술을 발전시켜 나가야 한다고 피력했다.

다산 정약용은 조선 후기 사회가 배출한 대표적 개혁사상가로 평가받고 있다. 그런데 정치·경제·사회 전반에 걸쳐 전개된 다산의 개혁 사상은 조선왕조의 기존 질서를 전적으로 부정하는 '혁명론'이었다기보다는 파탄에 이른 당시의 사회를 개량하여 조선왕조의 질서를 새롭게 강화시키려는 의도를 가지고 있었다. 왕조적 질서를 확립하고 유교적 사회에서 중시해 오던 왕도 정치의 이념을 구현함으로써 '국태민안'이라는 이상적 상황을 도출해 내고자 하였다. 결국 다산이 개혁안을 제시한 목적은 백성들을 잘살게 하고 나라를 부강하게 만드는 데 있었다.

다산 정약용의 리더십

리더는 집단을 끌고 갈 철학과 통찰력에 바탕을 둔 참된 리더십을 갖고 있어야 한다. 그런데 조선 시대 목민관들은 유교에서 배운 나름의 철학은 갖고 있었지만, 현실적으로 리더십을 충분히 키울 여건이 부족하였다. 다산은 《목민심서》에서 목민관인 리더가 참다운 목민의 길을 걷는 데 갖춰야 할 덕목들을 조목조목 설명하였다. 《목민심서》 내용은 방대하지만, 이 책을 통해서 배울 수 있는 리더십은 책임, 청렴, 애민, 조직 관리 리더십 등 네 가지로 정리할 수 있다.

첫째, 투철한 책임의식을 갖는 리더십이다. 사람들은 남보다 높은 자리에 오르기를 원한다. 나아가 이를 위해 온갖 수단과 방법을 다하기도 한다. 그런데 다산은 목민관의 벼슬은 스스로 애써서 구해서는 안 되는 것이라고 단언했다.

다른 벼슬은 구해도 좋으나 목민의 벼슬은 구해서는 안 된다. 능력이 없는 사람이 목민관의 자리에 있게 되면 백성들이 해를 입고 그 여독이 널리 퍼지며 사람들의 저주와 귀신의 책망으로 인하여 재앙이 자손에게까지 미치게 된다.

목민관의 자리는 그만큼 책임이 막중하므로 자기만족이나 명예와 출세를 위해 자리를 구해서는 안 된다는 뜻이다. 그런데 실제 현실에서 보면, 서로 지도자를 하겠다고 나선다. 대중이나 국민을 위해서 더 열심히 봉사하고 희생하기 위해서라기보다는 자리가 주는 부수적인 이익 때문이다. 목민관의 벼슬을 구하지 말라고 한 것은 희생, 봉사의 정신이 없이 목민관이 되려고 생각지 말라는 뜻이다. 그런데 빈 수레로는 물건을 팔 수 없듯이 준비도 되기 전에 자리에 오르게 되면 좋은 결과를 얻지 못한다. 지도자의 위치에 오르기 전에 온갖 고난과 역경을 통해서 훈련되고 단련되어야 한다. 그러한 체험을 바탕으로 국민과 사회에 봉사하고자 하는 것이 지도자의 자리다. 지도자는 봉사하고 구성원의 삶을 향상시키겠다는 막중한 책임의식을 가지고 있어야 하는데, 다산은 이에 관해 다음과 같이 말했다.

임금을 하직하고 대궐 문을 나서게 되면 민망(民望, 백성들의 여망)**에 순응하며 군은에 보답할 것을 마음속으로 다짐해야 한다.**

부임 시에 목민관이 마땅히 품어야 할 중요한 마음은 바로 백성의 여망에 부응할 것을 다짐하는 일이다. 부임하는 사람이 임명권자 앞에서 인사하고 선서하고 임명장을 받지만, 실제적인 부임 인사는 백성들에게 하는 것이라는 뜻이 담겨 있다. 백성이 원하는 것을 해결해주고 조금이라도 백성을 잘살게 하겠다는 열망을 품어야 한다. 백성의 여망에 부응하겠다는 열망을 품은 지도자가 성공할 수 있다.

다산은 훌륭한 목민관은 부임할 때부터 몸가짐이 제대로 되어 있어야 한다고 했다. 이때의 마음가짐과 자세를 보면, 성공할지 실패할지 미리 가늠해 볼 수 있다. 다산은 어떻게 하는 것이 올바른 자세인지 알려주고 있다.

의복이나 안마는 옛것을 그대로 쓰되 새로 장만하지 말아야 하며 수행하는 사람이 많아서는 안 된다. 이부자리와 속옷 외에 책 한 수레를 싣는다면 청렴한 선비의 행장이라 할 것이다.

부임길에도 목민관은 장중하고 화평하며 간결하고 과묵하여 마치 말을 못 하는 사람처럼 해야 한다. 길을 갈 때 미신으로 꺼리는 곳이라 하여 바른길을 버리고 다른 길로 돌아서 가려고 하거든 마땅히 바른길로 가서 사괴(邪怪)한 말을 깨뜨리도록 해야 한다. 관부를 두루 찾아가 마땅히 먼저 임관된 자의 말을 귀담아들을 것이며 해학으로 밤을 보내서는 안 된다.

부임하면 관속들의 참알(參謁, 상관을 찾아뵙는 것)을 받아야 한다. 참알하고 물러가면 화평하게 단정히 앉아서 백성을 다스리는 방법을 생각하되 너그럽고 엄정하고 간결하고 치밀하게 계획하여 시의에 알맞도록 하고 스스로 이를 굳게 지켜나가야 한다.

또한, 다산은 목민관은 백성을 편안하게 하는 방책을 마련해야 한다고 하면서 구체적인 노하우를 알려 주고 있다.

몇 가지 일을 발령하여 백성들과 약속하되, 바깥 문설주 위에 특히 북 하나를 걸어놓도록 한다. 관사에는 기한이 있는데 이 기한이 미덥지 않으면 백성들이 법령을 가볍게 여길 것이므로 기한이란 믿음이 없어서는 안 된다. 책력에 맞는 소책자를 만들고 모든 일의 정해진 기한을 기록하여 유망(流忘)에 대비토록 한다. 본현의 사경도(四境圖)를 그려서 벽 위에 게시토록 한다.

공사에 틈이 있거든 반드시 정신을 모아 생각을 고요히 하여 백성을 편안케 할 방책을 연구하며 지성으로 선을 구해야 한다. 말을 많이 하지 말며 사납게 성내지 말아야 한다.

그리고 다산은 목민관은 문서 작성과 국법 준수에 대한 올바른 자세와 함께 남에게 책임을 전가하지 않은 태도가 필요함을 강조하고 있다.

공용 문서의 문안은 마땅히 정밀하게 생각하여 자신이 지을 것이며 아전의 손에 맡겨서는 안 된다. 형식적인 문서나 관례에 의하여 상부 관청에 보고하는 문서 따위는 아전에게 맡겨도 된다. 그러나 중요한 문서는 수령 자신이 세심하게 생각하여 작성하여야 한다.

무릇 국법의 금하는 바와 형률에 실려 있는 것은 마땅히 두려워하여 감히 범하는 일이 없도록 한다. 이로움에 유혹되지 않고 위세에 굽히지 않는 것이 법을 지키는 길이다. 비록 상사가 독촉하더라도 받아들이지 않아야 한다.

무릇 기쁜 일이 있더라도 소리 내어 말하지 말며 생색내지 말며 남에게 이야기하지도 말고 전임의 허물을 말하지 말아야 한다. 모든 책임은 자기에게로 돌리고 남을 책하는 일이 적으면 된다.

둘째, 청렴 리더십이다. 다산은 청렴은 목민관의 본무이며 모든 선의 원천이요 모든 덕의 근본이고, 청렴하지 않고서 능히 목민을 할 수 있었던 자는 지금까지 한 사람도 없었다고 단언했다. 다산은 목민관이 청렴하지 않으면 백성들이 도둑으로 지목하여 마을을 지날 때 더러운 욕설이 터져 나올 것이므로 또한 부끄러운 일이며, 뇌물을 주고받음에 있어서 비밀은 한밤중에 한 일이 아침이면 드러난다고 했다. 그리고 청렴을 세 가지 등급으로 나누었다.

나라에서 주는 녹봉 이외에는 아무것도 받아먹지 않고 그 먹다 남은 것은 하나도 가지고 돌아가지 않으며 체임되어 돌아가는 날에는 한 필 말에 몸을 실었을 뿐 옷소매에 맑은 바람만이 움직이는 것이 이른바 옛날의 염리(廉吏, 청렴한 관리)로서 최상등에 속하는 것이다.

봉록 외에 명분이 바른 것은 먹되 바르지 않은 것은 먹지 않고 먹고 남는 것이 있으면 집으로 보내는 것이 이른바 중고(中古, 상나라 시기) 시대의 염리로서 바로 그다음 가는 것이다.

무릇 이미 전례로 되어 있는 것은 비록 명분이 바르지 않더라도 먹되 전례가 없는 것은 제가 먼저 시작하지 않고 향이나 임의 벼슬도 팔지 않으며 재앙을 핑계로 곡식을 농간하지도 않고 농사나 형옥을 돈에 팔려서 하지 않으며 세를 더 부과하여 남는 것을 착복하지 않는 것이 이른바 오늘날의 염리로서 최하등이다.

다산은 목민관인 된 자가 그 고을을 잘 다스리려면 무엇보다도 자기 집을 정제하여 집안의 법도가 서야 한다고 하면서, 청탁이 행해지지 않고 뇌물이 들어오지 않는다면 이는 바른 집안이라고 말할 수 있다고 했다.

셋째, 애민 리더십이다. 다산은 노인, 어린이와 홀아비, 과부, 고아, 독거노인 등 약자를 위한 사회 안전장치에 대해 구체적으로 언급하고 있다. 심지어 결혼 문제에 있어서도 국가가 나서서 역할을 하도록 하고 있는데, 오늘날에도 시사하는 바가 크다.

양로(養老, 노인 공양)의 예를 폐하면 백성이 효도할 줄 모르게 될 것이니 목민관이 된 자는 이 예를 거행하지 않으면 안 된다. 어린이를 사랑하는 것은 선왕의 큰 정치이니 역대의 임금들이 이를 행하여 아름다운 법도를 세웠다. 백성이 곤궁하여 자식을 낳아도 거두지 못하면 가르치고 길러서 내 자식처럼 보호해야 한다.

환(鰥, 홀아비), 과(寡, 과부), 고(孤, 고아), 독(獨, 늙어서 의지할 곳 없는 사람)을 4궁(四窮)

이라 하는데, 이들은 궁하여 스스로 일어서지 못하고 다른 사람의 힘을 빌려야만 일어설 수 있다. 과년하도록 혼취하지 못한 사람은 관에서 마땅히 서둘러 주어야만 한다. 해마다 맹춘(孟春, 음력 정월)이면 과년해도 혼인하지 못한 자를 가려내어 중춘(仲春, 음력 2월)에는 성혼시키도록 한다. 병신이거나 잔약하여 능히 제 힘으로 먹을 수 없는 자는 의지할 곳과 살아갈 곳을 마련해 주어야 한다.

그리고 다산은 질병, 재난, 천재지변에 닥쳤을 때는 적극적으로 구제에 나서야 한다고 말하면서도, 사전에 대비해 나가는 유비무환의 정신을 강조하고 있다.

온역(溫疫, 역병)과 마진(麻疹, 역질) 및 모든 백성의 질병과 사망과 요찰(夭札, 젊어서 죽음) 등 천재가 유행할 때는 마땅히 관에서 구제하고 도와야 한다.

수화(水火, 수재 및 화재)의 재해에 대해서는 국가에서 휼전(恤典, 정부에서 이재민을 구제하는 법)이 있으니 삼가 행할 것이며, 마땅히 항전(恒典, 정해진 법) 외에도 목민관이 스스로 구휼해야 한다. 무릇 재액이 있으면 그 불에서 구해내고, 불에서 구해내는 것을 마치 내가 불에 타고 물에 빠진 것같이 하여 늦추어서는 안 된다. 환난이 있을 것을 생각하고 미리 방비하는 것은 이미 재앙을 당하여 은혜를 베푸는 것보다 나은 것이다.

구황하는 정치는 미리 준비를 하느니만 못하다. 미리 준비하지 않는다면 모두 구차할 따름이다. 진황하는 데는 두 가지 관점이 있으니 첫째는 시기에 맞추는 것이요 둘째는 규모가 있는 것이다.

다산은 '권분(勸分)'이라고 하여 재해를 당했을 때 능력 있는 사람이 돕는 것을 권장하고 있다. 오늘날의 자선금, 재해의연금, 각종 기부

행위 등이 권분에 해당한다. 다산의 권분은 노블레스 오블리제와 일맥상통하며, 기업의 사회적 책임(CSR)과 같다고 할 수 있다. CSR은 수익금 중 일부 기부, 환경 정화 활동, 각종 봉사 활동 등으로 행해지며, 전 세계적으로 기업의 지속 가능한 발전(Sustainable Development)의 개념으로 확산되고 있다.

넷째, 조직 관리 리더십이다. 다산은 《목민심서》에서 줄곧 목민관을 보좌하는 아전들을 어떻게 단속하고 관리하느냐가 목민관의 성패를 좌우한다고 말하고 있는데, 조직의 장으로서 스스로 모범을 보이는 것이 중요하다는 것을 강조하고 있다.

아전을 단속하는 근본은 자기 몸을 다스리는 데 있다. 그 몸이 바르면 명령하지 않아도 행해질 것이고 그 몸이 바르지 못하면 명령을 하더라도 행해지지 않을 것이다. 예로써 정제하고 은혜로써 대한 뒤에 법으로써 단속해야 한다. 만일 업신여기고 짓밟으며 학대하고 혹사하며 거꾸로 세워 놓고 심하게 다룬다면 아전들은 단속을 받지 않을 것이다.

윗자리에 있으면서 너그럽지 못한 것을 성인은 경계하였다. 너그러우면서도 해이하지 않으며 어질면서도 나약하지 않다면 일을 그르치지 않을 것이다. 성품이 편벽하면 아전들은 그 틈을 엿본다. 따라서 그 간악한 죄를 성취시키게 되니 악으로 떨어지게 되는 것이다.

그리고 다산은 목민관은 아는 척 대충 얼버무리는 허장성세의 태도를 배격해야 한다고 말하고 있다.

수령은 일의 내용을 잘 모르는 것을 부끄럽게 여기는 경향이 있어서 결재를 올리면 모르는 것도 아는 체하면서 도장을 꾹꾹 눌러 준다. 마치 모든 일에 통달한 것처럼 물 흐르듯 순순히 응해 주는데, 이것이 곧 수령이 함정에 빠지는 원인이다.

아울러 다산은 사람을 쓰는 이치는 조직의 대소와 관계없이 똑같다고 하면서, 적격자를 쓰고 인재를 발탁하며 관리들의 공적을 평가해야 한다고 말하고 있다.

나라를 다스리는 것은 사람을 쓰는 데 있다. 아무리 군현이 작더라도 사람을 쓰는 이치는 나라와 다를 것이 없다.

진실로 적격자를 얻지 못하면 자리만 채울 따름이니 여러 가지 정사를 맡겨서는 안 된다. 아첨하기를 좋아하는 자는 충성되지 않고, 간하기를 좋아하는 자는 배반하지 않는 것이니 이를 살핀다면 실수하는 일이 적을 것이다.

현인을 천거하는 것은 수령의 직책이다. 비록 고금의 제도가 다르다 하더라도 현인을 천거하는 일을 잊어서는 안 된다.

아전들이 행한 업무에 대해서는 반드시 그 공적을 따져야 한다. 그 공적을 따지지 않는다면 백성을 올바르게 이끌 수 없다. 국법에 없는 것을 혼자서 행할 수는 없으니 그 공과를 기록하였다가 연말에 공적을 따져서 상 줄 것을 의논한다면 오히려 그만두는 것보다 나을 것이다.

다산은 언로를 열어 놓는 것은 목민관이 마땅히 해야 할 일이라고 말하고, 아울러 주위 사람들에게 휘둘리지 않도록 해야 함을 강조하고 있다.

목민관은 혈연(孑然, 외로운 것)히 고립되어 있으며 일탑(一榻, 한 자리) 외에는 모두 나를 속이려는 자들뿐이다. 사방을 보는 눈을 밝게 하고 사방을 듣는 귀를 통달하게 하는 것은 오직 제왕만이 할 바가 아니다.

물정을 살핀다는 것은 '대중의 소리에 귀 기울이는 것', 또는 현장의 흐름에 민감하게 반응하는 것'을 뜻한다. 지도자는 현장의 상황을 환하게 내다봄으로써 현장 속에 감추어진 소망이나 필요를 발견하고 이를 적극적으로 충족시켜 줄 수 있어야 한다. 현장을 떠난 지도자, 현장 상황에 둔감한 지도자는 이미 지도력의 상당 부분을 상실한 것이나 다름없다. 현장을 중시할 때 민원을 정확하게 파악할 수 있다.

이상에서 살펴본 것처럼 다산은 목민관은 투철한 책임의식을 가지고 업무에 임해야 하며, 먼저 자신을 공정하게 규율할 수 있어야 하고 사욕을 버리고 봉사해야 한다고 역설하고 있다. 그리고 목민관은 청렴하며 봉록과 지위에 연연하지 않는 당당함을 갖고 공정하게 일처리를 해야 한다고 하였다. 200여 년 전 다산이 제시한 목민관이 지켜야 할 자세와 마음가짐과 생활 태도는 지금의 공직자가 지켜야 할 덕목과 규범에 놀라울 정도로 부합한다. 특히 조직 관리 리더십은 새겨들어야 할 내용이 많다. 다산이 알려주는 길을 걷는다면 어느 분야든지 분명 훌륭한 리더가 되고 성공적인 인생을 살아갈 수 있을 것이다.

제7장

대한민국 임시정부를 이끈 백범 김구 주석

김구 선생 동상(남산 백범광장 소재)

백범 김구 선생은 한평생을 조국의 독립을 위해 바쳤다. 대한민국 임시정부 경무국장, 내무총장, 국무령, 주석 등 중요 직책을 두루 맡으면서 임시정부를 이끌었다. 한인애국단을 조직하여 이봉창 의사, 윤봉길 의사의 의거 등을 통해 독립운동을 침체에서 부활시키고 임시정부의 위상을 크게 높였다. 한국독립당, 한국국민당을 조직하고 좌우합작 운동에 노력하였다. 한국광복군을 창설하여 조국 광복을 위한 무장 투쟁에도 혼신의 힘을 기울였다.

#1

일제의 국권 침탈

조선의 개항과 열강의 각축

영조·정조 시대 개혁 정치로 반짝했던 조선은 세도 정치로 인해 급속히 내리막길로 접어들었다. 삼정의 문란과 탐관오리들의 부정과 수탈로 농촌 사회가 피폐해지면서 각지에서 민란(홍경래의 난, 임술 농민 봉기 등)이 발생했다. 고종의 등극과 더불어 섭정한 흥선대원군은 안동 김씨 세력을 몰아내고 왕권을 바로 세우며 민생을 살리려 노력했으나 근대화와 문명을 앞세워 몰려오는 서세동점의 흐름을 제대로 읽지 못하고 쇄국 정책을 고수하였다. 결국 조선은 메이지유신으로 국력을 키운 일본의 군사력을 동원한 강압(운요호 사건)에 의해 1876년 강화도조약(조일수호조규)이 체결됨으로써 개항하였다.

조선 정부는 개화 정책을 추진하기 위해 통리기무아문을 설치하고 그 아래 12사를 두어 외교·통상·국방 등 각종 업무를 담당케 하였다. 군사제도는 기존의 5군영을 무위영과 장어영으로 개편하고 신식 군대를 양성하기 위해 별기군을 설치하였다. 그러나 개화사상과 위정척사사상이 부딪치는 속에서 개화파와 수구파, 그리고 급진 개화파와 온건 개화파 간의 갈등에 열강들이 각축하면서 혼란이 거듭되었다.

신식 군인인 별기군과의 차별대우에 분노한 구식 군인들이 1882년 6월 9일 임오군란을 일으켰다. 이때 고종은 대원군에게 사태 수습을 위임하였고 대원군이 권력을 다시 장악하였으나, 명성황후 일파가 청에 파병을 요청하면서 상황이 반전되었다. 청군은 대원군을 군란의 책임자로 지목하여 납치하고 무력으로 군란을 진압하였다.

김옥균, 박영효, 홍영식 등 젊은 양반 관료들이 주축이 된 급진개화파는 청의 간섭에서 벗어나 개혁을 추진하기 위해 1884년 12월 4일 우정총국 낙성 축하연을 이용하여 민씨 정권의 고관들을 살해하고 개화당 정부를 수립한 갑신정변을 일으켰다. 그러나 청군이 개입하여 삼일천하로 끝나고 말았다. 청의 내정 간섭이 심해지자 고종은 조·러 비밀조약을 추진하였다. 그러자 영국은 러시아의 남하를 견제한다는 구실로 1885년 4월 거문도를 불법 점령하였다. 조선은 이에 항의하였고 영국군은 약 2년 만에 거문도에서 철수하였다.

농민층의 동요가 심해지고 있는 상황에서 동학농민운동이 일어났다. 전주성이 함락되자 조선 정부는 청에 원병을 요청하였다. 청이 군대를 파견하자, 일본도 기다렸다는 듯이 군대를 파견하였다. 조선 정부는 농민군과 전주화약을 체결하고 청·일 양국에 군대 철수를 요구하였으나, 일본은 이를 무시한 채 경복궁을 점령하여 조선 정부를 장악하고 청일전쟁을 일으켰다.

동학농민운동

1. 동학의 창시

조선은 외척의 세도 정치가 오랜 기간 지속되면서 정치 기강이 문란해지고 지방관과 토호의 횡포와 착취로 인해 백성들의 삶은 도탄에 빠지고 있었다. 또한, 서양 열강 등 외세에 대한 위기감과 서학(천주교)에 대한 반감이 커지고 있었다. 이러한 상황에서 경주의 몰락 양반인 최제우가 1860년 유·불·선의 교리와 민간 신앙을 통합하여 동학을 창시하였다.

2. 교조 신원 운동

동학이 "사람이 곧 하늘이다."라는 인내천(人乃天)을 바탕으로 인간 평등을 표방하여 큰 호응을 얻자 조선 정부는 세상을 어지럽히고 백성을 현혹한다(혹세무민)는 이유로 최제우를 처형하였다. 2대 교주가 된 최시형이 포접제의 조직망을 정비하여 포교에 힘쓰자 급속도로 확산되었다. 동학교도들은 교조 신원 운동을 전개하여 최제우의 억울함을 풀어주고 동학에 대한 탄압을 중지할 것을 호소하였으며, 충청도 보은과 전라도 금구(김제)에서 열린 집회에서는 종교적 구호를 넘어 외세 배격과 탐관오리 숙청 등을 내세웠다.

3. 고부 농민 봉기

전라도 고부군수 조병갑이 만석보를 쌓아 물세를 거두고, 갖가지 죄목으로 백성들을 잡아다가 재산을 강탈하는 등 부정과 탐학을 일삼았다. 전봉준이 1894년 1월 사발통문을 돌려 봉기하여 고부 관아를 습격하여 고부군수를 내쫓고 아전들을 처벌하였다. 억울한 죄수들을 석방하고 수탈의 상징이었던 만석보를 헐어 버렸으며 관아의 곡식을 백성들에게 나누어 주었다.

4. 반봉건을 기치로 한 제1차 봉기

조정은 조병갑을 파면하고 박원명을 고부군수로, 이용태를 안핵사로 파견하였다. 박원명이 폐정의 시정을 약속하자 농민군은 자진 해산하였다. 그런데 사태를 수습하기 위해 파견된 안핵사 이용태가 오히려 농민들에게 책임을 묻고 처벌하였다. 이에 전봉준, 손화중 등의 동학 지도부는 제폭구민(除暴救民, 폭정을 없애고 백성을 구한다)과 보국안민(輔國安民, 나라를 돕고 백성을 편안히 한다)의 기치를 내걸고 다시 봉기하여 황토현에서 관군을 격파하고 전주성을 점령하였다.

5. 집강소 설치 및 폐정 개혁

전주성이 함락되자 조선 정부는 농민군을 진압하기 위해 청에 원병을 요청하였다. 청은 텐진조약에 따라 일본에 통고한 후 군대를 파견하였으며, 일본도 공사관과 자국민 보호를 구실로 군대를 파견하였다. 동학 농민군은 청·일 양군에 대한 철병 요구와 폐정 개혁을 조건으로 관군과 전주화약을 맺고 해산하였다. 전라도 각지에 자치적인 기구인 집강소를 설치하고 탐관오리와 악덕 지주의 처벌, 봉건적 신분 차별 폐지 등 폐정 개혁안을 실천해 갔다.

6. 항일 구국의 제2차 봉기

전주화약으로 청·일 양국 군대는 더 이상 조선에 주둔할 명분이 없어졌지만, 일본은 조선 정부의 철군 요청을 거부하고 청에 공동으로 조선의 내정 개혁을 추진하자고 제의하였다. 청이 이를 거부하자 군사적 긴장이 높아져 갔으며, 일본군은 청군에 기습공격을 가하여 청일전쟁을 도발하였다. 평양전투에서 승리한 일본군은 조선 정부군과 연합하여 농민군을 진압할 준비를 하였다. 이에 동학 농민군이 반발하여 다시 봉기하였다.

전봉준의 남접부대와 손병희의 북접부대는 논산에서 연합 부대를 형성한 후 서울을 향해 북상했다. 그런데 전봉준이 이끄는 동학 농민군은 공주 우금치에서 관군과 일본군에 맞서 치열하게 싸웠지만 패배하였다. 결국 전봉준, 김개남, 손화중 등 농민군 지도자들이 체포되거나 처형되고 각지의 농민 봉기도 진압되면서 동학농민운동은 막을 내렸다.

일본의 위협 속에서 흥선대원군을 섭정으로 하는 김홍집 내각이 수립되고 군국기무처를 설치하여 청의 연호를 폐지하는 등의 개혁(제1차 갑오개혁)을 추진하였다. 일본은 청과의 전쟁에서 승기를 잡자 조선의 내정에 적극 간섭하기 시작했는데, 대원군을 물러나게 하고 박영효를 참여시켰다. 김홍집·박영효 연립 내각이 구성되어 개혁(제2차 갑오개혁)을 단행하였다. 고종은 종묘에 나아가 자주독립의 맹세를 하고 국정 개혁의 기본 강령인 홍범 14조를 반포하였다.

한편 일본군은 청의 본토까지 진격하여 뤼순과 웨이하이를 점령하였고, 청과 시모노세키조약을 체결하여 랴오둥반도 등을 할양받았다. 그러자 러시아가 일본의 랴오둥반도 점유가 동아시아 평화를 위협한다고 프랑스, 독일과 함께 압박하는 소위 삼국 간섭을 하자, 일본은 어쩔 수 없이 랴오둥반도를 청에 돌려주었다.

조선은 러시아 세력을 끌어들여 일본 세력을 견제하려 했다. 그러자 일본은 명성황후 시해라는 천인공노할 만행(을미사변)을 저질렀으며, 이후 유길준 등이 내각에 참여하면서 단발령 등 을미개혁이 추진되었다. 그러나 명성황후 시해와 급진적 개혁에 대해 국민들이 크게 분노하여 의병이 일어났다. 고종은 신변의 안전을 꾀하고 일본의 영향력을 약화시키기 위해 러시아 공사관으로 피신하는 아관파천을 단행했다.

아관파천 이후 러시아의 영향력이 커지는 가운데 조선의 독립국 지위가 불안해지고 이권 침탈이 심해지자, 독립협회를 중심으로 고종의 환궁을 요구하는 목소리가 높아졌다. 이에 1897년 2월 25일 고종은 러시아 공사관을 떠나 경운궁(덕수궁)으로 환궁한 후 대내외에 자주 주권 국가임을 과시하고자 국호를 '대한제국', 연호를 '광무(光武)'로 바꾸고 황제로 즉위한 후 '대한제국'을 선포하였다.

러시아가 남하 정책을 추진하자 영국과 일본은 1902년 영일동맹을 체결하였다. 일본과 러시아는 만주와 한반도에서 자국의 이익을 보장받기 위해 여러 차례 협상을 가졌다. 일본의 기본 입장은 대한제국을 자국의 보호령으로 하는 대신, 만주에서 러시아의 우월권은 인정하되 기회 균등 원칙이 지켜져야 한다는 것이었다. 반면 러시아는 자국의 만주 독점권과 아울러 중립 지대 설정 및 한반도의 전략적 사용 불가 입장을 고수하였다.

이러한 가운데 일본군은 1904년 2월 인천항과 뤼순항에 정박해 있던 러시아 군함을 기습공격하여 러일전쟁을 일으켰다. 일본군은 뤼순항을 점령하고 1905년 5월 동해에서 러시아 발틱 함대를 격파하는 등 전쟁의 승기를 잡았다.

일제의 국권 침탈

일본은 대한제국의 의사를 무시하고 군대를 주둔시키고 대한제국 정부를 압박하여 강제로 조약을 체결하는 방식으로 국권을 침탈하였다. 전쟁 발발 직전에 대한제국은 국외 중립을 선언하였으나, 일본은 이를 무시하고 1904년 2월 23일 대한제국 내에서 군사적으로 필요한 긴급조치와 군사상 필요한 지점을 임의로 수용할 수 있도록 하는 '한일의정서'를 체결하였다.

1904년 8월 22일에 일본은 "대한제국 정부는 일본 정부가 추천하는 재정고문과 외교고문을 각 1명을 두고, 재정과 외교에 관한 사항은 일체 그들의 의견을 물어 시행토록 한다."라는 '제1차 한일협약(한일협정서)'을 강요하여 이른바 '고문 정치'를 실시하였다. 재정 분야에 메카타, 외교 분야에 미국인 스티븐슨을 고문으로 파견하였다.

일본은 미국과는 1905년 7월 '가쓰라·태프트밀약'을 맺고 영국과는 8월에 제2차 영일동맹을 맺음으로써 양국으로부터 한반도 지배를 외교적으로 보장받았다. 미국의 중재로 1905년 9월 포츠머스(Portsmouth) 강화조약이 체결되어 일본은 한반도에 대한 독점적 지배권을 승인받아 러시아 세력을 완전히 배제할 수 있게 되었다.

소위 '한반도 식민지화'의 국제적 내락까지 받아 놓은 상황에서 일본은 1905년 11월 17일 고종을 협박하고 매국노들을 매수해 을사늑약(제2차 한일협약)을 강압적으로 체결하였다. 을사늑약으로 일본은 대한제국의 외교권을 빼앗고 통감부를 설치하였다. 초대 통감으로 부임한 이토 히로부미는 대한제국의 외교뿐만 아니라 내정 전반에 대해 간섭하였다.

대한제국이 일본의 보호국으로 전락하자 전국에서 을사늑약에 반대하는 투쟁이 들불처럼 일어났다. 황성신문은 '시일야방성대곡(是日也放聲大哭, 이날, 목 놓아 통곡하노라)'이라는 논설을 실어 을사조약의 부당함을 알렸다. 민영환과 조병세 등은 을사 5적 처단과 을사늑약 폐기를 주장하며 항의 표시로 자결하였다. 한성 상인들은 가게 문을 닫고 학생들은 동맹 휴학을 하였으며, 전국 각지에서 의병 투쟁이 일어났다.

을사늑약은 한 국가의 외교권 박탈을 규정한 주권에 관계된 중대 조약이었음에도 불구하고 그 명칭이 없었을 뿐만 아니라, 대한제국 정부의 의사 표시는 외부대신 박제순의 기명날인만 있었기 때문에 형식적으로도 성립 요건을 충족시키지 못한 것이었다. 또한, 주권자인 고종 황제의 재가나 비준도 없는 그야말로 '늑약'이었다. 제2차 한일 협약이라는 명칭은 이 불완전성을 가리기 위해 나중에 붙인 것이다.

고종은 을사늑약의 무효를 선언하기 위해 1907년 6월 헤이그평화 회의에 이상설·이준·이위종 및 헐버트를 특사로 파견하였다. 일제는 이를 빌미로 7월 20일 고종을 강제로 퇴위시키고 대신 순종을 즉위하게 하였다. 이어 7월 24일에는 '정미7조약(한일 신협약)'을 체결하여 통감이 추천한 일본인을 차관으로 임명하게 하여 법령 제정, 고등 관리 임명 등 행정권마저 장악하였다. 이어서 8월 1일부터 약 한 달에 걸쳐 군대를 강제로 해산하였다. 이때 상당수의 군인들은 군대 해산에 반발하여 일본군과 교전을 벌인 뒤 의병에 합류하였고, 이로써 의병 항전은 대일 전면전의 성격으로 바뀌어 치열하게 전개되었다. 그러나 1909년 9월, 일제의 대토벌작전에 밀려 그 기세가 꺾이고 말았다.

의병 투쟁

1. 을미의병

1895년 명성왕후 시해와 단발령 공포에 반발하여 위정척사 사상에 바탕을 둔 반일 의식을 가진 유생들이 주도하였고 농민과 동학 농민군 잔여 세력도 의병에 가담하였다. 대표적인 의병장은 충청도 제천 유인석, 강원도 춘천 이소응이다.

2. 을사의병

러일전쟁 이후 일본이 1905년 을사늑약으로 외교권을 빼앗는 등 국권을 본격적으로 침탈하자 의병운동이 다시 일어났다. 전직 관료 출신인 민종식은 한때 충청도 홍주성을 점령하였다. 최익현은 제자 임병찬과 함께 전라북도 각지를 장악하였으나 관군이 출동하자 항전을 중지하고 체포되어 일본군에게 넘겨진 뒤 쓰시마섬에 유배되어 순국하였다. 평민 의병장 신돌석은 경상도와 강원도 경계에 있는 일월산을 근거지로 신출귀몰한 유격전을 펼쳤다.

3. 정미의병

1907년 일본이 헤이그 밀사 파견을 구실 삼아 고종을 강제로 퇴위시키고 군대를 해산하자 의병 투쟁이 전국적으로 확산되었다. 해산 군인들이 의병에 합류하면서 전투력이 한층 강화되고 조직화되었으며, 참여 계층도 양반 유생과 전직 관료 외에도 농민, 상인, 포수 등 다양하였다. 의병 지도자들은 이인영을 총대장으로 하여 13도 연합 부대(13도 창의군)를 결성하였다. 각국 영사관에 격문을 보내 의병을 국제법상의 교전 단체로 인정해 줄 것을 호소하였다. 13도 창의군은 1908년 1월 경기도 양주에 집결하여 서울 진공 작전을 전개하여 선발대가 동대문 밖 30리 지점까지 진격하였으나 일본군의 공격으로 실패로 끝났다.

대한제국 의병 (영국 메켄지 기자 촬영)

대한민국 나침반 역사 속의 위인들

러일전쟁과 을사늑약을 전후하여 개화 지식인들은 애국 계몽운동을 적극적으로 전개하였다. 보안회는 일제의 황무지 개간권 요구에 반대하는 운동을 펼쳤다. 독립협회를 계승한 헌정연구회는 의회를 설립하고 입헌 정치 체제를 수립하자는 활동을 전개하였다. 헌정연구회를 계승한 대한자강회는 교육과 산업 진흥 등 실력 양성을 통한 국권 수호 운동을 전개하였다.

한편 일제의 침략이 가속화되는 가운데 항일 비밀 결사가 조직되었으며 대표적인 것이 신민회다. 1907년 안창호, 양기탁, 신채호 등이 국권 회복을 목적으로 조직한 신민회는 정주에 오산학교, 평양에 대성학교를 설립하여 인재를 양성하는 데 힘을 기울였다. 태극서관을 운영하며 서적을 출판하여 대중 계몽을 위해 노력하였고, 평양에 자기 회사를 세워 민족 산업을 육성하고자 하였다. 국권 피탈의 위기감이 고조되고 일제의 탄압이 심해지자 실력 양성만으로는 국권 회복이 어렵다고 판단하고 무장 투쟁을 위한 독립 기지 건설을 준비하였다.

연해주에서 의병 투쟁을 벌이던 안중근은 러시아 재무대신 코코프초프와 회견하기 위해 1909년 12월 26일 만주 하얼빈에 온 이토 히로부미를 하얼빈역에서 사살하여 한민족의 울분을 대변하였다. 안중근 의사는 재판 과정에서 명성황후를 시해한 죄, 고종황제를 폐위한 죄, 을사5조약과 정미7조약을 강제로 맺은 죄 등 이토 히로부미를 죽인 15가지 이유를 밝혔다. 뤼순 감옥에 수감된 안중근 의사는 순국하기 전에 〈동포들에게 남긴 유언〉을 발표하였다.

내가 독립을 회복하고 동양 평화를 유지하기 위하여 3년 동안을 해외에서 풍찬노숙하다가 마침내 그 목적을 달성하지 못하고 이곳에서 죽노니, 우리들 2천만 형제자매는 각각 스스로 분발하여 학문을 힘쓰고 실업을 진흥하며 나의 끼친 뜻을 이어 자유 독립을 회복하면 죽는 여한이 없겠노라.

안중근 의사 동상과 유묵

남산에 있는 동상은 이토 히로부미를 저격한 직후 태극기를 꺼내는 모습을 형상화하고 있다.

또한, 남산에는 '견리사의견위수명(見利思義見危授命, 이로움을 보았을 때에는 정의를 생각하고, 위태로움을 당했을 때에는 목숨을 바치라)'는 안중근 의사의 유묵이 새겨져 있다.

1909년 들어 일본은 본격적으로 한국 병합 작업에 착수하였다. 7월 12일 사법 및 감옥 사무를 모두 일본 정부에 위탁한다는 기유각서 체결을 강요하여 사법권을 빼앗았고, 1910년 6월 경찰권을 완전히 손아귀에 넣었다.

7월 23일 서울에 도착한 데라우치 통감은 곧바로 위수령을 내려 모든 정치 집회와 연설회를 금지시키고 무력 시위로 공포 분위기를 조성하였다. 8월 16일부터 한국의 전권위원인 총리대신 이완용과 '한국

병합' 실행을 위한 협상을 시작하여 불과 1주일 만인 8월 22일 이른바 〈한국병합에 관한 조약〉을 체결하였다. 그리고 1주일 뒤인 1910년 8월 29일 '한국병합'이 공식적으로 발표되었다. 이것은 일제의 강압 속에서 체결된 국제법적으로 무효이지만 조선왕조가 건국된 지 27대 519년 만에, 그리고 대한제국이 성립된 지 14년 만에 일제의 압제에 놓이게 되었다.

🏛 #2

3·1운동과 대한민국 임시정부 수립

3·1운동 🏛

　국권을 강탈한 일제는 식민 통치의 최고 기구로 조선총독부를 설치하고 헌병 경찰제도를 바탕으로 강압적인 무단 통치를 실시하였다. 언론·출판·집회·결사의 자유를 박탈하고 정치 단체와 학회를 해산하였다. '토지조사령'을 발표하여 본격적으로 토지조사사업을 실시하였다. 이 사업의 결과로 조선총독부는 최대 지주가 되었으며, 식민지 지주제로 전환되고 농민층의 계층 분화와 몰락을 초래하였다. 반면 조선총독부와 일본 당국은 조세 수입의 증가로 식민지 통치 자금을 확보할 수 있게 되었다. 또한, 일제는 '회사령' 등 식민지 악법을 통해 한인 민족 사업을 억압하고 일본 자본의 진출을 지원하였다.

　나라가 망하고 일제의 독립운동에 대한 탄압이 심해지자 많은 애국지사들이 활동 근거지를 국외로 옮겼다. 특히 한인들이 다수 정착해 있던 만주와 러시아 극동 연해주 지역으로 이동하여 독립군 기지를 개척하였다.

　북간도로 거점을 옮긴 대종교는 중광단이라는 무장 독립단체를 만들었다. 이 단체는 3·1운동 이후 북로군정서로 발전하였다. 남만주(서간도)에서는 이회영, 이상룡 등이 삼원보에서 자립 경제와 민족 교육을 목표로 경학사를 조직하여 독립운동을 준비하였으며, 이후 한족회로 발전하여 서로군정서라는 독립군을 조직하였다. 또한, 이회영 형제는 신흥무관학교를 설립하여 군사 교육을 실시하였다. 연해주 지역에서는 블라디보스토크에 신한촌이 건설되고 한인의 지위 향상을 목표로 자치 단체인 권업회(이후 전로 한족회로 개편)가 조직되어 동포 사회를 이끌었다.

우당 이회영 형제들의 노블레스 오블리주

조선 시대 영의정을 지낸 백사 이항복의 10대손 6형제 중 넷째인 우당 이회영은 일제에 의해 나라가 망하자 형제들을 설득하여 전 재산을 비밀리에 처분하여 독립운동 자금을 마련하였다. 이석영은 고종 때 영의정을 지낸 이유원의 양자로 출계하여 엄청난 재산을 소유하고 있었다. 6형제는 전 가족을 데리고 1910년 12월 30일 칼바람이 몰아치는 압록강을 건너 만주로 갔다.

이들 형제들은 삼원보에 경학사를 세워 한편으로는 농지를 개간하고, 한편으로는 학문을 배우는 산학 협동의 정신을 실천했다. 신흥강습소를 열어 독립군 양성에 전력을 기울였다. 신흥강습소는 1913년 5월 신흥무관학교로 개칭되었으며, 이곳에서 배출된 3,500명의 장교와 병사들은 봉오동전투와 청산리전투의 주역이 되었고 훗날 광복군의 중심인물이 되어 일제의 침략에 맞서 투쟁하였다. 이회영 형제들은 신흥무관학교 운영 등 독립운동에 전 재산과 열정을 다 쏟아부었고, 10여 년이 지난 후에는 거의 빈손이 되어 중국 각지로 흩어졌다. 그러면서도 끝까지 독립 투쟁을 하였다.

첫째 이건영은 만주에서 질병으로 일찍 타계하였고, 신흥무관학교 운영자금의 대부분을 감당하였던 둘째 이석영은 상하이의 빈민가에서 외롭게 타계하였다.

셋째 이철영은 만주에서 독립운동을 하다가 병사했다. 넷째 이회영은 일제 경찰에 체포되어 1932년 11월 17일 뤼순 감옥에서 모진 고문을 받다가 순국하였다. 다섯째 이시영 선생은 임시정부 국무위원으로 활동하였으며, 광복 후 귀국하여 대한민국 초대 부통령을 역임하였다. 여섯째 이호영 선생은 만주에서 독립운동을 하던 중에 1933년 소식이 끊겼다.

이회영 선생 6형제
생가터 표지석

이회영 선생 형제들은 혹독한 상황 속에서 조국의 광복을 위해 투쟁하면서 노블레스 오블리주를 실천했다. 가문의 명예와 전 재산을 바쳐서 애국애족의 정신과 삶이 무엇인지를 가르쳐준 우리 민족의 위대한 스승이다. 명동성당 앞 골목 안쪽에는 이회영 선생 형제들이 태어난 곳을 알려주는 표지석이 세워져 있다.

1918년 1월 18일 제1차 세계대전의 종결을 앞두고 미국 윌슨 대통령은 '14개조 평화 원칙'을 발표하였다. 그 핵심은 "각 민족은 정치적 운명을 스스로 결정할 권리가 있으며 다른 민족의 간섭을 받을 수 없다."라는 민족자결주의였다. 윌슨 대통령의 민족자결주의는 한국 독립운동에도 큰 영향을 주었다. 1919년 2월 8일, 일본 도쿄에서 최팔용, 송계백, 김도연, 이광수 등 11명의 동경 유학생들이 '2·8 독립선언서'를 발표하여 민족의 자결과 독립 및 항일 의지를 세계에 알렸다.

마침내 1919년 3월 1일, 손병희, 오세창, 한용운, 최린 등 33인의 민족 대표가 탑골공원에서 '기미독립선언서'를 발표함으로써 3·1운동이 시작되었다. 3·1운동은 천도교, 기독교, 불교 등 종교계가 연합하고 학생들이 참여하여 이루어진 대규모 비폭력 만세 시위로서 서울에서 시작하여 다른 도시와 농촌으로 확산되었다.

일제가 무력으로 만세 시위를 진압하여 수많은 무고한 민중들이 피해를 보았으며 제암리 학살 사건은 대표적인 사례이다. 해외로도 확산되어 만주 곳곳과 연해주의 신한촌에서도 시위가 일어났으며, 하와이와 필라델피아 등지에서도 만세 시위가 전개되었다. 3·1운동은 최대 규모의 민족운동으로 전 세계에 한민족의 자주 독립 의지와 역량을 보여 주었다.

대한민국 임시정부 수립

3·1운동은 독립운동에 중대한 전기가 되었다. 이 운동을 계기로 독립운동가들 사이에서는 독립운동을 더욱 조직적으로 전개해야 한다는 공감대가 형성되었다. 1919년 3월 중순부터 4월 말까지 대략 50일 사이에 3·1운동 정신을 계승해 일제에 빼앗긴 국권을 되찾고 나라의 자주독립을 이루고자 서울, 경기, 연해주, 간도, 상하이에서 7개의 임시정부 수립 발표가 있었다. 그중에 조선민국임시정부, 고려공화국, 간도임시정부, 신한민국정부는 전단으로 발표된 것에 불과하고, 서울의 대조선공화국, 즉 통칭 한성정부와 블라디보스토크의 국민의회에서 수립한 노령정부, 그리고 상해 대한민국 임시정부는 수립 과정을 알 수 있다.

한성정부는 1919년 3월 중순부터 한성(서울)에서 비밀리에 추진하여 4월 2일 인천에서 13도 대표자 대회를 열어 구체화한 뒤에 4월 23일

한성에서 '국민대회'를 개최하여 공포했다. 연합통신(UP)에 보도되었기 때문에 국제적으로 선포 효과가 있었다. 한성정부가 서울에서 그리고 '국민대회'라는 국민적 절차에 의해 조직되었다는 점과 더불어 뒷날 여러 정부의 통합 과정에서 정통성을 갖게 되는 중요한 근거가되었다.

상해 임시정부는 1919년 4월 10일 상하이 프랑스 조계지에서 13도 대표로 임시의정원을 구성하고, 이동녕 의장의 사회로 제1회 임시의정원 회의를 열어 조소앙, 신익희가 초안을 작성한 10개조로 된 임시헌장을 철야 심의하였다. 다음 날 4월 11일 '대한민국 임시헌장'을 제정하고 국호를 '대한민국'으로 결정했다. 국무총리를 행정 수반으로하는 통치 체제를 결정하고 이승만을 선출하였다. 각료에는 내무총장 안창호, 외무총장 김규식, 법무총장 이시영, 재무총장 최재형, 군무총장 이동휘, 교통총장 문창범이 임명되었다.

대한민국 임시헌장

제1조 대한민국은 민주공화제로 한다.

제2조 대한민국은 임시정부가 임시의정원의 결의에 의하여 통치한다.

제3조 대한민국 인민은 남녀, 귀천 및 빈부의 계급이 없고 일체 평등하다.

제4조 대한민국 인민은 종교·언론·저작·출판·결사·집회·통신·주소 이전·신체 및 소유의 자유를 향유한다.

제5조 대한민국 인민으로 공민 자격이 있는 자는 선거권 및 피선거권을 가진다.

제6조 대한민국 인민은 교육·납세 및 병역의 의무를 가진다.

제7조 대한민국은 신의 의사에 의하여 건국한 정신을 세계에 발휘하며, 인류의 문화 및 평화에 공헌하기 위하여 국제연맹에 가입한다.

제8조 대한민국은 구황실을 우대한다.

제9조 생명형·신체형 및 공창제를 전폐한다.

제10조 임시정부는 국토 회복 후 만 1년 내에 국회를 소집한다.

대한민국 임시정부의 수립은 한민족의 역사에서 중요한 의미를 갖는다. 첫째, 대한민국이라는 국가를 세웠다는 점이다. 1910년에 대한제국이 멸망한 이후, 새로이 세운 국가가 대한민국이었다. 다만 대한민국 임시정부는 일시적으로 국토를 상실한 망명정부의 성격을 지녔다.

둘째, 한민족 역사상 처음으로 국민이 주권을 행사하는 민주공화제 정부를 수립하였다는 점이다. 조소앙의 삼균주의(개인과 개인, 민족과 민족, 국가와 국가 간의 균등을 실현하기 위해서는 정치·경제·교육적 균등을 실현해야 한다)가 이념적 기초가 되어 제정된 '대한민국 임시헌장'은 제1조에서 "대한민국은 민주공화제로 한다."라고 명기하여 대한민국 정체를 '민주'로,

국체를 '공화국'으로 밝히며 건국 정신과 기본 원칙을 천명했다.

셋째, 대한민국 임시정부는 1945년 11월 환국할 때까지 국내외 독립운동의 구심점이 되었다. 넷째, 대한민국 임시정부의 건국 정신이 계승되었다. 대한민국 제헌 헌법 전문이 "유구한 역사와 전통에 빛나는 우리 대한 국민은 3·1운동으로 대한민국을 건립하여 세계에 선포한 위대한 독립 정신을 계승하여 이제 민주 독립 국가를 재건함에 있어서"라는 문장으로 시작하고 현행 헌법 전문에도 "3·1운동으로 건립된 대한민국 임시정부의 법통 계승"이라는 내용이 명시되어 있는 데서 알 수 있다.

대한민국 임시정부는 1919년 9월 11일, 상하이, 한성, 연해주에서 수립된 세 임시정부를 통합하여 새롭게 출발하면서 제1차 헌법을 개정하여 대통령 중심제를 채택하였다. 대통령에 이승만, 국무총리에 이동휘를 선출했다. 임시정부는 삼권분립의 원칙에 따라 입법기관인 임시의정원, 행정기관인 국무원, 사법기관인 법원으로 구성되었다.

국내 독립운동을 지도하고 활동에 필요한 자금을 조달하기 위해 연통부와 교통국을 두었다. 연통부는 국내 각 지역에 설치한 비밀 연락망으로, 주요 활동은 임시정부의 선전, 통신 연락, 자금 모집 등이었다. 교통국은 통신기관으로 정보 수집·분석과 연락을 담당하였다. 국내외에서 독립 공채를 발행하거나 의연금을 거두어 모인 자금은 연통부와 교통국을 거쳐 전달되었다. 그리고 기관지인 독립신문을 발행하여 독립운동 소식을 전하고 임시 사료편찬위원회를 설치하여 독립운동과 관련된 사료들을 수집하였다.

임시정부는 초기에는 외교 활동에 주력하였다. 프랑스 파리에서 활동하고 있던 김규식을 외무총장으로 임명하여 파리강화회의에 독립 청원서를 제출하도록 하였다. 또한, 미국에 구미위원부를 설치하여 이승만을 중심으로 외교 활동을 펼쳤다.

3·1운동 이후 만주 지역에는 수많은 독립군 부대가 편성되어 무장 독립전쟁을 전개하였다. 1920년 6월 홍범도의 대한독립군을 중심으로 한 독립군 연합 부대가 일본군을 봉오동으로 유인하여 크게 승리하였다. 봉오동전투에서 패배한 일제가 대군을 동원하여 독립군을 공격하자 김좌진의 북로군정서, 홍범도의 대한독립군, 안무의 국민회군 등 연합 부대는 유리한 지점을 차지하고 1920년 10월 21일부터 26일까지 두만강 상류 화룡현 일대 청산리에서 일본군을 크게 물리쳤다. 이것이 독립 전쟁사에서 빛나는 청산리대첩이다.

#3

대한민국 임시정부에 투신한 김구

경무국장 임명

김구는 강화도조약이 체결된 해인 1876년 황해도 해주에서 태어났다. 아명은 창암이었다. 양반이 되고자 과거시험을 보기 위해 서당 공부를 하였지만, 과거에 떨어지자 동학에 입문한 뒤 이름을 창수로 바꾸고 1894년 동학농민군의 선봉장이 되어 해주성을 공격하였다. 1896년 안악 치하포의 한 주막에서 조선인으로 변장한 일본군 중위를 발견하자 '명성황후를 시해한 적에 대한 응징'으로 처치하였다. 주막 벽에 "국모의 원수를 갚을 목적으로 이 왜놈을 죽였노라."라는 포고문을 붙이고 당당히 자신의 주소와 이름을 밝혔다. 체포되어 해주 감옥에 수감되었다가 인천감리서로 옮겨졌다.

사형 선고를 받은 후 탈옥하여 숨어 지내다 공주 마곡사에서 승려 생활을 하기도 하였다. 이후 양산학교 등에서 교사로 활동하면서 교육 활동에 전념하고 신민회에 참여하였다. 안중근 의사 의거에 연루되어 감옥에 투옥되었다가 석방되었다. 신민회의 결정에 따라 군자금 모금 임무를 띠고 활동하던 중, 1911년 '안악 사건(안명근 등이 황해도 신천에서 무관학교의 설립자금을 모집하다가 체포된 사건)'관련자로 체포되어 옥고를 치르다가 1915년 출옥하였다. 감옥에 있을 때 호와 이름을 백범 김구 (金九)로 정했다. 이름을 '구(龜)'에서 '구(九)'로 고쳤으며, 호 백범(白凡) 은 일반 백성보다 못한 천민인 백정(白丁)에서 '백(白)'을 따왔고 평범한 사람을 뜻하는 범부(凡夫)에서 '범(凡)'을 따왔다.

1919년 기미년 3·1독립운동이 일어나자 김구는 3월 29일 황해도 안 악을 출발하여 평양, 신의주, 안동(단동)을 거쳐 상하이로 망명하였다. 임시정부가 본격적인 활동을 시작한 것은 안창호가 미국에서 상하이 로 와서 집무하기 시작한 때부터이다. 이승만은 미국에 있었고 각 부 총장들도 아직 상하이에 도착하지 않아 실질적으로 초기의 임시정부 를 이끈 사람은 내무총장인 도산 안창호였다. 안창호는 내무총장과 국무총리 대리를 겸직하면서 정부로서의 기반을 마련해 나갔다. 김 구는 안창호를 찾아가 문지기라도 시켜 달라고 부탁하였다. 안창호는 국무회의에 제출하여 결정하겠다고 하고 다음 날 경무국장에 임명하 였다. 경무국장은 내무부 산하에 있는 기구로서 주요 임무는 임시정 부를 보호하는 일이었다.

일제는 갖은 수단과 방법을 동원하여 임시정부를 파괴하려고 하였 다. 당시 상하이는 프랑스 조계, 미국과 영국의 공공 조계, 그리고 일 본인 거주지인 홍구 지역으로 나뉘어 있었다. 일본 총영사관은 프랑스 조계 당국에 독립운동자의 체포를 요구하기도 하였고, 경찰을 동원하 여 체포에 나서기도 하였다. 그리고 일제 경찰 못지않게 두려운 것이 있었다. 바로 밀정이었다. 밀정들은 정탐활동을 벌이기도 하고 투항과

변절을 유도하거나 임시정부에 대한 반대와 파괴 운동을 벌였다.

　김구는 휘하에 양산학교에서 가르친 제자 나석주 등 20여 명의 대원을 두고 경찰 임무를 수행하면서 밀정을 색출하는 작업을 벌였다. 이에 따라 많은 밀정들이 발각되고 잡혔다. 경호원 중에 한태규란 인물이 일제에게 매수되어 밀정 활동을 하다가 발각되었다. 일본 총영사관에서는 김구를 제거하기 위해 온갖 방법을 동원하였기 때문에 김구는 상하이에서 활동하는 13년 동안 프랑스 조계 밖으로는 거의 나갈 수 없었다.

임시정부의 혼란과 국무령 취임

　1920년 3월 임시정부 의정원은 이승만 대통령이 상하이로 돌아올 것을 촉구하는 결의를 하였고 이승만은 1920년 12월 8일 상하이에 도착하였다. 그러나 임시정부 요원들과 갈등을 겪었는데, 특히 임시정부의 운영과 활동 방향에 대해 국무총리 이동휘와 대립이 심각하였다. 이승만과 이동휘는 이념과 노선에 커다란 차이가 있었다. 이승만은 미국을 배경으로 하는 외교 노선을 주장하고 자유주의 이념을 신봉하였지만, 이동휘는 연해주 일대에서 사회주의 이념을 기초로 하고 무장 투쟁 활동을 주장하였다.

　타협점을 찾지 못한 채 갈등이 계속되다가 이동휘가 코민테른으로부터 받은 자금 문제를 둘러싸고 국무총리를 사퇴하였다. 이승만은 이동녕 내무총장을 국무총리 대리로 임명하고 이동휘를 면직 처리했다. 이로 인해 여론이 악화되었다. 학무총장 김규식, 군무총장 노백린, 노동국총판 안창호도 사퇴했다. 이동휘는 연해주로 떠났고, 이승만은 1921년 5월 17일 미국으로 돌아갔다.

1922년 9월 노백린 내각이 성립되면서 김구는 내무총장에 발탁되었다. 복잡한 상황 속에서 국민대표회의가 열리게 되었으나 임시정부를 완전히 해체하고 새로운 정부를 수립하자는 창조파와 독립운동 실정에 맞게 구조를 바꾸자는 개조파로 나뉘어 심각한 논란이 벌어졌다. 국민대표회의는 끝내 의견 차이를 좁히지 못하고 결렬되었다. 내무총장인 김구는 내무령 제1호를 공포하여 국민대표회의의 해산을 명령하였다. 1925년에 3월 임시정부는 이승만을 탄핵하고 박은식을 대통령으로 추대하였으며, 곧이어 제2차 개헌을 통해 임시정부의 통치 구조를 국무령제로 개편하였다.

박은식

1898년 장지연 등과 황성신문을 창간하여 주필이 되었고 대한매일신보, 서북학회월보의 주필을 지냈다. 3·1운동 후 러시아로 망명하여 항일운동을 하면서 민족독립운동을 고취시키기 위해 역사 연구에 노력하였다. 《한국통사》를 써서 일제의 한국 침략 과정을 폭로하고 《한국독립운동지혈사》에서 한민족의 투쟁 과정을 서술하였다. 민족운동의 참모습을 모아 역사로 남기는 동시에 민족이 가슴에 간직해야 할 민족정신의 역사를 가르치기 위한 것이었다.

대한민국 임시정부가 수립되면서 상하이로 건너와 임시정부를 지도하는 원로의 한 사람이 되었다. 제1차 세계대전 이후의 파리강화회의와 국제연맹회의에 민족 독립운동을 지원받기 위해 제출할 문서를 만들기 위해 임시사료편찬회를 조직하였고 임시정부 기관지 독립신문의 사장이 되었다. 1924년 임시정부 국무총리 겸 대통령 대리, 1925년 임시정부 2대 대통령이 되었다. 그해 11월 임종이 가까워져오자 동포들에게 다음과 같은 유촉(遺囑)을 남기고 서거하였다.

"우리 동포에게 나의 몇 마디 말을 전해 주오. 첫째, 독립운동을 하려면 전 민족적으로 통일이 되어야 하고, 둘째, 독립운동을 최고 운동으로 하여 독립운동을 위해서는 어떤 수단 방략이라도 쓸 수 있어야 하고, 셋째, 독립운동은 민족 최대의 공공사업이니 독립운동을 하는 동지 간에는 사랑과 미움, 친하고 친하지 않음의 구별이 없어야 한다."

이동녕이 잠시 국무령을 맡다가 이상룡, 양기탁, 안창호, 홍진 등이 선출되었으나 취임하지 않거나 사퇴한 상황에서 임시정부는 1년 8개월여 동안 무정부 상태에 빠져들었다. 1919년 3·1운동의 만세 소리의 함성과 함께 선포된 대한민국 임시정부이건만 불과 10년 사이에 서로의 주장과 분열로 와해되어 갔다.

이러한 상황에서 임시의정원 의장 이동녕의 천거로 김구가 국무령에 선출되었다. 김구는 1926년 12월 9일 국무령에 취임한 후 임시정부의 안정적인 운영 방안을 마련하였다. 첫째, 집단지도체제를 마련하였는데, 제3차 개헌을 통해 임시정부의 권력 구조를 국무령제에서 국무위원제로 바꾸었다.

둘째, 임시정부의 기초를 공고히 하는 것이었다. 이를 위해 김구는 내무장과 상해대한교민단장을 맡았다. 지방행정과 지방의회 기능을 갖추기 위해 조직을 개편하고 동포 자제의 교육기관으로 인성학교를 운영하였다. 상하이에 거주하고 있는 한인의 호구와 자산 등에 대한

대한민국 나침반 역사 속의 위인들

조사를 실시하였다. 동포 사회 속으로 침투하는 밀정을 색출하고 치안을 유지하기 위해 의경대를 조직하였다.

셋째, 임시정부의 재정적 기반을 마련하고자 하였다. 많은 인사가 임시정부를 떠나면서 자금줄도 함께 끊어졌다. 교통국과 연통부가 일제 경찰에 의해 철저히 파괴되면서 국내로부터의 지원이 거의 중단된 것이 자금 부족의 더 큰 원인이었다. 활동비는커녕 청사 집세 문제로 집주인에게 소송을 당하기도 하여 정부의 체면을 유지하기도 어려운 형편이었다. 집세를 마련하기 위해 임정 요원들의 부인과 가족들이 상하이 시장에서 채소장사를 하며 돈을 벌어야 했고, 독립운동의 뜻을 품고 상하이에 온 청년들도 행상을 나서기 일쑤였다.

김구는 미국, 쿠바, 멕시코의 사탕수수 농장에서 일하는 동포들에게 편지를 썼다. 불안정한 재정으로는 그 어떤 독립운동 활동도 불가능함을 말하며 헌금을 부탁한 것이다. 동포들은 주로 노동으로 생활하고 적은 월급밖에 받지 못하는 형편이었지만 십시일반으로 임시정부에 돈을 보내주었다. 이로써 임시정부는 재정난에서 탈출할 수 있는 희망이 보이기 시작했다.

민족 유일당 운동

민족 유일당 운동은 여러 갈래로 나뉜 독립운동을 통일하려는 운동이며, 독립운동 추진 주체로 정당을 상정했다. 코민테른이 민족주의자와의 협력을 중시하는 방침을 채택하고 1924년 중국에서 제1차 국공합작이 이루어진 것이 민족 유일당 운동의 계기로 작용했다.

1926년 7월 8일 임시정부 국무령 홍진은 '전 민족적 대당' 결성을 주장하였다. 이에 안창호가 적극 호응하였는데, 임시정부의 존속을 전제로 한 것이었다. 안창호는 좌파 세력의 대표격인 원세훈을 만나 대동단결을 촉구했고 10월 16일 '대독립당조직북경촉성회'(북경촉성회)를 결성하고 선언서를 발표하였다.

국내에서는 민족 유일당 운동의 영향을 받아 1927년 2월 15일 비타협적 민족주의 세력과 사회주의 세력이 연합하여 신간회를 결성하였다. 서울에 본부를 두고 지방 각지에 군 단위의 지회를 설치하여 가장 많을 때에는 140개 지회에 회원이 4만 명에 달할 만큼 대중적 단체로 성장하였다. 전국에서 강연회를 열어 민중을 계몽하고 일제의 식민통치 정책을 비판하였다. 노동·농민·청년·여성운동 등 사회운동을 지원하였으며, 1929년 광주 학생 항일운동이 일어나자 현지에 조사단을 파견하였다.

1927년 3월 21일 '한국유일독립당 상해촉성회'가 창립되었고, "유일당 조직을 촉성하고 민족의 독립적 역량을 집중하는 데 노력한다."라는 등의 강령이 채택되었다. 이후 광저우, 우한, 난징 등에서도 잇따라 촉성회가 만들어졌다. 임시정부는 민족 유일당이 만들어지면 그 당이 정부를 이끌어 가도록 한다는 방침을 밝혔다.

그러나 1927년 4월의 '4·12정변'에 의해서 중국의 제1차 국공합작이 사실상 붕괴되고 7월 13일 중국 공산당이 대시국 선언을 발표해 제1차 국공합작의 종료를 선언하면서 중국의 제1차 국공합작이 깨졌

대한민국 나침반 역사 속의 위인들

다. 민족 유일당을 둘러싸고 좌우 분열과 함께 좌파 내부의 대립도 나타났다. 특히 1928년 12월 코민테른은 '12월 테제'를 통해 민족부르주아 세력과 결별하고 대중 속에 깊이 들어가 아래로부터의 당을 건설하라는 지령을 내렸다. 이 '테제'에 따라 좌익 진영은 민족주의 진영과의 연합전선을 포기하였고 민족 유일당 운동 또한 중단되고 말았다.

한국독립당 결성

민족 유일당 운동이 실패하자 1930년 1월 25일 이동녕을 비롯한 임시정부 핵심 세력과 안창호가 중심이 되어 임시정부 주변의 민족 진영을 통합해 한국독립당을 결성하였다. 한국독립당 발기인 28명 대부분 임시정부의 핵심 구성원이었다. 한국독립당의 당의(정당에서 내세우는 의견)와 당강(당의 강령)은 조소앙이 제시한 삼균주의를 기본 골격으로 삼았다.

당의에서는 "국토와 주권을 완전히 광복해서 정치, 경제, 교육의 균등을 기초로 한 민주국가를 건설하여 국민 각개의 균등 생활을 확보하고 밖으로는 민족과 민족, 국가와 국가의 평등을 실현하며 나아가 세계 일가의 진로로 향한다."라고 내세웠다. 당강에서는 보통선거를 통한 참정권·기본권 보장, 토지 및 생산 기관의 국유화로 생활의 평등화, 국비 의무교육에 의한 교육권의 평등화, 민족자결과 국제 평등, 세계 일가의 조성 등을 천명했다. 사회주의적 내용을 포함한 것은 러시아 혁명과 서구 사민주의, 쑨원의 삼민주의 등의 영향을 받았기 때문이다.

이러한 내용들은 이후 임시정부의 정책에 수용되었고, 한국독립당의 맥을 잇는 재건한국독립당, 한국국민당, 통합한국독립당, 나아가 충칭 시기 임시정부의 좌우연합정부까지 그 이론적 기초가 되었다. 그리고 한국독립당은 후에 김구의 정치적 토대가 된 중요한 단체로 역할을 하였고 그 자체가 우리나라 독립운동사 및 정치사의 중요한 상징이 되었다.

#4

한인애국단을 통한 의열 투쟁

의열 투쟁 노선과 한인애국단 결성

일본은 1927년 4월 육군대장 다나까가 집권하면서 대륙 침략 정책으로 나왔다. 대공황으로 인한 경제 파탄에 이어 정치·사회적 불안이 가중되면서 본격적인 대륙 침략전쟁으로 국내 문제를 해결하려 하였다. 1931년 9월 18일 센양의 류타오거우(柳條溝)라는 곳에서 철도를 일부러 폭파하고 중국 측에 책임을 떠넘겨 만주를 점령하고 이듬해 3월에는 괴뢰 정부인 만주국을 수립하였다.

한편 1931년 7월 만주에서 일어난 만보산 사건(수로 개설 문제로 일어난 충돌)을 계기로 일제는 한인 농민과 중국인 농민이 싸우도록 이간 공작을 노골화하면서 중국 내 독립운동을 약화시켰다. 이로써 만주 일대를 중심으로 전개된 무장 독립운동은 일대 타격을 받게 되었다. 상해 임시정부의 위축과 함께 독립운동에 큰 타격이었다.

위기 상황 돌파 방법을 모색하던 임시정부 지도부는 특무 활동을 전개하기로 했다. 임시정부에서 직접 실행하면 정부의 위신과 외교 문제가 따르기 때문에 공적 기관과는 별도로 특무대를 조직하여 실행하기로 하였다. 또 이를 공식 회의에서 논의하게 되면 정보 누설과 방법론을 둘러싸고 백가쟁명에 부딪히게 될 우려에서 특무 공작에 대한 모든 결정과 책임을 김구에게 위임하였다. 자금 조달, 인물 선정, 공격 대상의 결정 등 전권을 위임받은 김구는 1931년 11월 비밀리에 '한인애국단'을 결성하였다. 동포들이 보내온 헌금을 1년 가까이 저축한 끝에 활동에 필요한 자금을 확보하게 된 것이 큰 힘이 되었다.

한인애국단의 의열 투쟁은 일제의 침략전쟁에 대한 특공 작전이었다. 군대가 조직되지 않은 상황에서 임시정부가 무력 투쟁을 구사할 수 있는 최선의 방법은 한 몸을 던져 일제의 주요 기관을 파괴하거나 핵심 인물들을 저격하는 의열 투쟁일 수밖에 없었다. 언뜻 '테러'를 연상할 수도 있지만 큰 차이가 있다.

테러는 불특정 인물들을 무차별적으로 공격하고 다치거나 죽이는 범죄 행위이지만, 의열 투쟁은 침략의 원흉을 처단하고 통치기관을 파괴하는 것이다. 그것은 무고한 민중을 목표로 삼은 것이 아니었고 어디까지나 일본 제국주의 침략의 수뇌부와 그 명령을 따르는 기관, 그리고 침략에 앞장 선 인물을 공격하는 독립전쟁이었다. 대규모 자금과 인력이 투입되는 군대를 준비하는 대신 '최소의 비용으로 최대의 효과'를 노리는 적국을 향한 비정규 전투였다.

이봉창 의사의 일왕 폭탄 투척

1931년 어느 날 일본에서 노동자로 일하던 이봉창이 상해 임시정부의 마지막 청사였던 마당로 건물에 무작정 찾아왔다. 김구는 자신이 아꼈던 경호원 한태규가 일제의 밀정이라는 사실에 큰 충격을 받고 외부인을 믿지 못하던 때였다. 일본어가 유창한 이 의사에 대해서도 경계심을 풀 수 없는 상황이었다. 김구는 이봉창을 유심히 관찰하고 조사할 필요를 느꼈다.

상해 임시정부 청사

상하이 마당로 청사는 임시정부가 1926년 7월부터 윤봉길 의사 의거로 1932년 4월 상하이를 떠나기까지 6년간 사용하였던 상하이 시기의 마지막 청사이다. 임시정부 전시관은 1993년 최초 개관하였으며, 이후 몇 차례 보완 교체가 진행되었고 2015년 전면 보완되어 재개관하였다.

당초 청사로 사용되던 사무실은 원래의 모습대로 재현하였고 후면 3층을 새로 건축하여 3~5호의 3층을 전시실로 조성하였다. 대한민국 임시정부의 활동을 개괄 설명하는 패널을 시작으로, 임시정부의 수립과 통합, 초기 임시정부 요인과 각종 활동, 각 단체의 항일투쟁, 한인애국단의 활동, 한국광복군의 창설과 활동 등에 관한 내용이 전시되어 있다.

상해 임시정부 청사 유적지

그 후 어느 날 청사 2층에서 1층으로 이어진 가파른 계단 옆 주방에서 이봉창의 목소리가 들렸다.

당신들 독립운동을 한다면서 일본 천황을 왜 못 죽입니까? 내가 작년에 동경에 있을 때 하루는 천황이 행차한다고 행인을 포복하라고 하기에 엎드려서 생각하기를 '내게 지금 폭탄이 있다면 용이하지 않겠는가?' 하고 생각했습니다.

김구는 이봉창의 말을 유심히 듣다가 저녁에 이봉창의 여관방을 조용히 방문했다. 속마음을 터놓고 이야기해 보니 과연 의기남자로 살신성인할 큰 결심을 가슴에 품고 일본에서 상하이로 건너와 임시정부를 찾아온 것이었다. 이봉창은 이렇게 말했다.

제 나이가 서른입니다. 앞으로 다시 30년을 더 산다 하여도 과거 반생동안 방랑 생활에서 맛본 것에 비한다면 늙은 생활이 무슨 취미가 있겠습니까? 인생의 목적이 쾌락이라 하면 30년 동안 육신의 쾌락은 대강 맛보았으니, 이제는 영원한 쾌락을 도모하기 위하여 우리 독립 사업에 헌신할 목적으로 상해로 왔습니다.

김구는 이봉창의 내면에 자리한 크고 높은 뜻을 읽고 대사를 도모하게 되었다. 이봉창을 비밀리에 프랑스 조계지 내 중흥여관으로 청하여 하룻밤을 같이 자며 여러 가지 의논을 하였다. 이튿날 아침에 헌옷 주머니 속에서 돈뭉치를 꺼내어 주며 일본에 갈 준비를 해놓고 다시 오라 하고 작별하였다. 김구는 어려운 임정의 재정 형편에도 불구하고 의거에 필요한 거금을 마련하여 선뜻 내놓은 것인데, 이틀 후에 찾아온 이봉창은 깊은 감사를 표했다.

그저께 선생께서 해진 옷 속에서 많은 액수의 돈을 꺼내 주시는 것을 받아가지고 갈 때 눈물이 나더이다. 일전에 제가 민단 사무실에 가보니 직원들이 밥을 굶은 듯하여 제 돈으로 국수를 사다 같이 먹은 일이 있었습니다. 그저께 같이 자면서 하시는 말씀은 일종의 훈화로 들었는데, 작별하시면서 생각지도 못한 돈뭉치까지 주시니 뭐라고 말을 못하겠더이다. 불란서 조계지에서 한 걸음도 나서지 못하시는 선생께서는 제가 이 돈을 가지고 가서 마음대로 써버리더라도 돈을 찾으러 못 오실 터이지요. 과연 영웅의 도량이로소이다. 제 일생에 이런 신임을 받은 것은 선생께서 처음이요 마지막입니다.

지도자가 다른 사람을 이끌 때, 특히 그가 도모하고 있는 일이 상대방의 생명을 걸어야 할 만큼 위험한 과업일 경우에는 상호 신뢰가 필수적이다. 이봉창은 김구의 큰마음에 감동하여 자신을 조국에 바치기로 다시금 다짐하였다. 김구는 곧바로 독립할 것이라고는 생각하지 않지만 그 횟수가 반복되면 반드시 성공할 것이라고 믿고 한인애국단 1호 단원으로 일본에 파견하는 것이니 애국심을 바탕으로 반드시 목적을 관철해 달라고 격려하였다. 그 길로 김구는 이봉창을 안공근 집으로 데리고 가서 선서식을 행하고 폭탄 두 개와 300원을 주고 말했다.

이봉창 의사 선서문

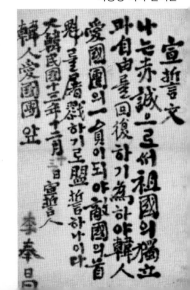

선생은 마지막 가시는 길이니 이 돈은 동경 가시기까지 다 쓰시고, 동경에 도착하는 즉시 전보하시면 다시 송금하오리다.

그리고 사진관으로 갔다. 기념사진을 찍을 때에 김구의 얼굴에는 처연한 빛이 서렸다. 이봉창은 "제가 영원한 쾌락을 얻으러 가는 길이니 우리 기쁜 낯으로 사진을 찍읍시다."하고 얼굴에 빙그레 웃음을 띠우니, 김구도 따라 웃으면서 사진을 찍었다.

김구와 헤어진 이봉창은 일본으로 떠나 1932년 1월 8일 도쿄에서 관병식을 마치고 궁성으로 돌아가는 일왕이 타고 있는 마차를 향해 폭탄을 던졌다. 폭탄은 굉음을 내며 폭발하였지만, 일왕이 탄 마차를 바로 뒤따르던 두 번째 마차에 떨어졌다. 근위병 두 명이 부상했으나 일왕은 다치지 않았다. 이봉창은 현장에서 체포되었다. 의거는 실패했지만 일제의 간담을 서늘하게 하기에 충분했다. 일제를 향한 본격적인 의열 투쟁의 신호탄이었다. 신문 호외에 도쿄발 기사가 게재되어 상하이 시가지에 뿌려졌다.

이봉창 의사 동상(효창원 소재)

조선 청년 이봉창이 던진 수류탄은 앞에 있던 근위병과 말만 부상시키고 일본 천황은 맞지 않았다. 다만 대경실색을 했을 뿐이다. 그때 조선 청년 이봉창은 피하지도 않고 태극기를 흔들며 대한 독립 만세를 세 번 부른 다음 태연히 포박되었다.

김구의 실망은 컸다. 자금 관계로 좀 더 성능이 좋은 폭탄을 제작하지 못하여 일왕을 죽이지 못하고 아까운 의사를 잃었다고 생각했다. 임정 요인들은 성공하지 못한 것은 아쉽지만 저격을 시도한 자체만으로도 위안을 삼자며 위로하였다.

일왕이 그 자리에서 죽은 것만은 못하나 우리 한인이 정신상으로는 그를 죽인 것이요, 또 세계만방에 우리 민족이 일본에 동화되지 않았다는 것을 웅변으로 증명한 것이니 이번 일은 족히 성공한 것으로 볼 수 있습니다.

동지들은 김구에게 신변에 주의할 것을 당부하였다. 과연 이튿날 새벽 프랑스 조계지 공무국으로부터 비밀리에 통지가 왔다. 과거 10년간 프랑스 관헌이 김구를 보호하였으나 이번 일본 국왕에게 폭탄을 던진 데 대하여서는 일본이 반드시 체포·인도의 요구를 할 터인데, 일본과 전쟁을 결심하기 전에는 김구를 보호하는 것이 불가능하다는 것이었다. 그리하여 동지들의 권유에 따라 낮에는 일체 활동을 쉬고 밤에는 동지의 집 등에서 자고 동포의 집으로 돌아다니면서 식사를 하였다. 동포들은 정성껏 대접하였다.

의거의 후폭풍이 거세게 일었다. 우선 일본 국내 정치 세력의 지형을 변화시켰다. 의거가 결행된 직후 일본 이누까이 수상이 일왕에게 사직서를 제출했지만 취임한 지 한 달이 되지 않아 반려되었다. 이로 인해 일본 정계가 뒤끓어 이누까이 수상이 일본 창년 장교들에게 암살당하고 이후 군인들이 정권을 장악하여 군국주의로 치닫게 되었다.

이봉창 의사의 의거가 일어나자, 중국의 각 신문들은 일왕이 처단되지 못한 것에 아쉬워하는 논조로 썼다. 특히 칭다오 민국일보(民國日報)는 기사에 '한인 이봉창 저격 일황 불행부중(韓人李奉昌狙擊日皇不幸不中)'이라는 제목을 붙였다. 한국인 이봉창이 폭탄을 던졌으나 일본 국왕이 그 폭탄에 맞아 죽지 않은 것을 불행이라고 한 것이다. 만주사변

이후 반일 감정이 높아지고 있던 중국의 여론이 반영된 모습이었다. 이에 일본 측은 그 신문사를 습격하였고, 창사 등 여러 신문에서도 '불행부중(不幸不中)'이라는 문구를 썼다 하여 중국 정부에 강력히 항의하고 폐간을 요구하였다.

이봉창 의사는 1932년 9월 30일 사형이 선고되었고, 10월 10일 이치가야 형무소에서 교수형이 집행되었다. 이봉창 의사가 순국하는 날 김구는 '동경 폭탄 사건의 진상'을 발표하여 한인애국단 특무 공작의 대의를 내외에 천명하고, 애국단 모든 단원에 지시하여 단식으로서 이 의사가 조국을 위하여 순국한 날을 추념하였다.

이봉창 의거는 목표 달성에는 실패했지만 엄청난 힘이 되었다. 미주와 하와이, 멕시코, 쿠바 등지의 동포들로부터 격려 편지가 태평양을 건너서 눈송이같이 날아들었고 금전적인 지원도 이어졌다. 많은 뜻 있는 청년들의 방문을 받게 되었는데, 이는 일본에 대한 적극적인 형태의 저항을 지속시키는 힘이 되었다. 이봉창 의사 의거는 김구 자신은 물론 임시정부의 위상을 높이고 분산된 항일 세력의 힘과 의지를 한 곳으로 모으는 촉매제 역할을 하게 되었다.

윤봉길 의사의 홍구공원 의거

일찍이 고향 충청도 예산에서 농촌 계몽운동에 뛰어든 윤봉길은 야학당을 개설하여 한글 교육 등 문맹 퇴치와 민족의식 고취에 심혈을 기울였다. 하지만 계몽운동만으로는 독립을 이룰 수 없다는 한계를 인식하고 민족을 위해 무슨 일을 해야겠다고 다짐하고 있다가, 1930년 3월 6일 "장부가 뜻을 품고 집을 나서면 살아 돌아오지 않는다."라는 글귀를 남기고 만주로 망명했다.

그러나 도중에 미행하던 일본 경찰에 발각, 체포되어 45일간의 옥고를 치렀고, 그 뒤 만주로 다시 탈출하여 12월 다롄을 거쳐 칭다오로 건너가 1931년 여름까지 그곳에서 독립운동의 근거지를 모색했다. 그 후 임시정부가 있는 상하이로 활동 무대를 옮겨야 큰일을 할 수 있을 것이라 생각하고 1931년 5월 8일 상하이에 도착했다. 윤봉길은 상하이에 도착하자마자 프랑스 조계에 있는 상해대한교민단 사무소를 찾아갔다. 김구는 외출 중이라 못 만났다.

광기를 향해 내달리던 일본 군부 정권은 만주사변 이후 고립된 국제 정세를 타개하고자 하였다. 1932년 1월 18일, 상하이 마옥산에서 일본인 승려 2명과 3명의 신도가 괴한의 습격으로 구타당해 승려 1명이 사망하는 사건이 발생하자, 일본은 이를 핑계로 상해사변을 도발하였다. 중국군이 완강하게 저항하였으나, 결국 일본군은 상하이 일대를 점령했다. 세계열강의 이목이 상하이로 집중되고 연일 신문을 통해 중국인의 항일 열기가 보도되었다. 상하이에 머물며 독립운동에 헌신할 기회만 찾고 있던 윤봉길은 크게 고무되었다.

윤봉길은 일본군의 동정을 살피는 것에 주력했다. 이를 위해 공동조계의 홍구시장에 나가 밀가루와 채소장사를 시작했다. 홍구는 일본인 거주 지역으로 일본영사관이 있어 일본군 동정과 정보를 파악하는 데 안성맞춤이었다. 윤봉길은 이봉창 의사에게 폭탄을 마련해 준 사람이 김구라는 말을 들었다. 귀가 번쩍 뜨이는 소리였다.

그러던 어느 날, 프랑스 조계 노상에서 한인애국단 김구 단장을 만났다. 당시 김구는 임정 국무위원(재무장)도 겸하여 윤봉길이 일했던 중국종품공사에 가끔 들러 한인 직공들과 시국 문제를 토론하곤 했었다. 그 후 윤봉길은 김구를 찾아가 독립운동 의지를 밝혔지만, 김구는 그 자리에서 깊은 인상을 받지 못했다. 시를 쓸 정도의 섬세한 감성을 가진 윤봉길에 대해 학식을 갖춘 진실한 청년이긴 하지만 몸과 마음을 바치고 생명을 걸어야 하는 무장 투쟁에는 적합하지 않다고 판단한 것이다. 윤봉길은 김구를 다시 찾아가 적극적으로 행동을 지시해줄 것을 요청했다.

제가 채소바구니를 등 뒤에 메고 날마다 홍구 방면으로 다니는 것은 큰 뜻을 품고 천신만고 끝에 상해에 온 목적을 달성하기 위해서입니다. 그런데 중일전쟁도 중국에서 굴욕적으로 정전협정이 성립되는 형세인즉, 아무리 생각해 보아도 마땅히 죽을 자리를 구할 수 없습니다. 그렇지만 선생님께는 동경 사건과 같은 경륜이 계실 줄 믿습니다. 저를 믿으시고 지도하여 주시면 은혜는 죽어도 잊지 못할 것입니다.

윤봉길이 말한 중일전쟁은 상해사변을 말하는 것이었다. 마음을 터놓고 이야기를 해보니 김구는 윤봉길이 살신성인의 크고 의로운 뜻을 품은 의기 남자임을 알게 되었고 목숨을 아끼지 않는 애국 의지와 강건한 기개를 확신하게 되었다. 당시 김구는 우리 민족의 힘과 의지를 만천하에 떨치고 민족의 자존심을 높일 수 있는 새로운 일을 계획하고 있었다. 김구는 감복하며 말했다.

대한민국 나침반 역사 속의 위인들

내가 마침 그대와 같은 인물을 구하던 중이니 안심하시오. 내가 요즘 연구하는 바가 있으나 적당한 인물을 구하지 못해 고민하던 참이었소. 전쟁 중에 연구 실행하고자 생각하던 일이 있었으나 준비가 덜 되어 실패했는데, 지금 신문을 보니 왜놈들이 전쟁에 이긴 위세를 업고 4월 29일에 홍구 공원에서 천황의 천장절 경축 전례식을 성대하게 거행할 것이라니 일생의 대목적을 이날에 달성함이 어떠하오?

윤봉길은 쾌히 승낙하며, "저는 이제부터는 흉중에 한 점의 번민도 없이 편안해질 것입니다. 준비해 주십시오." 하고 자기 침소로 돌아갔다. 때마침 일본 교민신문인 일일신문(日日新聞)에 "4월 29일 홍구공원에서 천장절 축하식 식장에는 물병 하나와 점심으로 도시락, 일본 국기 하나씩을 가지고 참석하라."라는 기사가 실렸다. 김구와 윤봉길은 구체적인 준비를 시작했다.

김구는 곧바로 중국군 장교로서 제19로군 정보처장과 상하이 병공창 주임을 겸임하고 있던 왕웅에게 물통과 도시락 그릇에 넣는 폭탄을 사흘 안에 제조해 달라고 부탁했다. 왕웅은 독립운동가 김홍일의 가명이었다. 김홍일은 중국 육군강무학교를 졸업하였다. 1926년부터 중국국민혁명군 동로군 참모로 북벌전쟁에 참가하였고, 중국군 소속으로 숱한 전투를 치르고 계급도 올라가 1931년 무렵에는 상하이의 병공창 주임으로 근무하고 있었다.

김구는 폭발력이 강한 폭탄을 제작하고자 하였다. 이봉창 의사가 도쿄 의거에 사용하였던 폭탄의 폭발력이 약했던 점을 보완하고자 한 것이다. 폭탄은 여러 번의 시험을 거쳤고, 김구는 직접 시험장을 방문하여 폭탄이 터지는 모습을 확인하기도 하였다. 이러한 과정을 거쳐 도시락과 물통 모양으로 된 두 개의 폭탄이 완성되었다.

윤봉길 의사 결의

거사 일이 점점 다가왔다. 김구는 윤봉길에게 홍구공원에 가서 식장 준비 상황을 살펴 당일에 거사할 적당한 위치를 고르게 하고, 시라카와 요시노리 대장의 사진이며 일장기 같은 것도 마련하게 하였다. 이후 윤봉길은 김구 선생이 준 돈으로 양복을 산 후, 거사 장소인 홍구공원에 들러 폭탄 던질 지점을 보는 등 만반의 준비를 했다. 1932년 4월 27일 김구, 윤봉길, 안공근과 사진 촬영을 한 안낙생(안공근의 차남)이 참석한 가운데 입단 선서식이 엄숙하게 거행되었다. 선서문을 쓰고, 양복 차림 독사진 한 장, 태극기를 배경으로 가슴엔 선서문을 붙이고 왼손엔 수류탄, 오른손엔 권총을 들고 한 장, 김구와 함께 찍은 사진 한 장 등 모두 세 장의 사진을 찍었다.

윤봉길은 거사에 앞서 충청도 예산군 덕산면 고향의 어린 두 아들에게 보내는 〈강보에 싸인 두 병정에게〉라는 편지에서 두 아들이 아비를 이해하고 나라에 충성하고 어머니께 효도하기를 당부했다. 그리고 〈동포에게 보내는 글〉이라는 유서를 남겼다.

고향에 계신 부모 형제 동포여! 더 살고 싶은 것이 인정입니다. 그러나 죽음을 택해야 할 오직 한 번의 가장 좋은 기회를 포착했습니다. 백 년을

대한민국 나침반 역사 속의 위인들

살기보다 조국의 영광을 지키는 이 기회를 택했습니다. 안녕히, 안녕히들 계십시오.

드디어 1932년 4월 29일 아침 김구는 윤봉길과 식사를 하였다. 윤봉 길은 "선생님, 차고 계신 손목시계가 꽤나 낡아 보입니다. 얼마 주고 사셨습니까?"라고 물었다. 김구가 "아주 오래전에 2원 주고 샀지요."라고 대답하자 윤봉길은 "어제 6원을 주고 산 것입니다. 선생님 시계를 바꾸시죠. 선생님, 제에게 시계가 필요한 것은 앞으로 한 시간뿐입니다."라고 말했다. 김구의 눈시울이 뜨거워졌다. 윤봉길의 결연한 의지를 읽은 김구는 자신의 시계를 풀어 그에게 줄 수밖에 없었다. 이렇게 두 사람의 시계는 맞교환됐다. 김구 선생은 생애 마지막 순간까지 이 회중시계를 애지중지 간직했으며, 몇 점 안 되는 유품의 하나로 남겼다.

김구로부터 거사에 쓰일 폭탄을 건네받자 윤봉길은 보자기로 싼 도시락형 폭탄은 손에 들고 물통형 폭탄은 가슴에 가로질러 허리로 내려오게 어깨에 멨다. 김구는 배웅을 하기 위해 택시를 타는 곳까지 따라나섰다. 윤봉길은 가지고 있는 돈 중에서 차비와 약간의 여분만을 남겨 두고 김구에게 모두 건넸다. "제겐 필요 없는 돈이니 선생님이 갖고 계십시오." 하고 말하자, 김구가 "무슨 소리? 그래도 돈은 좀 갖고 있어야지." 하고 돌려주려 하자 윤봉길은 사양하고 차에 올랐다.

이때 자동차가 움직였다. 김구가 목이 멘 소리로 마지막 인사를 건넸다. "후일 지하에서 만납시다." 윤봉길은 차창 너머로 고개를 내밀어 김구를 향해 머리를 숙였다. 자동차는 천하 영웅 윤봉길을 싣고 홍구공원을 향하여 달렸다.

1932년 4월 29일 행사 당일 홍구공원으로 사람들이 일장기와 도시락을 들고 입장하기 시작했다. 사람들 속에 윤봉길은 오전 7시 50분경 입장했다. '천장절(일왕 생일) 및 상하이 점령 축하 기념식' 행사장 주변 경비는 삼엄했다. 기념식 단상 5m 지점엔 기마병이 제1 경계선을 치고, 18m 지점에는 보병이 제2 경계선을 쳐 철통같이 에워쌌다. 윤봉길은 빠른 걸음을 옮겨 연단 뒤편에 자리를 잡았다. 행사 단상과 불과 19m 지점에 있는 줄에 위치할 수 있게 되었다.

일본군과 일본 교민, 초청 인사 등 약 3만 명이 모인 행사가 시작되었다. 빗줄기가 흐르는 가운데 일본 군부의 자축이 담긴 발언들이 끝나고 일본 국가 '기미가요' 마지막 구절이 합창되고 있을 때, 스피커에서 '삐익, 삐익' 잡음이 났다. 경계병들의 시선이 무대로 쏠리며 어수선했다. 윤봉길은 도시락 폭탄을 슬며시 발밑에 내려놓고 제2 경계선을 과감히 돌파했다. 순식간에 제1 경계선 가까이로 달려간 그는 물통형 폭탄의 안전핀을 뽑은 후, 있는 힘을 다해 단상을 향해 투척했

윤봉길 의사 의거 현장

다. 윤봉길의 손을 떠난 폭탄은 포물선을 그리며 정확히 시라카와 대장과 노무라 중장이 있는 단상 정중앙으로 떨어졌다. 엄청난 굉음과 함께 단상이 무너져 내렸다. 경축식장은 순식간에 아수라장으로 변했다.

상하이 거류민단장 가와바타 테이지가 그 자리에서 즉사했고, 상하이 파견군 사령관 육군대장 시라카와 요시노리는 부상을 입은 상처가 악화돼 몇 달 뒤 사망했다. 주중 일본공사 시게미츠 마모루와 상하이 총영사 무라이 쿠라마츠가 중상을 입었다. 제9사단장 육군중장 우에다 켄키치는 왼쪽 다리를 잃었으며, 해군중장 제3함대사령관 노무라 키치사부로는 오른쪽 눈을 실명했다.

시라카와 요시노리는 관동군 사령관·육군 대신 등 여러 요직을 역임하고 육군 대신에서 물러나 군사 참의관으로 있었으나, 상하이 사변이 터지면서 상황이 불리하게 전개되자 급거 상하이 파견군 사령관으로 차출된 인물이다. 노무라 키치사부로는 후에 주미대사가 되어 진주만 공습 직후 선전 포고문을 들고 코델 헐 국무장관 앞에 갔고, 한쪽 다리를 잃은 시게미츠 마모루는 1945년 9월 2일 도쿄항 앞바다에 정박한 미국 미주리호 함선에서 일본의 전권대사 자격으로 항복 문서에 조인했다.

매헌 윤봉길 기념관

윤봉길 의거 현장인 홍구공원(현 뤼신공원)에 그의 호를 딴 '매헌(梅軒)'이란 이름의
전시관이 조성되어 있다. 윤 의사의 의거 현장이 담긴 영상이 공개되고 있다.
윤봉길의 호인 '매헌(梅軒)'을 이름으로 붙인 기념관(전시실)은 처음에 '매정(梅亭)'
이란 이름으로 1994년에 개관하였다. 매헌(梅軒)을 이름으로 현판을 고쳐 단 것
은 15년이 지난 2009년의 일이다.

매헌 윤봉길 기념관

그날 오후 1시쯤 되어서야 중국 사람들의 입으로 홍구공원에서 누
가 폭탄을 던져서 일인들이 많이 죽었다고 술렁거리기 시작하였다.
우리 동포 중에도 어제까지 채소 바구니를 지고 다니던 윤봉길이 경
천동지할 거사를 했으리라고 아는 사람은 김구 이외 극소수 인사뿐이
었다. 김구 단독으로 준비한 일이므로 이동녕 선생에게도 이날 처음
으로 자세한 보고를 하고 소식을 기다리고 있었다. 오후 3시에 비로소

대한민국 나침반 역사 속의 위인들

신문 호외로 보도되었고, 다음 날 각 신문에는
윤봉길의 이름이 큰 활자로 대서특필되었다.

　윤봉길 의사는 일본 헌병대에서 가혹한 심문
과 고문을 받았다. 일본 취조인이 "너 같은 청년
하나가 폭탄을 던진다고 독립이 되겠느냐?" 묻
자, 윤봉길은 "나 하나로 독립이 되지 않는다는
것은 이미 알고 있다. 하지만 나와 같은 사람이
수천 명 더 나올 것이다."라고 대답했다. 윤봉길
의사는 1932년 5월 28일 상하이 파견 일본군법
회의에서 사형을 선고받았고, 같은 해 11월 18
일 배편으로 후송되어 일본 오사카 육군형무소
에 수감되었다. 한 달 후인 12월 18일 가나자와
일본 육군구금소로 이감되었고 다음 날 12월 19
일 이시카와현 가나자와 교외의 미쓰코지산 서

윤봉길 의사 동상
(양재 시민의 숲 공원 소재)

북 골짜기에서 총살형이 집행되어 만 24세의 청년으로 순국하였다.

이봉창·윤봉길 의사 의거 평가

　한인애국단의 이봉창 의사와 윤봉길 의사 의거는 안중근의 이토 히
로부미 사살과 함께 한국 독립운동사에서 3대 의거로 평가받고 있다.
한국 독립운동의 흐름을 바꿔 놓은 쾌거였고 캄캄한 민족의 밤하늘에
작렬하는 불꽃이었다. 적의 수도 도쿄와 국제 중심 도시 상하이에서

치솟은 두 개의 불꽃은 그칠 줄 모르는 의열 투쟁의 섬광이었다. 김구와 두 의사의 일체화된 의지와 행동은 어떤 혁명사에서도 찾기 어려운 장엄한 휴먼 드라마였다.

김구가 수많은 열혈남아 중에 이봉창과 윤봉길을 골라낸 것은 서로 의기가 통하였기 때문이었을 것이다. 김구는 "의심하는 사람이거든 쓰지를 말고, 쓰는 사람이거든 의심하지 말라."는 것을 생활신조로 하여 살아왔다. 두 의사가 민족을 위해 장렬하게 산화할 수 있었던 것은 인간적 신뢰가 바탕이 되었기 때문이다. 두 의사는 조국 해방을 위하여 점점 사그라저가는 민족혼을 일깨우고자 기꺼이 민족 제단에 목숨을 바쳤다. 임시정부의 의열 투쟁은 일제에 대한 본격적인 투쟁을 전개하는 데 있어서 여러 가지 의미가 있었다.

첫째, '만보산 사건' 이후 한인을 백안시하던 중국인들의 태도가 달라졌다. 일제가 조작한 '만보산 사건'으로 악화되었던 중국인의 한인에게 대한 감정이 두 의사들의 의거로 호전되어 독립운동을 활성화할 수 있는 환경이 회복되었다. 일본 침략군에게 9·18사변으로 만주에 이어 상해사변으로 상하이가 점령당하자 치욕과 울분에 떨고 좌절감에 빠져 있던 중국인들에게 한인애국단의 이봉창 의사 의거와 윤봉길 의사 의거는 엄청난 감동을 안겨주었기 때문이다.

특히 윤봉길 의사의 의거는 일본의 침략에 속수무책으로 당하기만 하던 중국인들의 입장에서도 통쾌한 복수를 해준 셈이었다. 장제스 총통은 "중국의 백만대군도 못 한 일을 일개 조선 청년이 해냈다."라며 감격했다. 이때부터 김구의 임시정부에 전폭적인 지원을 약속했

대한민국 나침반 역사 속의 위인들

다. 이에 따라 김구는 명망이 날로 높아졌고 명실공히 대한민국 임시정부의 유일한 대표자로서 국내외에 널리 인정받게 되었다.

둘째, 대한민국 임시정부의 독립운동을 침체에서 부활시키고 활성화시키는 결정적 전기를 마련해 주었다. 일제의 잔혹한 식민통치 아래서 신음하고 있던 한민족의 독립정신을 다시 한번 일깨워주고 독립운동을 크게 고취시켰다. 한인애국단의 활동과 커다란 성과에 고무된 국내외 동포와 단체가 임시정부의 중요성과 그 독립운동의 성과를 재인식하여 임시정부에 재정 지원 등 각종 지원을 재개하고 확대하여 임시정부는 다시 활성화되었다. 특히 미주 동포들은 독립금, 의연금, 혈성금 등의 명목으로 임시정부를 후원하였다.

셋째, 일본 제국주의자들과 일본 침략군에게 심대한 타격을 주었다. 이봉창 의거는 일본의 수도 동경에서 일본의 상징인 '천황'을 저격함으로써 거사의 성공 여부와 관련 없이 전 세계를 놀라게 하였다. 한민족 독립운동의 완강하고 격렬하고 용맹스러움을 전 세계에 인상 깊게 알리는 데 성공하였다.

윤봉길 의사의 의거는 상하이를 무력 점령하여 승리에 기고만장한 일본 지도부에 심대한 타격을 주었다. 일본 침략군의 총사령관 이하 군·정 수뇌 7명을 한인애국단원 윤봉길 한 명이 일거에 섬멸해 버렸으니, 일본 침략군과 일제가 받은 실질적 타격은 실로 이루 말할 수 없이 큰 것이었다. 승승장구하던 일본의 입장에서는 치욕이 아닐 수 없었다. 이에 따라 일제의 임시정부에 대한 탄압이 강도를 더해 갔다.

#5

김구의 피신과 대한민국 임시정부 이동

상하이 탈출

윤봉길 의사 의거 후 일제의 탄압이 극심해졌다. 열강들의 독자적인 법이 적용되는 조계임에도 불구하고 프랑스 조계에서도 대대적인 검거 선풍이 불었다. 윤봉길 의사 배후를 색출하기 위해 임시정부 요인들을 체포하는 데 혈안이 되었다. 이때 도산 안창호가 체포되고 말았다. 김구가 편지까지 보냈지만 안타깝게도 체포된 것이다.

김구와 김철은 상하이 교통대학 체육교사 한인 신국권의 주선으로 일찍이 김철과 알고 있던 외국인기독교청년회(YMCA) 주사 미국인 피치와 교섭하였다. 그의 아버지는 목사로서 살아 있을 때 임시정부에 매우 동정적이었기에 피치는 이들을 환영해 주었다. 그리하여 김철과 김구·안공근·엄항섭까지 4명이 피치 집으로 이동하여 2층을 전부 사용하며 은신하였는데 피치 부인은 정성을 다해 식사를 마련해 주었다.

수색과 검거 돌풍이 불자 상하이 한인 사회가 동요하였다. 임시정부와 민단 직원들은 말할 것도 없고 심지어 여성 단체인 애국부인회까지도 전혀 활동을 할 수 없게 되었다. 이렇게 되자 김구에 대한 불만이 터져 나오게 되었다. 특히 안창호가 체포된 것이 불만 표출의 큰 원인이었다. 김구는 자신의 신변이 위험해지더라도 사건의 진상을 세상에 공개할 필요가 있다고 판단하고 피치 목사 집에서 홍구공원 의거의 진상을 발표했다. 엄항섭으로 하여금 선언문을 기초하게 하고 피치 부인에게 영문으로 번역을 부탁하여 로이터 통신사에 투고하였다. 이리하여 이봉창 사건과 윤봉길 사건의 주모자는 김구라는 것이 전 세계에 알려졌다.

일제는 김구에 대해 현상금을 걸고 체포에 혈안이 되었다. 심지어 김구를 암살하기 위한 암살단이 조직되기에 이르렀다. 20여 일이 지난 어느 날, 하루는 피치 부인이 일제의 헌병과 경찰대가 뭔가 낌새를 채고 집 주변을 포위하고 있다고 알려 주었다. 김구는 그 집에 더 있을 수 없음을 깨닫고 피치 댁 자동차에 피치 부인과 부부인 것처럼 동승하고 피치가 운전수가 되어 대문을 나서니, 과연 정탐들이 늘어서 있었다. 그 사이로 차를 빨리 몰아 프랑스 조계를 빠져나와 기차 정거장으로 달렸다.

자싱 피신 생활

김구는 안공근과 함께 기차를 타고 자싱(嘉興)으로 피신했다. 당시 장수성 주석이었던 천커푸(陳果夫)와 자싱의 유력자인 추푸청(褚輔成)의 도움으로 자싱에 무사히 도착할 수 있었다. 추푸청은 신해혁명 후 저장성 군정부의 민정장, 저장성 참의회 의장, 저장군정부 참사, 중의원의원, 부의장 등을 역임한 명망 있는 유력 인사였다. 당시에는 상하이 법학원장과 항일구원회 회장이었다. 자싱은 저장성의 동북부에 위치하고 호수와 운하가 사통팔달하여 은신하기에 적합한 곳이었다.

그런데 자싱의 피신 생활도 오래가지 못하였다. 일제의 촉수가 미치고 있었기 때문이다. 그래서 바로 추푸청의 맏아들 추펑장의 처가가 있는 하이옌(海鹽)으로 피신처를 옮겼다. 그곳 재청 별장에서 6개월간 생활했다. 별장 주변은 풍경이 수려하고 경관이 빼어났다. 김구는 이곳에 도착해서야 비로소 휴식을 취하게 되었다.

그런데 하이옌에서도 오래 머물지 못하였다. 광동인으로 행세하다가 그곳 중국 경찰의 의심을 받게 되었기 때문에 다시 자싱으로 돌아왔다. 낮에는 난후(南湖)에서 처녀 뱃사공 주아이바오(朱愛寶)의 배를 타고, 밤이면 집으로 돌아오는 생활을 계속하였다. 윤봉길 의사 의거 이후 임시정부는 항저우에 두었지만 일제의 감시나 정보망을 피하기 위해 난후에서 국무위원회를 개최하기도 하였다.

재청별장

자싱시 정부는 1996년 재청별장을 보수하여 정식으로 대외에 개방했다. 2000년 피난처를 시급문물보호기관으로 지정했고 2005년에는 전면 수리·복원했으며 현재는 저장성 성급문물보호기관으로 지정됐다.

김구 선생의 아들 김신은 하이옌을 방문하였을 때 '음수사원 한중우의(飮水思源 韓中友誼)'라는 여덟 글자를 방문 기념으로 남겼다. 이 말에는 물을 마시기 전에 그 근원에 대해서 먼저 생각하면서 험난했던 독립운동 시절 중국의 도움을 잊지 말고 그 우의를 두텁게 유지하자는 뜻이 담겨 있다.

중국 중앙육군군관학교 낙양분교 한인 특별반 설치

김구는 피신 생활을 하면서도 독립운동에 대한 열정은 결코 식지 않았다. 박찬익, 엄항섭, 안공근 등 측근을 불러 정보 수집과 중국 정부와의 외교 채널을 넓히도록 하였다. 중국 정부는 윤봉길 의사 의거 후 김구에게 특별한 관심을 보이면서 한국 독립운동의 실질적인 지도자로 인정하였다.

1933년 8월에는 장제스(蔣介石) 주석 면담이 이루어지게 되었다. 이 면담은 한국 독립운동사에 큰 획을 긋는 일대 사건이었다. 장제스와 만남의 결과에 따라 중국 내 활동하던 모든 독립운동가들의 생활과 활동을 변화시킬 수도 있는 순간이었다. 면담이 시작되고 두 사람은 필담을 이용하여 의사를 소통하기 시작했다. 김구는 임정을 지원해 주면 일본-조선-만주로 이어지는 침략선을 끊어 놓겠다고 역설했다. 자금만 뒷받침된다면 일본·조선·만주 등에서 제2의 윤봉길 의거와 같은 성과를 거둘 수 있다고 자신하고, 이것은 중국에도 크게 도움이 될 것이라는 뜻이었다.

김구의 요청에 대해 장제스는 "서면으로 상세히 계획을 작성하여 보내 주시오."라고 하였다. 김구가 계획서를 작성해 보내자 장제스를 대신해 천커푸가 만나자고 하여 만났다. 천커푸는 "장래 독립하려면 군사를 양성해야 하지 않겠소?"라고 물었다. 이는 김구가 원하던 바였고, '불감청 고소원(不敢請固所願)'이었다. 김구가 오래전부터 꿈꾸어 온 일이 군대 양성이었다. 군대를 양성하기 위해서는 필요한 것이 적지 않았다. 훈련시킬 장소도 있어야 하고 재정적인 문제도 있었다.

천커푸는 중앙육군군관학교 낙양분교를 주선해 주었다. 낙양분교 안에 한인 특별반을 설치하여 우리 청년들을 독립군 장교로 양성하기 위한 사관교육과 훈련을 시킬 계획으로 1934년 2월에 한인 특별반이 개교되었다. 대외적으로 위장하기 위해 공식 명칭은 '중국 중앙육군군관학교 낙양분교 제2총대 제4대대 육군군관훈련반'이라고 하였다. 이청천을 비롯하여 오광선과 이범석 등을 교관으로 하고, 안공근과 안경근으로 하여금 학생보호계와 생도계를 맡도록 하였다. 이때 학생 수는 92명이고 교육 기간은 1년이었다. 중국군관학교의 학제는 3년이었으나 독립군 창설의 시급성과 재정 사정으로 1년의 단축 기간에 강훈련을 시키기로 하였다.

그러나 군사 간부 양성은 순조롭게 진행되지 못하였다. 일본 난징 영사가 중국 측에 중국의 군관학교에서 한인 청년들에게 군사훈련을 실시하는 것에 대해 강력하게 항의했기 때문이다. 여기에 김구와 이청천 사이에 오해와 마찰도 생겼다. 입교생들을 서로 자신의 세력으로 삼으려 한다고 생각한 것이다. 이로 인해 군사 간부 양성은 파행을 겪게 되었다. 김구는 1934년 8월 자신의 휘하에 있는 입교생 중 25명을 난징으로 철수시켰고, 이청천과 오광선 등 교관들은 사직하였다. 김구는 후일 난징으로 철수시킨 입교생을 기반으로 한국특무독립군을 결성하였다.

임시정부의 장정

대한민국 임시정부는 1919년 4월 상하이에서 첫걸음을 시작해 일제의 패망으로 1945년 11월 고국에 돌아올 때까지 27년간 고난에 찬 투쟁을 이어갔다. 3·1독립운동을 계기로 성립된 대한민국 임시정부의 역사는 상하이 시기, 이동 시기, 그리고 충칭 시기로 구분할 수 있다. 그 가운데서도 이동 시기가 가장 힘들었고 긴 거리를 이동하였기 때문에 '장정 시기'라고도 부른다. 임시정부는 상하이를 출발하여 항저우(杭州), 쩐장(鎭江), 창사(長沙), 광저우(廣州), 류저우(柳州), 치장(綦江)을 거쳐 충칭(重慶)에 이르기까지 중국 대륙 곳곳을 누비며 1만 3,000천 리(5,200㎞)를 이동했다.

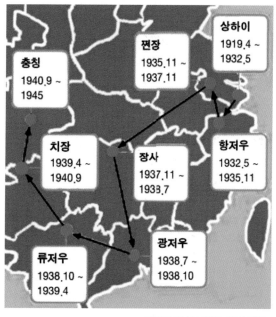

대한민국 임시정부 이동 경로

윤봉길 의사 의거 후 일제의 탄압이 가중되어 김구뿐만 아니라 여타 대한민국 임시정부 요원들도 부득이 상하이를 떠나야 했다. 1932년 5월 대한민국 임시정부는 긴급히 항저우로 옮겼고, 1935년 11월 쩐장으로 옮길 때까지 여러 곳을 이사하면서 활동하였다. 1933년 1월 중국 국민정부 주선으로 임시정부 청사가 새로 생겼고, 한국독립당의 건물도 생기게 되면서 임시정부의 활동이 이어지게 되었다. 많은 세대가 살고 있던 주택가라 외부의 눈길을 피하기에 용의했다.

　　항저우 시기는 대한민국 임시정부 최대의 시련기라고 할 수 있다. 일제의 탄압이 주요 원인이나, 이른바 '항주 사건(중국으로부터 받은 지원금

항주 임시정부 청사

항저우 장생로 호변촌 23호에 항주 임시정부 청사가 복원되어 있다. 호변촌은 항저우를 대표하는 명소인 서호의 옆 장생로 변에 위치한다. 항저우시 정부는 2002년부터 건물을 보수하여 2007년에 '대한민국 임시정부 항주구지 기념관'으로 정식 개관했다.

항주시급 문물보호 단위로 있다가 2014년 9월 1일 중국 정부가 발표한 '국가급 항일전쟁 유적

항주 임시정부 청사 유적지

지'에 포함되었다. 이것은 중국 정부가 2014년 들어 하얼빈에 안중근 의사 기념관을 설립하고 시안에 광복군 제2지대 주둔지 표지석을 세우는 데 협조한 것처럼 양국 간 항일 역사 공조를 강조하는 의미가 있다.

문제와 김석의 투고와 관련된 구타 사건을 둘러싼 분쟁)'으로 인해 김구와 임시정부와의 사이가 소원해지며 임시정부를 이끌 지도력에 공백이 생겼기 때문이다. 여기에 김구가 피신해 있는 동안 "정당 및 단체를 중심으로 각 단체의 혁명 역량을 집중시켜 대일전선을 확대 강화하자."라는 기치하에 통일운동이 일어났고 임시정부가 무정부 상태에 빠졌다.

통일운동은 각 정당 및 단체를 해소하고 단일 정당을 조직하는 방향으로 추진되었다. 논란 끝에 한국독립당도 참여하기로 결정하여 하나의 통일체인 단일당으로 민족혁명당이 결성되었다. 그런데 임시정부를 운영하는 기초 세력인 한국독립당의 해체는 임시정부의 기반이 무너지는 것이나 다름없었다. 게다가 임시정부 국무위원 7명 가운데 송병조와 차리석을 제외하고 김규식, 조소앙, 최동오, 양기탁, 유동열 등 5명이 민족혁명당에 참가하고 국무위원직을 사임하였다. 이로써 임시정부는 무정부 상태에 빠지게 되어 존립 자체가 위협받게 되었는데, 특히 민족혁명당 탄생이 임시정부 폐지를 전제로 한 것이었기 때문이다.

김구는 임시정부를 다시 일으켜 세우기 위해 백방으로 뛰었다. 우선 항저우로 달려가 민족혁명당에 참가하지 않고 임시정부를 유지하고 있던 송병조, 차리석, 이시영, 조완구 등을 만나 수습 방안을 협의하였다. 그리고 1935년 11월 2일, 자싱 난후의 배 위에서 제28회 임시의정원 회의를 열어 김구, 이동녕, 이시영, 조성환, 조완구를 국무위원으로 선출하고, 주석 이동녕, 내무장 조완구, 외무장 김구, 군무장 조성환, 법무장 이시영, 재무장 송병조, 비서장 차리석을 선임하였다. 이렇게 임시정부는 조직을 다시 갖추어 무정부 상태를 수습하였다. 이어서 임시정부를 유지하고 운영할 수 있는 세력 기반을 마련하기 위해 한국국민당을 창당하였다.

이후 임시정부는 쩐장(鎭江)에 자리 잡았다. 1935년 11월 항저우를 떠난 임시정부는 난징으로 향하였으나, 일본의 강력한 견제를 받은 중국 정부가 임시정부의 난징 진입을 막아 난징을 약 60㎞를 남겨 두고 쩐장에서 멈추는 수밖에 없었기 때문이다. 쩐장은 상하이와 항저우에서 난징으로 가는 길목이다. 임시정부는 중일전쟁 직후인 1937년 11월까지 약 2년 동안 청사를 쩐장에 두었고, 이동과 정착은 철저한 비밀에 붙여졌다.

쩐장 대한민국 임시정부 사료진열관

쩐장 지역 내 임시정부의 유적지를 수년간 조사한 바 있는 현지 중국인 향토사학자 리즈중(당시 쩐장시 판공실 연구원)의 조사 보고는 쩐장 임시정부 청사의 모습을 어렴풋이 그려볼 수 있게 한다. 1937년 당시 초등학교 5년생이던 그는 중국식 실크 옷을 입은 성이 김씨인 한국인 한 분이 이사장 양공아이의 초청으로 목원소학교에서 '조선 망국의 참상'이라는 연설을 하였다고 기억했다.

2012년 11월, 쩐장시 인민정부는 옛 목원소학교에 설립된 룬저우 문화관 안에 '쩐장 대한민국 임시정부 사료진열관'을 개관하고 2013년 5월 22일 개관식을 개최하였다. 이로써 장수성 쩐장시에서도 우리 애국지사들의 독립운동 발자취를 살펴볼 수 있게 되었다.

쩐장 대한민국 임시정부 사료진열관

1937년 7월 중일전쟁이 시작된 지 넉 달 만에 국민당 정부는 수도 난징이 함락의 위험에 처하자 그해 11월 충칭 천도를 선언했다. 결국 곧바로 일본군이 난징을 점령하면서 '난징 대학살'을 자행했다. 대한민국 임시정부도 급하게 창사(長沙)로 옮겨갔다. 창사에서 임시정부는 1938년 5월 '남목청 사건'이라는 총격 사건이 발생하여 임시정부 요인들이 희생되는 등 큰 위기를 겪었다.

김구는 한국광복운동연합회 소속 우파 정당인 한국국민당·한국독립당·조선혁명당 등 3당 통합에 나섰다. 1938년 5월 7일, 조선혁명당 본부인 남목청에서 통합을 위한 첫 모임이 열렸다. 참석자는 한국국민당에서 김구와 조완구, 한국독립당에서 조소앙과 홍진, 조선혁명당에서 이청천, 조경환, 현익철이었으며, 유동열과 이복원 등이 참관인으로 참석하였다. 통합 논의를 벌이고 있을 때 갑자기 조선혁명당 간부 이운한이 회의장에 뛰어들어 권총을 발사하였다.

현익철이 현장에서 사망하고 김구·유동열·이청천이 부상을 당했다. 중상을 입은 김구는 즉시 병원으로 후송되었다. 김구의 상태를 진찰한 중국 의사는 소생할 가망이 없다고 판단하고 응급처치도 하지 않은 채 방치해 두었다. 김구의 장남 인과 안공근에게 사망 통지를 하였고, 그들은 장례를 치르기 위해 창사로 급히 달려왔다. 그런데 김구가 기적적으로 소생하였고 응급 치료가 진행되어 회생할 수 있었다.

창사에서의 생활은 오래가지 못했다. 베이징에서 광저우로 연결되는 철도가 지나는 곳으로 중일전쟁에서 전략적 요충지로 부상하였다. 일본군 폭격기의 창사 지역에 대한 공습이 나날이 극심해지자 이를 견디다 못한 중국 정부 기관들이 창사를 떠났다. 대한민국 임시정부도 이곳에 더 머물 이유가 없었다. 일단 광둥으로 옮긴 뒤 난닝이나 윈난 방면으로 가려고 하였다.

김구는 총상으로 불편한 몸을 이끌고 친교가 있던 후난성 장쯔중 주석을 방문하여 도움을 요청하였다. 이에 장 주석은 기차 1량을 임시정부가 단독으로 사용하도록 주선하여 주었고 광둥성 주석 우티에청에게 소개 편지까지 써주었다. 1938년 7월 19일 임시정부 요인과 가족들은 창사를 떠나 광저우(廣州)로 향하였다.

일본군의 공습 위험 속에서 임시정부는 광저우에 도착했지만, 일본 비행기가 광저우 시내에 폭격을 가하고 있어 임시정부와 가족들의 안전을 보장할 수 없었다. 김구는 방도를 찾기 위해 장제스에게 도움을 요청하였다. 그래서 김구는 먼저 충칭으로 떠나고 임시정부는

1938년 10월 20일 광저우를 떠나 자그마한 목선에 의지하여 한 달 열흘 남짓의 위태롭고 힘든 여정 끝에 11월 30일 류저우(柳州)에 도착할 수 있었다.

이때 특기할 것은 한국광복진선청년공작대 활동이다. 임시정부 군무부장을 지낸 노백린 장군의 아들 노태준을 단장으로 1938년 10월 조직된 공작대는 중국인들을 상대로 선전물 배포·횃불 시위·가두 행진·연극 공연 등의 활동을 벌였다. 이들은 공연 수익금을 중국군 부상 장병 위로금으로 기부하여 한중 공동 투쟁의 우의를 다졌다.

김구는 임시정부를 충칭으로 옮겨오기 위해 중국 정부와 협의했다. 임시정부가 류저우에 도착한 넉 달여 만인 1939년 4월 6일부터 임시정부와 소속 인원 그리고 가족들은 순차적으로 치장(綦江)으로 이동하여 1년 반 동안 머물렀다. 치장은 소도시로 충칭에서 60km 정도 떨어져 있다.

#6

충칭에서의 독립운동

충칭 시기 독립운동 개관

드디어 임시정부는 1940년 9월 중국의 전시 수도 충칭으로 이동하여 정착했다. 이때부터 광복을 맞이할 때까지 5년간의 '충칭 시대'가 열리게 되었다. 충칭 시대는 활기찬 임시정부의 시기였다. 고난의 이동기를 접고 안정된 바탕 위에서 활동했기 때문이기도 하지만, 무엇보다 일본의 패전이 현실로 다가오고 있었기 때문이다. 이 시기에 많은 업적을 일구어냈다. 3당 통합으로 한국독립당 창당, 주석 중심의 단일지도체제 확립 및 한국광복군 창설로 당·정·군의 체제를 수립했다. 그리고 〈대한민국건국강령〉을 제정·반포하여 자주독립 국가로서의 청사진을 마련하였다.

당·정·군 체제를 확고히 갖추게 되자 조선의용대의 김원봉이 합류함으로써 부분적이나마 좌우 합작을 이루게 됨으로써 임시정부는 다시 독립운동의 중심 세력으로 설 수 있었다. 임시정부는 광복군의 확대·강화와 척후 공작, 중국·미국과의 군사적 연대 및 국내 침투작전 준비 등을 통해 직접적인 대일 무장 투쟁에 나섰다. 일제에 선전포고를 하고 연합군 일원으로 참전하였다.

중경 임시정부 청사

현재 유적지가 남아 있는 연화지 청사는 1945년 1월부터 같은 해 11월까지 이용한 마지막 임시정부 청사이다. 중경 임시정부 청사는 현재 남아 있는 중국 내임정 청사들 가운데 최대 규모이다. 김구 주석과 장제스 주석 간의 회담 자료, 독립신문, 광복군 자료 등 사료들이 전시돼 있다.

중경 임시정부 청사 입구

중경 임시정부 복원 기념비

좌우 합작 통일 추진, 한국독립당 창당,
임시정부 주석으로 선출

1939년 후반 치장에서 좌우 합작 논의가 시작되었다. 1920년대 민족 유일당 운동과 1930년대 통일운동에서 못다 이룬 합작 운동을 다시 시작한 것이다. 당시 중국 관내 독립운동 진영은 크게 한국광복운동단체연합회(광복진선)와 조선민족전선연맹(민족전선)으로 양대 진영을 형성하고 있었다. 광복진선은 한국국민당을 비롯하여 한국독립당과 조선혁명당이 연합한 우익 세력의 연합체였고, 민족전선은 김원봉이 주도하고 있던 조선민족혁명당을 비롯하여 조선민족해방동맹, 조선혁명자연맹, 조선청년전위동맹이 연합한 좌익 세력의 연합체였다.

김구는 임시정부를 중심으로 독립운동 세력의 통일을 추진하였다. 통일에 대한 당위성도 있지만 다시 통일을 추진한 것은 크게 두 가지 이유가 있다. 첫째, 무엇보다도 중일전쟁이 전개되고 있는 상황에서 좌우로 분산되어 있는 독립운동 세력을 한 곳으로 집결시켜야 한다고 생각했기 때문이다. 둘째, 중국의 영향도 있었다. 장제스는 특별히 1939년 1월을 전후로 백범과 김원봉(김약산)을 따로 만나 한국 좌파와 우파의 통일 합작을 조언했다. 국민당과 공산당이 제2차 국공합작을 이루어 전면적인 대일항전을 전개하고 있는 상황에서 좌우익 세력을 통일시켜 대일항전에 나설 필요성이 대두되었다.

1939년 5월 10일에 김구는 김원봉과 공동 명의로 〈동지동포들에게 보내는 공개신〉을 발표하였다. 전 민족의 역량을 한 곳으로 집중시켜야 한다는 전제하에 좌우익 진영의 정당 및 단체를 해소하고 새롭게 통일된 단일 조직을 수립하자는 것이 핵심 내용이었다. 그런데 미주 동포들이 김원봉을 공산주의자라고 하고, 한국국민당 간부들이 "주의가 같지 않은 단체와 단일 조직은 불가능하다."라며 반대했다.

그러나 김구는 중국이 국공합작을 이루어 일본과 전면적인 전쟁을 전개하고 있는 상황에서 우리도 좌우익 독립운동 세력을 통합하여 민족의 역량을 한 곳으로 결집시켜야 한다고 설득하여 좌우익 7당 통일

회의가 개최되었다. 그런데 통일의 당위성에 대해서는 이견이 없었으나 단일당을 구체적으로 어떤 방식으로 조직할 것인가를 놓고 의견 충돌이 일어났다. 조선민족해방동맹과 조선청년전위동맹 측은 주의가 같지 않으므로 연맹 방식으로 할 것을 주장하였는데, 연맹 방식이 받아들여지지 않자 탈퇴를 선언하여 결국 좌우익 단일당 결성 시도는 좌절되었다.

이러한 상황에서 김구는 대안으로 한국 광복운동단체 연합회에 속한 우익 진영 3당의 통일을 추진하여 1940년 5월 9일에 창립대회를 개최하고 한국독립당을 창당하였다. 3·1운동의 정신을 계승한 민족운동의 중심적 대표당임을 선언하고 삼균주의를 근간으로 강령을 정했다. 한국독립당이 창당되면서 김구의 위상에도 변화가 있었다. 한국독립당의 중앙집행위원장에 선출되어 우익 진영을 대표하는 지도자로서의 확고한 위상을 갖게 되었다.

이를 기반으로 김구는 임시정부의 조직을 확대·정비하였다. 임시의정원 재적 의원을 17명에서 35명으로 늘리고, 국무위원도 기존 7명에서 추가로 4명을 선출하였다. 전시 체제에 대응하기 위해 강력한 지도력을 발휘할 수 있는 체제가 필요하다고 보고 1940년 10월 9일 제4차 헌법 개정을 통해 단일지도체제인 주석제를 수립하였으며 임시의정원에서 주석으로 선출되었다.

대한민국 건국 강령 채택, 좌익 계열 합류

1941년 10월 26일부터 12월 10일까지 4차에 걸친 의정원의 심의를 거쳐 11월 〈대한민국 건국강령〉이 채택되었다. 조소앙의 삼균주의에 입각하여 총강·복국·건국의 3장 24항으로 구성된 건국강령은 해방 후의 국가 건설 방략으로서 독립 이후 조국의 청사진이다. 이것은 또한 대일 총력전을 앞두고 민족연합전선 형성을 위한 노선 조정 작업의 일환이기도 하였다.

건국강령은 홍익인간의 건국정신을 계승하고 민주공화국 형태의 국가 수립을 목표로 했다. 그리고 좌우익 진영의 공통된 이념을 반영하였다. 특권 계급 혹은 독재의 배격과 균등 사회의 실현을 위한 정치·경제·교육적 방안을 제시했다. 경제의 균등에서는 대생산 기관의 국유화를 강령으로 정하고 농업·공업·상업의 중소기업만을 사유로 인정하며 경자유전의 원칙에 입각하여 토지 개혁을 단행하여 고용농·소작농에게 우선적으로 토지를 분배하고 두레 농장을 장려하며 노동자·농민에게 무상 의료의 사회 정책을 실시할 것을 약속했다.

건국강령은 임시정부가 건국할 국가의 이념으로 정치 균등과 교육의 균등에 입각한 자유민주주의 노선을 기초로 사회민주주의를 포괄하였다. 이는 한국독립당의 이념으로 표명된 것이기도 하고, 좌파 세력의 대표인 조선민족혁명당의 강령과도 어느 정도 흡사하여 합작 가능성을 열어둔 것이기도 했다. 1942년에는 민족혁명당 출신 김원봉 등 사회주의 계열 단체의 인사도 임시정부에 합류하였다. 임시정부는

〈대한민국 건국강령〉의 이념을 바탕으로 1944년 4월 제5차 개헌을 단행하였다. 주석의 권한을 강화하고 부주석제를 신설하였다.

한국광복군 창설

김구의 오랜 꿈은 우리 군대를 조직하여 일제와 싸우는 것이었다. 그러나 남의 나라에서 독자적인 군대를 갖는 것이 결코 쉬운 일은 아니었다. 낙양군관학교 한인 특별반의 뼈아픈 경험도 남아 있었다. 자금과 장소와 인력 등 모든 것이 어렵기는 마찬가지였다. 그런데 상황이 유리하게 변화되고 있는 측면도 있었다. 파죽지세로 침략해 오는 일본군에 대항하기 위해 중국 정부가 한국광복군 창설에 대해 긍정적으로 인식하게 되었다.

김구는 주자화(朱家驊)를 비롯한 중국 정부 인사들을 만나 거듭 한국광복군 창설의 필요성을 설명하였다. "임시정부가 광복군을 편성하여 대일전을 수행하고, 일본군에 있는 한국 출신 사병들을 빼내면 적군의 힘을 약화시킬 수 있다."라는 것과 화북을 안정시키려면 먼저 동북을 수복해야 하고, 동북을 수복하려면 한국 독립을 원조해야 한다고 설득하였다.

이것은 중국 정부의 한국 담당자들에게 상당한 공감을 불러일으켰다. 이들이 장제스에게 광복군 창설을 지원해 주도록 요청했고, 장제스는 중국군사위원회와 협의하여 처리하라는 지시를 내렸다. 그러나 중국 측의 협조는 곧바로 이루어지지 않았다. 중국군사위원회 군정부에서 광복군은 중국군사위원회에 예속되어야 한다는 주장을 하면서 적극적으로 진행시키지 않았기 때문이다.

김구는 광복군이 독립성과 자주권을 갖지 않으면 차라리 군대를 창설하지 않겠다는 단호한 태도를 보이는 한편, 자력으로 광복군 창설을 추진하였다. 만주에서 독립군을 조직하여 활동하였던 이청천·유동열·이범석·김학규 등을 중심으로 한국광복군 창설위원회를 조직하고 이들로 하여금 광복군 창설에 대한 구체적인 실무 작업을 추진하도록 하였다. 한국광복군창설위원회는 임시정부에서 활동하고 있는 만주독립군 출신의 군사 간부들과 중국의 군관학교를 졸업하고 중국군에서 복무하고 있는 한인 청년들을 소집하여 총사령부를 구성한다는 것과 이를 기반으로 1년 이내에 3개 사단을 편성한다는 부대 편성 방안을 마련하였다.

광복군 창설에 대한 계획이 마련되자 김구는 1940년 9월 15일 임시정부 주석 겸 한국광복군 창설위원회 위원장 명의로 〈한국광복군 선언문〉을 발표하여 광복군 창설을 공식적으로 선언하였다. 9월 17일, 임시정부는 '한국광복군 총사령부'를 창설하였다. 광복군 창설은 자릉빈관(嘉陵賓館)에서 '한국광복군 성립 전례식'을 거행하는 것으로 이루어졌다.

임시정부는 1940년 10월 9일 〈한국광복군 총사령부 조직조례〉를 제정하고 총사령부는 임시정부 주석 직할하에 설치한다는 점을 분명히 하였다. 이로써 광복군의 통수권이 김구 주석에 주어졌다. 광복군은 인도·버마 전선에 공작대를 파견하였는데, 주로 일본군 포로 심문, 회유 방송 등을 수행하였다. 하지만 광복군은 이른바 '한국광복군 행동 9개 준승'에 묶여 자유로운 활동이 제약되었다. 임시정부는 취소를 줄기차게 요구하여 광복군이 인도·버마 전선에 참여하고 미국군과 특수 임무 수행을 위한 훈련을 받으며 활동을 인정받아 1944년 폐지되고 독자적인 군사 행동권을 얻게 되었다.

광복군 총사령부 유적지

복원된 광복군 총사령부

대한민국 임시정부 정규군이었던 광복군 총사령부 건물이 2014년 복원을 결정한 뒤 4년 만에 원형대로 복원되어 2019년 3월 29일 기념식이 개최되었다. 복원된 광복군 총사령부는 지하 1층, 지상 3층 규모이며, 지상 1층의 광복군에 대한 전시와 지상 2층의 영상을 통하여 광복군 활동에 대하여 접할 수 있도록 구성되어 있다.

광복군 총사령부는 예하에 4개 지대(제1지대, 제2지대, 제3지대, 제5지대)를 편성하였고 1940년 11월 총사령부를 시안으로 옮겼다. 시안은 일본군이 점령하고 있던 화북 지역과 최전선을 이루고 있던 곳이라 대일 무장 투쟁을 활발히 전개할 수 있었다. 이청천 총사령관과 이범석 참모장은 중국 군사 당국과의 협정 문제를 처리하기 위해 충칭에 남고, 황학수를 총사령관 대리로 하여 총사령부 잠정부서를 편성하였다.

좌익 세력이 임시정부에 참여하면서 국무회의는 광복군에 부사령직을 증설하고 조선의용대 대장 김원봉을 부사령으로 선임하였다. 조선의용대는 광복군에 편입되고 광복군 제1지대로 개편되었다. 김학규가 지대장을 맡은 광복군 제3지대는 안후이성 푸양에서 일본군으로 강제 징집당한 한국 청년들을 대상으로 초모(招募, 모집) 공작을 전개했다.

광복군 제2지대는 기존의 제1지대와 제2지대, 제5지대를 통합하여 새롭게 편성되었다. 제2지대 지대장은 광복군 참모장 이범석이 맡았다. 성립 직후에는 시안시 얼푸가 4호에서 총사령부와 함께 있다가 총사령부가 1942년 9월 충칭으로 이전해 간 후에는 시안 교외의 두취쩐(杜曲鎭)으로 옮겼다. 제2지대는 화북 지역에 이주해 있던 한인 청년들을 초모하여 군사훈련과 대일선전 임무를 전개하여 광복군의 주력부대가 되었다.

광복군 제2지대 표지석 공원

광복군 제2지대 표지석

2013년 6월, 대통령의 중국 국빈 방문 계기 시안 방문 기간에 자오정융(趙正永) 산시성 당서기와 면담 시 광복군 제2지대 표지석 설치를 요청하였다. 2013년 12월 중국 중앙정부는 신시성 시안시 두취쩐에 광복군 제2지대 표지석 설치를 최종 승인했다. 이에 따라 2014년 5월 산시성 정부는 과거 제2지대 주둔지였던 두취쩐 곡식창고 앞에 약 600평 규모의 기념 공원을 조성하고, 공원 내에 광복군 제2지대 표지석을 비정(碑亭, 비석의 정자)과 함께 설치했다.

대일 선전 포고

　1941년 12월 8일, 일제가 미국의 영토인 하와이의 진주만을 기습 공격함으로써 태평양전쟁이 발발하였다. 김구는 미국과 일본 사이에 전쟁이 일어났다는 소식을 듣고 곧바로 일본에 선전 포고를 하기로 하였다. 12월 10일 김구와 외무부장 조소앙 공동명의로 〈대한민국 임시정부 대일 선전 성명서〉를 발표하였다. 이어서 김구는 1942년 1월 〈임시정부 포고문〉을 발표하여 전 세계 20여 개국이 일본에 선전하고 총공격을 개시한 현 시점이 조국 독립의 최후의 기회이므로 모든 동포들이 일본을 향해 진공하자고 호소하였다.

　이미 반침략 전선에 참여해 왔지만, 일본의 진주만 기습 공격으로 촉발된 태평양전쟁을 계기로 일제와 전쟁에 돌입한다는 것을 대내외

대일 선전 성명서

1. 한국의 전체 인민은 현재 이미 반침략 전선에 참가해 오고 있으며, 이제 하나의 전투단위로서 축심국에 대하여 전쟁을 선언한다.
2. 1910년의 합병조약과 일제의 불평등 조약이 무효이며, 아울러 반침략 국가들의 한국에서의 합법적인 기득권익을 존중함을 선포한다.
3. 한국과 중국 및 서태평양에서 왜구를 완전히 구축하기 위하여 최후의 승리를 거둘 때까지 혈전한다.
4. 일본 세력 아래 조성된 장춘과 남경 정권을 절대로 승인하지 않는다.
5. 루즈벨트와 처칠 선언의 각 항이 한국독립을 실현하는 데에 적용되기를 견결히 주장하며 특히 민주 진영의 최후 승리를 미리 축원한다.

에 선언한 것이다. 1910년에 체결된 '합방조약'을 비롯하여 일제와 맺은 불평등 조약은 무효임을 선언하고, 일제와 싸우는 연합국의 합법적인 기득권은 존중한다고 함으로써 독립 후 설정될 국제 관계에 대한 입장도 밝혀 놓았다. 그리고 일본이 만주를 침략하여 장춘에 세운 만주국과 남경에 세운 왕자오밍(汪兆銘)의 친일 괴뢰 정부를 인정하지 않는다는 사실도 특별히 언급하여 중국의 입장을 지지하고 동일한 보조를 취한다고 밝혔다.

특히 대서양 헌장이 한국에도 적용되어야 한다고 주장하였다. 대서양 헌장은 1941년 8월 14일 루스벨트와 처칠이 제2차 세계대전 후 세계 인류의 복지와 평화 등에 관한 공통된 원칙을 정한 것으로 미국이 참전한 후 연합국의 공동 선언에 채택되어 공동 전쟁 목표의 기초가 되었다. 이 헌장 가운데 "관계 주민의 자유의사에 의하지 아니하는 영토 변경을 인정하지 않는다."와 "주민이 정체를 선택하는 권리를 존중하며 강탈된 주권과 자치가 회복될 것을 희망한다."라는 전후의 민족자결권을 공약한 조항이 있는데, 일본이 패망하면 한국에도 그대로 적용되어야 한다는 것이다.

이어서 임시정부는 1945년 2월 28일 〈대독일 선전 포고문〉을 발표하였다. 여기에는 샌프란시스코 회의에 참석할 수 있는 조건을 갖추기 위한 전략적인 판단이 작용하였다. 샌프란시스코 회의에 참가할 자격은 1945년 3월 1일 이전에 독일에 대해 선전 포고를 한 국가에 한정한다는 전제가 있었다. 임시정부가 선전 포고를 할 수 있었던 것은 광복군이라는 병력이 존재하였기 때문에 가능하였다.

승인 외교와 카이로 선언

중경 대한민국 임시정부 시기의 최대 과제 중 하나는 연합국 열강으로부터 한국민을 대표하는 정부로서 공식 승인을 받는 일이었다. 그래야만 임시정부는 연합국의 일원으로 대일본 전쟁에 기여하고 독립된 한국에 진정 원하는 정부를 세울 수 있었기 때문이다. 이러한 목표를 위하여 임시정부는 최대의 노력을 기울였다.

'대서양 헌장'이 발표된 후 임시정부는 중국 정부에 공문을 보내어 임시정부를 공식적으로 승인할 것을 촉구하였다. 이 노력의 성과로 1942년 4월에는 장제스 정부가 한국 임시정부를 '지체 없이(without delay)' 정식 승인하자고 미 국무성에 공식적으로 요청하였다. 그러나 미 국무성은 중국 정부의 이러한 공식 요청을 거부한 것은 물론 오히려 한국 임시정부를 승인해서는 안 된다고 중국 정부에 항의하고 나섰다.

미국은 미국과 중국 내에 있는 한국인 사회가 지도권 다툼으로 분열되고 충칭 임시정부도 여러 파벌 싸움으로 독립 쟁취를 위한 통일된 연합 전선이 구축되어 있지 못하다는 점과 해외 한인단체가 국내 한인들의 전적인 지지를 받고 있다는 보장이 없다는 것을 이유로 들었다. 미 국무부의 입장을 전달받은 중국 외교부는 '상황이 좀 더 나아질 때까지' 임시정부 승인을 연기하기로 했다. 미국은 일본의 패전 후 동아시아에서의 힘의 공백을 어떤 방식으로 메울 것인가에 대한 전략적 고려 속에서 임정 승인 문제를 판단하고 있었다.

임시정부는 루스벨트 미국 대통령, 처칠 영국 수상, 장제스 총통이 이집트 카이로에서 대일 전쟁과 전후 처리에 대하여 회담을 갖는다는 정보를 입수하고 장제스와의 긴급 면담을 요청하였다. 1943년 7월 26일 오전 9시 김구 주석, 조소앙 외무부장, 김규식 선전부장, 이청천 광복군 총사령, 김원봉 부사령 등이 장제스 군사위원장을 만났다. 중국 측이 기록한 '총재 접견 한국영수 담화기요'에 따르면, 임시정부 요인들은 "한국의 독립 주장을 지지하고 관철해 달라."고 호소했다. 장제스는 "한국 혁명 동지들은 한마음으로 단결해 복국운동을 완성하길 바란다. 중국은 힘써 싸우겠다."라고 말했다.

루스벨트, 처칠, 장제스가 만난 것은 그로부터 4개월 뒤였다. 3거두는 1943년 11월 27일 '카이로 선언'을 채택했다. 한국독립문제 관련하여, "3국은 한국 인민의 노예 상태에 유의하여 적당한 시기에 한

카이로 회담에 참석한 장제스, 루즈벨트, 처칠

국이 자유롭고 독립되게 할 것을 결의한다.(The aforesaid three great powers, mindful of the enslavement of the people of Korea, are determined that in due course Korea shall become free and independent.)"라는 문장이 포함되었다.

루스벨트 대통령의 보좌관 해리 홉킨스가 초고에서 '가능한 한 빠른 시기에(at the earliest possible moment)'라고 쓴 것을 루스벨트가 '적절

대한민국 나침반 역사 속의 위인들

한 시기에(at proper moment)'라고 고치고, 처칠의 주장이 반영되어 최종 공식 선언문에는 '적당한 시기에(in due course)'라는 다소 모호한 문구로 대치되었다. 'In due course'라는 구절은 처칠이 평소에 말버릇처럼 애용하던 문구였다.

영국은 처음부터 한국의 독립에 완강히 반대하였다. 외무차관 카도간(Alexander Cadogan)은 카이로 선언에서 한국의 독립에 관한 조항을 완전히 삭제하자고 주장하였다. 이것을 장제스 총통이 반대하여 'in due course'라는 표현으로나마 남아 있게 되었다고 한다. 영국이 한국의 독립에 관한 조항을 완강히 반대한 데는 한국 독립을 약속함으로써 장차 영국 식민지의 독립을 약속하게 되는 선례를 만들고 싶지 않다는 데 그 의도가 있었다. 카이로 선언은 연합국이 제2차 세계대전 후 일본의 영토 처리에 관한 기본 방침을 처음으로 공식 성명한 것으로서 전후 식민지 처리에 영향을 미칠 것으로 인식했기 때문이다.

카이로 선언은 미·영·소가 참석한 테헤란 회담에서 스탈린이 카이로 선언을 확인하고 이에 동의를 표시한 후인 1943년 12월 1일 발표되었고 포츠담 선언으로 이어졌다. 카이로 선언은 한국에게 크게 두 가지 의미가 있다. 첫째는 제2차 세계대전 중에 연합국으로부터 독립을 보장받았다는 점이다. '적당한 시기'라는 조건부였지만 연합국들이 한국의 독립을 약속함으로써 처음으로 한국의 독립이 국제적으로 보장받은 것이다. 두 번째는 이러한 사례는 한국이 유일하다는 점이다. 세계 50여 개의 식민지 중 유독 한국만을 지칭하여 일본의 무조건 항복 후 한국을 독립시키겠다고 선언하였다.

카이로 선언의 내용

1. 일본에 대한 장래의 군사 행동에 동의하고, 3국은 야만적인 적국에는 가차 없는 압력을 가할 결의를 표명하며, 일본의 침략을 저지, 응징하기 위해 싸울 것이나, 영토 확장의 의도는 없다.
2. 제1차 세계대전 후 일본이 탈취한 태평양 제도를 박탈하고, 또한 만주·타이완·펑후제도 등을 중국에 반환하고 일본이 약취한 모든 지역에서 일본 세력을 구축한다.
3. 3국은 한국민이 노예 상태 아래 놓여 있음을 유의하면서 한국을 적당한 시기에 자유롭고 독립적인 국가로 만들 것을 결의한다.
4. 이상의 목적으로 일본의 무조건 항복 달성에 필요한 작전을 계속한다.

카이로 선언이 발표된 당일에 소식을 접한 임시정부는 주석 김구 명의로 "나는 삼천만 동포를 대표하여 3국 영수에게 만공의 사의를 표하는 동시에 일본이 무조건으로 투항할 때까지 동맹국과 공동 분투한다."라는 내용의 담화문을 발표했다. 그리고 12월 2일에는 〈대한민국 임시정부 공보〉 호외를 발간하여 카이로 회의에서 한국의 자유 독립을 보증하였다는 것을 세상에 알렸다.

그리고 12월 5일 발표한 카이로 선언에 대한 성명에서 김구는 무조건 독립 쟁취 입장을 강조하였다. 카이로 선언은 한국의 독립을 보장한 역사적인 사건이었지만, '적당한 시기에(in due course)'라고 표현된 선언문의 행간에 신탁통치의 복안이 담김으로써 훗날 남북 분단과

6·25전쟁까지 초래한 또 다른 비극의 전주곡이 되고 말았는데, 김구는 이를 예감한 듯이 강한 성명을 발표했다.

만일 연합국이 제2차 대전 후에 한국의 무조건 자유와 독립을 부여하기를 실패할 때에는 우리는 어떤 침략자나 또는 침략하는 단체가 그 누구임을 막론하고 우리의 역사적 전쟁을 계속할 것임을 결심하였다.

우리는 우리나라를 스스로 통치하며 우리 조국을 지배할 지력과 능력을 공동으로 가졌으며, 우리는 다른 족속이 우리를 다스리며 혹은 노예로 삼는 것을 원치 아니한다. 또 우리는 어떤 종류의 국제 지배를 원치 아니한다.

광복군 국내 진입 작전

광복군이 창설되자 일본군에 끌려갔던 학도병들이 일본 군대를 탈출하여 수천 리 길을 걸어 찾아왔다. 1944년 7월 중국 쉬저우(徐州)의 일본군 부대를 탈출한 김준엽, 장준하, 윤경빈, 홍석훈, 김영록 등은 6천 리 길을 걸어서 1945년 1월 31일 태극기를 들고 애국가를 부르며 임시정부 청사로 행진해 왔다. 수십 년을 해외에서 오직 조국 독립운동에 몸을 바쳐온 김구 등 노 혁명가들이 이 청년들을 맞는 감개는 형언하기 어려웠을 것이다.

학병 출신 청년들이 광복군에 편입되면서 광복군은 활기를 띠게 되었다. 조선의용대의 편입도 광복군에는 큰 전력의 향상이 되었다. 전력의 향상뿐만이 아니었다. 임시정부의 역사적 정통성과 정치적 권위 그리고 연합국의 신뢰에도 크게 기여하게 되었다.

광복군은 재중국 미군과 교섭을 벌여 전략첩보기구 OSS(Office of Strategic Services)과의 협력을 통한 '독수리 작전'을 전개한다는 데 합의를 이루었다. 이청천·이범석·김학규 등 광복군 간부들이 1945년 4월 3일에 OSS 장교 사전트(de B. Sargent)와 함께 김구를 찾아왔다.

이들은 국군 통수권자인 백범에게 독수리 작전에 대해 보고하였고, 김구는 이를 최종적으로 승인을 했다. OSS 훈련반을 분대별로 조직하여 비행기, 잠수함 등을 통하여 국내에 진입시켜 서울을 위시하여 전국을 통한 각 지구에서 연합군의 상륙 작전에 대비하는 전초 기지를 마련한다는 전략이었다.

1945년 5월부터 3개월 과정의 강훈련이 실시되었다. 시안의 광복군 제2지대(지대장 이범석) 및 안후이성 푸양의 제3지대(지대장 김학규)가 OSS 훈련을 받았다. 훈련을 받은 대원들은 국내 각 지구에 진입할 때 사용할 장비까지 마련하여 이제 출동 시기를 정하는 것만 남겨두고 있었다. 제주도는 일본 본토를 공격하기 위한 기지로서, 또 한반도로 진입할 수 있는 교두보로서 중요한 지점이기에 김구는 한국 OSS 대원들을 제주도에 진입시키고자 외교적 노력을 기울였다.

김구는 광복군 대원들의 훈련이 완료되었다는 보고를 받고 곧바로 총사령 이청천 등을 대동하고 시안으로 갔다. OSS 측에서도 총책임자인 도노반(William B. Donovan) 소장을 비롯한 간부들이 시안에 도착했다. 한미 양측의 인사들이 제2지대 본부에서 만나 8월 7일에 회담을 가졌다.

일제의 무조건 항복

김구는 OSS 훈련 대원들을 격려하고 미군 측과 한국 진입 작전을 협의한 후 산시성 시안에서 머물고 있었다. 그런데 8월 10일 산시성 주석 쭈자오저우(祝紹周)와 저녁 식사를 마친 후 객실에서 수박을 먹으며 담화하던 중 갑자기 전화벨 소리가 울렸다. 쭈 주석은 자리에서 일어나 "충칭에서 무슨 소식이 있는 듯하다."라며 전화실로 급히 들어가더니 뒤이어 나오며, "왜적이 항복한답니다."라고 말하였다.

이 소식은 충격적이었다. 갑작스러운 일본의 항복은 일반 대중들에게는 크나큰 기쁨이지만, 우리 민족의 힘으로 독립을 쟁취하고자 애써 온 김구에게는 커다란 충격으로 받아들여지기에 충분했다. 김구는 이에 대해 다음과 같이 기록했다.

왜적이 항복한답니다! 내게 이 말은 희소식이라기보다 하늘이 무너지고 땅이 꺼지는 일이었다. 수년 동안 노력한 참전 준비가 모두 헛일이 되고 말았다. 서안 훈련소와 부양 훈련소에서 훈련받던 우리 청년들을 미국 잠수함에 태워 본국으로 침투시킨 후 조직적으로 공작하게 하려고 미 육군성과 긴밀히 합작하였는데, 한 번도 실행해 보지 못하고 일본이 항복하였으니, 지금까지 들인 정성이 아깝고 다가올 일이 걱정됐다.

김구는 통한의 눈물을 흘렸다. 평생을 두고 그토록 염원했던 민족의 해방이건만 그토록 안타까워했던 이유는 우리 민족의 힘으로 얻어 낸 것이 아니었기 때문이다. 일본의 패망과 조국의 해방이 우리가 아닌 연합국에 의해 이루어짐으로써 해방 후의 상황이 우리 민족의 자주적 의사보다는 외세에 의해 좌우될 것을 우려했던 것이다. 우리가 주체적 활동을 하지 못하게 되어 국제적 원심력에 빨려 들어갈 것을 염려한 것이었다.

#7

대한민국 임시정부 환국

개인 자격으로 귀국

김구는 환국을 서둘렀다. 그런데 미 국무성은 "북위 38도선 이남의 지역이 미군에 의해 군정을 받고 있다는 사실을 인정하며 군정이 끝날 때까지 정부로서 행사하지 않으며 군정 당국의 법과 규칙을 준수할 것을 동의한다."라는 서약서를 받아들여야 한다고 하였다. 미군정이 서울에 있으니 임시정부는 개인 자격으로 들어오라고 하였다. 임시정부는 미국 측의 "임시정부 불인정, 개인 자격 귀국" 방침을 접하고 충격에 빠졌지만 환국을 늦출 수는 없었다.

대한민국 임시정부는 1945년 11월 5일 충칭을 떠났다. 충칭을 떠날 무렵 국민당 정부에서 장제스 주석이 한인 200명을 초청하여 송별연을 열었다. 장 주석의 김구에 대한 환송은 각별하였다. 김구 일행이 상하이로 떠날 때는 군용기를 제공하였다. 중국 공산당에서도 저우언라이(周恩來), 동비우(董必武) 등이 임시정부 국무위원 전원을 초청하여 송별연을 열어 주었다.

상하이에 머문 지 18일 만인 11월 23일 오후 1시 김구 일행을 태운 미군 C47 중형 수송기가 상하이 비행장을 이륙하였다. 기내가 갑자기 조용해지는 듯했다. 숙연한 분위기 속에 누구의 기침 소리가 이 적막을 마지못해 깨곤 하였다. 꿈을 꾸고 있는 것은 아닐까. 허벅지를 꼬집어 보았다. 비행기가 김포공항에 착륙하여 그리운 조국으로 돌아왔다. 김구는 1919년 상하이로 망명한 지 27년 만에 그리운 고국 땅을 밟았다. 선전부장인 엄항섭으로 하여금 귀국 성명을 발표하도록 하였다.

27년간 꿈에도 잊지 못하던 조국 강산을 다시 밟을 때 나의 흥분되는 정서는 형용해서 말할 수 없습니다. 나는 먼저 경건한 마음으로 우리 조국의 독립을 전취(戰取)하기 위하여 희생하신 유명 무명의 무수한 선열과 아울러 우리 조국의 해방을 위하여 피를 흘린 연합국 용사에게 조의를 표합니다. (중략) 나와 나의 동료는 오직 통일된 독립 자주의 민주국가를 완성하기 위하여 여생을 바칠 결심을 가지고 귀국하였습니다. 여러분은 조금도 가림 없이 심부름을 시켜 주시기 바랍니다. 조국의 통일과 독립을 위하여 유일한 일이라면 불속이나 물속이라도 들어가겠습니다. (중략) 완전히 독립 자주 하는 통일된 신민주 국가를 건설하기 위하여 공동 분투합시다.

반탁운동

임시정부의 귀국을 환영하는 대규모 환영 행사가 개최되고 수많은 단체와 인사들이 임시정부 요인을 방문하거나 귀국 환영 담화를 발표하였다. 비록 개인 자격으로 귀국하였지만 김구 일행은 임시정부 요인으로 활동했다. 각료 회의를 여는가 하면, 미군정에 대해 행정권을 요구하기도 했다. 이에 대해 미군정 측은 38도선 이남의 유일한 정부는 미군정뿐임을 강조하면서 임시정부를 인정하지 않았다. 그런데 1945년 12월 모스크바 미·영·소 3상회의에서 "미·소 공동위원회를 설치하고 일정 기간의 신탁통치에 관하여 협의한다."라는 내용이 결정되었다.

모스크바 3상회의 내용

1. 한국을 독립 국가로 재건설하며, 민주주의적 원칙하에 발전시키고, 일본 통치의 잔해를 빨리 청산할 조건들을 조성할 목적으로 민주주의 임시 정부(a provisional democratic government)를 수립한다.
2. 연합국이 한국 임시정부의 수립을 원조·협력할 방안의 작성은 민주주의적 정당·사회단체들과의 협의를 통해 미소 공동위원회가 수행한다.
3. 5년 이내를 기한으로 하는 4대 강국에 의한 신탁통치의 협정은 한국 임시 정부와의 협의를 거쳐 4개국이 심의한 후 제출한다.

즉각적인 자주 독립만을 생각했던 김구에게 신탁통치란 상상할 수도 없는 청천벽력과 같은 것이었다. 곧바로 긴급 국무회의를 소집하였다. 국무회의에서는 "신탁통치는 받아들일 수 없다."라며 반대하기로 결의하였다. 먼저 연합국 4국 원수에게 신탁통치를 반대한다는 결의문을 보내기로 하였다.

주석 김구와 외무부장 조소앙의 명의로 된 '4국 원수에게 보내는 결의문'의 내용은 신탁통치는 민족자결 원칙에 위배되며 제2차 세계대전 중 4국이 약속한 것에 대한 위반이고 연합국헌장에 부합되지 않을 뿐만 아니라 원동(동북아)의 안정과 평화를 파괴할 것으로서 신탁통치 적용을 반대한다는 것이었다. 김구는 하지 중장에게 이 결의문을 4국 원수에게 전달해 줄 것을 요청하였고, 미국에는 맥아더를 거쳐 국무부로 전달되었다.

김구는 '제2의 독립운동'을 한다는 자세로 반탁운동에 나섰다. 긴급 회의에 이어 각 정당과 언론계 대표들이 경교장에 모였고, 이들과 국무위원들이 연합 회의를 열어 정치단체, 사회단체 및 종교계의 지도자들로 구성된 '신탁통치 반대 국민총동원위원회'를 결성했다. 이어서 김구는 각계각층의 민주 영수들을 망라한 비상 정치 회의를 열 것을 제의했다.

좌우의 각 정당, 사회·종교단체 등과 연합하여 임시정부를 확대·강화하고, 이를 기반으로 과도정부를 수립하려는 포석이었다. 그러나 이러한 시도는 최고정무위원회가 설치되면서 좌절되었다. 최고정무위원회는 각 정당 및 사회단체에서 28명을 선정하였고, 최고정무위원회는 미군정사령관의 자문기관 성격의 남조선대한국민대표 민주의원으로 개편되었다.

김구의 의지와는 달리 정세는 점점 다른 방향으로 전개되고 있었다. 북쪽에서는 1946년 2월에 사실상 정부나 다름없는 북조선 임시인민위원회를 결성했고, 남쪽에서는 1946년 6월 3일 이승만이 정읍에서 남한만의 단독 정부 수립을 공식적으로 주장하고 나섰다. 냉전 체제가 성립되면서 미소가 대립 관계로 돌아섰고 미·소 공동위원회도 결렬되었다. 김구에게 이와 같은 상황 전개는 충격이 아닐 수 없었다.

남북 협상을 위한 평양행

　결국 한국 문제는 1947년 9월 유엔에 넘겨졌다. 김구는 여기서 주저 앉을 수 없었다. 1948년 2월 16일 김규식과 공동 명의로 북한 김일성 과 김두봉에게 서한을 보내 남북 협상과 남북 지도자 회의를 제의하 였다. 그리고 1948년 3월 8일 단독 선거에 불참한다는 입장을 밝혔다. 북한은 3월 25일 평양방송을 통해 '남북조선제정당사회단체대표자연 석회의(남북연석회의)'를 평양에서 개최한다고 발표하고 김일성과 김두 봉의 답신도 보냈다.

　북행을 앞두고 김구의 처소인 경교장에는 연일 이를 저지하려는 청 년, 학생들의 시위대가 몰려들었다. 반대로 지식인 108명의 남북 협 상 지지 성명이 발표되었다. 김구는 4월 19일 북행길에 올랐다. 남북 연석회의가 4월 19일 개막되었다. 이 회의는 군중대회식으로 진행되 어서 김구가 주장한 남북 고위 정치 협상과는 멀어져 갔다.

　김구는 남북연석회의 3일째인 4월 22일에야 회의에 참석해 축사를 할 수 있었다. 김일성이 참여한 4자 회담이 열렸지만, 그것은 회담이 라기보다는 식사를 겸한 간담회였다. 서울로 돌아온 김구와 김규식은 5월 6일 귀환 성명을 통해　회담의 결과를 설명하였다. 민주적 조국 통일을 수립하기 위해 남북의 단선·단정을 반대하고 미소 양군 철수 를 요구하는 데에 의견이 일치했고 북쪽이 절대로 단정 수립을 하지 않겠다는 약속을 하였으며 송전과 연백저수지 개방에 동의하였다는 것이다. 그런데 비록 평양 회의가 성공적이었다고 주장했지만 김구의 남북 협상 노력은 실패로 끝나고 말았다.

백범 김구 선생에 대한 평가

1949년 6월 26일은 일요일이었다. 김구는 남대문교회의 주일 예배에 참석할 예정이었으나 차량이 없어 교회에 가지 못하고 경교장에서 무료함을 달래며 책을 읽고 있었다. 이때 군복 차림을 한 포병 소위 안두희가 문안 인사를 드리러 찾아왔다는 전갈이 왔다. 비서진들은 아무런 검문이나 경계 없이 안두희를 그대로 김구가 있는 2층 서재로 안내하였다. 김구는 그가 전부터 드나들던 터라 별다른 의심 없이 맞이하고 비서 선우진은 아래층으로 내려갔다. 미처 2~3분이 채 못 되어 총소리가 울리고 김구는 운명했다. 이때 시간이 12시 45분경, 향년 74세였다.

조국의 독립과 통일 정부 수립을 위해 단 하루도 편한 날이 없는 평생을 살아 온 김구 선생은 이렇게 안두희가 쏜 흉탄에 쓰러졌다. 일제가 거액의 현상금을 걸고 체포와 암살에 혈안이 되었지만 목적을 달성하지 못했던 민족의 지도자가 해방된 조국에서 동족의 흉탄에 파란만장한 생애를 마감한 것이다.

백범 김구 선생은 의리와 명분을 중시한 전형적인 지사형 정치인이었다. 독립운동 시절에 보여준 투쟁성과 격렬한 반탁운동, 통일을 위한 북한행 등 그의 행적은 비현실적이었다는 비판을 받을 수 있을지 언정 올바른 것에 대한 확고한 신념은 어떤 정치인도 갖지 못한 장점이었다.

특히 김구 선생은 조국의 독립에 대한 강철 같은 신념을 가지고 있었다. 일제에 맞서 독립을 쟁취한다는 것은 현실적으로 불가능한 일이었다. 일본은 동아시아를 장악한 강대국이었다. 많은 지식인들이 일제에 협력하는 길로 들어선 것도 이 때문이었다. 독립운동이 달걀로 바위 치기였고 언제 대한 독립이 이루어질지 기약하지 못하는 상황에서도 광복의 희망을 버린 적이 없었다. 결국 일제는 패망했고 한민족은 독립을 맞이했다. 김구 선생은 《백범일지》에 수록된 〈나의 소원〉에서 독립에 대한 간절한 염원을 나타냈다.

'네 소원이 무엇이냐?' 하고 하느님이 물으시면, 나는 서슴지 않고 '내 소원은 대한 독립이오.' 하고 대답할 것이다. '그다음 소원은 무엇이냐?' 하면, 나는 또 '우리나라의 독립이오.' 할 것이요, 또 '그다음 소원이 무엇이냐?' 하는 세 번째 물음에도, 나는 더욱 소리를 높여서 '나의 소원은 우리나라 대한의 완전한 자주 독립이오.'라고 말할 것이다.

백범일지

《백범일지》는 김구 선생이 중국에서 독립운동을 하던 시절에 쓴 자서전으로서 상·하 두 편과 일기 끝에 수록된 〈나의 소원〉으로 이루어져 있다. 상편은 중국 상하이의 대한민국 임시정부 국무령으로 일을 하던 1928년 김인과 김신 두 아들에게 집안 내력과 자신의 지난 일을 알리고자 편지를 보내는 형식으로 썼다. 하편은 한인애국단의 활동과 해방을 맞이할 때까지 이어진 독립운동을 기록하고 있다. 해방 이후 대한민국 임시정부가 조국으로 돌아오는 과정과 그가 삼남 지방을 돌아볼 때의 기록도 덧붙였다. 그리고 〈나의 소원〉은 완전한 자주독립과 통일 국가를 바라는 김구 선생의 마음이 담겨 있다.
《백범일지》는 출간 50주년이었던 1997년에 독립운동의 소중한 기록물로서 가치를 기리기 위해 보물 제1245호로 지정되었다.

김구 선생은 문화 국가를 건설하고 싶어 했다. 문화가 지닌 힘을 알았기 때문이다. 문화의 힘은 우리 자신을 행복하게 하고 남에게도 행복을 줄 수 있다고 생각했다. 김구 선생은 문화 국가를 건설하기 위한 전제 조건으로 두 가지를 꼽았다. 하나는 사상의 자유를 확보하는 정치제도이고 다른 하나는 국민교육의 완비였다. 그리고 김구 선생은 광복된 조국은 자유민주주의 국가이여야 한다는 강력한 신념을 가지고 있었고, 이 신념을 〈나의 소원〉에서 이렇게 피력했다.

나의 정치 이념은 한마디로 표시하면 자유다. 우리가 세우는 나라는 자유의 나라라야 한다. 나는 우리나라가 독재의 나라가 되기를 원치 아니한다.

독재의 나라에서는 정권에 참여하는 계급 하나를 제외하고는 다른 국민은 노예가 되고 마는 것이다. 독재 중에서 가장 무서운 독재는 어떤 주의, 즉 철학을 기초로 하는 계급 독재다.

공산당이 주장하는 소련식 민주주의란 것은 이러한 독재 정치 중에도 가장 철저한 것이어서 독재 정치의 모든 특징을 극단으로 발휘하고 있다.

미국은 이러한 독재국에 비겨서는 심히 통일이 무력한 것 같고 일의 진행이 느린 듯하여도, 그 결과로 보건대 가장 큰 힘을 발하고 있으니 이것은 그 나라의 민주주의 정치의 효과이다.

나는 어떠한 의미로든지 독재 정치를 배격한다. 나는 우리 동포를 향하여서 부르짖는다. 결코 독재 정치가 아니 되도록 조심하라고, 우리 동포 각 개인이 십분의 언론 자유를 누려서 국민 전체의 의견대로 되는 정치를 하는 나라를 건설하자고, 일부 당파나 어떤 한 계급의 철학으로 다른 다수를 강제함이 없고, 또 현재의 우리들의 이론으로 우리 자손의 사상과 신앙의 자유를 속박함이 없는 나라, 천지와 같이 넓고 자유로운 나라, 그러면서도 사랑의 덕과 법의 질서가 우주 자연의 법칙과 같이 준수되는 나라가 되도록 우리나라를 건설하자고.

김구 선생은 독립을 기약할 수 없는 상황에서도 자유가 넘치고 높은 문화를 가진 조국이 되기를 염원하였다. 이역만리 외국에서 풍찬노숙하는 어려움 속에서도 분투 노력한 백범 김구 선생 같은 분들이 있었기에 오늘의 대한민국이 있다. 자유민주주의 대한민국이 더욱 발전하도록 노력해 나가는 것이 선열들의 희생에 보답하는 길이고 우리의 사명임을 다시금 일깨워 준다.

효창원과 백범 김구 기념관

임시정부 주요 인사들이 안장되어 있는 효창원은 나라를 위해 목숨을 바친 독립운동 선열들을 추모하는 공원 묘역이다.

광복 이후 조국에 돌아온 김구 선생은 효창원에 이봉창, 윤봉길, 백정기 의사의 유해를 국민장으로 안장하고, 안중근 의사의 허묘(가묘)를 모셨다. 이어 임시정부 주요 인사인 이동녕 선생, 조성환 선생, 차리석 선생도 이곳에 모셨다. 그리고 1949년 백범 김구 선생이 흉탄에 쓰러지자 국민장으로 안장하여 이곳 일대가 선열 묘역이 되었다.

또한, 김구 선생의 삶과 사상을 계승, 발전시키기 위해 2002년 10월 22일 백범 김구 기념관을 개관하였다.

백범 김구 기념관

대한민국 나침반 역사 속의 위인들

제8장

대한민국의 초대 대통령 이승만 박사

이승만 대통령은 '혼돈의 정치'라고 할 수 있는 해방 정국에서 대한민국 정부를 수립하였고 유엔에서 한반도 유일의 합법 정부로 인정받았다. 북한 공산군의 전면적인 남침으

로 인해 풍전등화 같은 위기에 직면하여 미국을 위시한 유엔 회원국들의 지원을 이끌어내 공산군을 격퇴하였고 '한미상호방위조약'을 체결하여 안보를 굳건히 하였다. 전격적으로 '평화선(이승만 라인)'을 선포하여 독도의 실효적 지배를 명백히 한 것도 대일 외교 사상 보기 드문 쾌거였다.

대한민국 정부 수립 기념식

#1

애국 계몽운동과 밀사 활동, 박사학위 획득

독립협회를 통한 애국 계몽 활동과 감옥생활

이승만 부모의 희망은 아들이 과거시험에 합격하여 가난한 집안을 일으키는 것이었기 때문에 이승만은 어릴 때부터 과거를 준비했다. 그러나 당시의 과거는 부패가 심하여 실력이 있어도 합격할 가능성이 없었고, 그것마저도 1894년 갑오경장으로 폐지되자 이승만은 삶의 목표를 잃게 되었다.

방황하던 이승만에게 출구를 터준 것은 우리나라 최초의 서양식 교육기관인 배재학당이었다. 서당 교육을 통해 사서삼경을 철저하게 익힌 후 영어를 배우고 서양 학문에 접한 것이다. 배재학당은 미국 선교사 아펜젤러(H.G. Appenzeller)가 세웠으며 교사들은 대부분 서양 선교사였고 이들은 높은 수준의 지식인들이었다. 이승만은 이들과 가깝게 지내면서 서양 문명을 배웠다. 게일(James S. Gale)과 헐버트(H.B. Hulbert)와 교류했다.

서재필로부터 세계지리·역사·정치학 등에 관한 특강도 들었다. 서재필은 갑신정변에 가담했다가 미국으로 망명하여 의사가 된 후 돌아온 혁명가로서 자유주의와 민주주의적 개혁사상으로 민중을 계몽하고자 독립협회를 창립하였다. 독립협회는 민중 집회인 만민공동회를 개최하여 열강의 이권 침탈을 규탄하고 자강 개혁을 주장하였으며, 1898년 10월 종로에서 정부 관료와 민중이 함께 참여하여 개최된 만민공동회에서 '헌의 6조'를 채택하였다.

헌의 6조

1. 일본인에게 의부하지 말고 관민이 동심 합력하여 전제 황권을 견고히 할 것
2. 정부와 외국인이 조약을 맺을 때는 만약 각부 대신과 중추원 의장이 합동 날인하지 않으면 시행하지 못할 것
3. 전국 재정은 탁지부에서 조세를 모두 관리하고 다른 부서는 간섭할 수 없게 하고, 예산과 결산을 공포할 것
4. 지금부터 모든 중대 죄인은 공개 재판을 시행하되 피고가 끝까지 설명하여 마침내 자백한 후에 시행할 것
5. 칙임관은 대황제께서 정부에 물어 그 과반수에 따라 임명할 것
6. 정해진 규정을 실시할 것

고종은 '헌의 6조'를 수정 없이 재가하고 실천할 것을 약속하였다. 이어 입법권, 조약 비준권 등을 가진 중추원 관제를 반포하여 관선의원 25인, 민선의원 25인을 선출하도록 하여 우리나라 역사상 최초로 의회 기능을 가진 기관 설치에 합의했다. 그런데 독립협회의 세력이 커질 것을 우려한 보수 관료들은 황제를 폐하고 의회 개설 운동을 통해 공화정을 수립하려 한다고 무고하였다. 이에 고종은 독립협회 회

원을 체포하고 해산을 명령하였다. 조정은 황국협회라는 어용 단체를 통해 보부상들을 동원하여 만민공동회를 습격하였다.

독립협회의 국권 운동에서 청년 명사로 이름을 날린 이승만은 황제 폐위 음모에 가담한 대역죄로 체포되어 감옥에 갇혔다. 얼마 후 탈옥 했다가 다시 체포되어 한성감옥에 수감되고 모진 고문을 당했다. 하루에도 몇 번씩 생과 사를 오가야 했던 극한 상황에서 배재학당 예배 시간에 들었던 설교가 울리는 것을 느낄 수 있었고 기독교를 마음으로부터 받아들이는 계기가 되었다. 이승만은 가까스로 사형을 면했다. 그리고 감옥에서 책을 읽고 익명으로 '제국신문'과 '신학월보'에 글을 실었다.

청일전쟁 전후의 동아시아 국제 관계사인 《청일전기》를 번역하고 대중 계몽서인 《독립정신》을 썼다. 이 책의 집필 동기는 러일전쟁 결과로 일제의 침략 위협이 높아져 민족 독립에 대한 민중의 각성이 필요하다고 생각했기 때문이다. 이 책에서 강조한 것은 조선이 멸망하지 않으려면 문명 개화를 통해 부국강병을 이루고 자유·민주의 평등한 나라를 만들어야 한다는 것이었다. 이 책은 이승만의 5년 7개월의 옥중 생활의 총결산일 뿐만 아니라 해방 후 자유민주주의 체제의 대한민국을 건국, 경영하고 6·25전쟁과 이후 대한민국을 재건하는 과정에서 사상적 기초가 되었다.

대미국 정부 밀사로서 활약

러일전쟁이 끝나면서 정치범들이 석방되기 시작했고 이승만도 1904년 8월 9일 감옥을 나오게 되었다. 그러나 대한제국은 일본이 소위 '고문 정치'를 강제한 제1차 한일협약이 체결되어 일본에 넘어가고 있었다. 그러자 고종황제는 독립 보존을 위한 마지막 수단으로 미국에 도움을 요청하려 했다. 1882년 체결된 조미수호통상조약에는 '거중조정 조항'이 있는데, "제3국이 조약 체결국 일방국에 부당하게, 또는 억압적으로 행동할 때는 타방국은 그 사건에 대해 통지받는 대로 원만한 합의에 도달하도록 주선(good offices)에 힘써 우의를 보여야 한다."라고 명시되어 있었다.

대한제국의 운명이 바람 앞의 등불처럼 위태롭던 때에 이승만은 민영환과 한규설의 요청을 받아 대한제국 정부의 밀사로 미국으로 떠나게 되었다. 물론 미국에서 공부하기 위한 목적도 있었다. 여기에는 선교사들의 지원과 격려가 있었다. 그들은 이승만이 유학 후 귀국하여 유능한 교회 지도자로 성장하기를 기대했다. 1904년 11월 4일 이승만을 태운 배가 인천항을 출발했다. 가방 속에는 시종무관장 민영환과 의정부 찬성 한규설이 딘스모어(Hugh A. Dinsmore) 하원의원 앞으로 보내는 편지와 함께 주미 대한제국 공사관으로 가는 외교 문서가 숨겨져 있었다. 딘스모어는 1887년부터 2년 동안 주한 미국공사를 지냈던 지한파 미국인이었다.

이승만은 러일전쟁을 마무리하기 위해 개최되는 포츠머스

(Portsmouth) 강화회의에서 대한제국의 독립 보존을 호소해 보기로 했다. 우선 딘스모어 하원의원의 주선으로 1905년 2월 20일 존 헤이 (John Hay) 국무장관을 면담했다. 존 헤이 국무장관은 1899년 역사적으로 유명한 '문호 개방 정책(Open Door policy)'을 선언한 인사이다. 이승만은 "우리 한국인들은 각하께서 중국을 위해 힘쓰신 것처럼 한국을 위해서도 힘을 써주기를 바라고 있습니다."라고 말했다.

이 말은 헤이가 주도했던 중국에 대한 문호 개방 정책을 한국에도 적용해 달라는 요청이었다. 헤이 장관은 "조약상의 의무를 다하기 위해 최선을 다하겠다."라고 답했다. '조미수호통상조약의 의무 이행' 촉구야말로 도미 목적의 최우선 과제인 데 국무장관이 긍정적 협조를 다짐했으니 이승만으로서는 대성공으로 여길만했다. 이승만은 면담 결과를 즉각 국내의 민영환과 한규설에게 알렸다.

한편 하와이에서는 한인들이 교민 대회를 열고 윤병구 목사를 대표로 뽑아 시어도어 루스벨트 대통령에게 독립을 청원하기로 했다. 이승만과 윤병구는 1905년 8월 5일 뉴욕주 오이스터베이에서 여름 휴가를 보내고 있던 루스벨트 대통령을 어렵사리 만났다. 루스벨트 대통령은 준비해 간 하와이 한인들의 청원서를 훑어보고는 워싱턴의 대한제국 공사관을 통해 미 국무부에 정식으로 제출하라고 했다. '외교적 수사를 동원한 거절'에 불과한 말이었지만 외교를 몰랐던 두 사람은 너무나 기뻤다.

두 사람은 큰 기대를 하면서 공사관을 찾아갔다. 그러나 공사관을 통한 청원서 전달은 실패했다. 여기에는 두 가지 주장이 존재한다. 하나는 주미 공사관 김윤정에게 문서 전달을 요청하였으나 이미 일본에 협조하고 있던 김윤정이 이를 거부했다는 것이고, 또 다른 주장은 김윤정이 문서를 정식으로 전달하려 했으나 미국 측에서 접수를 거부했다는 것이다.

어느 쪽이 되었건 간에 미국 대통령 면담은 일본의 한반도 식민지화를 묵인하는 '가쓰라–태프트 밀약'이 이미 체결(1905.7.29)된 후였고, 불행하게도 때늦은 만남이 될 수밖에 없었다. 일본은 1905년 8월 12일에는 영국과 제2차 영일동맹을 체결하여 한반도 식민지화에 대한 양해를 받았다. 러일전쟁을 승리로 이끈 뒤 9월 5일 포츠머스에서 맺은 러시아와의 강화조약에서 한국에서의 일본의 정치·경제·군사상 우월권을 인정받았다. 이어서 일제는 11월 17일 강압적으로 '을사늑약'을 체결하여 외교권을 빼앗았다. 이승만을 지원하고 밀사 업무를 맡겼던 민영환은 '을사늑약'이 체결되자 이천만 동포에게 보내는 유서를 남기고 자결하였다.

미국 대학에서 박사학위 획득

이승만은 선교사 게일 박사의 소개장을 들고 햄린(Lewis Hamlin) 목사를 만났다. 햄린은 한국 공사관 법률고문이자 조지워싱턴대학 총장인 찰스 니드햄(Charles Needham)과 윌버(Wilber) 학장과의 만남을 주선했다. 이들과 면담 후 학문에 대한 깊이가 인정돼 이승만은 조지워싱턴대학의 콜롬비안 학부(Columbian College) 2학년 2학기 편입이 허용되고 특별 장학생으로 선발되었다. 배재학당에서 받은 교육을 대학 과정의 일부로 인정받은 듯한데, 배재학당은 영문 명칭에서 College를 사용했었다.

이승만은 서양이 근대화하고 미국이 민주주의가 발전하게 된 배경을 알고 싶었기 때문에 유럽사와 미국사 등 교양과목을 많이 수강했다. 1907년 6월 5일 이승만은 2년 4개월 만에 학사학위를 받았다. 이승만은 곧이어 하버드대학 석사과정에 입학했다. 강연에 나가는 것을 제외하고는 공부에만 전념했기 때문에 1년 안에 석사학위에 필요한 모든 과정을 끝내고 '이탈리아 통일'에 관한 논문 제출만 남겨 놓았다.

이때 샌프란시스코에서 전명운과 장인환 의사가 일본의 조선 침략을 찬양하고 다니던 미국인 스티븐스를 권총으로 살해하였다. 스티븐스는 일본 정부가 대한제국의 재정고문으로 임명한 친일적 인물로서 시어도어 루즈벨트 대통령의 오랜 친구였다. 일본의 침략 행위를 잘 몰랐던 미국인들은 테러리스트로 비난했다. 이승만을 대하는 주변의 태도도 냉랭했고 지도교수는 이를 반문명적 테러 행위로 여기고 면담마저 거절하여 석사학위 논문은 심사조차 받지 못했다. 시간이 지나 1910년 2월에 마침내 석사학위를 받을 수 있었다.

이승만은 장로교 해외 선교부 사무실을 방문했다가 한국에서 안면이 있었던 홀(Ernest Hall) 목사를 만났다. 홀 목사의 주선으로 프린스턴대학교에서 박사과정을 밟을 수 있게 되었고, 여기서 나중에 대통령이 된 우드로 윌슨 총장을 만났다. 윌슨 부인과 세 딸은 동방 외딴나라에서 온 '건실하고 똑똑한 학생' 이승만을 따뜻하게 대했다. 이승만은 국제법과 외교, 미국사, 미국헌법사, 철학사 등을 두루 수강했다. 박사과정 입학 2년 만에 〈미국의 영향을 받은 중립(Neutrality As Influenced by the United States)〉이라는 논문을 완성했다. 국제법상 전시 중립 제도의 발달에 관한 내용으로 해상 무역에 대한 규제를 중심으로 전시 중립법의 발전을 시대적 변천에 따라 설명하고 있다.

1910년 6월 14일 윌슨 총장이 정계로 투신하기 전 마지막으로 참석한 졸업식에서 이승만에게 박사학위(Ph.D.)를 수여했다. '이승만 박사' 또는 '이 박사'라고 부르는 바로 그 '박사' 학위를 받는 순간이었다. 이 박사학위 논문은 1912년 프린스턴대학 출판부에서 단행본으로 출간되었다. 미국 대학 출판부에서 한국인을 필자로 발간된 최초의 학술서다. 이 박사 논문은 100여 년이 지난 지금도 잘 썼다는 평가를 받고 있다

이승만은 조지워싱턴대학, 하버드대학, 프린스턴대학 등 미국 동부의 3개 명문대학에서 5년 만에 학사, 석사, 박사를 모두 취득하는 교육사상 초유의 개가를 올렸다. 유창한 영어 구사 능력을 갖추게 되었고 미국 정치사와 헌법, 외교사, 국제법을 이해함에 있어 높은 실력을 확보하였다. 그리고 미국의 독립운동사와 영국의 헌정사를 깊이 연구하여 근대적 국민 국가를 건설하는 데 능력을 갖게 되었다.

#2

미국 망명과 독립운동

잠시 귀국하여 YMCA 교육 활동 후 미국 망명

　이승만은 학업을 마치고 귀국하여 황성기독청년회(서울YMCA)에서 교육 사업을 맡았다. 학생부 간사와 청년학교 학감으로서 강연하고 성경을 가르쳤다. 당시 이승만의 학력은 최고였기 때문에 수많은 청년이 그를 따랐다. "나도 열심히 하여 이 선생님처럼 돼야지."라는 생각을 품었다. 임병직, 윤치영, 이원순, 허정 등이 영향을 받아 미국 유학을 떠났다.

　일제가 국권을 빼앗아 강점하였지만 평안도와 황해도 등 서북지역에서는 독립운동이 확산되고 있었다. 특히 평양과 정주에 대성학교와 오산학교를 세워 민족의식을 고취시키고 있던 신민회는 국외에 무관학교와 독립군 기지를 만들어 독립전쟁을 준비하려 했다. 일제 경찰은 105인 사건을 조작하여 신민회의 간부들을 체포했다. 105인 사건은 안중근 의사의 사촌 안명근이 독립운동 자금을 모금하다가 체포되자, 일제가 이를 압록강 철교 준공 축하식에 참석하는 총독 데라우치를 암살하려는 음모를 꾸몄다는 혐의로 날조한 것이다. 경성지방법원에서 열린 기소된 123명에 대한 제1심 재판은 1912년 9월 28일 18명에게 무죄를 선고했으며, 나머지 105명에 대해서는 징역 5~10년의 유죄 판결을 하였다. '105인 사건'이라는 명칭은 여기에서 비롯된 것이다.

이승만은 신변의 위협을 느끼고 1912년 3월 미국으로 떠났다. 미국으로 다시 돌아온 이승만은 감리교 총회 참석, 연설, 인터뷰 활동을 하던 중 옥중 동지 박용만의 초청을 받아 하와이로 가게 되고, 이때부터 주로 하와이에서 활동했다. 한인(소년) 기숙학교를 맡아 한인중앙학교로 학교 이름을 바꾸고 정상화에 혼신의 힘을 쏟아 학생 수가 크게 늘어 한인 사회에서 신망이 높아졌다. 게다가 백악관에서 이승만에게 윌슨 대통령의 딸 제시 윌슨의 청첩장을 보냈다는 사실이 알려지자 평판은 더 높아졌다. 그리고 월간 〈태평양잡지〉를 창간하고 주필을 맡았다.

그런데 박용만과 국민회관 건축 문제와 국민회 주도권을 놓고 이전 투구식 싸움이 벌어져 하와이 한인 사회가 분열되고 더 이상 화합될 수 없는 지경에 이르렀다. 독립 투쟁 방법론을 둘러싸고도 이승만과 박용만은 근본적으로 대립했다. 이승만은 외교 노선을 통해서 독립을 이루어야 한다고 주장하고, 박용만은 무장 투쟁 노선을 고수했다.

임시정부의 지도적 인사로서 선출

이승만은 3·1운동 이후 생겨난 임시정부에서 지도자로 선출되었다. 상해 임시정부의 국무총리, 한성정부의 집정관총재 및 통합 대한민국 임시정부의 대통령 등이다. 이역만리 땅 하와이에서 활동하는 일개 망명객이었던 이승만이 임시정부에서 행정 수반급 이상으로 추대될 수 있었던 이유는 독립협회 활동과 투옥 및 투쟁 경력, 미국 프린스턴대학 박사라는 후광, 민족자결주의의 주창자인 우드로 윌슨 미국 대통령과의 친분, 그리고 재미교포 사회에서의 명망과 이를 바탕으로 한 자금 조달 능력 등을 그 이유로 꼽는다. 특히 3·1운동 직후였기 때문에 민족자결주의의 주창자인 윌슨 대통령과의 친분이 크게 작용했다.

1919년 8월 25일 이승만은 '집정관총재(대통령) 포고문' 제2호를 내고 워싱턴 정가에서 가까운 곳에 '구미위원부'를 설치했다. 구미위원부는 한국 독립 문제를 미 의회에 상정하려는 시도에 힘을 쏟았다. 마침내 1920년 3월 17일 한국과 아일랜드 독립안이 상원에 상정됐다. 아일랜드는 38대36(기권 22)으로 가결됐지만, 한국은 안타깝게도 34대46(기권 16)으로 부결됐다. 그러나 그것은 미 의회에 한국 독립 문제를 거론하는 기반을 확보한 셈이었기 때문에 의미 있는 성과였다.

1920년 12월 상하이에 가서 대통령 직무를 수행하면서 임정 요인들과 갈등을 겪다가 5개월 만에 미국으로 되돌아온 이승만은 9개국 군축회의(The Washington Disarmament Conference, 1921년 10월~1922년 1월)에 임시정부의 전권대사 자격으로 한국 독립 청원서를 제출했으나 참석을 거부당했다. 이 회의에서 이승만의 외교 독립론이 별로 효과를 보지 못하자, 임시정부 대통령 이승만의 권위 상실로 이어졌다. 임시정부가 혼란스런 상황에서 이승만의 탄핵이 추진되었다. 그러자 이승만은 상하이로 보내던 하와이 교민단의 인구세를 더 이상 보내지 않도록 막아 버렸다. 이에 임시정부는 불법적 행위를 중지하라고 경고했다. 결국 이승만은 1925년 3월에 열린 임시의정원에서 대통령직을 탄핵당했다.

그런데 김구가 임시정부를 이끌자 상호 협력 관계를 구축하면서 상황이 호전되었다. 특히 만주사변과 상해사변이 일어나면서 정세가 급변하자 이승만은 임시정부로부터 국제연맹 총회에 한국 독립을 탄원할 전권대사로 임명되었다. 1933년 스위스 제네바의 국제연맹에 독립청원서를 제출하고 회원국 대표들과 기자들에게 한인 독립 문제를 회의 의제로 채택해 줄 것을 호소했다. 김구는 1934년 4월 이승만을 '주미외무위원'으로, 그리고 1941년 6월에는 대한민국 임시정부 주미외교위원회의 '주미외교위원장 겸 주 위싱턴 전권대사'로 임명하였다. 이승만에게 미국 정부를 상대로 한 외교의 전권을 위임한 것이다.

태평양전쟁 발발 후 독립운동

이승만은 1941년 여름 《일본 내막기(Japan Inside Out)》를 출간했다. 일본 군국주의의 실체를 역사적으로 밝히고 일본이 곧 미국을 공격하게 될 것임을 경고했다. 이로부터 몇 달이 안 된 1941년 12월 7일 일본 전투기들이 선전 포고 없이 진주만을 폭격하면서 태평양전쟁이 발발하자 이 책은 큰 반향을 일으켰다. 이를 계기로 미국인들 사이에 이승만의 성가는 크게 높아졌다. 이승만은 책을 프랭클린 루스벨트 대통령과 그의 부인 엘레노어, 헨리 스팀슨 육군 장관에게 우편으로 보냈고, 극동국의 스탠리 혼벡 박사를 통해 국무장관 코딜 헐에게도 증정했다.

한편 이승만은 임시정부의 승인을 얻기 위해 프랭클린 루스벨트 대통령이나 미 국무부에 임시정부 승인 촉구 서신을 보내고 친한파 미국인들을 활용한 로비를 통해 상당수 상하원의원들이 국무장관에게 임시정부 승인을 촉구하게 했다. 그렇지만 미국은 결국 임시정부를 승인하지 않았다. 미국의 반대 이유는 한결같았다. 한인 사회가 지도권 다툼으로 분열되어 있다는 것이었다. 물론 이것은 외교적 수사에 불과한 것이었고 미국은 여전히 한국보다는 적국 일본을 전략적으로 더 중시하고 있었다.

아울러 소련을 의식하고 있었던 측면도 있었다. 당시 미국은 미군의 희생을 줄이기 위해 일본과의 전쟁에 소련을 끌어들이려 했다. 소련이 제정 러시아 때부터 한반도에 관심을 가지고 있다는 것을 알고 소련의 참전 대가를 고려하고 있었다. 소련이 구체적인 요구를 제시할 때까지 한반도 문제에 대한 최종 결정을 미룰 필요성이 있다고 인식하고 있었다. 그리고 루스벨트 대통령 시절 국무부에는 소련을 긍정적으로 보는 소장 관리들이 많았다. 한인 사회의 분열은 말 그대로 핑계에 지나지 않았던 것이다.

이승만은 비록 루즈벨트 대통령이나 국무성으로부터 푸대접을 받고 임시정부의 승인을 달성하지는 못했으나 그를 돕는 미국인 친구들이 많았다. 워싱턴의 변호사 존 W. 스태거, 통신사 INS(후에 UP와 합병해

UPI가 됨) 제럼 윌리엄즈 기자, 미 상원 전담 목사 브라운 해리스 박사, 미 국방성 OSS의 책임자 프레스턴 굿펠로 대령과 스코필드 박사 등이 그들이다.

이승만은 한국인이 미국 정부에 의해 일본인으로 인식되는 것을 무척 원통하게 생각했다. 특히 태평양전쟁 후 미국은 일본인을 적성 국민으로 규정했기 때문에 한국인이 얹혀 당한 고초는 치욕적인 것이었다. 이승만은 1943년 3월 30일 스팀슨 국방장관에게 "하와이에 살고 있는 한국인 동포들과 일본인들을 똑같이 취급하지 말아 달라."는 서한을 보냈고, 4월 6일 스팀슨으로부터 "한국인을 일본인이 아닌 외국인으로 취급하겠다."라는 회신을 받았다. 그 후 한국인은 카메라 소지도 허용되었다. 나아가 1943년 12월 4일 하와이 군사 총독 리차슨 중장은 한국인에 대해 적국민 또는 적민이라는 용어 사용 금지를 지시했다.

태평양전쟁이 일어나자 이승만은 이제까지 미국이나 국제사회에 한국의 독립을 직접 호소하는 외교 노선과는 달리 임시정부와의 유대 관계를 긴밀히 했다. 임시정부로 하여금 미국에 대한 지지 성명과 대일 선전 포고를 하도록 적극 권유하였고, 미국에 대해서는 한인 부대 창설 및 무기 대여법(Lend – Lease Act)에 따른 군사 원조를 요청하는 등 국제 정세의 흐름에 맞는 외교 정책을 펼쳤다.

이승만은 미국 대통령 직속으로 창설한 통합정보위원회의 첫 사업인 정보조정국(COI, Coordinator of Information, 전략국(OSS, Office of Strategic Services)의 전신)에 대해 재미 한인들로 독립적인 특수부대를 창설해서 일본에 대한 전투에 투입시켜 줄 것을 계속 요청했다. 미국은 한국 청년들을 받아들이기로 결정하고 워싱턴의 OSS는 한인들을 이용한 침투 작전을 위해 냅코 작전을 수립했다. 그러나 냅코 작전도 한인 요원들이 훈련을 끝내고 중국 및 태평양 지역 미군 사령관들의 승인을 기다리는 과정에서 일본의 패전으로 실행에 옮겨지지 못하고 끝나게 됐다.

1942년 6월부터 이승만은 국내에 있는 동포들에게 단파 방송 '미국의 소리(VOA)'를 통해 단결을 촉구하고 반일 자세를 잃지 말 것을 촉구하는 언설을 내보냈다. 일제의 마지막 발악에 시달리고 있던 한국인에게는 '복음'과도 같았고 국내 독립운동가와 여론 지도층에 커다란 반향을 불러 일으켰다. 여론 주도층 사이에서 '이승만 신드롬'이 생겨나 해방 정국에도 영향을 주었다. 김구, 김규식, 여운형 등 인사들 간의 여론조사에서 이승만의 지지율이 40%대로 압도적인 선두를 유지한 것은 '이승만 신드롬' 영향도 작용했다.

#3
해방 정국과 대한민국 정부 수립

미·소의 한반도 분할 점령

1945년 2월 4일 미국의 루즈벨트 대통령과 소련의 스탈린, 영국의 처칠 수상은 크림반도에 있는 흑해 연안의 휴양 도시 얄타에서 회담을 개최하였다. 패전이 짙어지고 있던 독일 문제를 비롯한 전후 처리 문제에 관해 의견을 나누기 위한 회담이었다. 그때 루즈벨트와 스탈린이 비밀리에 만나 의정서를 채택하였는데, '독일 항복 후 2~3개월 이내에 소련이 대일전에 참전한다'는 것이 포함되었다.

미국은 전쟁을 조기에 마무리하기 위하여 소련의 참전을 종용하였으나, 소련은 이를 미루다가 미국이 8월 6일 히로시마에 원자폭탄을 투하하자 8월 8일 대일 선전 포고를 하였다. 소련군 150만 명이 투입되자 만주에 주둔하고 있던 관동군이 무너졌다. 그리고 소련군은 한반도로 들어가 8월 11일 함경북도 웅기, 12일 나진, 13일 청진을 점령했다.

이때 미군 최선봉 부대는 한반도에서 남쪽으로 1,000km나 떨어진 오키나와에 있었다. 한반도 전체가 소련의 군사 점령하에 들어갈 것을 우려한 미국은 소련에게 38도선까지만 내려와 일본군의 항복을 받으라고 제의했다. 소련은 이때 사할린과 만주 지방의 이권에 주의를 기울이고 있었기 때문에 미국의 38도선 제안을 별 이의 없이 수락했다.

조선총독부는 보복을 막고 일본인의 안전한 귀환을 보장받기 위해 송진우, 여운형 등과 행정권 이양을 위한 교섭을 벌였다. 우익의 송진우는 법통을 가진 임시정부를 중심으로 단결하여야 한다고 하면서 거부하였으나 여운형은 이 제의를 수락하고 안재홍과 함께 '조선건국동맹'을 기반으로 '조선건국준비위원회'(약칭 건준)을 결성했다. 건준의 인적 구성은 민족주의 세력, 사회주의 세력, 공산주의 세력이 모두 포함되어 있었다.

그러나 건준 내부의 좌·우파 대립이 커지고 박헌영의 조선공산당이 주도권을 잡자 안재홍 일파는 탈퇴하기에 이르러 건준은 분열되고 말았다. 1945년 9월 6일 박헌영, 허헌, 여운형은 전국인민대표자대회를 개최하고 '조선인민공화국' 수립을 전격적으로 선포함으로써 건준은 해체되었다. '조선인민공화국'의 수립은 미군의 점령이 시작되기 전에 기선을 제압함은 물론 대한민국 임시정부가 돌아오기 전에 '조선인민공화국'의 수립을 기정사실화하려는 저의가 있었다.

미군은 1945년 9월 8일 인천을 통해 서울에 들어왔다. 연합군 총사령부는 이보다 앞서 9월 2일 '일반 명령 제1호'를 발령하여 일본군의 항복 절차를 명시하면서 북위 38도 이남 일본군의 무장 해제를 위한 미군의 역할을 밝혔다. 하지(John Reed Hodge) 중장이 공식적으로 미 점령군 사령관이자 군정의 최고 책임자 직책을 맡게 되었고, 군정장관에는 아놀드(Archibold V. Arnold) 소장이 임명되었다. 미군정은 38도선 이남의 유일한 합법적 통치 기구는 미군정뿐임을 선포하면서 기존의 모든 정치 세력들의 대표성과 정당성을 인정하지 않았다. 전국 각지에서 자발적으로 생겨난 인민위원회, 치안대 등 각종 자치기구들은 강제로 해산시켰다.

모스크바 3상 결정과 미소 공동위

이승만은 1945년 10월 16일 오랜 미국 망명 생활을 끝내고 고국에 돌아왔다. 10월 23일 독립촉성중앙협의회를 구성하여 '완전 독립, 38도선 철폐' 등을 주장하였다. 그런데 이승만이 귀국한 지 2개월여 지난 1945년 12월 28일 모스크바에 모인 미·영·소 3국 외상의 결정은 해방 정국을 뒤흔들었다.

우익들은 모스크바 결정의 핵심 내용을 신탁통치로 보고 맹렬히 반대했다. 좌익들도 처음에는 신탁통치에 반대였지만 박헌영이 급히 평양에 불려갔다 온 이후 찬성으로 돌아섰다. 이로써 한반도 내부의 이념적 성격의 분열상이 극명하게 노출되기 시작했다. 신탁통치 반대 운동에서는 김구가 가장 적극적이었다. 이승만도 신탁통치 반대 성명을 내고 그 부당성을 지적했다. 신탁통치가 시작되면 소련이 개입하게 되어 한반도는 공산화되고 말 것이라고 했다.

모스크바 결정을 실천하기 위한 미소 공동위원회가 1946년 3월 20일부터 개최되었지만, 미소 공동위원회가 협의할 대상의 선정에 관해

합의를 보지 못했다. 소련은 신탁통치에 반대하는 정당 사회단체는 협의 대상에서 제외해야 한다고 주장했는데, 그것은 우익을 참여시키지 않겠다는 말이었다. 이에 맞서 미국은 민주주의의 본질은 표현의 자유이므로 신탁통치에 반대했건 찬성했건 간에 모두 협의 대상에 포함되어야 한다고 주장했다.

이처럼 의견이 맞서자 신탁통치에 반대한 정당이나 단체라 할지도 모스크바 결정을 지지한다는 서명만 하면 협의 대상으로 인정한다는 타협안이 제시되었다. 우익 세력들도 이에 대부분 서명했다. 그러자 소련은 서명했다 하더라도 정당과 단체의 대표가 신탁통치를 반대하는 인사라면 안 된다는 새로운 요구를 들고 나왔다. 그것은 우익을 제외시키려는 것이었기 때문에 미국은 반대했다. 결국 미소 공동위원회는 1946년 5월 6일 결렬되고 말았다.

당시 소련은 남북통일 정부를 세울 마음이 전혀 없었다. 소련군이 북한을 점령한 직후인 1945년 9월 20일, 연해주 군관구와 제25군 군사평의회에 보낸 전문에서 '북조선에 반일적인 민주주의 정권', 즉 북한 지역에 단독 정부를 수립하라는 스탈린의 지령이 내려진 데서 알 수 있듯이 소련은 남북통일을 원치 않았다. 이른바 미소 공동위원회도 겉치레에 불과했다. 소련은 북한에 이미 1946년 2월에 행정권과 입법권을 가진 사실상의 정부인 '북조선 임시인민위원회'를 세워 공산화를 추진하고 있었다.

대한민국 정부 수립

　남한에도 임시정부가 필요하였으나 어느 누구도 분명하게 말하지 못하고 있을 때, 1946년 6월 3일 이승만이 정읍에서 "이제 우리는 무기 휴회된 공위가 재개될 기색도 보이지 않으며 통일 정부를 고대하나 여의케 되지 않으니, 우리는 남방만이라도 임시정부, 혹은 위원회 같은 것을 조직하여 38 이북에서 소련을 철퇴하도록 세계 공론에 호소하여야 될 것이다."라고 발언했다. 북한 지역에서 사실상의 정부가 들어선 이상 남한에서도 질서를 유지하고 민생을 챙기기 위해 그와 비슷한 자율 정부가 들어서는 문제를 생각해 보아야 한다는 인식하에 '단독 정부 수립'을 처음으로 공식적으로 언급한 것이다.

　'정읍 발언'은 폭탄선언이었다. 좌익과 중도파는 물론, 김구의 한국독립당, 심지어 하지의 미 군정청도 이승만을 신랄하게 비난하고 나아가 여운형, 김규식과 같은 중도파가 통일 정부 수립을 위해 조직한 좌우합작위원회를 지지하여 이승만을 견제했다.

　이승만은 자신의 구상을 실현하기 위한 외교 활동을 벌이기 위해 미국에 건너가 미국 정부 고위 인사들을 만나려 했다. 그러자 국무부는 위험한 인물로 모함해 면담을 거절하도록 했다. 이승만은 방향을 바꾸어 독립운동 시절 자신을 도와주었던 미국인들을 내세워 여론을 움직여 보려 했다. 올리버 교수, 스태거 변호사, 언론인 윌리엄스, 해리스 목사 등의 도움으로 의회와 언론을 접촉하여 미국은 더 이상 소련을 비롯한 공산주의를 이롭게 하는 정책을 계속해서는 안 되며 한국의 조속한 독립만이 미국의 이익에도 부합한다고 역설했다. 남한에 과도 독립 정부를 수립하고 그 정부가 유엔에 가입한 뒤 유엔을 통해 소련군을 철퇴시킨 다음 통일 정부를 수립하자는 주장을 펼쳤다.

이승만의 '단독 정부론'은 혼미한 해방 정국의 주도권을 장악하기 위해 선택한 고도의 정치적 승부수였지만, 남한만이라도 민주적인 반공 정부의 수립이 시급하고 절실하다는 현실주의적인 국제정치적 감각과 인식의 소산이었다. 소련의 통치 아래 북한의 공산화가 가속화되고 있는 엄연한 현실에서 소련과의 협력을 통해 신탁통치를 실시한 후 통일 정부를 수립한다는 미국의 정책은 결국 한반도 전체의 공산화를 초래할 위험이 컸다.

이때 냉전이 도래하면서 미국의 대외 정책이 바뀌어 가고 있었다. 소련의 팽창 야욕을 확인한 후 소련에 대한 유화 정책을 버리고 소련을 견제하기 위한 봉쇄 정책을 채택했기 때문이다. 1946년 2월 22일 소련 주재 미국대사대리 조지 케난(George F. Kennan)은 미국이 취해야 할 대소 정책의 근간을 위한 보고서 성격의 장문의 전보(long telegram)를 미 국무성에 보냈다. 이 전보는 냉전 정책의 틀을 구축하는 데 중요한 근거가 되었고, 1947년 3월 12일 공산 세력의 팽창을 적극적으로 봉쇄한다는 '트루먼 선언(Truman Doctrine)'이 나왔다.

1947년 5월 21부터 제2차 미소 공동위원회가 재개되었지만 아무런 성과도 보지 못하고 결렬되었다. 한반도 문제가 해결의 실마리가 보이지 않자 미국은 1947년 9월 17일 유엔총회에 한반도 문제를 상정했다. 유엔총회는 한반도에서 인구 비례에 따른 총선거 실시, 유엔한국

대한민국 나침반 역사 속의 위인들

임시위원단(UNTCOK, UN Temporary Commission on Korea, 이하 '임시위원단') 파견을 결의했다. 임시위원단이 총선거의 공정한 감시 및 관리를 위해 1948년 1월 7일 한국에 입국했다.

그런데 인구수에서 불리하다고 판단한 소련의 반대로 북한에는 입국하지 못했다. 1월 22일 소련의 유엔 주재 대표 안드레이 그로미코는 "임시위원단이 소련 점령하의 북조선 입경을 거부한다."라는 성명을 발표했다. 한반도 전체의 총선거가 불가능하게 되자 유엔 소총회는 2월 26일 임시위원단에게 선거 실시가 가능한 지역에서만이라도 선거를 감시하라는 결정을 내렸다.

남한만의 선거가 확정되자 좌익 세력은 선거를 못 치르도록 방해하기 시작했다. 남로당은 '민전(민주주의민족전선)'과 '전평(전국노동자평의회)'을 내세워 폭동과 파업을 일으켰다. 경찰관서를 습격하고 전신·전화선을 끊고 기관차를 파괴했다.

1948년 5월 10일, 남한 지역에서 역사상 최초의 선거가 실시되었다. 5·10 선거를 감시하기 위해 임시위원단 관계자들이 전국에 흩어져 참관했다. 외국 기자들도 지켜보았다. 투표를 제대로 못한 제주도의 2개 선거구를 제외하고 전국의 198개 선거구에서 선거를 무사히 치렀다. 임시위원단은 6월 25일 5·10 선거가 언론·집회의 자유가 존중된 상황에서 '자유로운 분위기' 속에서 치러졌다는 평가 보고서를 냈다. 또한, 임시위원단은 선거 결과가 남한 유권자들의 의사가 정당하게 표현된 것이라고 적시했다.

1948년 5월 31일에 국회가 문을 열었다. 1948년 5월 31일 중앙선거위원회가 소집한 제헌의회에서 이승만이 의장으로 선출되었다. 이승만은 정부 수립을 서둘렀다. 9월에 파리에서 개최되는 유엔총회에서 승인을 받아야 하기 때문이었다. 국회는 30명의 의원으로 '헌법 및 정부조직법 기초위원회'를 구성해 헌법 초안을 마련하기 시작했다. 국호에 대해 표결에 붙인 결과, 대한민국이 국호로 결정되었다. 한민당 세력이 우세한 헌법기초위원회는 권력 구조를 내각책임제로 결정했으나 이승만의 강력한 요구로 미국식 대통령 중심제로 바꾸었다. 헌법 초안은 국회 본회의로 넘겨져 7월 17일에 공포되었다.

헌법은 대한민국이 개인의 자유를 최고의 가치로 여기고 선거를 통해 집권자를 선출하는 자유민주주의 체제임을 분명히 했다. 그리고 사유재산제도와 자유경쟁의 원리에 토대를 둔 자유 기업 체제임을 내세웠다. 그러면서도 당시의 사회주의적인 분위기를 반영하여 국가가 공익을 위해 사유재산권을 어느 정도 제한할 수 있게 했다. 대통령은 국회가 선출하도록 하였다. 196명의 출석의원 가운데서 180표의 압도적 지지를 얻은 이승만이 대통령에 당선되고, 이시영이 부통령으로 선출되었다. 8월 15일 대한민국 정부 수립이 선포되고 이승만은 대통령에 취임하였다.

대한민국 수립은 황무지와 다름없는 박토에서 이루어내야 할 개간 사업 같이 어려운 일이었다. 해방 정국의 극심한 혼란, 80%에 달하는 문맹, 행정 경험을 갖춘 인적 자원의 부재, 인구의 80%가 농업인 사회, 300개가 넘는 정당들로 넘치는 정치적 혼란 상황이었기 때문이다.

신생 대한민국 정부가 당면한 최우선 외교 과제는 유엔 및 회원국으로부터 승인을 받고 유엔 정회원국으로 가입하여 국제사회에서 정통성과 유일 합법성을 인정받는 것이었다. 1948년 9월부터 파리에서 제3차 유엔총회가 개최되었다. 각국 대표들을 설득하기 위해 이승만은 서둘러 조병옥을 특사로 미국에 파견하고, 장면을 단장으로 하는 대표단을 파리 유엔총회에 파견했다.

1948년 9월 21에서 12월 12일까지 프랑스 파리에서 개최된 제3차 유엔총회는 대한민국과 북한이 그 정당성과 대표성을 놓고 맞붙은 '승인 외교'의 격전장이었다. 한국 문제는 정치 안보 문제를 주로 다루는 제1위원회(The First Committee)에서 토의되었다. 먼저 한국과 북한 대표 초청을 놓고 격돌했는데, 12월 6일 투표 결과 북한 초청 안은 반대 36표, 찬성 6표, 기권 8표로 부결되었으나, 한국 초청 안은 찬성 39표, 반대 10표, 기권 1표로 가결됐다.

총회를 앞두고 한국 대표들은 발이 닳도록 각국 대표들을 찾아다니며 한국 승인을 설득하였다. 결국 유엔총회는 1948년 12월 12일 '대한민국 정부를 한반도의 유일한 합법 정부'로 승인하는 제195(III)호 결의안을 압도적(찬성 48, 반대 6, 기권 1표)으로 채택했다. 당시 정치·안보적 불안, 남북한의 분단과 갈등, 그리고 한반도 당사국이자 유엔안전보장이사회 상임이사국인 소련의 견제와 반대라는 만난을 극복하고 유엔에서 한반도의 대표성을 인정받은 것이다.

#4
6·25전쟁 발발과 전시 외교

북한군 전력 증강과 남북한 전력 격차

초기 북한군의 창설과 전력 증강은 소련군에 의해 주도되었다. 소련의 북한군 증강 목적은 최초에는 군정 통치를 위한 것이었고 미·소 대립이 격화되고 소련군이 철수하면서부터는 남침을 위한 전력 증강이었다. 북한은 소련의 체계적인 지원을 받으며 현대전을 치를 수 있는 군사력을 갖추어 나갔다.

김일성 일파는 여타 정치 세력을 제압할 수 있는 무력 수단을 확보하기 위하여 보안대와 철도경비대를 설치 운영했다. 1946년 1월 중순 평양에 본부를 둔 각 도별 철도보안대를 창설했다. 1946년 2월 '평양학원'을 세워 장교를 양성하였고, 1946년 7월에는 주요 병과의 초급 간부 양성을 위해 '북조선중앙보안간부학교'를 설치하였다. 김일성은 1946년 8월 15일 소련 군정과 협의하여 군사관련 조직들을 통합하여 '보안간부훈련대대부'를 창설하였다.

미·소 간 대립이 격화되자 북한은 '보안간부훈련대대부'를 '북조선인민집단군 총사령부'로 재편하면서 기존 무력 조직을 '조선인민집단군'으로 개편하고 계급장을 부착하여 정규군으로 변모시켰다. 이어서 1948년 2월 8일 '조선인민군'의 창건을 공식적으로 선포하고 조선인민집단군을 '조선인민군'으로, 북조선인민집단군 총사령부를 '조선인민군 총사령부'로 각각 개칭하였다. 정부도 수립되기 전에 정규군을 먼저 창설시킨 것이다. 북한 정권을 수립한 후에는 '조선인민군 총사령부'를 '민족보위성'으로 격상시켰다.

북한은 병력 보충을 위한 인적 자원을 확보하기 위해 각도에 민청훈련소를 설치하여 청장년을 훈련시키고 고급 중학 이상의 모든 학교에 배속장교를 두어 학생들을 훈련시켰다. 북한 전역에 조국보위후원회를 조직하고 17세부터 40세까지의 모든 남녀를 동원하여 군사훈련을 실시하였다.

1948년 8월 15일 대한민국 정부가 수립되자 이를 기다렸다는 듯이 소련은 1948년 9월 9일 조선민주주의인민공화국이라는 정부를 수립하고, 다음 날에는 북한 최고인민회의로 하여금 소련군의 철수를 요구하도록 하였다. 그것은 북한군의 증강이 어느 정도 완료된 상태에서 잘 짜인 각본에 의한 것이었다. 소련은 북한의 요구를 받아들이겠다며 1948년 말까지 군대를 철수하겠다고 밝혔다.

소련군은 철수할 때 많은 무기를 북한에 이전해 주었고, 북한군은 잘 갖춘 보병에 소련제 전차와 자주포를 갖춘 기갑부대까지 보유하게 되었다. 특히 제2차 세계대전 초부터 사용되었지만 꾸준한 개량으로 85밀리미터 포를 장착하고 실전에서 대단한 위력을 발휘한 T-34 전차를 보유하였다.

나아가 소련군 철수 이후 소련, 북한, 중국 3국 대표가 모스크바에서 북한군 확장을 위한 전략 회의를 개최하여 1950년까지 14개 보병사단과 2개 전차사단으로 확장하기로 합의하였다. 그리고 1949년 3월 모스크바에서 김일성과 스탈린이 회담을 개최하였고, 다량의 소련 군수 장비가 물자들이 반입되어 북한군은 다시 한번 급성장하게 된다.

반면 한국의 전력 증강은 북한에 훨씬 미치지 못했다. 전면전에 주요 관심을 두고 있던 미국은 한반도는 사활적 이익이 걸려 있는 지역이 아니고 전면전 수행 가능성이 거의 없는 지역이라고 생각했다. 한반도에 대해 전략적으로 낮게 평가하고 한반도 전쟁 양상에 대해 오판을 했던 것이다. 미국은 한국을 방위하는 데 있어서 전면 전쟁과 같은 외부의 대규모 침공을 위해서가 아니라 치안 유지와 38선에서의 무력 충돌과 같은 소규모 국경 분쟁에 대처할 수 있는 정도의 한국군을 육성하고자 했다. 무기 및 장비에 대한 원조도 전투기나 전차 등과 같은 공격용 무기가 아닌 방어용 위주의 군사 원조를 실시했다.

소련군이 철수 방침을 정하자 결국 미국도 1949년 6월 말까지 미군을 철수하겠다는 방침을 정했다. 이승만 대통령은 미군 철수를 막아 보려 백방으로 노력했다. 그러나 결국 미국은 1948년 9월 15일부터 주한 미군을 감축하기 시작했다. 여수·순천 사건(10.19 사건)으로 잠시 연기되기는 했지만 1949년 4월 다시 철수를 시작해 5월 28일 약 500명의 군사고문단만 남겨둔 채 철수하였다. 이로써 한반도에 힘의 균형이 일시에 무너지고 말았다.

한국군의 결정적인 문제는 북한의 주력 전차 T-34 전차를 파괴할 수 있는 무기가 거의 없었다는 점이다. 그나마 T-34를 파괴할 가능성이 있었던 무기가 105미리미터 포였지만, 이는 대전차포로 개발된 것도 아니었고, 그조차 조준기 등이 부족하여 대전차 화기로는 제대로 사용하기 곤란한 상태였다.

이러한 상황에서 이승만이 미국에 요구한 사항은 세 가지였다. 첫째, 한국군의 규모를 6만 5,000명에서 10만 명 규모로 확대하고 5만 명의 예비 병력도 유지할 수 있도록 무기와 장비를 지원해 달라는 것이었다. 둘째, 한국이 무력 침공을 받을 경우 미국이 한국의 안전을 보장한다는 약속을 공개적으로 표명해 달라는 것이었다. 셋째, 미국이 주도하여 NATO에 준하는 일종의 '태평양 지역동맹체'를 결성해 한국의 안전을 보장해 달라는 것이었다.

특히 해군 함정, 전투기, 야포와 같은 중화기에 대한 지원 등 국군 증강을 위한 군사 원조를 계속 요구했지만 그때마다 거부당했다. 군사고문단장 로버츠 장군은 탱크를 달라고 요청하자, 한국은 국토의 대부분이 산과 논으로 이루어져 탱크가 필요 없다는 대답을 했다. 미 군부의 잘못된 자문을 받은 트루먼(Harry S. Truman)은 1950년 6월 1일, 앞으로 5년간은 전쟁이 없을 것이라는 터무니없는 발언을 했다. 미국은 북한의 남침에 대비한 조치에 별다른 신경을 쓰지 않았을 뿐만 아니라 아예 무시했다.

그런데 한 가지 다행스러운 것은 1948년 10월 '여수·순천 10·19 사건'이 터지자 국군 내부에 숙군을 단행하면서 정신 전력 강화에 노력했다는 것이다. 이로 인해 국군은 6·25전쟁 초기 낙동강 전선으로 밀리는 크게 불리한 전황에도 불구하고 중국 국민당의 군대처럼 부대 단위의 집단 투항과 같은 자멸적 상황은 초래되지 않았다.

소련과 중국의 북한 남침 동의

북한은 소련과 중국의 지원을 확보하여 남침하려는 계획을 구체화하고 있었다. 김일성은 1949년 3월 3일부터 20일까지 박헌영 부수상 겸 외상 등 6명의 각료와 함께 모스크바를 방문했다. 3월 7일 스탈린을 찾아가 무기와 장비 지원 등 군사 원조를 요청하고 남침 허락을 간청했다. 스탈린은 북한군이 한국군에 대해 절대적 우위를 확보하지 못한 상황에서 '선제공격'을 해서는 안 된다고 거절했다. 아직은 소련과 미국 간의 38도선 분할에 관한 협정이 유효한 상황이기 때문에 먼저 위반하면 미군 개입을 막을 명분이 없다는 것이었다.

이렇듯 스탈린도 초기에는 선뜻 전쟁을 결심하지 못하였다. 미국이 자극을 받을 수도 있다는 점에 대단히 유의하고 있었다. 미국이 군사 개입할 개연성이 있으며, 그렇게 되면 전쟁은 미국과 소련 사이의 직접적 군사 대결로 확대될 수 있다고 판단했던 것이다. 그리고 중국에서 내전이 진행 중이었고, 얄타회담에서 얻은 동아시아 지역에서의 이익 보전을 우선시하고 있었다.

북한 지도부는 북한인민군 정치지도부 대표 김일을 중국에 파견하여 무력 통일 방안에 대해 협의했다. 1949년 4월 28일 김일은 가오강, 주더, 저우언라이뿐만 아니라 마오쩌둥과도 만나 한반도의 무력 통일

대한민국 나침반 역사 속의 위인들

방안 등에 대해 협의하고 중국군 내 한인 사단의 북한인민군 편입 문제를 확정지었다. 실전 경험을 갖춘 중국 공산군 소속 한인계 출신 병사 수만 명이 북한 인민군에 편입되어 큰 전력이 되었다.

마오쩌둥은 한반도 정세에 대하여 "조선에서의 전쟁은 언제든지 일어날 수 있으며 빨리 끝날 수도 오래 끌 수도 있다."라고 말하고, 일본군이 참전할 경우 군대를 파병하여 일본군을 격퇴시킬 것이라고 했다. 그러나 김일이 제기한 무력 통일안에 대해 국제 정세가 별로 유리한 상황이 아니라고 했다. 이 내용을 통고받은 중국 주재 소련대사 코발료프가 스탈린에게 보낸 비밀 전문에 의하면, 김일과의 회담에서 마오쩌둥은 "국제 정세가 유리해지면 전쟁을 지원할 가능성을 배제하지 않았다."라고 말했다.

1949년 6월 남한에서 미군 철수가 완료되고, 10월 1일에는 중국 대륙에 공산 정권이 수립되어 북한의 남침에 유리한 여건이 조성되고 있었다. 그리고 1950년 1월 12일 애치슨(Dean G. Acheson) 미 국무장관이 전 미국신문기자협회에서 기자들과 질의응답을 진행하던 중에 북한의 남침을 고무시킬 수 있는 중대한 발언을 했다. 이른바 '애치슨라인'을 언급한 것이다.

미국의 태평양 방어선은 알류샨열도로부터 일본과 류큐열도를 거쳐 필리핀에 이릅니다. 태평양 기타 지역의 군사적 안전보장은 누구도 보장할 수 없습니다. 누군가 그것을 보장한다고 주장한다면 그것은 현실적으로 볼 때 결코 분별력이나 필요성에 의해 정당화된다고 할 수 없을 것입니다. 이 기타 지역에서 만일 그러한(군사적) 공격이 발생한다면 우선 의지해야

할 것은 공격을 받고 그에 대항하려는 해당 국가의 국민이어야 하며, 그다음으로 전 문명 세계가 UN 헌장 아래서 맺은 서약입니다.

UN은 현재까지 외부 공격으로부터 독립을 지키려는 모든 국민이 기댈 수 없을 정도로 유약한 갈대와 같은 존재는 아니었습니다. 미국은 일본에 대해서 직접적인 책임과 직접적인 행동 기회를 가지고 있습니다. 이것은 한국에 대해서도 어느 정도 사실입니다. 우리는 현재 이 나라(한국)가 확고한 기초를 쌓을 때까지 원조를 계속하도록 의회에 요청하고 있습니다. 이런 원조를 중지하라는 의견이나 이 나라의 건설을 중도에서 그만두라는 견해는 아시아에서 추구하는 미국의 국가 이익에 위배되는 극단적인 패배주의의 산물입니다.

태평양에서의 미국 방위선을 알류샨열도-일본-류큐열도-필리핀을 연결하는 선으로 정한다는 것이다. 즉 방위선 밖에 위치한 한국의 안보에 대해 보장할 수 없다는 내용으로 6·25전쟁의 발발을 묵인하겠다는 것을 암시하는 발언이라는 비판을 받았다. 애치슨 발언은 미국의 대아시아 정책이 군사 전략상 도서 방위선 전략을 채택하고 있음을 재확인한 것이었다. 극동 방위선은 미국이 소련과의 전면전 시 극동에서 소련의 공격을 막아 내는 최후 방어선으로 이는 소련과의 전면전이 발생해야만 실행에 옮겨질 수 있는 것이었다.

애치슨을 변호하는 미국 정부 내 일각에서는 의도적으로 왜곡 전달되었다고 주장하였다. 그가 언급한 'UN의 대처'는 의도적으로 생략되고 한국 등이 미국의 태평양 방어선에서 제외되었다는 사실만 부각됐다는 것이다. 특히 미국이 직접 방어할 국가들과 지역들(군사 점령국, 상호방위 협정국)의 경우가 아닌 국가들과 지역들에게 대해서는 UN 헌장하의 문명적 세계가 대처하게 될 것이라고 한 사실은 인정되어야 한다고 했다.

그러나 한국이 방어선에서 제외되었다는 사실과 미국이 태평양 기타 지역의 군사적 안전보장은 누구도 보장할 수 없다고 말한 사실도 역시 인정되어야만 할 것이다. 가장 중요한 것은 김일성과 그의 후원자들이 몇 달 앞서 단행된 주한 미군 철수에 곧이어 행해진 애치슨의 발언을 어떻게 해석하느냐의 문제였다. 이 발표는 남침의 기회를 엿보고 있던 김일성에게 남침에 청신호로 받아들여졌고, 김일성과 스탈린은 미국이 한국을 완전히 포기한 것으로 판단했다.

애치슨 라인이 나온 이유

소련에 대한 봉쇄 전략을 입안한 조지 케넌은 당초 모든 주변부가 동등하게 중요하다고 전제하는 변경 방어(perimeter defense)에서 그러한 전선에 접근할 수단을 확보하고 특정한 지역을 방어하는 데 집중하는 거점 방어(strongpoint defense) 전략으로 변경했다. 필수적 이익과 주변적 이익을 구분하고, 그 기준은 필수적인 원자재와 더불어 산업·군사 역량이 존재하는지 여부였다. 서유럽, 지중해, 중동, 일본 등이 소련의 손에 들어가지 않도록 방어하는 데 최우선을 부여했다. 아프가니스탄에서 한국에 이르는 아시아 대륙 지역은 소련을 대상으로 전쟁을 수행하는데 유용한 역량이 없고, 게다가 거리도 멀고 병참물자 공급에 문제가 있으므로 이 지역을 방어하는 일은 매우 버거웠다. 이때의 전략은 거점이 되는 섬, 즉 일본, 오키나와, 필리핀을 선별적으로 골라서 보호하고, 아시아 대륙에서 미국을 약화시킬 가능성이 발생하면 관여하지 않는다는 것이다. 그때까지만 해도 한국은 주변적 이익으로 간주되었다. 그래서 '애치슨라인'이 나온 것이

다.

애치슨의 의도는 태평양 연안의 미국 방위선을 설정하는 것이었다. 이 불퇴 방위선 바깥 지역에 관해서는 공산주의 침략을 묵인한다는 것이 아니고, 거기서는 우선 현지의 방위 노력이 필요하고, 나아가 유엔의 역할도 포함하여 중층적 대응이 필요

애치슨 라인

하다고 되어 있다. 이와 함께 동아시아 지역을 봉쇄선에 포함시키기에는 다양한 난제가 있음을 강조했다. 즉 방위선의 바깥에 있는 비공산주의 지역은 미국의 영향력 아래 통합되어야 하는데도 불구하고, 중국 사태를 포함하여 내부 혼돈 상태가 계속되고 있다고 여긴 것이다. 즉 외부의 침략 위협보다는 경제적 혼란과 전복 및 침투 등과 같은 내부 혼란이 더 위협적인 것으로 평가했다.

애치슨 발언이 나온 후 김일성은 기회를 놓치지 않고 모스크바로 달려갔다. 1950년 4월 10일 스탈린을 재차 찾아가 남침을 허가해 달라고 끈질기게 간청했다. 그러자 스탈린은 북한의 통일 과업을 위한 선제 남침을 개시하는 데 동의하면서 최종 결정은 북한과 중국에 의해 공동으로 이루어져야 하며, 만일 중국 측의 의견이 부정적이면 새로운 협의가 이루어질 때까지 결정을 연기하기로 합의했다. 스탈린은 이 내용을 마오쩌둥에게 전보로 알렸다. 스탈린의 조건적 수용에 따라 김일성은 5월 13일 마오쩌둥을 방문하여 전쟁을 위한 구체적 행동 지침 등에 관하여 협의했다. 이때 김일성은 스탈린의 조건 사항인 마오쩌둥의 동의를 얻었다.

연구자들은 스탈린이 태도를 바꾸게 된 요인으로서 두 가지를 들었다. 첫째, 1949년 10월 1일 중화인민공화국이 성립된 사실이다. 스탈린은 마오쩌둥이 이끄는 중국 공산당이 중국 대륙을 장악하리라고는 예상하지 못했으나, 그 예상을 깨고 장제스가 이끈 국민당 정부를 타이완으로 밀어내고 대륙을 장악한 것이다. 연구자들은 이것이 스탈린으로 하여금 "이제 공산주의의 물결이 아시아를 휩쓸기에 이르렀다."라는 판단을 내리게 만들었다고 풀이했다. 스탈린은 1950년 2월 모스크바에서 마오쩌둥과 회담하고 '중소상호방위원조조약'을 체결함으로써 동맹을 결성했다.

둘째, 1949년 10월 소련이 원자폭탄을 보유하게 됐다. 이로써 미국의 원폭 독점 시대는 끝이 났다. 연구자들은 이것 역시 스탈린에게 자신감을 갖게 만들었다고 풀이했다. 스탈린은 남침 공격계획 작성을 위해 제2차 세계대전에서 경험이 풍부한 대령급 작전 전문가들을 북한에 보냈다. 이때 그들이 작성한 남침 공격 계획의 개념은 미국 본토 증원군이 한반도에 오기 전 1개월 만에 전쟁을 끝낸다는 '1개월 작전계획'이었다. 김일성이 평양으로 귀환한 1950년 4월 이후 소련제 무기가 북한에 대규모로 반입되었다. 북한은 남한과 비교할 때 이미 무력에 있어 압도적 우위를 누리고 있었다.

문건으로 본 스탈린의 김일성 남침 동의 이유

소련 공산당 중앙위 국제국이 작성한 〈1950년 3월 30일~4월 25일 김일성의 소련 방문 건〉이라는 문서에 의하면 4월 10일 회담에서 스탈린은 김일성의 남침을 허락했다. 이 문건은 이때 스탈린이 김일성의 요청을 수락한 이유를 세 가지로 정리했다.

첫째, 인민군대 군사력이 남한보다 절대적으로 우세하게 육성됐고, 남한의 군사력, 즉 무기, 장비가 미약하고 전투 병력은 전투 경험이 없다. 둘째, 국제 정세가 유리하게 변했다. 중국 공산당이 중국을 공산화하고 1949년 10월 1일 공산국가를 수립했다. 이제 중국이 북한의 남침 전쟁을 도울 수 있게 됐다. 셋째, 미군이 1949년 6월 남한에서 철수하고 1950년 1월 12일 애치슨라인을 통해 남한을 극동 방위권에서 제외하였다.

북한의 남침과 6·25전쟁 발발

1950년 6월 17일 존 포스터 덜레스(John Foster Dulles) 미 국무성 대외 정책 특별고문이 방한하였다. 민주당인 트루먼 대통령이 야당의 강경파를 무마하고 초당파적인 양당 협치의 상징으로 기용한 인물이다. 덜레스는 1947년 11월 유엔 소총회와 1948년의 총회 때 미국 대표로서 한국 정부 수립과 유엔의 승인을 얻는데 크게 기여했을 뿐만 아니라 대공 강경론을 내세운 공화당 내의 외교통이요 실력자였다.

한국은 덜레스의 방한을 거국적으로 환영하였다. 38선 일선에서는 북한군의 집결 등 심상치 안은 첩보가 매일 들어오고 있는 형편이었다. 민족지로 자부했던 동아일보는 다음과 같은 사설을 실었다.

대한민국의 산파 덜레스 씨여! 우리는 정성을 다하여 그대의 방한을 거족적으로 환영한다. 그대는 그대의 역량을 다하여 탄생케 한 이 어린애가 불우한 환경 가운데서 순조로운 발육이 되지 않았음을 보고 슬퍼하리라. 우리는 지금 무쌍한 귀빈이요, 은인인 그대를 맞이하고자 하는데 울고자 하지 않는다. 그러나 울지 않으려 해도 저절로 나오는 울음을 어찌하랴! 그대를 충심으로 맞이하는 이 자리에서 저절로 나오는 이 눈물을 용서하라. 이 눈물이 무엇을 의미하는지 그대는 알고 있으리라. 덜레스, 눈물 젖은 우리들의 얼굴을 보라.

덜레스는 38선 전방 시찰을 마치고 돌아오면서 임병직 외무장관에게 "여태껏 워싱턴에 있는 사람들 말만 믿고 한국 사정은 별로 대단치 않은 것으로 생각했었는데 막상 눈으로 보니 딴판이더라."고 소감을 말하면서 미국에 돌아가는 대로 애치슨 장관 등에게 한국 원조의 필요성을 말할 뜻을 표명했다.

덜레스 방한이 이루어진 지 일주일도 채 안 된 1950년 6월 25일 일요일 새벽 4시, 북한군은 일제히 38선 이남으로 침공해 왔다. 6·25전쟁이라는 민족상잔의 비극이 시작된 것이다. 덜레스는 워싱턴으로 되돌아가기 전에 일본 도쿄에서 체류하고 있었는데, 38선이 터졌다는 급보를 받고 애치슨 국무장관 앞으로 보고서를 보냈다. 이 보고서는 블레어 하우스(Blair House, 영빈관) 회의에서 직접 트루먼 대통령에게 소개되어 미국의 즉각 개입 결정에 큰 영향을 미친 것으로 평가되고 있다.

38선 전방을 시찰하는 덜레스

한국이 기습 공격으로 짓밟히고 있는데도 그대로 수수방관한다면 아마도 이것은 틀림없이 세계대전으로 발전하는 파국적인 연쇄 현상의 실마리가 될 것이다. 우리는 안전보장이사회가 유엔 헌장 제109조에 의해 5대 강국이나, 또는 이에 호응할 용의가 있는 국가들에 유엔을 대신하여 행동을 취하도록 요청할 것을 제안한다.

북한군의 전력은 질적으로나 양적으로 국군을 압도하고 있었다. 남침 당시 남북한 간에는 현격한 전력상의 차이를 드러내고 있었다. 북한군은 국군이 한 대도 갖지 못한 전차를 242대나 보유하고 있었고, 병력면에서도 북한군 병력 약 20만 명 대 국군 병력 약 10만 명으로 크게 우세했다. 여기에 중국 대륙에서 항일전과 국공내전에서 수년간 단련된 중국군 내 한인 병사들을 북한군 사단으로 둔갑시켜 남침의 선봉으로 세웠다. 북한군은 소련 군사고문단이 작성해 준 '남침 전쟁 계획'을 따라 열악하기 그지없는 방어형 무기만 가지고 있었던 대한민국을 사정없이 휘몰아 내리쳤다.

불의의 기습을 받은 국군은 병력과 장비가 턱없이 부족한 상황임에도 불구하고 필사의 방어전을 전개하였다. 휴가를 나왔던 병사들은 자진해서 부대로 돌아가고, 탱크에 화염병을 던지며 육탄 공격을 감행하는 용맹으로 맞섰다. 대전차포로는 적 기갑차량을 명중시키고도 파괴하지 못하는 일이 반복되자 길가의 은폐물에 숨어 있거나 시체로 위장하여 지나가는 적 자주포에 기어올라 포탑에 수류탄과 화염병을 던져 넣어 파괴하였다.

국군 제6사단 소속 제7연대가 방어를 맡고 있는 춘천 방면에서 적의 진격을 막았다. 북한 측의 전략은 6월 25일 당일에 춘천을 점령하고 즉각 수원 방면으로 진격하여 수도권의 국군 주력을 섬멸하겠다는 것이었다. 이 작전의 실패로 북한 측의 전략은 차질을 빚었다. 이에 따라 국군이 초기 전투에서 일부 병력을 수습하여 완전히 붕괴되는 상황을 막아 주었다. 그럼에도 불구하고 국군은 무너졌고 후퇴를 거듭했다. 공격용 무기가 없던 국군은 탱크, 대포, 전투기로 무장된 북한군의 적수가 되지 못했다.

유엔군 참전과 유엔사령부 발족

이승만 대통령은 6·25전쟁이라는 미증유의 국난을 당해 동분서주했다. 당시 대한민국은 국가 차원의 전쟁을 지도할 매뉴얼도 전쟁을 수행할 시스템도 갖추어 있지 않은 만 2년도 안 된 신생국이었다. 파죽지세로 밀고 내려오는 북한군의 기세에 국가 패망의 절박한 위기를 느낀 이승만 대통령은 미국의 군사 개입과 지원이 절실함을 호소하였다.

무초(John J. Mucio) 주한 미국대사를 경무대로 불러 미국의 군사지원을 요청하고, 도쿄의 맥아더 장군에도 긴급 원조를 요청했다. 장면 주미대사에게 미국 정부의 원조를 요청하도록 지시를 내렸다. 이에 장면 대사는 트루먼 대통령은 물론 미국의 상·하원을 찾아다니며 한국 파병을 역설했다.

무초 대사로부터 "북한의 공격은 그 양상으로 보아 한국에 대한 전면 공격임에 틀림없는 것 같다."라는 내용의 긴급 전문을 받은 미 국무성은 즉각 국방성 관계자와 협의를 거쳐 유엔에 제소키로 방침을 정하고 유엔사무총장 리(Trygve Lie)에게 통고하는 한편, 애치슨 국무장관은 주말 휴가 중인 트루먼 대통령에게 보고해 유엔안전보장이사회 소집을 요청했다.

6월 25일이 일요일임에도 불구하고 그날 오후 2시(뉴욕 현지 시간) 안전보장이사회가 소집되었다. 그로스 유엔 주재 미국대사가 무초 대사의 보고서를 토대로 사태를 설명하고 결의안 초안을 낭독한 후, 피해 당사국인 한국 대표의 호소를 듣자고 제안했다. 장면 주미대사는 옵저버로 참석하여 아래 요지의 성명문을 낭독했다.

북한의 우리에 대한 침략은 인류에 대한 죄악이다. 한국 정부 수립에 유엔이 큰 역할을 했는데 평화 유지에 기본 책임을 지닌 유엔안전보장이사회가 침략을 적극 저지하는 것은 당연한 의무이다.

대한민국 나침반 역사 속의 위인들

안보리는 〈적대 행위의 즉각 중지와 북한군의 38선 이북으로의 즉시 철수를 요구하는 결의안〉을 채택하였다. 안보리 결의안 채택이 가능했던 것은 당시 유엔안전보장이사회 상임이사국인 소련이 유엔 중국 대표권 문제(유엔에서 중화민국과 중화인민공화국 중 어느 국가를 중국 대표 정부로 할 것인지를 놓고 발생한 문제)로 안보리를 보이콧하는 결정적 실수를 저지르고 있었기 때문이었다. 5개 상임이사국 중 1개국이라도 거부권(veto)을 행사하면 다수결의 결과와 무관하게 부결 처리되는 원칙이 있다. 만일 그 자리에 소련이 참석해 거부권을 행사하였다면 결의안은 부결되는 것이고, 신생국 대한민국의 운명은 고립무원의 패망의 길로 갈 뻔했는데, 아찔한 역사적 순간이었다.

6월 25일 저녁(미국 시간) 트루먼 대통령은 블레어 하우스(Blair House)에서 14명의 최고위급 인사들이 모인 정책 회의를 긴급 개최하였다. 이 자리에서 트루먼 대통령은 단호하게 말했다.

선을 단호하게 그어야 하다. 북한군을 저지해야 한다. 소련은 도박을 하고 있다. 그들은 미국이 다른 세계대전을 일으키기 싫어 아무런 저항을 하지 않을 것이라는 전제하에서 한국을 공짜로 삼키려 한다.

트루먼 정부는 한국을 방어할 것을 결의하고 다음 날 긴급 각료 회의에서 한국전 개입 결정을 공식화하였다. 스탈린뿐만 아니라 많은 자유 진영 국가들도 트루먼이 한국에 대한 군사 원조를 신속하게 결정한 사실을 알고 깜짝 놀랐다. 그것은 대통령이 견지해 온 정책, 즉 아시아에서 손해를 보더라도 유럽에서 미국의 역할을 강화시킨다는 정책에서 크게 벗어난 것이었다.

북한의 남침 소식을 듣고 트루먼이 나타낸 본능적 반응은 미국의 경험과 전통에 깊이 뿌리를 둔 것이었다. 북한의 전면 남침에 직면하여 트루먼 대통령은 미국의 도움을 받아 민주주의 길을 택한 신생국가 한국을 구해야 하고 한국전쟁을 자유민주주의에 대한 공산주의 세력의 심각한 도전으로 간주하고 이를 단호히 저지해야 한다고 믿었다. 당시 중국 대륙 상실 후 위축되어 있었던 상황에서 미국 정책 결정자들에는 한국이 지닌 군사 전략적인 의미와는 상관없이 6·25전쟁은 미국의 결연한 의지를 보여줄 상징적 사태가 되었다.

북한이 유엔 결의를 무시하고 침략을 계속하자 유엔안전보장이사회는 6월 27일 재차 회의를 소집해 〈유엔 회원국들이 대한민국에 대한 무력 침공을 격퇴하고 이 지역의 국제 평화와 안전을 회복하는데 필요한 원조를 제공할 것을 촉구하는 결의안〉을 채택하였다.

이 결의안에 기초해 유엔은 6월 28일 유엔안전보장이사회에서 유엔의 이름으로 연합군 파병을 결의했다. 7월 4일 유엔안전보장이사회는 미국의 책임하에 유엔회원국 군대로 구성된 통합사령부의 결성과 지휘관 임명, 유엔기 사용 승인이 담긴 결의안을 통과시켰다. 7월 7일 개최된 유엔안전보장이사회에서 미국이 작성하고 영국과 프랑스가 제안한 〈유엔군사령부 설치에 대한 결의안〉이 채택되었다.

안전보장이사회의 유엔군사령부(UNC, United Nations Command) 설치 결의는 참전 각국 군대의 작전 지휘를 일원화하여 상호 협조와 작전 능률을 도모하려는 미국의 의도를 반영한 것이었다. 회원국들이 제공하는 병력 및 기타의 지원을 미국이 주도하는 유엔군사령부하에 두도록 권고하고, 미국이 통합 사령관을 임명할 것을 요청하면서, 통합사령부에 참전 각국의 국기와 함께 유엔기 사용권한을 부여하였다. 미합참은 유엔군사령관으로 맥아더를 추천하였고, 1950년 7월 8일 트루먼 대통령은 맥아더를 유엔사령관에 임명하여 유엔군의 지휘권을 행사하도록 했다.

이에 발맞추어 한국 정부도 7월 10일 국제연합장교단을 구성하여 한국군과 유엔군 및 유엔 한국임시위원단과의 연락 업무를 담당하도록 했다. 맥아더 사령관은 7월 14일에 유엔기를 사용하는 유엔군 사령부를 공식 출범시켰다. 이로써 6·25전쟁은 본격적으로 북한군 대 유엔군의 전쟁으로 변모되기 시작했다.

유엔의 집단 안전보장 조치에 의한 유엔군의 참전은 세계 역사상 최초의 사례였다. 미국을 비롯하여 영국, 캐나다, 터키, 오스트레일리아(호주), 뉴질랜드, 프랑스, 네덜란드, 벨기에, 그리스, 룩셈부르크, 콜롬비아, 필리핀, 태국, 남아프리카공화국, 에티오피아 등 16개국이 전투 병력을 파견하고, 스웨덴, 인도, 덴마크, 노르웨이, 이탈리아 등 5개국이 의료 지원단을 보내와 총 21개국이 참전했다. 트루먼 대통령은 1950년 7월 19일 대국민 연설을 하였다.

남한은 미국에서 수천 마일 떨어진 곳에 있는 작은 나라지만, 그곳에서 일어나는 일은 모든 미국인들에게 중요합니다. 6월 25일 공산주의자들이 남한을 공격했습니다. 이는 공산주의자들이 독립 국가들을 정복하기 위해 군사력을 사용하려 한다는 것을 명확히 보여줍니다. 북한의 남침은 유엔 헌장 위반이고 평화를 침해한 것입니다. 우리는 이 도전에 정면으로 대응해야 합니다.

미국의 신속한 파병 원인

1. 한반도가 공산화될 경우 일본 안보에 미치는 부정적 영향을 고려했을 것이다. 한반도로 인하여 일본의 안보가 위협을 받는다면 무엇보다도 태평양을 내해로 여기는 미국의 방어 전략에 영향을 미치기 때문이다.

2. 미국은 공산주의 국가들에게 경종을 울리고자 했다. 당시 미국의 주요 정계 지도자들은 북한의 기습 남침이 유엔과 미국의 지도력에 도전하는 것으로 인식하고, 동아시아에서 미국의 지도력을 보존하고, 세계의 경찰국가로서 위상에 대한 공산 진영의 첫 도전이라고 판단해 한반도에서의 북한의 남침에 대한 단호한 조치가 필요하다는 데 의견의 일치를 보았다.

3. 한국이 고립무원의 상태에서 공산화된다면 인접 자유민주주의 국가들은 공산주의에 대한 대항 의지를 상실하고 도미노처럼 공산화될 것이 명약관화했다.

4. 소련의 팽창 정책을 한반도에서 저지함으로써 제3차 세계대전의 고리를 차단하고자 하는 의도였다. 북한군의 남침을 제지하지 않는다면 과거 독일의 체코 침공을 방관했다가 제2차 세계대전으로 확전된 사례와 유사한 상황이 될 것으로 보이므로 단호한 조치를 결심했다.

5. 미국의 주도하에 움직이고 있는 유엔의 권위와 질서를 지키고자 함이었다. 한국은 유엔이 최초로 산파 역할을 수행하여 건국한 국가로, 한국을 보호함으로써 유엔의 권위를 유지하고자 한 것이다. 유엔도 세계 평화를 파괴한 공산 세력의 침략 행위에 대해 적절한 대응 조치를 취하지 않는다면 유엔이 한낱 유명무실한 기구로 전락하는 것에 대한 강한 위기의식이 있었다.

작전 지휘권 이양

6·25전쟁이 발발하자 맥아더는 우선 현지 상황을 알아보기 위해 6월 29일 수원으로 날아왔다. 맥아더는 지프로 한강 전선을 시찰했다. 흑석동 강둑 참호 속의 한국군 병사를 발견하자 "귀관의 임무는 무엇인가?"라고 물었다. "후퇴 명령이 있기까지 이 진지를 사수하는 것입니다."라는 병사의 대답에서 맥아더는 한국인들이 싸울 의지가 있음을 확인했다고 한다.

맥아더는 6월 29일 미 국방부에 "한국군은 반격 작전의 능력이 없고 더욱 위험한 상황이 되고 있으며 적의 돌파가 지속된다면 한국은 무너질 것이다. 현재의 전선을 유지하기 위한 유일한 방법은 미 지상군을 투입하는 것이다. 이를 위해 일본에 주둔하고 있는 2개 사단을 파병할 필요가 있다. 타이밍이 핵심이다. 지체 없는 명확한 결정을 바란다."라고 보고했다. 트루먼 대통령은 주저하지 않았다. 6월 30일 맥아더에게 "휘하의 지상군을 한국에서 사용할 수 있는 권한을 부여한다."라고 발표했다.

1950년 7월 1일 미 제21연대 제1대대장 스미스(Charles B. Smith) 중령이 이끄는 특수 임무 부대 540명이 선발대로 부산에 도착하여 곧 도착할 중장비를 기다리지 않고 열차로 이동하여 전투에 투입되었다. 7월 5일 새벽 3시에 경기도 오산의 죽미령 고개에 방어선을 구축하였다. 오전 7시부터 오후 1시 15분까지 T-34 탱크 33대를 앞세우고 밀고 내려오는 북한군 5,000명과 격렬한 전투를 벌였다. 죽미령 전투는

죽미령 유엔군 초전 기념비

유엔군이 참전한 최초의 전투로 약 180명이 희생되고 패배로 끝났지만, 방어선을 편성할 시간을 벌었고 결국 맥아더가 대폭적인 파병을 요청하는 계기가 되었다.

미군의 참전에도 불구하고 파죽지세로 밀고 내려오는 북한군의 기세에 절박한 위기를 느낀 이승만 대통령은 보다 강력한 미국의 군사적 개입과 지원이 절실함을 호소하였다. 그런데 때마침 한반도 내에서 유엔군사령부의 모든 작전 지휘권을 행사하게 된 미 제8군 사령부가 대구에 설치되고 한국의 육군본부도 대구로 이전하게 되자, 대구에 와서 작전 지휘를 하고 있던 워커 미8군 사령관은 한국군과의 지휘 계통의 확립을 희망하고 있었다. 미국은 무초 대사를 통하여 한국군이 유엔군 산하에 편입될 것을 요청했다. 국군은 애초부터 북한군을 상대하기에는 부족한 전력이었던 데다가, 이마저 초전에 많은 전력을 상실하여 미국 측의 요구를 마다할 상황이 아니었다.

이승만은 대통령은 고유 권한이라 할 수 있는 군 통수권을 넘겨주는 문제로 고민하지 않을 수 없었다. 그것은 국가의 주권과 직결되는 문제이기 때문이다. 그러나 국가 패망이라는 절체절명의 순간에 효과적인 전쟁 수행의 절박성에 직면하여 작전 지휘권(operational command)을 이양하기로 결정했다. 1950년 7월 14일 무초 대사를 통해 "현재의 적대 행위가 계속되는 동안 한국 육·해·공군에 대한 작전 지휘권을 유엔사령관에게 이양한다."라고 밝힌 서한을 맥아더 유엔군 사령관에게 전달했다.

7월 18일 맥아더 사령관은 무초 대사를 통해 이승만 대통령에게 "한국군의 작전 지휘권 이양에 관한 대통령의 결정을 영광으로 생각하며, 유엔군의 최종 승리를 확신한다."라고 답했다. 이로써 양국 간 작전 지휘권 이양에 대한 합의가 정식으로 이루어져 국군 작전 지휘권은 유엔군사령관에게 이양되었다. 이승만 대통령이 유엔군사령관에게 보낸 국군의 작전 지휘권 이양에 관한 서한과 유엔군사령관 맥아더 원수가 이승만 대통령에게 이를 수락한다고 보낸 답신 서한은 1950년 7월 25일 유엔 주재 미국 대표에 의해 유엔사무총장에게 보고되어 유엔 공식 문서로 기탁됐다.

이승만 대통령의 작전 지휘권 이양은 유엔회원국이 아니기 때문에 유엔군이 아닌 국군에게 유엔군의 일원으로 함께 싸울 수 있는 여건을 제공함과 동시에 미국 주도의 유엔군에게 전쟁에 대한 무한 책임을 지우려는 고도의 전략에서 나온 것이라고 볼 수 있다. 작전 지휘권 이양은 전쟁이 급박하게 돌아가는 가운데 '전쟁 수행의 효율성'을 내세운 미국의 요구와 '미국으로부터 좀 더 확실한 지원을 보장'받으려는 이승만의 입장이 맞아떨어져 성사된 것이었다.

이승만 대통령은 비록 작전 지휘권을 이양했지만, 한국군의 고유한 인사권이나 편성에 대해서는 독자적으로 수행해 나갔고, 국가 이익 및 민족의 생존에 관련된 문제나 작전에 대해서는 군 통수권자로서의 권한을 미국이나 유엔의 눈치를 보지 않고 독자적으로 과감히 행사했다.

낙동강 전투

국군과 미군은 계속 밀려 7월 20일에는 대전을 빼앗기고, 그 과정에서 미 24사단 사단장인 딘(Willam F. Dean) 소장이 포로가 되었다. 8월 1일에 이르러 낙동강까지 밀렸다. 워커 미 제8군 사령관은 낙동강 방어선을 짜면서, "한국에서 철수는 없다."라고 공언했다.

그렇지만 1950년 8월 초, 맥아더는 만일에 대비하여 부산 주변의 해안 거점에 대한 방어선도 준비하라는 명령을 내렸다. 이른바 '데이비드슨 라인(Davidson Line)'으로서 낙동강 방어선이 무너질 경우, 한국에서 미국인을 피신시키기 위해 최소한의 거점을 확보하려는 목적에서 만들어진 것이다. 따라서 이 방어선으로의 후퇴는 곧 한국을 포기하겠다는 뜻이 된다.

낙동강 방어선은 더 이상 물러설 곳이 없는 최후의 저지선이었다. 제2차 세계대전 시 연합군이 독일군에 덩케르크까지 밀려 해상으로 철수하였듯이 낙동강 방어선이 돌파되면 제2의 덩케르크가 될 뻔한 위기의 순간이었다. 더구나 낙동강 방어선을 지탱하지 못하면 한국 정부는 제주도로 이전하여 제2의 타이완이 되거나 아니면 해외에 망명 정부를 수립해야 할 상황이었다.

유엔군은 낙동강을 건너는 모든 교량을 폭파하며 자연의 이점을 활용한 방어선을 구축하였다. 그로부터 한 달 반 동안 낙동강을 사이에 두고 처절한 공방전이 벌어졌다. 한국군과 유엔군 장병들의 처절한 투혼으로 왜관, 다부동, 영천 지구 전투에서 버텨냄으로써 대구를 지켜냈다. 북한군은 서쪽으로부터도 부산을 향해 공격해 왔으나 마산에서 저지당했다. 낙동강 방어 전투는 공산주의의 자유 세계에 대한 위협을 성공적으로 봉쇄한 작전이었다. 인천 상륙작전을 가능하게 한 발판이 되어 방어에서 공격으로 대전환의 전기를 마련하였다.

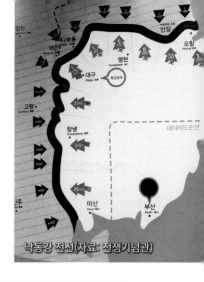

낙동강 전선(자료: 전쟁기념관)

다부동 전투

당시 대구는 미 제8군 사령부가 설치되어 있었고, 다부동은 대구의 바로 북쪽 20여 킬로미터 거리에 위치해 있어 전략적으로 매우 중요했다. 북한군은 대구로 진출하기 위해서는 그 길목에 있는 다부동을 확보해야만 했고, 반면 국군과 유엔군의 입장에서는 이곳을 지켜내지 못하면 대구뿐만 아니라 부산까지 점령당하는 매우 위태로운 형국이 될 수 있었다.

워커 장군은 정일권 육군 참모총장에게 "한국군 중에서 가장 믿을 수 있는 사단을 배치해 달라."고 요청했다. 이에 정일권 총장은 주저 없이 백선엽 준장의 제1사단을 지명했고, 제1사단이 다부동 지역을 맡게 됐다. 미 제8군 사령부는 북한군의 압박이 거세어지자 미 제2사단의 23연대와 한국군 제8사단 제10연대를 추가 투입하였다.

북한군 3개 사단의 끈질긴 공격에도 굴하지 않고 전우의 울타리를 방벽삼아 싸웠다. 이때 백선엽 장군은 "우리는 여기서 더 후퇴할 장소가 없다. 더 후퇴하면 조국은 망한다. 우리가 더 갈 곳은 바다밖에 없다. 저 미군을 보라. 미군은 우리를 믿고 싸우는데 우리가 후퇴하다니 무슨 꼴이냐? 대한 남아로서 다시 싸우자. 내가 선두에 서서 돌격하겠다. 내가 후퇴하면 나를 쏴라."라고 말하면서 진두지휘했다. 25일간 거의 밤낮없이 이어진 전투 끝에 승리를 거두고 다부동을 사수하는 데 성공했다.

반복되는 백병전과 소총을 사용할 수 없을 정도의 근접 전투로 인해 수류탄을 던지다 팔이 퉁퉁 부어오르는 고통 속에서 얻어낸 소중한 승리였다. 6·25 전사가들은 낙동강 전선의 요충지 다부동에서 패했다면 지금의 대한민국은 없었을 것이라고 말한다. 다부동 전투는 국군을 비롯한 유엔군, 경찰, 학도병, 지역 주민 등 모두가 한마음으로 싸워 적의 공세를 막아내고 반격의 기틀을 마련한 결정적인 전투였다.

인천상륙작전과 38선 돌파

맥아더는 "북한군의 후방을 차단해 전세를 역전시킨다."라는 구상으로 상륙작전을 계획하였다. 이미 태평양전쟁에서 태평양의 여러 섬을 점령한 일본군을 상륙작전을 통해 격퇴한 바 있었다. 해수 작전으로 적의 후방에 우회하여 보급병 참선을 공격하는 일종의 '섬 건너뛰기 작전(Island Hopping Operation)'은 맥아더가 즐겨 사용하는 전법이었다.

맥아더는 상륙 지점으로 인천을 결정했다. 그러나 인천 앞바다는 간만의 차가 9m나 되어 함정이 갯벌에 노출될 위험이 상존하였다. 맥아더가 계획하는 9월의 경우 15일부터 3일간이 가능하고, 이때를 놓치면 다음 한 달을 기다려야 한다. 또한, 상륙 가능 날짜에도 밀물이 꽉 들어차는 아침과 저녁 두 차례 각각 3시간 정도의 제한된 시간 내에 완료해야 한다.

그리고 인천항은 대규모 상륙 함대가 자리 잡기에 협소할 뿐만 아니라 항구에 이르는 해상 접근로가 제한되어 있다. 상륙작전은 인천 항에 앞서 먼저 월미도를 점령해야 하므로 아침에 월미도, 저녁에 인 천을 점령하는 2단계를 거쳐야 한다. 그만큼 인천이라는 지역이 상륙 작전에는 최악의 조건이었던 것이다. 또한, 인천이 부산과 멀리 떨어 져 있어 상륙 부대와 낙동강 전선의 부대가 서로 협력하기 어렵다는 문제점도 안고 있었다.

맥아더의 의도를 눈치챈 미 합참은 육군과 해군 참모총장을 유엔군 사령부가 있던 도쿄로 급파해 재고를 요청했다. 상륙작전 자체는 몰 라도 여건이 최악인 인천은 곤란하다는 것이었다. 대신에 군산 지역 상륙작전을 권고했다. 맥아더는 오히려 작전의 성공을 확신했다. 인 천과 서울을 점령하고 적의 통신과 보급의 중심지를 차단해야만 유엔 군의 반격 작전이 성공할 수 있다고 주장했다. 전략적·심리적·정치 적 이유를 들어 서울을 신속히 탈환해야 한다는 점을 강조했다. 한국 의 정치·경제의 중심지이고 주요 도로와 철도의 교차 지점이기 때문 이다.

맥아더는 군산은 북한군의 병참선을 차단할 수 없을 뿐만 아니라 북한군이 조금만 물러서면 뜻하는 대로 포위할 수 없게 된다고 주장 했다. 북한 또한 인천 상륙은 불가능하다고 볼 것이기 때문에 이 지역 의 방어에 소홀할 것이라고 확신했다. 미 군부의 여러 요인들이 반대 의견을 내며 맥아더를 설득하려 노력했지만 맥아더의 고집을 꺾지 못 했다. 미 합동참모본부는 결국 8월 28일 맥아더의 계획을 승인했다.

맥아더는 8월 30일 상륙작전 준비 명령을 내리면서 9월 15일을 작전 개시일로 잡고 실행에 옮겼다. 인천상륙작전을 개시하기에 앞서 상륙 지점이 인천이라는 사실을 숨기기 위해 양동 작전을 전개하였다. 즉 9월 5일부터 북으로는 평양에서부터 남으로는 군산까지, 인천을 포함한 서해안의 상륙작전 가능 지역에 폭격을 실시하였고, 동해안의 삼척 일대에도 맹포격을 가하였다.

인천상륙작전을 지휘하는 맥아더 장군

9월 12일부터 관문인 월미도를 제압하기 위한 폭격이 시작되었다. 제7합동기동부대는 미 제7함대 세력을 주축으로 한 유엔군 261척의 함정과 미 제10군단 예하 한국군 2개 연대를 포함한 미군 2개 사단 등 총병력 7만여 명으로 구성된 지상군 부대를 통합 지휘하여 9월 15일 새벽 2시에 인천에 대한 상륙작전을 개시하였다.

맥아더가 예상한 대로 인천의 적 방비 태세는 엉성하기 짝이 없었고, 적군은 약 2,000명밖에 되지 않았다. 유엔군은 북한군을 쉽게 제압하고 인천을 탈환하였다. 3일 후에는 김포와 영등포 두 방향으로 진출하여 서울을 포위하기 시작했고 9월 28일, 북한군에게 피탈된 지 3개월 만에 서울을 완전히 탈환하는 데 성공했다. 9월 29일에는 대한민국 정부가 서울로 돌아왔다.

인천상륙작전 소식이 알려지면서 북한군의 사기가 걷잡을 수 없이 떨어지고 도주병이 나오더니 드디어 전 전선이 무너지기 시작했다. 상륙작전 개시 후 보름 만에 국군과 유엔군은 38도선 이남을 회복했다. 북한군은 약 10만 명의 병력을 잃었으며, 북으로 도주한 자는 3만 명이 채 안 되었다. 일부는 지리산 등으로 숨어들어 이른바 빨치산 활동을 벌였다.

인천상륙작전의 진정한 의의는 우회 기동을 통해 북한군의 병참선을 일거에 차단하였고, 이로 인해 낙동강 방어선에서 반격의 계기를 조성해 주었다는 점이다. 또한, 인천상륙작전의 성공으로 인해 인천의 항만 시설과 제반 병참 시설을 북진을 위해 사용할 수 있게 되었다. 특히 인천상륙작전에 이은 서울 수도 탈환의 성공은 심리적으로 국군 및 유엔군의 사기를 크게 높인 반면에 북한군의 사기를 결정적으로 떨어뜨리게 하였다.

인천상륙작전은 맥아더 장군의 대담한 착상, 결단력, 필승의 신념으로 이루어낸 20세기의 칸나에(Battle of Cannae) 전투라고 평가할 수 있다. 칸나에 전투는 제2차 포에니전쟁이 진행되고 있던 기원전 216년 이탈리아 동남부의 칸나에 평원에서 로마 공화정군과 카르타고군 사이에 벌어진 전투이다. 이 전투에서 한니발이 지휘하는 카르타고군이 완벽한 포위 작전으로 로마군을 전멸시켜 전사상 포위 섬멸전의 대명사로 알려져 있다. 맥아더는 미국 본국 정부와 해군 및 해병대 측 우려와 반대에도 불구하고 전혀 동

맥아더 장군 동상 (인천 자유공원 소재)

요하지 않고 마치 승리의 신으로부터 계시라도 받은 듯한 모습을 보이면서 부하들에게 확신을 주었다. 맥아더가 아니었다면 인천상륙작전과 같은 빛나는 승리는 불가능했을 것이다.

인천상륙작전 성공 이후 국군과 유엔군은 북진을 계속하여 9월 말에는 38선까지 도달했다. 미국 정부는 맥아더에게 38선을 넘지 말고 유엔의 결정을 기다리라는 명령을 내렸다. 장면 주미대사는 유엔군이 38도선을 넘어 진군할 것을 한국 국민과 함께 열렬히 바라고 있다는 내용의 서한을 애치슨 국무장관에게 전달했다.

이승만 대통령은 인천상륙작전 이후 유엔군사령부에서 38도선 돌파 명령을 내리지 않자, 정일권 총장에게 "내가 이 나라의 최고 통수권자이니 나의 명령에 따라 북진하라."라고 명령했다. 국군은 유엔사령관의 작전 통제를 받고 있었기 때문에 다소 주저했으나, 이승만 대통령의 단호한 '38도선 돌파 명령'을 수행하게 되었다.

이때 정일권 육군 참모총장은 유엔군과의 작전 통제권에 대한 마찰을 피하기 위해 제1군단장 김백일 장군과 협의한 후, 38도선 이북의 북한군 진지를 무력화시키기 위해 38도선을 넘어서 작전을 해야겠다고 미 제8군 사령관 워커 장군에게 알린 다음, 38도선을 넘어 북진을 단행하였다. 그렇게 해서 38도선에 제일 먼저 도달한 국군 제3사단이 10월 1일 38도선을 돌파했다. 이를 기념하기 위해 10월 1일을 국군의 날로 정했다.

인천상륙작전의 성공은 군부와 맥아더에게 북진에 대한 자신감을 부여했다. 인천상륙작전으로 인해 대다수의 북한군 전열이 파괴된 것으로 보았기 때문이다. 국무부와 국방부는 만약에 북한이 붕괴되고 중국과 소련이 한국전쟁에 개입을 하지 않는다면 맥아더 장군이 유엔의 후원하에 북한을 점령하는 데 의견 일치를 보았다.

10월 7일 유엔총회는 북한의 재침 능력 제거 및 전 한반도에서 자유선거 실시라는 트루먼의 전략 구상을 반영한 한반도의 통일과 부흥에 관한 새로운 결의안을 채택하였다. 새 결의안이 채택된 당일 미 제1기갑사단의 정찰중대가 '38도선'을 넘었다. 맥아더 장군은 북한군 최고사령관 김일성에게 두 번에 걸쳐 항복을 권고했으나 반응이 없자 북진 명령을 내렸다. 10월 8일 유엔군은 결의문에 입각해 38도선을 넘었다.

그런데 유엔군은 38도선을 돌파를 위한 정치적 정당성을 확보하는 데 10여 일의 시간을 허비하였다. 이것은 북한군에게 재편성과 철수할 수 있는 시간적 여유를 마련해 주었다. 특히 중공군에게는 참전 준비를 위한 천금과 같은 시간이었다. 좀 더 빨리 진출하여 압록강과 두만강을 방패 삼아 중공군에 대한 방어 작전을 전개했더라면 하는 아쉬움이 두고두고 남는 대목이다.

유엔군과 한국군은 10월 19일 치열한 전투 끝에 평양을 점령하였고, 이승만 대통령이 참석한 가운데 10월 30일 한국군과 유엔군의 평양 입성 환영식이 개최되었다. 맥아더는 10월 24일 "전 병력을 투입하여 최단 시간 내에 국경선까지 진격하라."는 총 추격 명령을 내렸다. 유엔군의 압록강과 두만강으로의 진격 작전은 크게 낭림산맥을 기준으로 하여 미 제8군의 서부 지역과 미 제10군단의 동부 지역 작전으로 구분되었다.

압록강에서 수통에 물을 담는 국군 병사

제8군사령관 워커 장군은 미 제1군단장 밀번 소장에게 가능하면 국경선 지대의 작전을 한국군에게 맡길 것을 지시하였다. 한국군 제6사단 제7연대가 10월 26일 14:15에 평안북도 초산의 압록강에 당도했다. 초산에 도착한 장병들은 압록강에 이르러 강물을 수통에 담아 이승만

대통령에게 전달해 통일의 희망을 선사했다. 동부전선에서는 미군이 함경북도 혜산진과 함경남도 장진호에 도달했다. 통일이 다가온 것 같았다.

중공군 개입

인천상륙작전으로 인해 완전히 수세로 몰린 북한 최고지도부는 1950년 9월 29일 스탈린에게 미군이 38도선을 돌파할 경우 소련으로부터 직접적인 군사 원조가 절실히 요구된다는 긴급 전문을 보냈고, 마오쩌둥에게도 구원을 요청하는 전문을 보냈다. 스탈린은 미국과 정면 대결을 벌일 의도가 없었으면서도 북한의 붕괴를 방치하기도 곤란한 상태에 처했다. 그래서 10월 1일 마오쩌둥에게 파병을 요청하는 전문을 보냈다.

중국은 9월 말부터 연합군의 북한 점령에 대해 다각적으로 우려를 표명하였다. 인민해방군 총참모장 대리는 인도대사에게 중국은 미군이 중국 영토에 접근하는 것을 용인하지 않을 것이라 말했다. 인도 외교장관은 미국대사에게 이를 전했다. 중국 외교부 대변인은 9월 22일 성명을 발표하여 "중국은 조선인민들의 편에 설 것이다. 조선에 대한 미제 침략의 범죄 행위와 전쟁을 확대하려는 그들의 음모에 결연히 반대한다는 사실을 확인하고자 한다."라는 입장을 공식적으로 천명했다.

한편 중국은 중남군 지역의 제50군, 타이완 공격을 준비했던 제9병단, 산시의 제13병단 등을 동북 지방으로 이동시키고, 동북에서 모집한 인원을 더하여 총 25만여 명의 '동북 변방군'을 편성하여 북한을 지원하기 위한 태세를 갖추고 있었다.

북한은 10월 1일 김일성과 박헌영 공동 명의로 마오쩌둥(毛澤東)에게 특별한 원조를 요청하면서 파병을 간청했다. 마오쩌둥은 유엔군 북상에 의해 자국이 위협받게 되고 참전이 현실 문제로 되자 김일성의 구원 요청을 계기로 참전 문제를 토론하는 중앙정치국 회의를 1950년 10월 1일 긴급히 소집하였다.

이때 지원군 사령관으로 가장 유력시되던 린뱌오(林彪)가 병을 빙자하여 고사할 뿐 아니라 참전 자체에 대해서도 강력하게 반대했다. 마오쩌둥은 대안으로 10월 2일 중앙상임위원회에서 펑더화이(彭德懷)를 지목하여 적임자로 거론했고, 주더가 찬성을 표시함으로써 내정되었다. 회의가 끝난 직후 마오쩌둥은 즉시 시안에 있던 펑더화이를 베이징으로 호출했다.

당시 개최된 중앙정치국회의 분위기는 참전 반대 의견이 우위를 차지하였다. 반대의 주된 이유는 "전쟁의 상처가 남아 있고 토지 개혁이 미완이며 잔존한 국민당 무리를 완전히 숙청하지 못했고 군장비와 훈련이 미비하다."라는 것이었다. 즉 국내 정치·경제 과제 해결이 무엇보다 우선이라는 것이었다.

그런데 펑더화이가 "파병해서 조선을 원조해야 합니다. 전쟁에 좀 묶이더라도 해방 전쟁이 좀 늦게 끝났다고 생각하면 됩니다. 만일 미군이 압록강과 타이완에 다가와 있으면 아무 때나 구실을 만들어 침략 전쟁을 걸어올 것입니다."라고 역설했다. 파병부대 사령관이 강한 의지를 표명했으니 논쟁은 더 이상 필요치 않았다. 펑더화이의 발언은 분위기를 반전시켜 참전을 결정하는 데 중요하게 작용했다. 마오쩌둥은 "펑더화이의 발언은 매우 훌륭하고 참전하면 반드시 이익이 클 것이다."라고 하면서 참전을 확정지었다.

중국의 참전 원인

1. 국가 안보 확보를 위한 선제 조치

국토의 핵심부를 방위하려면 그 주변부를 우선 방위해야 하듯이 동북 3성 지방을 방위하기 위해서는 우선 한반도(최소한 북한)가 중국의 통제 내지는 우호 관계에 있어야 한다고 인식했다. 미국이 38도선을 넘어 동북3성으로 접근해 오자 위협을 느낀 중국은 국외의 전장에서 적극적인 방어 전략을 구사한 것으로 볼 수 있다. 더욱이 당시 동북 3성은 공업시설, 풍부한 지하자원과 전기 생산 등을 고려할 때 매우 중요한 지역이었다.

2. 북한 정권, 즉 공산주의 집단의 유지

한반도 전체를 미국과 밀접한 관계에 있는 한국이 통제하게 되면, 공산주의 체제인 중국으로서는 자국의 안보는 물론 아시아 주도권 확보에 불리하고, 특히 한반도가 미·일 연대로 이어지는 것을 우려했다. 중국 대륙과 한반도의 '순망치한(脣亡齒寒, 입술이 없으면 이가 시리다)' 관계를 고려했을 때 공산주의 국가인 북한을 중국 안보를 위한 완충 지대로 매우 중요하게 인식했던 것이다.

3. 북한에 대한 보은의식

국공내전에서 조선의용군이 전투에서 활약하였고, 당시에 북한은 중국 공산당이 전투 시 피난처로 활용할 수 있는 유일한 후방 기지이자 기댈 곳이었다. 북한은 공산당군의 이동을 도와주고 부상자도 치료해 주었다. 결국 중국 공산당군은 센양 전투에서 승리하여 국민당군에 기선을 제압하고 국공내전에 승리하게 된다. 중국과 북한 양국 신생 국가들은 그들의 표현대로 말한다면 이미 "피로 맺어진 형제 관계"였다. 중국 공산당은 이제 북한을 도와주어야 할 차례라고 생각했다.

저우언라이는 1950년 10월 3일 새벽 인도대사 파니카를 통해, 유엔군이 38도선을 넘어 올 경우 좌시하지 않겠다는 경고를 보냈다. 그러나 그는 "한국군만 월경하는 경우에는 상관하지 않겠다."라는 입장을 표명했다. 이는 중국이 6·25전쟁을 내전(Civil War)으로 본다는 의미였다. 날이 밝기가 무섭게 인도 정부는 중국의 입장을 미국에 전달했다. 유엔군의 38도선 돌파한 날인 1950년 10월 8일 중국은 '항미원조(抗美援朝, 미국에 맞서 북한을 도움), 보가위국(保家爲國, 집을 지키고 국가를 위함)'이라는 명분으로 전쟁 개입을 최종 결정했다.

10월 10일 중국 외교부는 공식 성명서를 발표했다. 유엔군의 38도선 월경을 한반도에 대한 침략 전쟁으로 규정하며, 이는 중국의 안보에 심각한 위협이라고 주장했다. 나아가 중국은 이러한 유엔군의 38도선 북진을 묵과할 수 없고 또 다른 전쟁으로 비화될 위험이 있다고 지적하면서 전쟁 확대의 책임이 유엔군에 있음을 경고했다.

그럼에도 불구하고 미국 내부에서는 중국 본토가 통일된 지 1년밖에 되지 않았으며 장제스 정권이 타이완에서 아직도 버티고 있는 상태이기 때문에 중국이 한국전쟁에 개입하지 않을 것으로 보는 시각이 대세였다. 트루먼은 1950년 10월 15일, 웨이크섬에서 맥아더 장군과 전략 회담을 가졌다. 맥아더는 11월 23일인 추수감사절까지 적의 저항을 끝낼 수 있으며, 중국은 효과적으로 개입할 시기를 놓쳤기 때문에 참전 가능성은 거의 없다고 단언했다.

중국이 개입한다 해도 그리 큰 위협이 되지 않을 것이라고 하였다. 중국의 동북부 지방에 있는 30만 병력 가운데 압록강 연안에 배치되어 있는 것은 10만 내지 12만 5,000명이고, 이중 기껏해야 5만 내지 6만 명만이 투입될 수 있으리라는 것이다. 맥아더의 주장을 받아들인 트루먼은 백악관으로 돌아오는 도중, 유엔군이 조만간 한반도의 평화를 회복하리라고 확신한다고 발표했다.

그런데 유엔군의 북진 작전이 진행되고 있을 때 중공군은 압록강을 걸어서 도강하기 시작했다. 10월 16일 선발대가 압록강을 건너고, 10월 19일 중공군 본대도 인민의용군의 이름으로 압록강을 건너 남하하기 시작했다. 중국은 몰래 잠입하여 근거지를 확보하고 미국에 전쟁의 빌미를 주지 않기 위해 선전 포고도 하지 않았고, 정규군인 '동북변방군'의 명칭도 '중국인민지원군'으로 개칭하여 마치 인민들이 '스스로 자원'한 것처럼 위장하였다. 전쟁의 명칭도 '항미 원조 전쟁'으로 하였다.

유엔군과 국군의 후퇴

마오쩌둥은 10월 21일 "중요 지역에 매복하여 공격부대를 기습하되 화력이 미약한 한국군 제2군단을 먼저 기습한 후에 미군과 영국군을 공격하라."고 전선의 사령관에게 지시하였다. 중공군은 10월 25일 평안북도 운산 지역에서 한국군과 첫 전투를 벌였다. 그리고 11월 1일부터 6일까지 치러진 군우리(개천) 전투에서 유엔군에게 큰 손실을 입혔다. 중국군의 1차 공세(1950.10.25.~11.7)로 유엔군은 청천강 이남으로 밀려났다. 유엔군의 추수감사절 공세를 실패로 돌아가게 함과 동시에 북진을 멈추게 하였다.

전황의 변화로 인해 11월 7일 맥아더는 미 합동참모본부에 만주 지역에 대한 폭격 허용을 요청했다. 한편 1950년 11월 24일, 맥아더는 크리스마스까지 전쟁을 끝내겠다고 하면서 이른바 '크리스마스 대공세'를 감행했다. 미 공군은 11월 초부터 25일까지 압록강과 그 이남의 최전방 사이에 있는 북서 지역의 대부분을 초토화시켰다. 그러나 중공군은 2차 공세(1950.11.25~12.24)로 유엔군에게 치명적인 타격을 가했다. 중공군은 일제히 공세로 전환하여 미 제8군과 한국군을 압박했다. 미 제8군을 엄호하고 철수하던 미 제2사단은 괴멸적인 타격을 입었다.

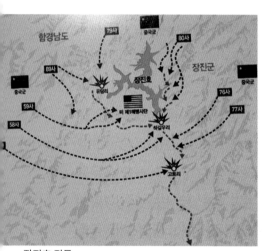
장진호 전투

동부전선 또한 미 제1해병사단이 장진호 일대에서 중공군 제9병단(3개 군 12개 사단)의 포위 공격을 받아 전멸될 위기에 빠졌다. 중공군의 포위 공격과 험악한 지형, 혹한의 3중고를 무릅쓰고 철수에 성공하였는데, 북진할 때 사단장 스미스가 진군 길목마다 병참기지와 통신소, 활주로까지 건설하며 올라가도록 지시하였기 때문에 구축된 병참 라인과 활주로 덕택에 공중지원과 보급품을 받을 수 있어서 가능했다.

혜산진과 두만강 방면으로 나아갔던 미군과 한국군도 병력의 열세와 강추위를 극복하지 못해 후퇴할 수밖에 없었다. 서부전선으로 북진한 제8군은 육로로 후퇴할 수 있었지만, 동부전선으로 북진한 미 제10군단과 한국군 제1군단 병력은 원산 지역이 중공군에게 넘어가자 퇴로가 차단되어 해상으로 철수할 수밖에 없는 상황이었다.

1950년 12월 9일 맥아더 원수의 철수 명령이 하달되었고 곧 미 합참이 철수를 승인함으로써 흥남철수작전이 이루어졌다. 극한 상황에서 진행된 흥남철수작전은 여러 가지 기록을 남겼다. 10만 명이 넘는 병력과 1만 7,500대의 각종 차량, 물자를 함정으로 안전하게 철수시켰다. 한국군 지휘관들의 강력한 주장으로 피난민 9만여 명까지 포함되었다. 흥남철수작전은 대규모 육해공 합동작전이었기 때문에 가능했다. 이 작전 성공으로 국군과 유엔군은 상당한 전투력을 보존해 다음 단계의 작전을 수행할 수 있었다.

흥남 피난민 철수

미 극동해군은 제10군단의 3개 사단과 국군 제1군단의 2개 사단 병력을 철수시키기 위해 약 200척에 달하는 군함을 동원했다. 그런데 북한 주민들이 피난을 위해 흥남부두로 몰려들었다. 당시 미군의 규정에는 민간인을 태울 수 없었고 게다가 피난민을 태울 공간도 없었다. 그럼에도 국군 제1군단장 김백일 장군을 비롯한 지휘관 및 참모들은 흥남철수작전의 총책임자인 제10군단장 알먼드 장군에게 피난민 수용을 건의했다.

알몬드 장군은 처음에는 600만 톤이나 되는 무기와 장비를 수송해야 했기에 피난민 수송이 어렵다고 하였다. 김백일 군단장을 비롯한 지휘관들은 "국군은 적과 싸우며 육로를 통해 38도선으로 진격할 것이니 우리가 타고 갈 배에 피난민을 모두 태워 달라."고 배수진을 쳤다. 통역을 담당하고 있던 현봉학도 설득하고 나섰다. 드디어 알먼드 장군은 피난민을 군함에 승선할 수 있도록 조치를 취했다.

피난민 승선으로 많은 장비가 유기되었으며 승선이 끝난 후 해군 함대와 폭격기가 집중 사격을 하여 폭파시켰다. 그렇게 해서 9만여 명의 북한 주민들이 자유를 억압받는 고통의 땅 북한에서 벗어나 자유의 땅 대한민국으로 오게 되었다. 군수 물자를 운송하기 위해 투입되었던 화물선 메러디스 빅토리호(SS Meredith Victory)의 선장 레너드 라루(Leonard LaRue)는 1만 4,000명의 피난민을 태우고 거제도까지 이송해 주었다. 매러더스 빅토리아호는 인류를 가장 많이 구한 배로 기네스북에 등재되어 있다.

피난민으로 가득찬 매러더스 빅토리아호

유엔군과 한국군은 1950년 12월 10일에는 평양을 적에게 내주고 계속 후퇴하였다. 이러한 상황 속에서 미 제8군 사령관 워커 장군이 1950년 12월 23일 불의의 교통사고로 숨져 매튜 리지웨이(Mathew B. Ridgway) 중장이 후임이 되었다. 중공군의 3차 공세(1950.12.31~1951.1.8)로 1951년 1월 4일에는 서울을 내주었고, 1월 7일에는 평택과 삼척을 잇는 37도선까지 밀려났다. 금강선까지 밀린다면 유엔군의 철수를 고려하고 있었다.

한편 미국은 중공군 개입과 관련하여 1950년 12월 중국에 대해 경제 봉쇄를 실시하였고, 1951년 2월 1일 유엔총회는 중국을 침략자로 규탄하고 한반도에서의 중공군의 즉각적인 철수를 요구하는 결의를 채택하였다.

지평리 전투

　중공군은 2월 11일부터 4차 공격(2월 공세)를 감행했다. 한국군이 배치된 횡성을 먼저 공격하고 다음, 유엔군이 배치된 지평리를 공격하여 전선을 원주–충주 방향의 내륙 종심으로 확대하려 했다. 중공군은 계획대로 횡성을 확보하고 2월 13일 3~5개 사단 5만여 명이 지평리 일대를 완전히 고립시키고 사방에서 공격하기 시작했다. 리지웨이 장군은 지평리 일대 사수를 지시했고 미 제2보병사단 제23연대는 원형 방어진지를 구축하고 있었다. 1951년 2월 13일부터 2월 15일까지 격전이 벌어졌다.

지평리 전투도(자료: 지평리 전투 기념관)

이때 제23연대에 배속되어 있던 프랑스 대대가 분전하였다. 중공군이 피리와 꽹과리를 울리면서 심리적으로 압박하며 공격하여 왔으나, 프랑스 대대장 몽클라르(Ralph Monclar)는 기지를 발휘하여 수동식 사이렌을 울리며 맞대응하였다. 중공군이 20미터 앞까지 밀고 들어와 근접전이 불가피해지자 총검과 개머리판으로 백병전을 하였다.

3일간의 전투 후에 지평리 남쪽의 후방에 있던 미 제1기병사단에서 나온 크롬베즈(Crombez) 특공대가 탱크를 앞세우고 지평리로 들어가는 주보급로를 열어 포위망을 풀었고, 중공군은 큰 피해를 입고 철수했다. 지평리 전투로 양평-원주-제천-평창에 이르는 선선 돌파가 저지됨으로써 중공군의 제4차 공세는 기세가 꺾였다. 지평리 전투는 중공군이 참전한 이후 유엔군이 중공군의 대규모 공격에 물러서지 않고 진지를 고수하며 싸워 이긴 최초의 전술적, 작전적 승리로서 패배의식에서 벗어나 공세로 전환할 수 있었다.

이 전투는 중공군의 인해전술에 대한 미군 화력의 우위를 증명했다. 또한, 지금까지의 3차례의 공세에서 한껏 고무되어 있던 중공군에게 유엔군이 그리 만만한 상대가 아니라는 것을 알게 해 주었다. 중공군 총사령관 펑더화이는 황급히 비행기를 타고가 베이징의 마오쩌둥에게 지평리 전투 상황을 보고하면서 유엔군의 공습이 대단히 강력하였음을 설명하고 더 이상 남진은 어렵겠다고 보고하였다. 만약 지평리 전투에서 유엔군이 패배하였다면 전쟁은 다른 양상으로 전개되었을 것이다. 이 전투의 승리는 큰 전환점이 되었다.

지평리 전투의 영웅 프랑스 몽클라르 장군

6·25전쟁 당시 프랑스는 제2차 세계대전 후유증과 베트남 문제로 정규군을 파병할 형편이 못 되었다. 파병을 주장했던 몽클라르(Ralph Monclar)는 국방부 차관을 찾아 설득하고 전국을 돌면서 예비역 약 600명을 모집하였다. 몽클라르는 제1·2차 세계대전에 참전했던 중장 계급의 백전노장이었다.

프랑스군 지평리전투 참전 기념비

대대급은 중령이 지휘해야 한다는 프랑스군 규정 때문에 스스로 강등하여 삼성장군 계급장을 떼고 중령으로 대대장이 되어 자유민주주의를 수호하기 위해 한국전쟁에 참전하였다. 프랑스 대대는 미군 대령 프리만이 지휘하는 제23연대와 함께 지평리로 몰려오는 중공군 5만 명에 맞서 진지를 지켜내는 혁혁한 전공을 세웠다. 몽클라르는 귀국하여 중장 계급으로 복귀하였다.

가평 전투

유엔군과 국군은 1951년 3월 15일에 서울을 다시 탈환하고 3월 말에는 38선 근처에 이르렀다. 중공군은 서울에서 물러나 38선 이북 지역으로 후퇴했지만 4월 말 5차 공세를 가했다. 이때 치러진 유명한 전투가 1951년 4월 23일부터 4월 25일까지 경기도 가평 일대에서 영연방 제27여단이 중공군과 벌인 가평 전투다.

가평 위치

중공군은 사창리 전투에서 국군 제6사단을 무너뜨리고, 남하해 도로와 계곡을 따라 가평 방면으로 접근해 왔다. 중공군이 가평을 점령해서 서울과 춘천을 잇는 46번 국도를 따라 남하해 오면 서부전선의 유엔군이 측면에서 협공을 당할 위험이 있었다. 그리고 가평에는 화악산 등 높은 산들이 있어 이곳 진지를 빼앗기면 다른 곳에까지 막대한 영향을 미치게 되어 있었다.

영연방 제27여단은 사창리에서 가평으로 이어지는 도로 인근의 고지들에 병력을 배치해 중공군의 진격을 차단하려 했다. 도로 서쪽인 북면 이곡리의 677고지에 캐나다 대대를 배치했으며, 가평천과 화악천이 합류하는 도로 동쪽의 북면 목동리의 504고지에 호주 대대를 배치했다. 그리고 미들섹스 연대 제1대대로 구성된 영국군 1개 대대를 예비부대로 편성했다.

중공군은 대규모 병력을 동원해 호주 대대가 지키는 목동리의 504고지에 공격을 가해 왔지만, 호주 대대는 고립된 상태에서도 진지를 사수하며 중공군의 진격을 저지했다. 그러나 호주 대대는 전투에서 다수의 사상자가 발생했을 뿐만 아니라, 중공군에 퇴로가 차단된 채 포위될 위험이 있었으므로 영국군 대대의 후방으로 철수했다. 그러자 중공군은 캐나다 대대가 지키는 677고지 방면으로 집중 공격을 가해 왔다. 치열한 공방전이 벌어졌으나 중공군의 공격을 물리치고 고지를

지키는 데 성공했다. 영연방 제 27여단은 3일간의 혈전을 종료하고 4월 25일 밤에 양평으로 철수하였다.

영연방 군대 가평 전투 기념비

유엔군은 가평 전투로 중공군의 남하를 저지하면서 북한강을 경계로 방어선을 구축할 수 있는 시간을 확보할 수 있었다. 그리고 서울에서 춘천을 잇는 도로를 지켜냄으로써 전선을 분할하려는 중공군의 계획을 무너뜨릴 수 있었다.

캐나다 군대

캐나다군 가평전투 기념비

캐나다는 육군 1개 여단, 해군 구축함 3척, 공군 수송대대 및 전투 조종사 22명을 파견하였다. 도합 2만 7,000명으로 미국, 영국 다음으로 많은 병력을 파병했는데, 캐나다 전체 군대 2분의 1을 한국으로 보낸 것이다. 캐나다 2대대는 가평 전투에서 탁월한 전투 능력과 의지로 중공군의 공세를 저지하는 데 큰 역할을 하였다. 이 전투에서 캐나다군은 312명이 전사하고 1,200여 명이 부상하였으며 32명이 실종되었다.

중공군의 5차 공세를 성공적으로 방어한 유엔군은 중공군의 보급 주기를 고려할 때 다음 공격은 상당한 시일이 소요될 것으로 예상하였으나, 중공군은 예상을 깨고 곧바로 공세에 돌입하였다. 이것은 5차 공세의 실패를 조기에 만회하고 전장의 주도권을 잡기 위한 것이었다. 그리고 휴전회담에서 유리한 상황을 조성하려고 하였다. 1951년 5월 16일 중공군과 북한군이 유엔군과 한국군에 대해 전 전선에 걸쳐 대대적으로 공격해 왔다. 중동부 전선의 한국군 지역이 무너졌으나, 5월 22일 미 제3사단이 운두령을 탈환하고 한국군 제1군단 제1연대가 대관령을 사수함으로써 전세를 역전시켜 중공군과 북한군을 격퇴하였다.

휴전 협상

전황이 교착 상태에 빠진 가운데 전선의 맥아더와 워싱턴의 트루먼 사이에 전쟁 목표를 둘러싼 갈등이 일어났다. 트루먼은 38선 주변에서 휴전하려고 했으나, 맥아더는 "전쟁에서는 승리밖에 없다."라면서 만주 폭격과 중국 해안 봉쇄를 통한 확전을 주장했다. 트루먼은 1951년 4월 11일 맥아더를 유엔군 사령관에서 해임하고 리지웨이 장군을 임명했다.

1951년 5월 17일 미 행정부는 군사적 수단과 별개로 정치적 해결 방법을 추구해야 한다는 요지의 보고서를 채택했다. 이 정책 결정에 따라 미국은 1951년 5월 중 다양한 경로를 통해 소련과 중국에 휴전에 관한 메시지를 전달하려고 시도했다. 조지 케난은 5월의 마지막 날 소련의 부외상이며 유엔 수석대표인 말리크를 만나 휴전에 관한 미국 정부의 뜻을 전달하는 데 성공했다.

이에 반해 이승만 대통령은 1951년 5월 26일 "이미 제거된 38선을 또다시 발생시키는 어떠한 정전에도 반대하며, 만약 유엔군이 투지를 굽혀서 정전 협상을 개시하는 경우에는 실지를 회복할 때까지 한국은 단독 행동을 취하겠다."라는 성명을 발표했다. 6월 5일 국회는 정전 반대 결의안을 통과시켰으며, 6월 11일에는 38도선 정전 반대 국민궐기대회가 열렸다. 무초 대사는 한국 정부와 이승만이 휴전 반대 운동을 통해 여론을 주도하고 있지만, 실상은 한국민은 전쟁에 지쳤고 휴전할 준비가 되어 있다고 본국에 보고했다. 사실상 한국 정부만이 소외된 가운데 휴전을 모색하는 움직임이 가시화되기 시작했다.

미국의 휴전 의사를 확인한 북한과 중국은 6월 3일 베이징에서 회동했다. 중국이 휴전을 모색하게 된 결정적 계기는 군사적 요인이었다. 1951년 1월 중순 이후 유엔군의 반격 작전과 공산 측의 4, 5차 공세 과정에서 중공군은 막대한 피해를 입고 38도선 부근으로 후퇴했다. 중국은 엄청난 인명 피해, 무기와 장비의 낙후, 경제력의 제한 등으로 단기간에 승리를 쟁취할 수 없다고 판단했다. 게다가 중국을 침략자로 낙인찍은 유엔총회 결의와 중국에 대한 경제적 봉쇄를 취한 유엔 조치도 치명적 타격이었다.

1951년 6월 23일 소련의 유엔 수석대표 말리크는 '피의 대가'라는 라디오 방송 프로그램 연설에서 공식적으로 휴전을 제안했다. 소련의 휴전 제의에 대하여 중국은 6월 25일에, 그로부터 이틀 후인 6월 27일에는 북한이 지지를 표명했다. 미국은 6월 28일 소련의 협상 제의를 수락하는 국무부 성명을 발표했다. 그리고 다음날 트루먼 대통령은 리지웨이 유엔군 사령관에게 공산 측과 직접 휴전을 교섭하라고 지시했다. 6월 30일 리지웨이는 라디오 방송을 통해 휴전을 위한 군사회담을 제안했다.

1951년 7월 8일 개성에서 쌍방의 연락장교 회의를 통하여 절차 문제를 합의한 후, 7월 10일부터 개성시 고려동 내봉장에서 본회의가 개최되었다. 유엔군 측은 협상 의제 선택, 군사분계선 설정, 휴전 감시 방법 및 그 기구의 설치, 전쟁 포로에 관한 문제 등 휴전에 선행되어야 할 순수한 군사적인 문제만을 다루자고 주장하였다. 반면에 공산군 측은 쌍방이 적대 행위를 중지하고 38도선을 군사분계선으로 설정하는 문제와 한반도로부터 외국 군대의 철수 문제를 우선적으로 토의해야 한다는 정치적 주장만을 앞세움으로써 해결의 실마리를 찾지 못하였다. 그러다가 협상 개시 16일 만인 7월 26일에야 비로소 협상 의제와 토의 순서에 합의하였다.

군사분계선 설정에 관한 협상은 현재의 접촉선을 군사분계선으로 하자는 유엔군 측의 주장과 38도선을 군사분계선으로 설정해야 한다는 공산군 측의 주장이 팽팽하게 맞서 회담은 교착 상태에 빠졌다. 미국 정부는 군사분계선 설정 과정에서 군사적으로 전후 방어에 유리한 곳을 확보하는 방침을 정했다. 유엔군은 휴전 당시의 접촉선을 휴전선으로 하는 안을 관철시키기로 하고 휴전회담 개시 당시의 방어선을 개선할 목적으로 공격 작전을 단행하였다. 공산군 측은 피해가 늘고 전선이 밀리자 1951년 10월 25일 휴전회담에 다시 응하여 유엔군 측 안을 수용하였으며 회담 장소는 판문점으로 이전되었다.

양측의 군사분계선 설정 원칙 합의에도 불구하고 1952년 후반기에 접어들면서 전선은 다시 가열되어 고지 쟁탈전이 치열하게 전개되었다. 대표적인 전투는 불모고지 전투, 백마고지 전투, 저격능선 전투, 수도고지 전투, 크리스마스고지 전투, 단장의 능선 전투, 피의 능선 전투, 펀치볼 전투, 351고지 전투 등이다. 이들 전투는 비록 제한된 지역에서 일어난 것이기는 하였으나 뺏고 빼앗기는 공방전이 계속되는 동안 쌍방 모두 많은 인명 피해를 입었다.

포로 송환 문제와 반공포로 석방

포로 처리 문제를 둘러싸고도 회담이 난항을 겪었다. 전쟁 포로는 종전 후 지체 없이 송환하는 것이 원칙이다. 그러나 6·25전쟁에서 공산 포로의 구성이 단순하지 않았다. 북한군 포로 중 상당수는 북한으로 돌아가기를 거부했고, 중공군 포로도 타이완으로 가기를 원하는 포로들이 많았다. 이에 따라 유엔군 측은 포로 개개인의 자유의사에 따른 '자유 송환 방식'을 주장한 데 대하여, 공산군 측은 모든 중공군과 북한군 포로는 무조건 각기 고국에 송환되어야 한다는 이른바 '강제 송환 방식'을 고집했다.

유엔군 측에서 본다면 공산군 측의 주장대로 강제 송환을 한다는 것은 이제까지 주장해 온 인도주의와 자유주의를 스스로 포기하는 것을 의미하는 것이었다. 반대로 공산군 측의 입장에서 본다면 만일 포로의 일부가 귀환을 거부하게 되면 그들이 줄기차게 내세웠던 "침략자를 몰아내고 남한을 해방시키다."라는 이른바 '정의의 전쟁'이라는 기치가 퇴색되는 것이었다. 이와 더불어 공산군 측이 유엔군 측의 자유 송환 방식에 극력 반대한 것은 1952년 4월 10일 유엔군 사령부가 공산군 포로들을 대상으로 조사를 실시한 결과, 공산군 포로 약 17만 명(민간인 억류자 포함) 가운데 10만 명의 포로가 자유 송환을 원하고 있는 것으로 나타났기 때문이었다.

1952년 12월 3일 제7차 유엔총회에서 포로 송환에 관한 결의안을 다수결로 통과시켰다. 이는 송환위원회를 조직하고 포로를 120일간 설득하여 그들이 희망하는 장소로 송환하자는 결의였지만 공산군 측에서 반대하였다.

재개와 중단을 거듭하던 휴전협상은 1953년 1월 20일, 아이젠하워 공화당 정부가 들어서고 3월 5일 소련의 스탈린 사망을 계기로 급속도로 진척되었다. 미국과 소련의 최고지도자가 모두 교체된 시점인 3월 28일 북한 측에서 휴전회담 재개를 제의하여 휴전협정이 재개되었다. 한국은 휴전을 반대했다. 이승만 대통령은 4월 9일 휴전에 반대하는 정식 항의문을 미국에 보냈다.

중국이 포로 송환 문제에 대해 양보 의사를 나타냄으로써 협상은 막바지 단계에 들어섰다. 공산군 측은 송환을 희망하지 않는 포로를 중립국에 맡겨 그들의 귀국 문제를 정당하게 해결하자는 새로운 제의를 하였다. 4월 11일 상병포로교환협정이 성립되어 협정 각서가 교환되고, 4월 20일부터 26일 사이에 부상병 포로를 쌍방 간에 교환하였다. 6월 8일 포로의 자유 송환 원칙이라는 합의가 도출되어 휴전협정은 사실상 매듭지어졌으며 서명 절차만을 남겨두었다. 클라크 유엔군 사령관이 "6월 18일경이면 휴전협정이 정식으로 체결될 수 있을 것이다."라고 말했다.

그런데 휴전을 시종일관 반대해 온 이승만 대통령이 북한으로 귀환을 거부하는 반공포로 약 2만 6,000명을 일방적으로 석방시킨 사건이 일어났다. 이승만 대통령은 헌병 총사령관 원용덕 장군에게 비밀리에 반공포로 석방을 지시했다. 헌병사령부는 유혈 사태를 최소화할 수 있도록 포로수용소 접수 즉시 석방하는 방안을 결정하였다. 6월18일 오전 2시를 전후하여 포로수용소의 문이 열리자 반공포로들은 탈출하기 시작했다. 이날 탈출에 성공한 반공포로는 2만 6,930명이었다. 그 과정에서 60여 명의 반공포로가 희생됐지만, 나머지 포로들은 무사히 탈출하여 경찰들이 안내하는 민가에 숨었다.

반공포로 석방은 세계를 깜짝 놀라게 했다. 이승만 대통령이 단호히 대처했다며 한국 국민과 반공 국가들로부터 찬사를 받았다. 반면 아이젠하워 대통령은 강력한 어조로 항의했고, 그 소식을 듣는 순간 면도기를 떨어뜨린 것으로 알려진 영국의 처칠 총리는 극단적인 말로 이승만 대통령을 비난했다. 왜냐하면, 그것은 공산군 측을 분노케 함으로써 휴전회담을 깨뜨릴 위험이 있었기 때문이다. 이 사건을 구실로 공산군 측은 또 다시 회담을 중단시켰고 반공포로 석방에 대한 보복으로 마오쩌둥은 한국군을 섬멸하도록 지시하여 강원도 금성 지역에 대한 대규모 공세를 취했다.

정전협정 체결

　급파된 미국 대통령 특사 로버트슨(Walter Robertson) 국무성 차관보와의 협의에 따라 한국 정부도 정전을 인정하게 되었다. 유엔군 측이 한국군의 정전협정(Armistic Agreement) 준수를 보장하겠다는 것을 공산군 측에 확약함으로써 회담이 재개되었다. 7월 22일에는 군사분계선이 확정되고, 7월 23일에는 비송환 포로들을 비무장지대에서 중립국 송환위원단에 인계했다. 7월 27일 오전 10시 판문점 제159차 본회의에서 유엔군 수석대표 해리슨 중장과 공산군 측 대표 남일이 한국어, 영어, 중국어 3통의 정전 협정서와 부속 협정서에 각각 서명하였고, 이날 22:00에 효력을 발휘하기로 합의하였다.

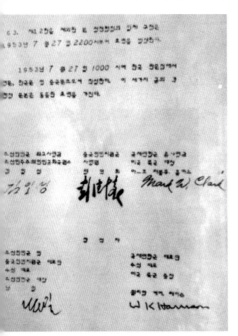

정전 협정서

　대한민국 대표는 정전에 반대한다는 의미에서 정전 협정서에 서명하지 않았지만, 유엔군과 공산군 양측 대표가 서명한 지 2시간 후에 이승만 대통령은 유엔군의 정전협정에 동의하며 통일에 대한 희망을 잃지 말기를 당부하는 대국민 방송을 하였다. 아이젠하워 미국 대통령도 성명을 발표하였다. 클라크 유엔군 사령관, 북한군 총사령관 김일성, 중국 인민지원군 총사령관 펑더화이도 각각 후방 사령부에서 정전 협정서에 서명하였다.

당일 오후 유엔군 사령관 클라크 대장은 16개국 참전 대표와 한국 대표 최덕신 소장 등이 참석한 가운데 정전협정 확인 서명을 마쳤다.

한미 상호방위조약 체결

이승만 대통령은 미국에 상호방위조약 체결을 끈질기게 요구했다. 아이젠하워 대통령은 1953년 5월 30일 만약 이승만 대통령이 휴전조약을 받아들인다면 공식적인 안보조약을 보장하겠다고 결정했다. 6월 7일 이승만 대통령에게 서한을 보내 상호방위조약 협상은 정전협정이 조인되면 곧 개시될 것이라고 했다. 이러한 제안은 정전 전의 조약 체결을 요구하였던 이승만을 크게 실망시켰다.

이승만 대통령은 반공포로 석방으로 반발했다. 이에 아이젠하워는 로버트슨 국무차관보를 특사로 서울에 급파했다. 1953년 6월 25일에 서울에 도착한 로버트슨은 3주일 동안 이승만 대통령과 힘겨운 협상을 했다. 이 대통령은 한국전쟁이 단순히 한반도의 내전이 아니라 공산주의와 민주주의 사이의 전쟁이며 군사적 승리만이 전 세계 공산주의자들의 야욕을 단념시키고 한국이 제2의 중국이 되는 것을 막을 수 있다고 주장했다. 이승만은 휴전에 동의해 주는 조건으로 한미동맹의 체결을 요구했다.

이승만은 미국 국민의 동정심을 일으키기 위해 감동적인 성명서를 여러 차례 발표했다. 예를 들면, 1953년 7월 4일 미국 독립기념일에는 한국인들의 반공 투쟁이 18세기 영국에 대한 미국인들의 독립 투쟁과 같다고 방송했다. 그의 영어 방송을 들은 수천 명의 미국인들이 격려 편지를 보내왔다. 미국의 주 의회들은 한미동맹 지지 성명을 채택하는 가 하면 신문들은 지지 논설을 실었다.

결국 미국은 이승만의 요구를 받아들였다. 1953년 8월 3일, 한미 상호방위조약을 구체적으로 협의하기 위해 덜레스(John F. Dulles) 국무장관이 서울에 왔다. 치열한 교섭 끝에 전문과 본문 6조 및 부속 문서로 구성된 〈한미 상호방위조약(대한민국과 미합중국 간의 상호방위조약, R.O.K.－U.S. Mutual Defense Treaty)〉이 1953년 10월 1일 정식 조인되고 1954년 11월 18일에 발효되었다.

한미 상호방위조약

본 조약의 당사국은, 모든 국민과 모든 정부가 평화적으로 생활하고자 하는 희망을 재확인하며, 또한 태평양 지역에 있어서의 평화 기구를 공고히 할 것을 희망하고, 당사국 중 어느 1국이 태평양 지역에 있어서 고립하여 있다는 환각을 어떠한 잠재적 침략자가 갖지 않도록 외부로부터의 무력 공격에 대하여 자신을 방위하고자 하는 공동의 건의를 공공연히 또한 정식으로 선언할 것을 희망하고, 또한 태평양 지역에 있어서 더욱 포괄적이고 효과적인 지역적 안전보장 조직이 발달될 때까지 평화와 안전을 유지하고자 집단적 방위를 위한 노력을 공고히 할 것을 희망하여 다음과 같이 동의한다.

제1조 당사국은 관련될지도 모르는 어떠한 국제적 분쟁이라도 국제적 평화와 안전과 정의를 위태롭게 하지 않는 방법으로 평화적 수단에 의하여 해결하고 또한 국제관계에 있어서 국제연합의 목적이나 당사국이 국제연합에 대하여 부담한 의무에 배치되는 방법으로 무력으로 위협하거나 무력을 행사함을 삼갈 것을 약속한다.

대한민국 나침반 역사 속의 위인들

제2조 당사국 중 어느 1국의 정치적 독립 또는 안전이 외부로부터의 무력 공격에 의하여 위협을 받고 있다고 어느 당사국이든지 인정할 때에는 언제든지 당사국은 서로 협의한다. 당사국은 단독적으로나 공동으로나 자조(自助)와 상호 원조에 의하여 무력 공격을 저지하기 위한 적절한 수단을 지속 강화시킬 것이며, 본 조약을 이행하고 그 목적을 추진할 적절한 조치를 협의와 합의하에 취할 것이다.

제3조 각 당사국은 타 당사국의 행정 지배하에 있는 영토와 각 당사국이 타 당사국의 행정 지배하에 합법적으로 들어갔다고 인정하는 금후의 영토에 있어서 타 당사국에 대한 태평양 지역에 있어서의 무력 공격을 자국의 평화와 안전을 위태롭게 하는 것이라 인정하고 공통한 위험에 대처하기 위하여 각자의 헌법상의 수속에 따라 행동할 것을 선언한다.

제4조 상호적 합의에 의하여 미합중국의 육군, 해군과 공군을 대한민국의 영토 내와 그 부근에 배치하는 권리를 대한민국은 이를 허용(許與)하고 미합중국은 이를 수락한다.

제5조 본 조약은 대한민국과 미합중국에 의하여 각자의 헌법상의 수속에 따라 비준되어야 하며, 그 비준서가 양국에 의하여 워싱턴에서 교환되었을 때 효력을 발생한다.

제6조 본 조약은 무기한으로 유효하다. 어느 당사국이든지 타 당사국에 통고한 후 1년 후에 본 조약을 종지(終止)시킬 수 있다.

그 후 한·미 간 협의에 따라 한국은 미군 2개 사단 한국 주둔과 함께 국군 20개 사단의 무장에 필요한 군사 원조와 경제 부흥 자금을 얻게 되었다. 한미동맹은 대북 억지 전력의 한 축으로 크게 작용해 왔다. 북한의 남침을 막는 역할을 하면서 조약의 가장 큰 목적인 '전쟁 방지'를 이뤄냈다. 여기에 국방력에 쏠릴 역량을 미군이 부담하여 대한민국은 경제 개발에 그만큼 힘을 집중할 수 있게 되었다.

한편 북한은 중국과 1961년 7월 11일 〈조·중 우호협력상호원조조약〉을 체결하였다. 〈한미 상호방위조약〉과 〈조·중 우호협력상호원조조약」〉 큰 차이는 자동 군사 개입 규정 유무이다.

〈조·중 우호협력상호원조조약〉 제2조는 "체약 쌍방은 쌍방 중 어느 일방에 대한 어떠한 국가로부터의 침략이라도 이를 방지하기 위해 모든 조치를 공동으로 취할 의무를 지닌다. 체약 일방이 어떠한 1개 국가 또는 수개 국가들의 연합으로부터 무력 침공을 당함으로써 전쟁 상태에 처하게 되는 경우, 체약 상대국은 모든 힘을 다해 지체 없이 군사적 및 기타 원조를 제공한다."라고 규정하여 자동 개입 조항을 두고 있다.

반면 〈한미 상호방위조약〉 제3조는 "각 당사국은 타 당사국에 대한 태평양 지역에 있어서의 무력 공격을 자국의 평화와 안전을 위태롭게 하는 것이라 인정하고 공통의 위험에 대처하기 위해 각자의 헌법상의 수속에 따라 행동할 것을 선언한다."라고 규정하고 있어, 전쟁 발발 시 자동 개입 조항을 명시하지 않고 있다.

두 조약 간 동맹의 영속성 역시 대조적이다. 〈조·중 우호협력상호원조조약〉 제7조에는 쌍방 간 수정 혹은 폐지에 대한 합의가 없을 경우 영원히 지속되도록 규정하고 있는 반면, 〈한미 상호방위조약〉은 제6조에 따라 조약 기간이 무기한이지만, 일방의 통고가 있으면 1년 후에 종결시킬 수 있다.

중국은 "어떤 국가와도 군사 동맹을 맺지 않는다."라는 원칙을 가지고 있다고 말하고 있으나, 〈조·중 우호협력상호원조조약〉을 수정하거나 폐기하려는 의사를 표명하지 않았고, 또 이 조약이 여전히 유효하게 존재하고 있기 때문에 중국은 북한과 동맹 관계에 있다고 볼 수 있다. 중국은 북한과의 관계를 동맹이 아니라 '전통적 우호 관계'라고 희석한다. 이것은 북한과 러시아가 1999년 〈조·소 우호협력상호원조조약〉을 대체하는 '북러 신조약'에 가조인하고 2000년 8월 정식 조약을 체결한 것과는 대조적이다. '북러 신조약'에는 자동 개입 조항이 삭제되었다.

#5

독도 주권 공고화

독도는 한국의 고유 영토

독도는 울릉도에 부속된 섬으로 《삼국사기》에 기록된 바와 같이 신라 지증왕 13년(512년) 우산국이 신라에 병합된 이래 한국 고유의 영토가 되었다. 우산국의 영토는 울릉도뿐만 아니라 독도까지 포함하고 있다는 사실을 증명하는 고문헌이 여러 건 있으며, 대표적인 것이 《세종실록지리지》이다.

우산(于山)과 무릉(武陵) 두 섬은 동쪽 바다 가운데 있다. 두 섬은 서로 거리가 멀지 않아, 날씨가 청명하면 가히 바라볼 수 있다.

독도

마지막 문구는 울릉도와 독도의 관계를 간결하고 분명하게 보여 준다. 울릉도 주변에는 몇 개의 섬들이 있는데, 이들은 울릉도에 매우 가까워서 날씨가 청명하지 않아도 크게 잘 보인다. 울릉도 주변에 있는 섬 중에서 맑은 날에만 육안으로 볼 수 있는 조건을 충족하는 섬은 독도밖에 없다.

독도가 일본에게 한국의 영토임을 확인시키는 데는 안용복의 활약의 영향이 컸다. 《숙종실록》에 따르면, 조선의 어부 안용복은 숙종 19년(1693년) 울릉도에서 어로 활동을 하던 중 일본 오야 가문의 어부들과 충돌하여 오키섬까지 끌려갔다. 오키 도주는 안용복 일행을 돗토리번의 호키 태수에게 호송했는데, 안용복은 호키 태수 앞에서 울릉도가 조선의 영토임을 강조하며 일본인들의 출어를 금지할 것을 요구하였다. 호키 태수는 이를 도쿠가와 막부에 보고하고, "울릉도는 일본의 영토가 아니다."라는 서계를 써준 후 안용복 일행을 조선으로 돌려보냈다. 이 일을 계기로 조선과 일본 사이에 이른바 '울릉도 쟁계(爭界)'가 발생하였다.

숙종 22년(1696년) 일본인 어부들과 울릉도에서 또 조우한 안용복은 오키섬을 재차 방문하여 오키 도주에게 일본인들의 계속되는 울릉도 침범을 근절하여 줄 것을 요구하였다. 안용복의 활동을 계기로 조선과 일본은 대마도주를 막부의 대리인으로 하여 울릉도의 영유권을 놓고 중앙정부 차원의 외교적 접촉을 하였다. 그 결과 1696년 도쿠가와 막부는 일본 어부들의 울릉도 도해를 금지하였고, 1699년에 울릉도의 조선 영유권을 공식적으로 인정했다. 예로부터 울릉도 주민들은 독도

를 울릉도의 부속 섬으로 인식하고 있었고, 독도는 울릉도와 하나의
세트처럼 다루어졌다.

도쿠가와 막부의 '울릉도 도해 금지' 문서에 이어, 19세기 말 메이지
정부의 '조선국 교제 시말 내탐서', '태정관 지령문' 등 독도가 조선의
영토임을 인정하는 일본 정부의 공문서가 속속 나왔다. 특히 '태정관
지령문'은 중요하다. 1877년 3월 일본 메이지 시대 최고 행정기관인
태정관은 일본 전역에 지적을 편찬하는 과정에서 내무성이 질의한 울
릉도와 독도 소속에 대해 "죽도(울릉도) 외 일도는 본방(일본)과 관계없다
는 것을 명심할 것"이라고 지시하였다. 이것은 메이지 정부가 울릉도
와 독도에 대해 사실상 조선의 영토임을 공식적으로 선언한 것이며,
울릉도 쟁계 당시 막부의 결정을 존중하고 있음을 보여준다.

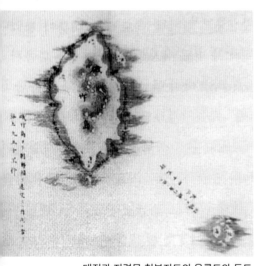
태정관 지령문 첨부지도의 울릉도와 독도

일본은 이 문서를 숨기고 있어서
외부에 알려지지 않고 있었다. 그
런데 1987년에 양심적인 일본 학자
인 교토대학 호리 가즈오(堀和生) 교
수가 논문을 발표하고, 2006년 우
루시자키 히데유키(漆崎英之) 목사에
의해 태정관 지령문 첨부 지도인
'이소타케시마 약도'가 발표됨으로
써 100년 이상 잠자고 있었던 태정
관 지령문이 세상에 알려지게 되었
다. 이 문서는 독도가 한국의 고유 영토라는 한국의 입장을 입증하는

대한민국 나침반 역사 속의 위인들

결정적 문서이다.

1900년 10월 대한제국은 "울릉군수가 울릉전도와 죽도(竹島), 석도(石島)를 관할한다."라는 칙령 제41호를 공표하여 독도의 주권을 확고히 하였다. 이 칙령은 독도에 대한 한국의 실효적 지배의 증거를 명확히 보여주고 있다. 울릉도 주변 도서의 지리적 현황과 독도를 독섬(돌섬)이라고 호칭한 울릉 주민들의 생활상과 1906년 심흥택 울도군수 보고서 내에 '본군 소재 독도(獨島)'라고 명시한 것을 고려하면 '석도(石島)'가 독도라는 것은 의심의 여지가 없다.

일제의 독도 침탈

일본 해군은 동해에서 러시아 함대의 활동을 정찰하기 위해 1904년 8월 울릉도의 두 곳에 무선 전신 시설을 갖춘 망루를 설치했다. 독도에도 망루를 세우기 위해 조사를 실시하고 공식 보고서를 수로부장에게 제출했다. 이때 나카이 요사부로라는 기업형 어부가 강치(물개) 독점 포획권을 확보하기 위해 일본 정부를 통해 대한제국에 임대 청원서를 제출하려고 했다. 독도가 대한제국의 영토라는 것을 알고 있었기 때문이다.

나카이가 먼저 농상무성 수산국장을 방문하여 상의하자, 수산국장은 해군성 수로부장에게 보냈다. 수로부장이 독도는 주인 없는 땅이라고 설명하며 독려하자 나카이는 주무 부처인 내무성, 농상무성뿐만 아니라 외무성 앞으로 보내는 '독도(리앙꼬도) 영토 편입 및 대하원(이용

청원)'을 내무성 지방국에 제출했다.

당시 일본 내무성 당국자는 나카이의 영토 편입원을 수리하려 하지 않았다. 그 이유는 "이 시국(러일전쟁)에 한국령으로 여겨지는 풀 한 포기 나지 않는 암초를 얻어 우리를 주목하고 있는 여러 나라에게 한국을 집어삼키려는 야심이 있다고 의심하게 하는 것은 득보다 실이 많으며, 일을 성사시키는 것도 결코 쉽지 않다."라는 것이었다. 이것은 1877년 '태정관 지령문'에서 메이지 정부가 견지하고 있었던 '독도는 조선의 영토'라는 인식을 반영한 것이다.

하지만 러일전쟁 당시 일본 외무성의 정무국장이자 대러 선전포고 원문을 기초한 야마자 엔지로는 독도 영토 편입을 적극 추진토록 하였다. 결국 나카이는 해군성과 외무성 관리 등의 사주를 받고 영토 편입 청원서를 냈다. 일본 내각회의는 1905년 1월 28일 독도를 일본 영토로 편입한다는 결정을 하였다. 일본은 '태정관 지령문' 등을 통해 독도가 조선의 영토라는 사실을 잘 알고 있었을 상황에서 임자 없는 무주지라고 하면서 러일전쟁 수행을 위한 망루 설치 등을 위해 불법으로 일본 영토(시마네현 소관)로 편입시킨 것이다.

독도의 일본 영토 편입 조치는 러일전쟁 중인 한반도 침탈 과정에서 이루어진 것으로써 이미 확립된 한국의 독도 영유권에 대해 행해진 불법 행위이고 무효이다. 특히 대한제국이 〈칙령 제41호〉를 통해 독도의 행정 구역을 재편하는 등 독도에 대한 영유권을 확고함으로써 1905년 당시 독도는 무주지가 아니었기 때문에 일본의 독도 편입 조치는 국제법상 불법이다.

한국 영토로 회복

　일본의 독도 편입 조치는 그 자체로 불법적인 행위로서 무효일 뿐만 아니라 제2차 세계대전 전후 처리 과정에서 채택된 문건 등을 통해서도 독도는 한국의 영토로 회복되었다. 1943년 11월 카이로 선언에서 "일본은 폭력과 탐욕에 의해 탈취한 기타 모든 지역으로부터 축출되어야 한다."라는 조항이 명시되었다.

　1945년 7월 포츠담 선언은 "카이로 선언의 조항들은 이행될 것이다."라는 구절을 통해 카이로 선언을 흡수했고, 일본은 1945년 8월 15일에 포츠담 선언을 무조건 수락했으며, 이어 같은 해 9월 2일에 무조건 수락을 성문화한 항복 문서에 조인함으로써 이 두 선언에 구속을 받게 되었다. 일본이 한반도 침탈의 첫 희생물로 독도를 침탈하였기 때문에 카이로 선언과 포츠담 선언에 의해 독도는 당연히 한국 영토로 회복된 것이다.

　1946년 1월 29일 연합국 총사령부는 〈약간의 주변 구역들을 통치상·행정상 일본으로부터 분리하는 데 대한 각서('연합국 최고사령관각서〈SCAPIN〉 제677호')〉를 일본 정부에 하달했다. SCAPIN 제677호는 독도를 울릉도, 제주도와 함께 일본의 통치대상에서 제외되는 지역으로 규정하였다.

　이어서 연합국 총사령부는 1946년 6월 22일에 〈일본의 어업 및 포경을 위해 허가된 구역에 관한 각서('연합국 최고사령관 각서〈SCAPIN〉 제1033호')〉를 하달했다. "일본의 선박 및 그 인원은 독도(북위 37도 15분, 동경 131

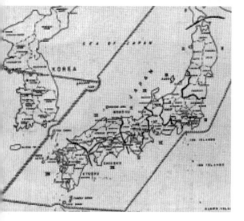
맥아더 라인

도 53분)에 대해 12마일 이내로 접근하거나 해당 섬과 어떠한 접촉도 할 수 없다."라고 규정하였다. 이것은 일본 어부들의 남획을 막기 위해 일본열도 주변에 일정한 선을 그어 그 밖으로 나가 조업하는 행위를 제한하는 조치를 취한 것으로 일명 '맥아더 라인'이라 불렸다.

'맥아더 라인'이 발효하고 있던 시점이던 1951년 3월에 미국 태평양 공군 사령관은 전쟁 수행의 목적으로 한국 방공식별구역(KADIZ, Korean Air Defense Zone)을 설정하면서 독도를 여기에 포함시켰다. 미국 태평양 공군 사령관이 이 구역을 설정하고 그 안에 독도를 포함시킨 것은 SCAPIN 제677호 및 SCAPIN 제1033호와 흐름을 같이하는 것으로 해석된다.

평화선 선포로 독도 영유권 명확화

이승만 대통령의 반일 감정은 남달랐다. 조국이 일제의 무력 앞에 힘없이 붕괴되는 것을 목도하였고, 조국을 되찾기 위해 오랫동안 항일 독립운동을 하였다. 그 때문에 대통령이 되어서도 일본에만은 매우 독하게 대했다. 중공군 개입으로 인한 1·4후퇴 직후 미군 수뇌부가 유엔군에 일본군 편입 가능성을 검토했을 때 이를 알게 되자 대노했다. "만일 일본군이 참전한다면 국군은 일본군부터 격퇴한 다음 공

산군과 싸울 것이다."라며 극도의 불쾌
감을 나타냈다. 이승만 대통령은 일본
에 대해서는 한 치의 허점도 보이지 않
으려고 노력했고, 이를 일관성 있게 견
지했다. 그중 대표적인 것이 독도의 영
유권 문제였다.

한국이 6·25전쟁으로 정신없는 틈을
타서 일본 어부들이 한국 해안을 침범
했다. 이승만 대통령은 1952년 1월 18
일 〈대한민국 인접해양에 대한 대통령
선언〉을 국무회의 의결을 거쳐 국무원

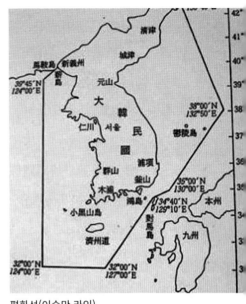

평화선(이승만 라인)

공고 제14호로 선포하였다. "대한민국의 주권과 보호하에 있는 수역
은 한반도 및 그 부속 도서의 해안과 해상 경계선으로 한다."라고 규
정했다. 일본은 이것이 반일적인 이승만 대통령의 작품이라며 '이승
만 라인'이라고 했고, 반면에 한국은 대통령 담화를 통해 "한국이 해
양상에 선을 그은 것은 한일 간에 평화 유지에 있다."라며 '평화선'이
라 불렀다.

연합국 최고사령관 각서(SCAPIN) 제677호와 제1033호는 샌프란시스
코 강화조약의 발효에 의거 무효화될 예정이었다. 샌프란시스코 강화
조약의 서명은 1951년 9월 8일이었고 1952년 4월 28일 발효될 예정이
었는데, 이승만 대통령은 바로 이 조약 발효 석 달 전에 평화선을 선
포하여 독도에 대한 실효적 조치를 취함으로써 독도를 명실상부한 우

리의 영토로 선언했다. 평화선을 선포했을 당시에 연합국이 설정한 '맥아더 라인'이 존재했고 독도를 한국 수역 내 포함시켜 일본의 접근을 금지시키고 있었다. 평화선은 맥아더 라인 연장선에 있는 것이다.

일본 정부는 즉각적으로 반응했다. 평화선이 선언된 지 1주일 만인 1월 24일 외무성은 성명을 발표하고, 미국·캐나다·일본의 어업협정에서 공해 자유가 인정된 것과 같이 공해 자유의 원칙이 인정되어야 하며 공해에 국가 주권을 일방적으로 선언한 전례는 없고 이 문제는 일본과 한국 사이의 친선을 위해 신중히 검토되어야 한다고 주장하였다.

이에 대해 한국 정부는 1945년 미국 대통령 트루먼이 성명한 〈연안 어업에 대한 선언〉과 〈해저와 지하자원에 관한 선언〉을 비롯하여 멕시코·페루·칠레·코스타리카 등에서 채택한 유사한 선언에 의해서 확립된 국제관례에 따른 것이라고 반박하였다.

일본은 1952년 1월 28일 주일 대한민국 대표부를 통해 한국 정부에 구술서의 형태로 항의를 전달하였다. 이 구술서는 "대한민국 대통령의 선언이 국제법상 원칙인 공해의 자유 원칙에 위반되고, 다케시마(달리 알려지기로는 리앙쿠르 록스)는 일본의 영토인데 이에 대한 대한민국의 어떠한 가정(assumption)도 인정할 수 없다."라는 내용이다.

한국 정부도 이에 맞서 일본 정부에 반론을 전달했다. 1952년 2월 12일 주일 대한민국 대표부가 일본 외무성에 전달한 구술서에서, "독도로 알려진 리앙쿠르 록스의 영유권에 대해 토론에 들어갈 필요를 느끼지 않는다."라고 전제하고, "독도의 영유권은 1946년 1월 29일자

SCAPIN 제677호에 의해 일본 영토로부터 명백히 제외되었을 뿐만 아니라 '맥아더 라인' 밖에 위치하고 있다는 사실을 상기하기 바란다."라고 반박했다. 그 후 수차례에 걸쳐 한·일 양국 간에 독도 영유권에 관한 항의 각서가 오고 갔다.

한국 정부는 평화선을 국내법적으로 뒷받침하기 위해 1953년 〈어업자원 보호법〉을 제정하고, 이 수역 내에서 외국 선박의 불법 어로 행위를 엄격히 단속했다. 이어서 1954년에는 독도에 등대를 설치했다. 그리고 1955년에 해양경찰대를 창설하여 평화선을 침범한 일본 선박나포에 더욱 힘을 쏟았다. 가용한 모든 해상 전력을 동원하여 평화선을 침범한 300척이 넘는 일본 선박을 나포했다. 이 과정에서 44명의 일본인이 사망했다. 1957년까지 4,000명에 육박하는 일본인이 평화선 침범 혐의로 대한민국 형무소에 구금 조치되었다.

일본이 이에 항의하는 구술서를 보내왔지만 일축했다. 오히려 독도 풍경을 담은 기념 우표 3종을 발행하여 독도는 한국 땅임을 명백히 했다. 이렇듯 대한민국의 영토 주권이 위태로울 때 이승만 대통령은 직접 실력 행사를 통해 수호하며 일본에게 충격을 안김으로써 독도가 한국 영토임을 분명하고 확실하게 인식시켰다.

#6

이승만 대통령의 평가 및 교훈

미 국무장관을 역임한 키신저 박사는 "역사를 실제로 들여다보면 개인들의 역할에 따라 전개가 달라질 수 있다."라고 말했다. 해방 직후 한국 현대사 전개 과정에서 이승만은 주도적인 역할을 담당했다.

이승만은 미국의 명문대학에서 고등교육 과정을 이수함으로써 유창한 영어 구사 능력을 갖추게 되었고, 미국의 헌법, 외교사와 국제법을 이해함에 있어 높은 실력을 확보하였으며, 미국의 독립운동사와 영국의 헌정사를 깊이 연구하여 근대적 국민 국가를 건설하는 데 능력을 갖추게 되었다. 미국 각계 인사들과 교류하면서 국제적인 인식과 소양을 쌓아 국제 정세를 읽는 탁월한 인식을 갖게 되었다.

자본주의와 민주주의로 미국이 풍요롭고 강력한 나라로 성장하는 것을 목격하고 우리도 자본주의 시장 경제 체제를 선택하는 것이 번영으로 가는 길이라 생각했다. 그런데 광복 당시 국내에 영향력 있는 많은 인사는 사회주의나 공산주의에 우호적이었다. 그 시기는 공산주의가 국가 체제로 채택되기 시작한 지 오래되지 않은 초창기였고, 공산주의와 자본주의 중 어느 쪽이 더 나은 체제일지 명확히 알 수 없는 시대였으나 이승만은 공산주의의 문제점과 미래를 명확히 꿰뚫어 봤다.

2차 세계대전 직후 소련 주변의 많은 나라가 소련의 위성국이 되고 한반도에서 좌익이 득세하고 있는 상황에서 대한민국의 탄생은 기적과 같다고 할 수 있다. 그리고 유엔안보리 상임이사국인 소련의 견제와 반대 등으로 인해 유엔에서 인정받는 것은 결코 쉬운 일이 아니었으나 적극적인 외교를 통해 '한반도 유일 합법 정부'로 인정받았다.

소련과 중국의 지원을 등에 업고 기습 남침한 북한 공산군에 의해 일방적으로 밀려 풍전등화와 같은 상황이었으나 미국의 참전을 이끌어내고 유엔 회원국들의 지원을 받아 반격을 가하여 통일을 목전에 두기까지 하였다. 과거 월남은 미국이 많을 때는 53만 명의 군대를 파견하고 막대한 전비를 투여하였지만 쿠데타가 빈발하고 부패가 만연하고, 특히 적군에 쉽게 항복함으로써 결국 패망한 것과 비교할 때 대한민국의 단합은 놀라울 정도였다.

이승만 대통령은 미국을 활용할 줄 알았고 미국으로부터 많은 원조를 얻어냈다. 실제로 한국 정부 재정의 절반 이상이 미국의 원조로 충당되었다. 미국이 한국에 대한 경제 원조를 중단한다면 한국은 당장 재정 파탄이 날 상황이었으나, 당장의 임기응변보다 근본적인 문제를 해결하는 데 힘썼다. 절대 빈곤의 상황에도 불구하고 전 국민의 6년 의무교육을 시행하고, 미국의 지원금을 어렵사리 돌려 비료 공장, 시멘트, 유리 공장을 지었다.

기업과 산업체의 기술자들을 해외로 연수 보내 선진 기술을 배워 오도록 했으며, 학생들을 국비로 해외에 유학을 보내고, 대학교를 세워 인재를 양성했다. 이렇게 배출된 인재들과 고급 인력들은 이후 맹

활약하며 한강의 기적을 이끌게 된다. 또한, 이승만 대통령은 원자력이 지닌 무한한 가능성에 주목하여 원자력 개발 체제를 갖도록 지시했다. 1956년에 문교부 기술교육국에 원자력과를 신설하였고, 1959년에는 원자력원과 원자력연구소를 설립했다. 이후 여기서 배출된 전문 인력들은 한국의 원자력 발전에 중추적인 역할을 하게 되었다.

그런데 이승만 대통령은 라이벌들을 제치고 신생 공화국의 지도자가 되고 통치하는 과정에서 마키아벨리적 수단을 능란하게 구사하는 노회한 정치가라는 평가가 따른다. 그리고 법과 절차를 무시한 개헌과 부정 선거를 통해 장기 독재를 꾀함으로써 민주주의 원칙을 훼손시켰다.

1950년에 구성된 제2대 국회에 정부에 비판적인 인사가 많아 간접 선거로는 재선이 어렵다고 판단하여 직선제 개헌을 추진하였다. 부산 정치 파동을 일으켜 야당 인사를 탄압하고 공포 분위기를 조성하였다. 이러한 가운데 1952년 정부의 대통령 직선제 개헌안을 중심으로, 국회가 제출한 내각책임제 개헌안의 일부 조항을 절충한 개헌안을 통과(발췌 개헌)시켜 대통령 선거를 직선제로 바꾸었다.

재선에 성공한 이승만 대통령과 자유당은 집권 장기화를 위해 초대 대통령에 한하여 중임 제한을 철폐한다는 요지의 개헌을 또다시 강행하였다. 개헌안은 한 표가 모자라 의결정족수 부족으로 부결이 선언되었으나, 이틀 후 국회의장은 반올림시키는 억지 논리로 개헌안이 통과(사사오입 개헌)되었다고 선포하였다.

1956년 정·부통령 선거에서 이승만은 민주당의 신익희 후보가 갑작스럽게 사망한 상황에서 대통령에 당선되었지만, 진보적인 정책을 내세운 조봉암 후보가 유효 표의 30%를 차지하며 돌풍을 일으켰고, 부통령에는 민주당의 장면이 자유당의 이기붕을 누르고 당선되었다. 위기감을 느낀 이승만 정부는 진보당을 해체하고 조봉암을 처형(진보당 사건)하였다.

1960년 정·부통령 선거에서 대통령 후보 등록을 마친 조병옥 후보가 신병 치료차 미국에 갔다가 워싱턴 월터리드 육군병원에 입원했으나 사망하고 말았다. 자유당은 85세 고령의 이승만 대통령에게 건강상의 문제가 생기면 부통령에게 대통령직이 승계되기 때문에 반드시 자당 후보인 이기붕을 부통령에 당선시키려 혈안이 되었다. 공무원, 마을 이장, 경찰 등 관권을 동원하여 온갖 부정을 저질렀다. 결국 부정선거에 대한 학생, 시민들의 대규모 시위와 항거로 상징되는 4·19혁명이 일어났고, 이승만 대통령은 국민적 요구에 굴복하여 하야했다.

이처럼 이승만 대통령은 공과가 뚜렷한 인물이다. 대통령 임기를 한 번 연임으로 끝내고 스스로 물러난 미국의 워싱턴 대통령 같은 전통을 세웠으면 한국의 헌정사는 보다 긍정적으로 바뀌었을 것이다. 이 점은 매우 아쉽고, 그렇게 하지 못하고 장기 독재를 꾀하면서 민주주의를 훼손한 것은 씻지 못할 커다란 과오로서 비난받아 마땅하고 재발되지 않도록 계속 교훈과 경계로 삼아야 한다.

마오쩌둥은 대장정, 항일 투쟁, 국공내전을 통해 중화인민공화국을 세우는 데 큰 기여를 하였지만 반우파 투쟁, 대약진 운동, 인민공사, 문화대혁명 등 터무니없는 정책과 광기 어린 대중 운동을 전개함으로써 수많은 사람을 숙청하고 경제를 파탄케 하였으며 수천만 명의 아사자를 초래하였고 국가를 큰 혼란에 빠뜨렸다.

그런데 중국은 1981년 6월 문화대혁명에 대해 평가(건국 이래 약간의 역사 문제에 대한 결의)할 때 마오쩌둥에 대해서는 '공이 제1, 과오는 제2'로 평가했다. 당시 실권자 덩샤오핑이 마오쩌둥의 '공이 7할, 과가 3할'이라고 하면서 공이 많다는 인식하에 평가하도록 지침을 내렸기 때문이다. 이렇게 마오쩌둥에 대해 평가하였기에 중국은 체제의 흔들림 없이 안정 속에서 개혁개방을 추진하여 경제 발전을 이룰 수 있었다.

이승만 대통령의 측근이기도 했고 정치 노선을 달리하기도 했던 허정 전 과도정부 수반은 1965년 7월 20일자 한국일보에 기고한 이승만 대통령 추도문에서 "고금왕래에 인간으로서 결점과 과오가 없는 사람은 없었다고 합니다. 감히 말하거니와 광복과 건국의 공훈 그리고 반공하시던 그 지도 이념에는 어느 누구도 이론을 걸 사람이 없으리라고 확신합니다."라고 썼다.

이승만 대통령은 과오와 실정을 저질렀지만 허정 전 과도수반의 말처럼 분명히 국가에 큰 공헌을 하였으며, 여기에 대해서는 제대로 된 인식을 할 필요가 있다. 특히 국가 지도자를 평가할 때는 역사적인 맥락과 국익, 그리고 미래를 내다보면서 평가하고 국민들이 올바른 인식을 갖게 함은 물론 대한민국이 발전해 가는 데 긍정적으로 작용하도록 하는 것이 필요하다.

6·25전쟁이 발발하자 수십만 명의 외국 청년들이 아시아 극동의 가난한 신생국 한국에 와서 자유민주주의 수호를 위해 피를 흘리고 목숨을 바쳤다. 경제적으로 더 부강하게 하고 자유민주주의를 더욱더 발전시켜 나가는 것은 우리 스스로 해야 할 일이지만, 한국을 위해 희생한 분들에 대한 의무이기도 하다는 점을 명심하면서 각오를 다지고 정진해야 한다.

참고 문헌

1. 최치원

고운 최치원선생문집(최치원 지음, 최광식·최영성 역주, 고운국제교류사업회, 2016.3.3.)

고운 최치원(경주최씨 와티문중 재부종친회, 해암, 2018.7.5.)

삼국사기 열전(김부식 원작, 정민호 주해, 명문당, 2020.6.16.)

서안 실크로드 역사문화 기행(이강국, 북스타, 2017.6.19.)

최치원 사회사상 연구(장일규, 신서원, 2008.10.)

하동 화개동천과 최치원 (김동곤, 하동문화원, 2019.11.10.)

고운 국제교류사업회 제1회 학술발표회(2009.10.29.) 자료집

제3회 고운국제학술회의(2013.10.15.) 자료집

2. 서희

겨레의 위대한 스승 서희(이인수, 이천문화원 서희선생기념사업회)

명분과 실리 서희 외교론(이천시 서희선생 선양사업추진위원회. 2008.11.)

서희의 외교담판(장철균, 살림, 2013.)

아주 특별한 중국사 이야기(화강·장국호 지음, 구성회·추교순·구자원 옮김)

중국에서 바라본 제1차 여·요전쟁과 서희(2012년 서희선양 한·중 국제학술회의)

강감찬-귀주대첩의 신화를 쓰다(인물한국사, 정성희, 장선환)

3. 김윤후

무인정권·몽골, 그리고 바다로의 역사 삼별초(윤용혁, 도서출판 혜안, 2014.10.31.)

김윤후·이수일·조웅(충주대학교박물관. 2003.2.23.)

몽골 제2차 침입과 처인성 전투의 역사적 의미(이인영 용인전승문화연구원장)

처인성 대몽항쟁연구(김장환 용인문화원 사무국장)

한 권으로 읽는 팔만대장경(진현종, 영담, 2007. 6. 10.)

'대몽항쟁의 역사·문화유산적 가치' 학술 심포지움(국회. 2019.11.7.)

高麗 對蒙抗爭期 金允侯將軍의 3次例 勝戰 意義(2019.8.5., 김호준, 백산학보 제114호)

김윤후(한국민족문화대백과, 한국학중앙연구원)

황룡사(한국민족문화대백과, 한국학중앙연구원)

팔만대장경(학습용어 개념사전, 2010. 8. 5, 이영규, 심진경, 안영이, 신은영, 윤지선)

해인사(죽기 전에 꼭 가봐야 할 국내 여행, 2010.1.15, 최정규, 박성원, 정민용, 박정현)

4. 세종대왕

세계기록유산 한글과 세종대왕(한문희, 창해, 2008.2.28.)

세종평전 : 대왕의 진실과 비밀 (한영우, 경세원, 2019.10.23.)

28자로 이룬 문자혁명(김슬옹, Miraen, 2007.7.5.)

최만리 상소문 해설(정인택, 민중의 소리, 2016.12.7.)

한글의 보급과 문학의 성장(통합논술 개념어 사전, 2007. 12. 15, 한림학사)

훈민정음 해례본-한글의 창제 목적과 원리를 밝히다(위대한 문화유산, 이진명, 간송미술문화재단)

훈민정음 사진과 기록으로 읽는 한글의 역사(김주원, (주)민음사, 2019.6.5.)

세종대왕(한글글꼴용어사전, 2000.12.25, 세종대왕기념사업회)

5. 이순신

《교서》 국역·영인 합본(문화재청 현충관리소, 2015.12.30.)

난중일기(이순신, 노승석 옮김, 도서출판 여해, 2019.12.26.)

「난중일기」를 통해 본 정도(正道)의 원칙(도현신, 살림출판사, 2015.5.28.)

선조, 조선의 난세를 넘다(이한우, 해냄출판사, 2007.2.26.)

이순신의 리더십(노승석, 여해고전연구소, 2014.4.21.)

이순신 정신과 리더십(지용희 외, 자연과 인문, 2020.6.15.)

이순신, 바다에서 길을 찾다(나종우·김병용, 경상남도, 2009.12.20.)

이순신 파워 인맥(제장명, 행복한미래, 2018.4.21.)

징비록(유성룡, 신태영·정영호·조규남·김태주·박진형 역주, 논형, 2016.6.30.)

천문과 지리 전략가 이순신(이봉수, 가디언, 2018.4.23.)

아산 현충사(지도로 배우는 우리나라 우리고장-충청·전라· 제주, 2009.07.30, 양대승, 유남영)

6. 정약용

경세유표 I (정약용, 이익성 옮김, (주) 도서출판 한길사, 1997.3.22.)

다산, 공직자에게 말하다 (실학박물관, 경인문화사, 2019.9.23.)

목민심서(정약용, 노태돈 역해, 홍신문화사, 2019.1.10. 개정판 중판 발행)

다산이 말한다 인간답게 산다는 것(정약용, 오세진 번역, 홍익출판사, 2019.9.20.)

다산 정약용(금장태, (주)살림출판사, 2005.5.10)

다산평전 : 백성을 사랑한 지성(금장태, 도서출판 지식과 교양, 2011.7.8.)

백성의 무게를 견뎌라-법학자 정약용의 삶과 흠흠신서 읽기(심재우, 도서출판 산처럼, 2002.1.10.)

사례로 읽는 목민심서 다산 정약용 리더십(정약용, 김정진 편저, 도서출판 자유로, 2006.4.25.)

삶따라 자취따라 茶山 정약용(윤동환, 茶山 기념사업회, 2018.6.16.)

새벽녘 초당에서 온 편지 (박석무, 문학수첩, 2006.8.17.)

실학, 조선의 르네상스를 열다(정성희, 이헌재, 도소출판 사우. 2018.4.27.)

연암 박지원과 열하를 가다(최정동, 도서출판 푸른역사, 2007.11.23.)

한국실학사상사(한국철학사연구회, 심산출판사, 2008.12.31.)

7. 김구

민족과 국가를 위해 살다 간 지도자 김구(한시준, 역사공간, 2015.12.10.)

백범일지(김구, 양윤모 옮김, 장영재 펴냄, (주)미르북캠퍼니, 2017.11.15.)

백범 김구 평전(김삼웅, 시대의창, 2019.8.26.)

20개 주제로 본 한일 역사 쟁점(남상구, 동북아역사재단, 2010.4.19.)

일제침략에 대한 한·중의 공동항전(한시준, 단국대학교출판부, 2019.2.23.)

한국독립운동사강의(한국근대사학회, 한울엠플러스(주), 2020.3.20.)

아주스페셜-영원한 청년 의사 윤봉길(윤주 매헌윤봉길의사기념사업회 부회장 연재)

8. 이승만

국군과 대한민국 발전(장삼열 국방사부장 등, 국방부 군사편찬연구소, 2015.10.30.)

국제관계사 사라예보에서 몰타까지(박건영, (주)사회평론아카데미, 2020.2.17)

대통령과 6·25전쟁(남정욱, 한국학술정보(주), 2010.3.18.)

독도연구(김학준, 동북아역사재단, 2010.9.16)

미군정시대 이야기(차상철, (주)살림출판사, 2015.1.26.)

미국의 봉쇄전략(존 루이스 개디스 지음, 홍지수·강규형 옮김, 비봉출판사, 2019.9.25.)

벼랑 끝 외교의 승리(박실, 청미디어, 2010.5.28.)

3·1과 반탁(공일순, 도서출판 엘피, 2020.3.1.)

신용하 교수의 독도 이야기(신용하, (주)살림출판사, 2012.10.15.)

역사학의 시선으로 읽는 한국전쟁(한국역사연구회 현대사분과편, 휴머니스트, 2010.6.25.)

우남 이승만, 대한민국을 세우다 (이한우, 해냄, 2008.8.15.)

울릉도와 독도, 그 역사적 검증(송병기, 역사공간, 2010.10.29.)

이승만의 생애와 건국비전(유영익, 청미디어, 2019.7.15)

이승만 평전(이주영, 살림출판사, 20014.1.26.)

정전협정(조성훈, (주)살림출판사, 2015.1.26.)

한권으로 읽는 6·25 전쟁사(강경표 외 6명 공저, 도서출판 진영사, 2012.1.25.)

한국전쟁기 38선 북진과 냉전의 고착화(정신문화연구 2005 겨울호 제28권 제4호(통권 101호)
企劃論文, 이상호)

가평지구전투(한국민족문화대백과, 한국학중앙연구원)

대한민국 정부수립과 한국전쟁 당시의 대 유엔 외교(유엔 개황, 2015. 9.)

나의 외교노트(공로명, 도서출판 기파랑, 2014.11.30)

9. 종합 참고자료

선사시대부터 현대사까지 한 권으로 읽는 한국사(김혜수, 새문사, 2014.3.17.)

이덕일의 한국통사(이덕일, 다산초당, 2019.12.16.)

이야기 조선왕조 오백년사 (이혜경, 청솔, 1996.12.15.)

한권으로 정리한 이야기 조선왕조사 (윤태영·구소청, 청아출판사, 1997.4.15.)

한권으로 읽는 삼국왕조실록 (임병주, 들녘, 1998.3.25.)

한권으로 읽는 고려왕조실록 (박영규, 들녘, 1996.11.15.)

한권으로 읽는 조선왕조실록 (박영규, 들녘, 1996.3.1.)

한국인물 탐사기1(김동욱, 김용덕, 서정주, 오늘, 1996.2.15.)

한국-섬서성 교류사(주시안총영사관)

10. 웹 사이트

국사편찬위원회

네이버 및 다음

다부동전적기념관

다산연구소

동북아 역사재단

서희역사관

세종대왕유적관리소

외교부 홈페이지

우당기념관

조선왕조실록

최치원종친회

한글학회

현충사관리소

관련 지방자치단체 홈페이지

11. 박물관, 전시관 및 기념관

강감찬 전시관

국립중앙박물관

국립한글박물관

백범김구 기념관

명량대첩 기념관

서울 현충원 호국전시실

서희 역사관

스미스 평화관

이순신 순국공원

전쟁기념관

지평리의병 · 지평리전투 기념관

충주 고구려비 전시관

통제영 전시관

한산도 제승당

현충사 충무공이순신기념관

대한민국의 나침반 역사 속의 위인들

초판 1쇄 인쇄   2021년   6월   28일
초판 1쇄 발행   2021년   7월   5일

지은이   이강국
펴낸이   박정태
편집이사   이명수   출판기획   정하경
편집부   김동서, 위가연
마케팅   박명준, 이소희   온라인마케팅   박용대
경영지원   최윤숙

펴낸곳   북스타
출판등록   2006. 9. 8 제313-2006-000198호
주소   파주시 파주출판문화도시 광인사길 161 광문각 B/D
전화   031-955-8787   팩스   031-955-3730
E-mail   kwangmk7@hanmail.net
홈페이지   www.kwangmoonkag.co.kr
ISBN   979-11-88768-40-0   03990
가격   22,000원